分子筛材料的合成及应用

陈艳红 于庆君 许孝玲 韩东敏 等编著

石油工业出版社

内容提要

本书综合了近几十年来分子筛材料所取得的一些突破性研究成果,较为系统地介绍了分子筛材料的合成规律、表征手段以及主要应用领域等基础知识。同时,书中还重点介绍了近年来国内外学者在分子筛材料合成和应用等领域的最新研究进展和技术亮点。

本书可供初步涉入分子筛材料领域的研究人员和科技人员阅读,也可以作为高等院校相关专业师生的参考用书。

图书在版编目(CIP)数据

分子筛材料的合成及应用/陈艳红等编著. —北京:石油工业出版社,2018.2

ISBN 978-7-5183-2184-1

Ⅰ. 分… Ⅱ. ①陈… Ⅲ. ①分子筛-合成-研究 Ⅳ. ①O647.33

中国版本图书馆 CIP 数据核字(2017)第 247185 号

出版发行:石油工业出版社
(北京安定门外安华里2区1号楼 100011)
网　址:www.petropub.com
编辑部:(010)64523546　图书营销中心:(010)64523633
经　销:全国新华书店
印　刷:北京中石油彩色印刷有限责任公司

2018年2月第1版　2018年2月第1次印刷
787×1092毫米　开本:1/16　印张:17
字数:390千字

定价:100.00元
(如出现印装质量问题,我社图书营销中心负责调换)
版权所有,翻印必究

《分子筛材料的合成及应用》
编 写 组

组　　长：陈艳红
副组长：于庆君　许孝玲　韩东敏
成　　员：刘富余　孙金鹏　张　强　魏麟骄
　　　　　朱　晓　李苹苹　崔红霞　孙亚楠
　　　　　王成秀　刘特林　钟国财　夏祖虎
　　　　　张　登　董夫强　尤廷正　曹德全

前　言

自20世纪50年代人工合成沸石获得成功以来,经众多合成沸石工作者的不懈努力,许多不同骨架元素组成、不同化合物类型、不同骨架结构的新型分子筛被合成出来。由于微孔分子筛具有独特的孔道结构、较强的酸性及离子交换性能等特点,使得对其合成及性质应用研究一直受到学术界和产业界的高度关注,特别是近20多年来,分子筛材料在工业上已获得了广泛的应用,尤其是在炼油工业和石油化工中作为工业催化剂占有重要的地位。随着人们对分子筛研究的不断深入和发展,合成的分子筛孔径也从微孔发展到介孔。近十几年来,研究者们制备了各种新结构的分子筛材料,一些新的反应工艺也随着新催化材料的开发应运而生。对于常规分子筛来说,研究者对分子筛晶粒大小和形貌控制技术水平也取得了大幅度的提高。此外,许多研究者还通过对合成方法、工艺与设备的改进以及分子筛合成成本的降低有望将更多类型的分子筛实现商业应用,并在选择性氧化和选择性催化还原($SCR-NO_x$)等绿色化工和环保领域有了越来越多新的应用。根据以上这些主要的研究成果,本书主要综述了分子筛材料的合成及性质应用方面的基础知识,以及近十几年来国内外主要相关的研究进展,并对其中一些问题进行了探讨。

本书内容共分八章:第一章为概论;第二章简单介绍了微孔分子筛材料的结构和一般性质;第三章主要介绍了分子筛材料常用的表征手段;第四章主要阐述了微孔分子筛合成的一般规律以及晶体形貌的控制和最新合成进展;第五章从绿色合成的角度阐述了近年来分子筛合成的主要成果;第六章主要阐述了目前微孔分子筛催化性能的主要应用和前景;第七章主要介绍了介孔分子筛材料的合成;第八章主要为多级孔分子筛的合成及应用。

由于编著者水平有限,书中可能会存在一些不当之处,恳请读者批评指正。

目　　录

第一章　概论 ……………………………………………………………………… (1)
　第一节　分子筛材料的发展历史 ………………………………………………… (1)
　第二节　分子筛材料的物理性质及应用 ………………………………………… (3)
　参考文献 …………………………………………………………………………… (5)
第二章　微孔分子筛材料的结构及性质 …………………………………………… (7)
　第一节　分子筛的结构 …………………………………………………………… (8)
　第二节　分子筛的组成和结构 …………………………………………………… (11)
　第三节　几种典型分子筛的结构 ………………………………………………… (13)
　第四节　分子筛的性质特点 ……………………………………………………… (19)
　参考文献 …………………………………………………………………………… (24)
第三章　分子筛材料的表征 ………………………………………………………… (25)
　第一节　X射线衍射分析 ………………………………………………………… (25)
　第二节　红外光谱法 ……………………………………………………………… (29)
　第三节　核磁共振法 ……………………………………………………………… (34)
　第四节　电子显微技术 …………………………………………………………… (38)
　第五节　热分析技术 ……………………………………………………………… (42)
　第六节　吸附分析 ………………………………………………………………… (46)
　参考文献 …………………………………………………………………………… (50)
第四章　微孔分子筛材料的合成 …………………………………………………… (52)
　第一节　沸石分子筛合成的原料 ………………………………………………… (52)
　第二节　沸石分子筛的合成机理 ………………………………………………… (61)
　第三节　沸石分子筛的合成 ……………………………………………………… (64)
　第四节　特殊聚集形态微孔分子筛的合成 ……………………………………… (79)
　第五节　分子筛的二次合成 ……………………………………………………… (90)
　第六节　新结构沸石类材料的合成 ……………………………………………… (92)
　参考文献 …………………………………………………………………………… (98)
第五章　微孔分子筛材料的绿色合成 ……………………………………………… (106)
　第一节　合成体系模板剂的绿色化 ……………………………………………… (106)
　第二节　分子筛合成原料的绿色化 ……………………………………………… (119)
　第三节　分子筛合成方法的绿色化 ……………………………………………… (122)

第四节　分子筛绿色合成展望 …………………………………………… (128)
　　参考文献 ……………………………………………………………………… (128)
第六章　微孔分子筛材料的催化应用 ……………………………………………… (135)
　　第一节　分子筛在石油化工领域的应用 ……………………………………… (136)
　　第二节　分子筛在煤化工领域的应用 ………………………………………… (163)
　　第三节　分子筛在大气污染治理方面的应用 ………………………………… (169)
　　参考文献 ……………………………………………………………………… (174)
第七章　介孔分子筛材料的合成及应用 …………………………………………… (188)
　　第一节　介孔分子筛材料的合成 ……………………………………………… (188)
　　第二节　介孔分子筛的合成过程及形成机理 ………………………………… (201)
　　第三节　几类代表性介孔硅材料的结构 ……………………………………… (207)
　　第四节　介孔材料的组成 ……………………………………………………… (217)
　　第五节　介孔分子筛材料的形貌控制 ………………………………………… (221)
　　第六节　介孔分子筛材料的应用 ……………………………………………… (223)
　　第七节　介孔分子筛材料展望 ………………………………………………… (224)
　　参考文献 ……………………………………………………………………… (224)
第八章　多级孔分子筛的合成及应用 ……………………………………………… (231)
　　第一节　多级孔分子筛的制备方法 …………………………………………… (232)
　　第二节　多级孔分子筛的应用 ………………………………………………… (250)
　　第三节　多级孔分子筛展望 …………………………………………………… (255)
　　参考文献 ……………………………………………………………………… (256)

第一章 概 论

第一节 分子筛材料的发展历史

一、分子筛材料的一般介绍

分子筛材料是一种具有内部空旷孔结构的固体材料,具有比表面积大、孔道尺寸可调节等特点。因此,分子筛材料一直是全世界关注和研究的热点。分子筛的定义最早是由麦克拜因(McBain)于1932年提出的,表示可以在分子水平上筛分物质的多孔材料。当时,只有天然沸石和活性炭两类分子筛材料是已知的。后来,又有多种分子筛材料被发现,包括硅酸盐、磷酸盐、氧化物等。沸石,通常指自然界存在或人工合成的结晶型硅铝酸盐(由于晶体中含有大量结晶水,加热汽化,产生类似沸腾的现象,故称为沸石);沸石只是分子筛的一种,但是沸石在其中最具代表性,因此沸石和分子筛这两个词经常被混用。将分子筛材料按照孔径尺寸分类,孔径小于2nm的称为微孔分子筛;孔径为2~50nm的为介孔分子筛。其中,沸石属于微孔分子筛,通常又称为沸石分子筛。

微孔分子筛材料具有独特的孔道分布、大的比表面积以及可调变的酸性位等优点,因此在催化、吸附和离子交换领域都具有重要突出的贡献,然而微孔分子筛的较小孔径限制了其在大分子方面的转化。介孔分子筛材料的孔径在2~50nm之间,是一种具有大比表面积、窄孔径分布和规则孔道结构的无机多孔材料。然而,介孔分子筛的酸强度低于具有晶体骨架结构的微孔分子筛。另外,由于介孔分子筛的孔壁是无定形的,其水热稳定性也较差,不适于强酸反应,制约了其在工业中的应用。多级孔分子筛同时具备微孔分子筛及介孔分子筛材料的优点,既具有很高的酸性、水热稳定性及多级孔道结构,同时又具有很好的择形性能和传质能力,被认为是潜在的下一代催化材料,有望在重油裂化、大分子催化等领域中发挥重要作用。本书主要介绍了微孔、介孔和多级孔三种类型分子筛的合成、性质及主要应用方面的基础知识以及近十几年来国内外主要相关的研究进展,并对其中一些问题进行了简单探讨。

二、分子筛材料的发展

沸石分子筛狭义上指结晶态的硅酸盐或硅铝酸盐,由硅氧四面体或铝氧四面体通过氧桥键相连形成分子尺寸大小(通常为0.3~2.0nm)的孔道或空腔(笼)体系;而具有类似结构的磷酸盐和锗酸盐等化合物应该称为类沸石材料。随着大量分子筛类材料的出现,沸石分子筛的定义也在变化。最早在1756年,瑞典矿物学家Cronstedt等[1]发现一类天然硅铝酸盐矿物在灼烧时会产生起泡膨胀类似沸腾的现象,因此将其称为沸石,这是人类最早发现的天然沸石。直到19世纪中期,人们对天然沸石的微孔性质以及在吸附、离子交换等方面的性能才有了进一步的认识。到20世纪40年代,以Barrer为首的沸石化学家成功模拟了天然沸石的生成环境,在水热条件下合成了首批低硅铝比的丝光沸石——X型、Y型沸石,并尝试将它们应用于催化反应,为分子筛工业与科学的大踏步发展奠定了科学基础[2,3]。20世纪70年代,美国Mobil公司的科学家将季铵盐作为分子筛合成中的模板剂,得到了以ZSM-5为代表的高硅三维交叉孔道新型沸石分子筛,之后ZSM-11、ZSM-12、ZSM-21和ZSM-34等合成沸石相继出现,高硅沸石的硅铝比为20~100,甚至更高[4]。

20世纪80年代,UCC公司的科学家Wilson等[5]成功合成并开发了一个全新的分子筛家族——磷铝分子筛$AlPO_4$,打破了分子筛组成元素仅限于硅、铝的界限。由于骨架元素为非硅、铝元素,按照沸石的严格定义,该类材料通常称为"磷铝分子筛",而非"磷铝沸石"。另外,将13种元素如Li、B、Mg、Si、Fe、Ga等主族金属和过渡金属及非金属元素引入骨架,生成具有24种开放骨架结构类型的六大类微孔化合物:$AlPO_4$-n、SAPO-n、MeAPO-n(Me = Fe、Mg、Mn、Zn、Co等)、MeASO-n、ElAPO-n(El = Ba、Ga、Ge、Li等)与ElAPSO-n。与此同时,钛硅分子筛也问世了。1988年,M. E. Davis等[6]成功合成出第一个具有十八元环的圆形孔口的磷酸铝VPI-5(1.27nm×1.27nm),从此出现了超大微孔,它的出现使分子筛结构中大分子催化的研究领域得到了快速发展。20世纪90年代,Estermann和徐如人分别报道了两种新的具有二十元环的超大孔Cloverite和JDF-20分子筛,分子筛的合成方法也由传统的水热晶化合成法发展到非水体系合成、气固相合成、高压合成、超临界条件合成、失重条件合成等多种方法,新型分子筛材料不断涌现。目前,分子筛材料已成为石油炼制和石油化学工业中最重要的吸附与催化材料,在工业应用中产生了显著的经济效益和社会效益。

1992年,Mobil公司最先报道了有序介孔二氧化硅材料的合成,通过调节表面活性剂的浓度,分别得到了MCM-41、MCM-48和MCM-50,从而将分子筛的规则孔径从微孔范围扩展到介孔领域,被认为是分子筛发展史的一个里程碑。与微孔分子筛相比,介孔分子筛具有规则的介孔孔道(2.0~50nm)和更大的比表面积[7]。最初,介孔材料的研究与微孔分子筛材料发展历史相似,也是从硅酸盐和硅铝酸盐开始的。研究工作者通过改变模板剂和合成工艺以及使用有机添加剂等办法,合成了一系列不同孔道大小和孔道结构的硅酸盐及硅铝酸盐的介孔材料,介孔分子筛的合成成为多孔材料领域一个非常热门的方向。

然而,由于介孔分子筛的孔壁是无定形的,使得介孔分子筛的热稳定性和水热稳定性都比较差,同时,较弱的酸性等问题也限制了介孔分子筛在工业中的应用。因此,研究者们继续寻找具有较大孔径和热稳定性良好的分子筛材料,并在近年来取得了显著的成绩。例如,合成了一些(硅)磷铝和(硅)锗微孔分子筛材料,其孔径超过0.74nm并且具有比介孔材料更优良的稳定性[8-13]。其中,利用有机大分子填充物和更易溶的硼硅物种代替硅铝凝胶可以制备得到具有管状形貌的DON-、CFI-、SFN-和SFH系列,其孔径约为0.8nm[14,15];利用更易溶的硅锗物种代替硼硅凝胶则可以制备得到具有更大开放孔道的拓扑结构,例如,具有0.8nm和0.7nm交叉孔道的UTL型结构以及具有约为1.3nm大孔径的ITQ-33[16]。另外,采用传统的无机填充物在一定条件下也可以制备得到大开放骨架的微孔分子筛材料。例如,采用钙或铜与钾元素共同作为结构导向剂可以制备得到具有最低骨架密度的TSC型分子筛[17];镓硅物种体系中加入无机填充剂可以合成得到具有约为1.0nm大孔径的ETR型镓硅铝分子筛材料[18]。尽管近年来在超大微孔分子筛材料合成方面已取得了引人注目的成就,然而对于这些材料具体的催化应用目前还没有更深入的认识。

多级孔复合,特别是介孔和微孔的复合是近年来多孔催化材料研究的另一热点。鉴于目前报道的大部分介孔材料存在着热稳定性和水热稳定性较差,缺少一定强度的表面酸性中心及酸中心易流失等缺点,而微孔分子筛虽然具有良好的结构稳定性和较强的酸性中心,但存在分子扩散限制,带来催化反应活性和选择性不佳等问题,具有微孔与介孔或大孔的多级孔复合材料有望结合二者优点并在实际应用中发挥优势[19]。近年来,多级孔复合分子筛材料已成为研究热点,目前主要的制备方法有后处理法、在合成过程中引入介孔模板剂、介孔孔壁晶化法以及制备前驱体自组装等方法。Ryoo 等[20]在微孔—介孔复合材料领域做了很多工作,他们利用含有 3 个季铵基团的有机模板剂(18 - N₃ - 18)成功合成了微孔—介孔复合材料,该材料具有有序六方介孔结构,介孔孔壁为完全结晶的微孔分子筛 MFI,通过改变有机模板剂分子大小可以调整介孔孔壁的厚度及介孔孔道尺寸。这类有序介孔分子筛催化剂材料在 Friedel - Crafts 烷基化以及维生素 E 的合成反应中,尤其是针对大分子的催化反应,表现出非常高的催化活性及选择性。最近,许多研究者在这方面各自开展了研究工作,通过设计不同结构的亲水性表面活性剂都得到了具有独特介孔孔道的纳米层结构复合分子筛[21,22]。

分子筛材料除了在催化、吸附、分离以及离子交换等传统领域有着巨大的应用价值外,研究者还试图将分子筛应用到传感、膜、光电子学、电流变流体和功能性纳米材料组装等新领域[23]。通常这些领域对分子筛的晶体形貌要求很高,因此通过寻找合适的合成策略来控制分子筛的晶体尺寸和形貌以满足不同层次的需求是一项非常有意义的工作。目前,研究者在晶体形貌及尺寸大小的控制方面已取得了很大的进展,且在该领域的研究仍在持续增长。然而,到目前为止,该方面的研究仍处于理论研究阶段,尚未实现商业化。

第二节 分子筛材料的物理性质及应用

一、分子筛材料的主要物理性质

合成的分子筛材料一般为白色晶体粉末,当采用天然矿物作原料或在合成过程中混入杂质时,得到的分子筛产品有时会略带颜色。分子筛为多孔材料,具有均匀的孔道分布、大比表面积和较大的孔体积等物理性质,使得分子筛材料在吸附、分离等领域都有着重要的应用价值。

1. 孔径分布

分子筛材料具有大量均匀的孔分布,与其他多孔材料相比,分子筛的孔径是非常均匀的。图 1 - 1 为几种多孔材料的孔径分布情况,从图 1 - 1 中可以看出,分子筛的孔径分布是非常集中的。其中,微孔分子筛孔径小于 2nm,与一般物质的分子大小的数量级相当,吸附位或活性位绝大多数是在其微孔孔道内。介孔分子筛材料,其孔径分布在 2~50nm 之间,与微孔分子筛相比,其孔径分布要略宽,同时,通过在合成体系中加入一定量的有机添加剂可以在 2~10nm 的范围内很容易地调节介孔分子的孔径尺寸。

2. 比表面积

与其他多孔材料相比较,分子筛材料具有很大的比表面积,这些比表面积主要存在于分子

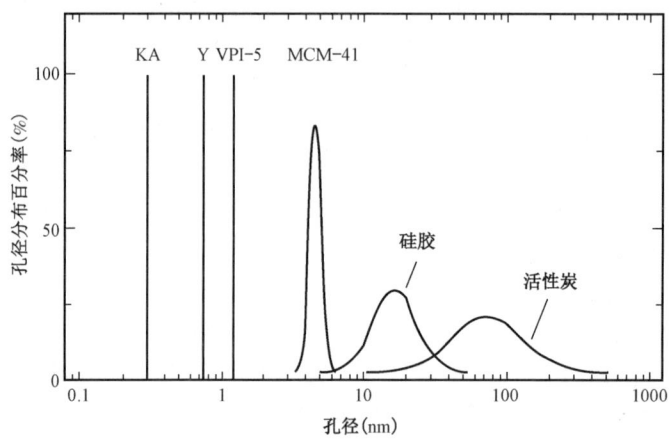

图 1-1 几种多孔材料的孔径分布比较

筛晶粒的内部,外表面积仅占总比表面积的 1% 左右。例如,对于 ZSM-5 沸石,其比表面积一般为 $400\sim500m^2/g$,而介孔分子筛 MCM-41、MCM-48 的比表面积可高达 $1000m^2/g$ 以上。分子筛晶粒尺寸越小,分子筛的比表面积越大。

3. 孔体积

分子筛材料具有空旷的多孔结构,分子筛骨架密度低,其内部孔体积约为总体积的 40%~50%。分子筛的孔体积与分子筛的吸附性能有很大关系,它直接决定着分子筛的饱和吸附量。

4. 稳定性

分子筛的稳定性通常是指它在经过高温处理后,分子筛结构是否破坏以及性能是否降低。对于微孔分子筛,其分子筛骨架为晶体结构,因此具有良好的热稳定性和水热稳定性,在高温水热条件下,仍能保持较好的晶体结构。一般来说,沸石的硅铝比越高,其稳定性越好。例如,对于低硅沸石 Y($SiO_2/Al_2O_3=2$) 来说,其骨架开始发生破坏的温度为 660℃;而对于高硅沸石 ZSM-5($SiO_2/Al_2O_3>30$),其骨架开始发生破坏的温度为 900℃。介孔分子筛材料,由于其分子筛孔壁是无定形的,因此其热稳定性和水热稳定性要比微孔分子筛差得多。

二、分子筛材料的主要应用

微孔分子筛材料应用最为广泛的是硅铝型沸石分子筛。最早沸石分子筛是以天然矿物的形式被发现的,其应用也只限于吸附、离子交换和气体分离。直到20世纪40年代,人工合成沸石分子筛的成功开发,揭开了沸石分子筛合成与应用的新篇章。随着合成方法的不断改进和沸石种类的不断增加,沸石分子筛晶体材料的应用领域也越来越广泛。目前,沸石分子筛已成为石油化工领域重要的吸附材料和催化材料。例如,A 型沸石的孔口直径为 0.4nm,正好介于 O_2 和 N_2 之间(O_2 为 $0.38nm\times0.28nm$,N_2 为 $0.42nm\times0.32nm$),因此,A 型沸石膜对于空气中的氮气与氧气分离具有非常好的效果[24];b 轴定向生长的 MFI 分子筛更是可以实现动力学半径差值小于 0.1nm 的二甲苯异构体(邻二甲苯和对二甲苯)的分离[25]。沸石分子筛最重要的价值是其在催化反应中的应用。自最初 Y 型沸石在烷烃催化裂化反应成功应用后,沸石晶体材料在石油炼制、石油化工等领域得到了快速发展和广泛关注,Y 型沸石也成为工业化的流化催化裂化(FCC)催化剂。通过调节骨架铝含量或采用杂原子 Ga、B 等对 Al 的取代可以实现对分子筛酸密度和酸强度的调控[26]。硅铝沸石分子筛作为一类重要的固体酸催化剂,弥补了均相催化反应中催化剂和反应物不能分离的缺点,已经被用在许多酸催化反应中,如催化裂化、加氢裂化、异构化、甲醇制烯烃(MTO)反应等[27]。另外,通过将过渡金属元素引入沸石分子筛骨架中还实现了其在氧化还原反应中的应用,最典型的例子是钛硅分子筛的合成,合成的含钛分子筛在催化氧化反应中表现出相当高的催化活性,如 TS-1、Ti-Beta、Ti-MWW 等分子筛已被广泛地用于苯酚羟化、烯烃环氧化、烷烃氧化等反应[28-30]。沸石分子筛经过 Fe^{3+} 和 Cu^{2+} 交换后可以用来降解汽车和制酸工厂排出的氮氧化物气体[31],在环境保护和净化方面显示出一定的价值。作为催化剂或催化剂载体,与其他材料相比沸石分子筛有着相对明显的优势:高的热稳定性和水热稳定性使催化反应可以在苛刻的条件下进行,规则的孔道结构可以实现对某种产物的高选择性,而可调变的活性中心使其可以应用在各类反应中。

介孔分子筛因具有高度有序和均匀分布的孔道结构,孔径尺寸调变范围较宽(2~50nm),比表面积大(大于 $1000m^2/g$),并且其骨架组分具有多样性等特点,在很多领域具有良好的应用前景,已成为孔材料研究领域新的热点。最初,介孔分子筛主要应用于催化反应,后来研究人员又利用其孔道特性不断拓展,相继发展到纳米材料和生物吸附分离等领域。近几年的研究主要是在以前研究的基础上,将介孔分子筛改性负载官能团及金属离子,以应用于更多领域。

参 考 文 献

[1] Cronstedt A F, Schlenker J L, Kühl G H. Observations and descriptions:on an unknown mineral – species called zeolites[C]. van Ballmoos R, Higgins J B, Treacy M M J(eds.). Proceedings from the Ninth International Zeolite Conference,1993:3-9.

[2] 徐如人,庞文琴. 分子筛与多孔材料化学[M]. 北京:科学出版社,2004.

[3] Rabo J A, Schoonover M W. Early discoveries in zeolite chemistry and catalysis at Union Carbide, and follow – up in industrial catalysis[J]. Applied Catalysis A:General,2001,222(1-2):261-275.

[4] Chen N Y. Personal perspective of the development of para selective ZSM – 5 catalysts[J]. Industrial & Engineering Chemistry Research,2001,40(20):4157-4161.

[5] Wilson S T,Lok B M,Flanigen E M. Crystalline metallophosphate compositions:US,4310440[P]. 1982-01-12.

[6] Davis M E,Saldarriaga C,Montes C,et al. A molecular sieve with eighteen – membered rings[J]. Nature,1988,331:698-699.

[7] Kresge C T,Leonowicz M E,Roth W J. Ordered mesoporous molecular sieves synthesized by a liquid – crystal template mechanism[J]. Nature,1992,359:710-714.

[8] 张铨昌,刘蔚玲,韩成,等. 超大沸石矿物的合成[J]. 科学通报,1994,39(4):352-356.

[9] Martinez J O,McCusker L B,Baerlocher C. Characterization and structural analysis of differently prepared samples of dehydrated VPI – 5[J]. Microporous and Mesoporous Materials,2000,34(1):99-113.

[10] Plevert J,Gentz T M,Laine A,et al. A flexible germanate structure containing 24 – ring channels and with very low framework density[J]. Journal of the Ameriacan Chemical Society,2001,123(17):12706-12707.

[11] Zhou Y,Zhu H,Chen Z,et al. A large 24 – membered – ring germanate zeolite – type open – framework structure with three – dimensional intersecting channels[J]. Angew. Chem. Int. Ed. ,2001,40(11):2166-2168.

[12] Li Y, Zou X. SU – 16: A three – dimensional open – framework borogermanate with a novel zeolite topology[J]. Angew. Chem. Int. Ed., 2005, 44(13): 2012 – 2015.

[13] Tang L, Dadachov M S, Zou X. SU – 12: A silicon – substituted ASU – 16 with circular 24 – rings and templated by a monoamine[J]. Chem. Mater., 2005, 17(10): 2530 – 2536.

[14] Freyhardt C C, Tsapatsis M, Lobo R F, et al. A high – silica zeolite with a 14 – tetrahedral – atom pore opening [J]. Nature, 1996, 381(6580): 295 – 298.

[15] Wagner P, Yoshikawa M, Tsuji K, et al. CIT – 5: a high – silica zeolite with 14 – ring pores[J]. Chemical Communications, 1997(22): 2179 – 2180. DOI: 10. 1039/A704774F.

[16] Corma A, Diaz – Cabanas M J, Jorda J L, et al. High – throughput synthesis and catalytic properties of a molecular sieve with 18 – and 10 – member rings[J]. Chemin form, 2007, 38(3): 842 – 845.

[17] Low J J, Lewis G J. Synthetic crystalline tschortnerite – structured alkali/alkaline earth aluminosilicate zeolites for air separation (UOP LLC, USA): US, 6534034[P]. 2003 – 03 – 18.

[18] Strohmaier K G, Vaughan D E W. Structure of the first silicate molecular sieve with 18 – ring pore openings, ECR – 34[J]. Journal of the American Chemical Society, 2003, 125(51): 16035 – 16039.

[19] 王义, 李旭光, 薛志元, 等. 多孔分子筛材料的合成[J]. 化学进展, 2010, 22(2/3): 322 – 329.

[20] Na K, Park W, Seo Y, et al. Disordered assembly of MFI zeolite nanosheets with a large volume of intersheet mesopores. [J]. Chem. Mater., 2011, 23(5): 1273 – 1279.

[21] Singh B K, Xu D, Han L, et al. Synthesis of single – crystalline mesoporous ZSM – 5 with three – dimensional pores via the self – assembly of a designed triply branched cationic surfactant[J]. Chem. Mater., 2014, 26(24): 7183 – 7188.

[22] Wu Q, Li M, Huang Y, et al. Hierarchical ZSM – 5 by 90° twin intergrowth of mesoporous nanofibers: Synthesis and application in methanol/propanal to hydrocarbon reaction[J]. Microporous and Mesoporous Materials, 2016, 226: 284 – 291.

[23] Drews O, Tsapatsis M Progress in manipulating zeolite morphology and related applications[J]. Current Opinion in Colloid & Interface Science, 2005, 10(5 – 6): 233 – 238.

[24] Yin X, Zhu G, Yang W, et al. Stainless – steel – net – supported zeolite NaA membrane with high permeance and high permselectivity of oxygen over nitrogen [J]. Advanced Materials, 2005(17): 2006 – 2010.

[25] Liu Y, Li Y, Yang W. Fabrication of highly b – oriented MFI film with molecular sieving properties by controlled in – plane secondary growth [J]. Journal of the American Chemical Society, 2010, 132(6): 1768 – 1769.

[26] Haag W D. Catalysis by Zeolites – Science and Technology [J]. Studies in Surface Science and Catalysis, 1994, 84: 1375 – 1394.

[27] Erichsen M W, Svelle S, Olsbye U. H – SAPO – 5 as methanol – to – olefins (MTO) model catalyst: Towards elucidating the effects of acid strength [J]. Journal of Catalysis, 2013, 298: 94 – 101.

[28] Wang L, Liu Y, Xie W, et al. Improving the hydrophobicity and oxidation activity of Ti MWW by reversible structural rearrangement [J]. Journal of Physical Chemistry C, 2008, 112: 6132 – 6138.

[29] Wells D H, Delgass W N, Thomson K T. Evidence of defect – promoted reactivity for epoxidation of propylene in titanosilicate (TS – 1) catalysts: A DFT study [J]. Journal of the American Chemical Society, 2004, 126(9): 2956 – 2962.

[30] Ratnasamy P, Srinivas D, Knozinger H. Active sites and reactive intermediates intitanium silicate molecular sieves [J]. Advances in Catalysis, 2004, 48: 1 – 169.

[31] Colombo M, Koltsakis G, Nova I, et al. Modelling the ammoniaadsorption – desorption process over an Fe – zeolite catalyst for SCR automotive applications [J]. Catalysis Today, 2012, 188: 42 – 52.

第二章 微孔分子筛材料的结构及性质

微孔分子筛材料之所以具有一些独特的性质,如吸附性能、离子交换性能、择形性和催化性能,主要是由它们本身的结构决定的。其中,微孔分子筛的吸附性能取决于孔口大小和孔体积;离子交换性能是由阳离子的数目、位置以及可通行性决定的;催化性能则取决于孔口尺寸、孔道维数、阳离子位置以及反应中间体的可容纳空间关系等因素。

沸石化学家很早就已经认识到,沸石的骨架结构是理解沸石化学的基础,因此早在1970年,Meier 和 Olson[1] 首次提出了按照沸石材料的骨架类型对沸石类材料进行分类,并在沸石界受到广泛认可。骨架类型仅仅表示了骨架中四配位原子(T原子)的连通性,并不包括骨架组成、晶胞尺寸、孔道尺寸结构、孔道维数、笼的大小和排布以及阳离子类型。因此,按照该分类方式,不同的沸石材料可划分成一类代号。例如,十字沸石(garronite)、斜方钙沸石(gismondine)、戈硅钠铝石(gobbinsite)、Na – P1、Na – P2 和 SAPO – 43 都具有 GIS 骨架类型。根据国际理论和应用化学联合会(IUPAC)的命名原则[2,3],给每个确定的骨架结构赋予一个代码(由3个英文字母组成),代码通常取自分子筛材料名称中的字母。例如,FAU 来自于八面沸石(faujasite)前3个字母,LTA 来源于 Linde Type A,MFI 来源于 ZSM – 5(Zeolite Socony Mobil – five)。关于骨架类型的相关信息可参考已出版的"Atlas of Zeolite Framework Types"[4](《分子筛骨架类型图集》)。在2007年国际分子协会(IZA)结构委员会出版的第六版《分子筛骨架类型图集》中,收集的分子筛骨架结构类型共有176种,截至2015年10月,分子筛的骨架结构类型一共有231种,表2 – 1 给出了几种常见分子筛的骨架类型及孔道结构。

表2 – 1 分子筛的分类及代号

代表性分子筛	代号	孔道体系	维数	孔径
Linde A	LTA	8 – 8 – 8[①]	3	0.41nm
菱沸石	CHA	8 – 8 – 8	3	0.38nm × 0.38nm
毛沸石	ERI	8 – 8	3	0.36nm × 0.51nm
ZSM – 23	MTT	10	1	0.45nm × 0.52nm
ZSM – 48		10	1	0.53nm × 0.56nm
镁碱沸石	FER	10 – 8	2	0.43nm × 0.55nm
ZSM – 5	MFI	10 – 10		0.53nm × 0.56nm
ZSM – 11	MEL	10 – 10	3	0.58nm × 0.54nm
ZSM – 12	MTW	12	1	0.55nm × 0.59nm
Linde L	LTL	12	1	0.71nm
丝光沸石	MOR	12 – 8		0.65nm × 0.70nm
菱钾沸石	OFF	12 – 8 – 8	3	0.67nm
八面沸石	FAU	12 – 12 – 12	3	0.74nm

续表

代表性分子筛	代号	孔道体系	维数	孔径
AlPO$_4$-8	AET	14	1	0.79nm×0.87nm
VPI-5	VFI	18	1	1.21nm
三叶沸石	CLO	20-20-20	3	1.32nm×0.40nm
JDF-20	—	20-10-8	3	1.45nm×0.62nm

① 表示由3种八元环孔道结构构成。

然而,微孔分子筛的骨架组成、孔道内物种的性质以及分子筛的后处理改性对于分子筛特性也起着重要的作用。例如,硅铝沸石分子筛骨架呈电负性,而磷铝分子筛骨架则是中性结构;孔道内大尺寸阳离子能够堵塞或减小孔道的有效尺寸,而小尺寸阳离子可能造成孔道扭曲。另外,吸附物种还会影响分子筛的催化、光学、磁性等性能。因此,需要充分理解微孔分子筛的特性,还要掌握其分子筛结构的精确信息。本章将主要以硅铝沸石分子筛为例,介绍微孔分子筛化合物的基本结构和特点。

第一节 分子筛的结构

一、初级结构单元

分子筛最基本的结构是TO$_4$四面体,称为初级结构单元(PBU),骨架T原子通常是指Si、Al或P原子,四面体之间通过共享顶点形成三维四连接骨架。在这些四面体中,硅、铝等原子以高价氧化态的形式出现,采用sp3杂化轨道与氧原子成键。在分子筛结构中,每个T原子与4个氧原子配位,每个氧原子同时桥连2个T原子,如图2-1所示。

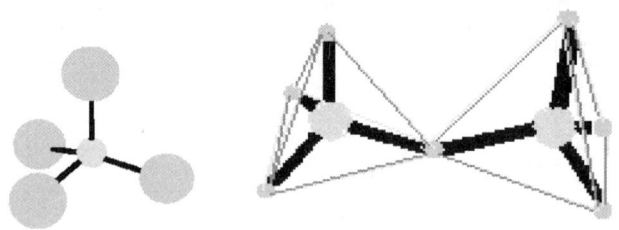

图 2-1 TO$_4$ 四面体

对于大多数沸石分子筛,Si原子和Al原子的排布是无序的,然而硅氧四面体和铝氧四面体相互连接时遵守如下规则:四面体中的每个氧原子都是共用的;相邻的两个四面体之间只能共用一个氧原子;两个铝氧四面体不直接相连,即不存在Al—O—Al键,而硅氧四面体可以直接相连;然而对于磷铝分子筛来说,骨架中的AlO$_4$四面体和PO$_4$四面体严格交替。

二、次级结构单元

TO$_4$四面体通过共享氧原子连接而成环,环通过氧桥连接成三维空间的多面体(笼),环和笼称为分子筛的次级结构单元(SBU)。这些次级结构单元相互连接组成分子筛的三维骨架结构；骨架中由环组成的孔道是沸石材料的最主要结构特征,孔道结构对吸附性能、催化性能有重要影响。

(1)环结构:TO_4四面体通过氧桥键形成,如图2-2所示。在环结构中,每个顶点代表一个T原子,每条边代表一个氧桥。由4个四面体形成的环称为四元环,5个四面体形成的环称为五元环,依此类推,还有六元环、八元环和十二元环等。如果把各种环近似地看成圆形,其直径称为孔径。通常把具有八元环的孔道称为小孔,十元环孔道称为中孔,而十二元环孔道称为大孔。需要注意的是,多元环上的原子可能不在同一平面上,有扭曲和褶皱,因此同种氧环的孔口的大小是有一定变化的。各种环的孔径尺寸见表2-2。

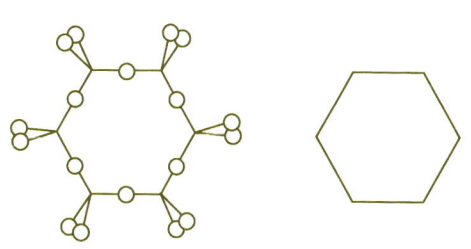

图2-2 分子筛的环结构

表2-2 各种环的孔径尺寸

多元环	最大自由直径(nm)
四	0.115
五	0.16
六	0.28
八	0.43
十	0.63
十二	0.80
十八	1.50

(2)笼、链和层状结构:TO_4四面体通过氧桥相互连接形成多元环,各种不同的多元环通过氧桥相互连接,形成具有三维空间的多面体；这些多面体是中空的笼状,故称为笼。笼有多种形式,如立方柱(γ)笼、六方柱笼、α笼、β笼、八面沸石笼等(图2-3)。分子筛中的笼是三维空间的多面体,是构成分子筛的主要结构单元。笼形结构单元是由多元环构成的,例如β笼是由6个四元环和8个六元环围成,因此被定义为$[4^6 6^8]$笼。

β笼(方钠石笼):可以看作是在正八面体每个顶角1/3处削去6个角而形成的,故又称为削角正八面体。在削去顶角的地方形成6个正方形(四元环)。原来8个三角面变成正六边形(六元环),顶点成了24个(即24个硅铝原子)。平均笼直径为0.66nm,空腔体积为0.16nm³,最大窗孔为六元环,孔径在0.28nm左右,仅允许NH_3、H_2O等小分子进出,是构成A型、X型、Y型沸石的骨架结构。

α笼:二十六面体(6个八元环、8个六元环、12个四元环、48个顶点),平均笼直径为1.14nm,空腔体积为0.76nm³；最大窗孔为八元环,孔径在0.41nm左右,是构成A型沸石骨架的主晶穴(孔穴)。

三维空间的多面体,不同的分子筛骨架会含有相同的笼形结构单元,即同一笼形结构单元

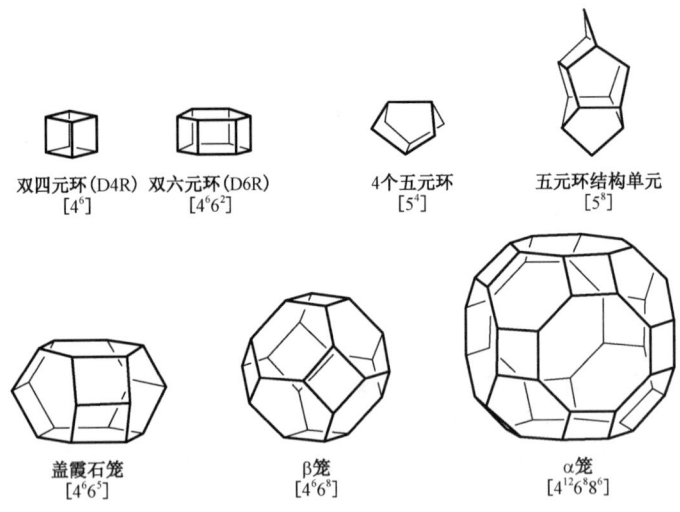

图 2-3 几种代表性的笼结构单元

通过不同的连接方式会形成不同的骨架结构类型。例如,β 笼间通过共面相连会形成方钠石(SOD)结构;如果 β 笼通过双四元环连接,会形成 A 型沸石(LTA)结构;而当 β 笼间通过双六元环连接,则会形成八面沸石(FAU)结构(图 2-4)。

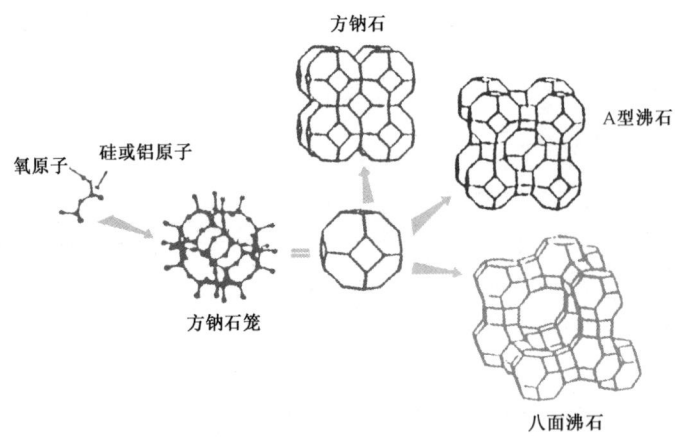

图 2-4 由 β 笼构成的不同的分子筛结构

在分子筛骨架结构中,常会发现一些特征的链状结构单元,如图 2-5 所示,它们分别称为双 Z 字形链、双锯齿形链、双机轴链、短石柱链和 Pentasil 链。其中,短石柱链常存在于 $AlPO_4$ 磷铝分子筛中,而通过共享 $[5^8]$ 笼形成的 Pentasil 链则常存在于高硅沸石家族中(MFI,MEL)。

具有一维孔道结构的分子筛,其孔壁通常完全由六元环构成,在 AFI 和 CAN 骨架中由两种不同六元环走向构成的十二元环孔道结构如图 2-6 所示。分子筛的结构还可以通过一些二维三连接的网层来描述,每一种层用与一个顶点相关的 3 个 n 元环表示。如图 2-6 中 GIS 骨架结构中的网层,每一个顶点连接一个四元环和两个八元环,因此成为 4.8^2 网层。三维四连接的骨架结构可以看成是由平行堆积的网层通过上下取向的三连接顶点间相互连接而形成

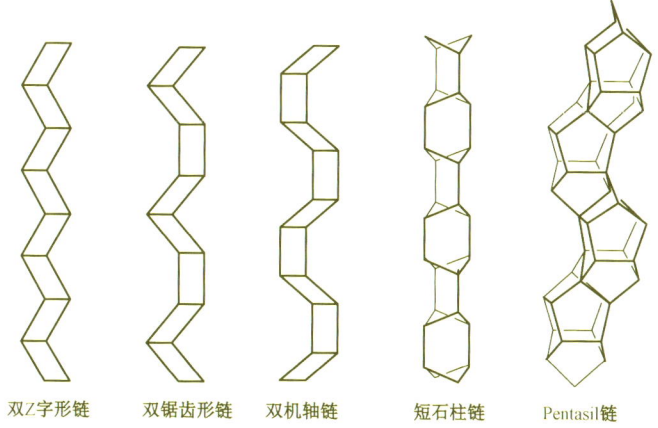

图 2-5 分子筛骨架中的链结构

的,八元环中顶点一半指向层上(U),一半指向层下(D)。另一个具有 4.8^2 网层结构的为 ABW 骨架构型,其中围绕八元环的四面体取向为 UUDUDDUD。

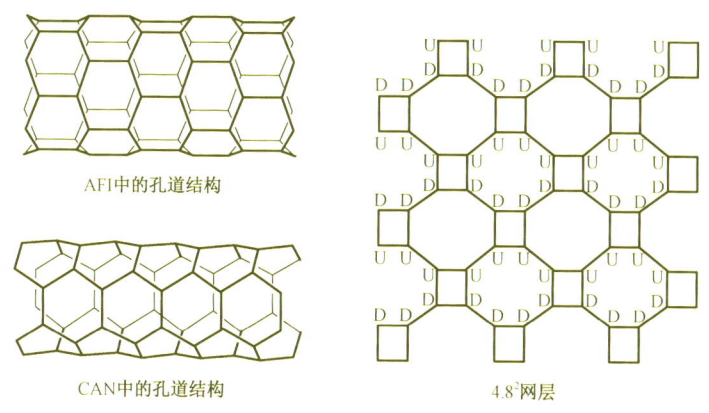

图 2-6 六元环构成的两种不同孔道和 GIS 骨架的 4.8^2 网层

分子筛中有少数结构由最大环数为六的环结构构成的笼组成,因此骨架内没有孔道,例如纯硅 aclathrasils 沸石,然而大多数的分子筛具有最小为八元环的孔道,这些孔道相互交叉构成二维或三维孔道结构,对于分子筛的催化和吸附性能起着至关重要的作用。例如,与二维、三维孔道结构相比,具有一维孔道结构的分子筛易发生结焦导致孔道堵塞。

第二节 分子筛的组成和结构

一、分子筛的骨架组成

硅铝沸石分子筛的骨架由 SiO_4 四面体和 AlO_4 四面体构成,骨架中 Si 和 Al 的分布一般是无序的,根据 Loewenstien 规则,四面体上的两个 Al 原子不能相邻,即不存在 Al—O—Al 键,而

Si 原子无此限制,因此分子筛骨架 Si/Al 可在 1~∞ 之间变化。在 LTA 骨架结构中,SiO_4 四面体和 AlO_4 四面体排列是有序的,同时严格交替,即 Si/Al = 1;全硅分子筛完全由 SiO_4 四面体构成。一般地,Si/Al≤2 的沸石分子筛称为低硅沸石,2 < Si/Al≤5 的称为中硅沸石,而 Si/Al > 5 的称为高硅沸石。沸石分子筛骨架的 Si/Al 影响分子筛的亲油、亲水性能,高硅沸石亲油(对有机分子吸附性强),低硅沸石亲水。另外,骨架的 Si/Al 还影响沸石分子筛的耐酸性和热稳定性,随着骨架 Si/Al 的增加,沸石分子筛的耐酸性和热稳定性也随之提高。对于磷铝分子筛,AlO_4 四面体和 PO_4 四面体严格交替,骨架上的 Al 原子和 P 原子可以被其他主族或过渡元素替代,即同晶取代,硅铝沸石分子筛的水热稳定性一般要高于磷铝分子筛。

微孔分子筛材料之所以具有许多独特的性质,与分子筛的阴离子骨架结构以及具有可交换的平衡阳离子是密不可分的。纯硅骨架是中性的,然而将部分四价 Si 用三价 Al 取代后,得到的硅铝沸石骨架具有电负性,此时则需要 Na^+ 等阳离子进行平衡。同样,具有中性的磷铝骨架或磷酸镓骨架可以通过引入部分其他元素进入 TO_4 中得到具有阴离子的骨架结构。在分子筛骨架中引入少量过渡金属可以使得分子筛材料具有特殊的催化性能。目前,许多不同的元素可以引入分子筛的骨架中,从而使得最初的硅铝骨架扩展到包含元素周期表中的大部分元素。在有些情况下,只有少量比例的杂原子可以进入骨架中。

二、阳离子的位置

硅铝沸石分子筛骨架中 SiO_4 四面体是中性的,而 AlO_4 四面体则带有负电荷,骨架的负电荷由阳离子来平衡。平衡硅铝沸石分子筛的阳离子位于分子筛的孔道和笼内。阳离子的数目以及位置直接影响到分子筛的各种性能,如离子交换性能和催化性能等。目前,根据现代晶学技术通过衍射数据通常可以得到有关阳离子位置的信息,然而仍然存在一些限制。

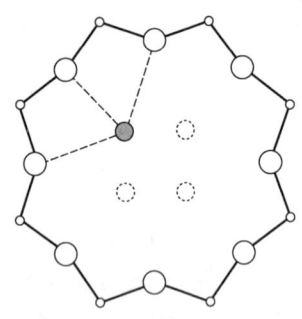

图 2-7 LTA 型沸石八元环中 Na^+ 的位置

这主要是由于非骨架物种的对称性不能满足骨架的高对称性,因此通常把它们称为"无序的"。例如,对于 A 型沸石(LTA),位于八元环中的 Na^+ 偏离环中心,它可与骨架中的 3 个氧原子接近(图 2-7),然而由于通过八元环的中心存在一个四重轴,因此 Na^+ 实际上有 4 个等效的位置。由于每个八元环中只有一个 Na^+,因此 Na^+ 可能在 4 个等价位置上跳跃(动态无序),或者是静止的,但在不同的八元环中占据不同的位置(静态无序)。传统的 X 射线衍射不能区分这两种情况,然而无论哪种情况,衍射数据都会表明等价位置上有 1/4 个 Na^+。

沸石分子筛中阳离子的位置主要受孔穴的大小、阳离子的大小、阳离子间的相互作用以及温度等诸多因素的影响。

三、有机胺物种

对于高硅沸石分子筛和磷酸盐分子筛,在合成过程中往往需要引入有机胺作为结构导向剂或模板剂,它们位于分子筛的孔道或笼内,其主要作用为空间填充作用、结构导向作用和模板作用。

第三节 几种典型分子筛的结构

一、方钠石

方钠石的孔道窗口仅为六元环,仅有有限的吸附能力,因此,根据沸石严格定义,方钠石不属于沸石分子筛。然而,方钠石骨架密度为每立方千埃有 17.2 个 T 原子❶,属于沸石分子筛范围。方钠石结构可以看作体心立方排布的 β 笼通过共享四元环和六元环相连构成(图 2-8)。

二、A 型沸石

A 型沸石(LTA)的理想晶胞组成为 $Na_{96}[Al_{96}Si_{96}O_{384}] \cdot 216H_2O$,骨架 Si/Al=1,属于低硅沸石。A 型沸石与 SOD 结构有关,然而在 LTA 结构中,β 笼以简单立方形式排布,彼此间通过双四元环连接。若将 NaCl 晶格中的 Na^+ 和 Cl^- 全部替换成 β 笼,并将相邻的 β 笼用双四元环 γ 笼连接起来就得到 A 型沸石的晶体结构,属于立方晶系。A 型沸石中心有一个大的 α 笼,是 8 个 β 笼和 12 个 γ 笼连接而成的,α 笼之间通道有一个八元环窗口,其直径为 4Å,故称 4A 分子筛(图 2-9)。

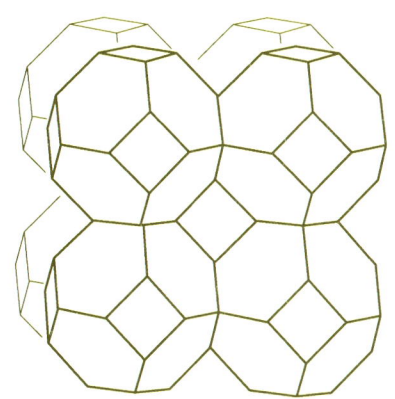

图 2-8 SOD 骨架结构

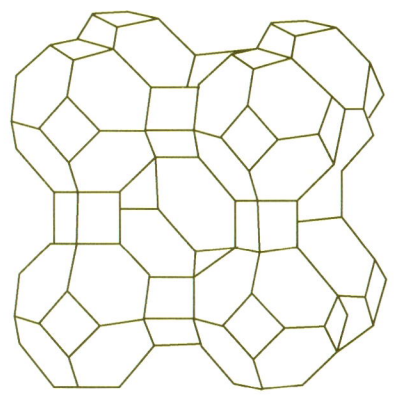

图 2-9 A 型沸石的骨架结构

A 型沸石孔道为相互垂直的三维孔道体系,主孔道为八元环,直径约为 0.42nm,笼的最大直径为 1.14nm。A 型沸石晶胞中每个 β 笼有 12 个 Na^+,其中 8 个分布在六元环附近,4 个分布在八元环附近。阳离子的改变,会使孔道直径发生变化,例如,KA 孔径为 0.3nm,NaA 孔径为 0.4nm,CaA 孔径为 0.5nm。A 型沸石常用作干燥剂和洗涤剂中的离子交换剂。

三、X 型和 Y 型沸石

X 型和 Y 型沸石(八面沸石分子筛)都具有天然矿物八面沸石的骨架结构,故俗称八面沸石。两种沸石的区别在于骨架的硅铝比(Si/Al)不同,一般把 Si/Al 值为 1.1~1.5 的沸石称为 X

---

❶ $1Å = 0.1nm = 10^{-10}m$。

型沸石,而 Si/Al 值大于 1.5 的沸石称为 Y 型沸石。理想晶胞组成：X 型,$Na_{86}[Al_{86}Si_{106}O_{384}]\cdot 264H_2O$；Y 型,$Na_{56}[Al_{56}Si_{136}O_{384}]\cdot 264H_2O$。八面沸石的基结构单元与 A 型沸石一样均是 β 笼,8 个 β 笼按金刚石晶体方式排列,金刚石结构中每个碳原子由 β 笼替代,相邻的 β 笼通过六元环以 T—O—T 键相互连接,围成一个二十六面体笼,即八面沸石笼,或称超笼；八面沸石的骨架类型还可以描述成 SOD 层的 ABAABC 堆积(图 2 - 10)。

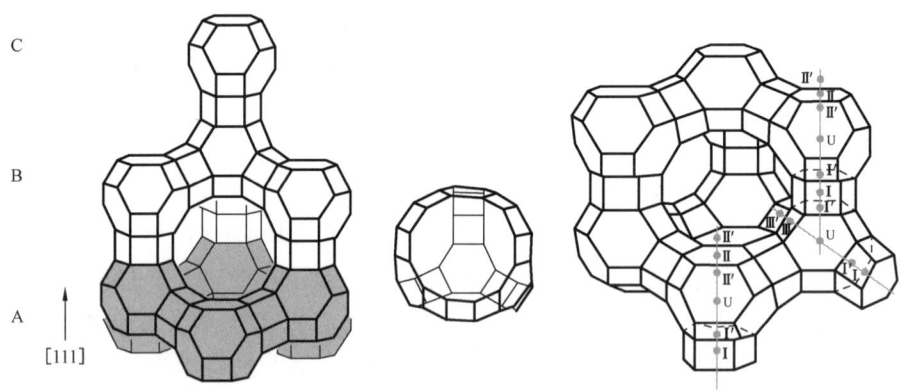

图 2 - 10　八面沸石的骨架结构及阳离子在骨架中的位置
A,B,C—由方钠石笼构成的 3 种不同形式的层结构

八面沸石笼之间通过十二元环沿 3 个晶轴方向互相贯通,形成与金刚石晶体结构类似的三维孔道体系,主孔道为十二元环,孔口直径约为 0.74nm,八面沸石笼的最大直径为 1.18nm。由于八面沸石具有较大的孔体积和三维十二元环孔道结构,因此在催化方面有着非常重要的应用。

阳离子分布：八面沸石中的阳离子位置一般处于立方晶胞的对角线上,常用 Ⅰ、Ⅰ′、Ⅱ、Ⅱ′、Ⅱ″、Ⅲ、Ⅲ′和 U 等符号表示：Ⅰ 位于六方柱笼中心,Ⅰ′位于 β 笼中距六方柱笼的六元环中心约为 1Å,Ⅱ 和 Ⅱ″位于八面沸石笼中,Ⅱ′位于 β 笼内距八面沸石的六元环中心约为 1Å；Ⅲ 和 Ⅲ′位于八面沸石笼壁附近的位置；U 位于 β 笼中心(图 2 - 10)。

四、丝光沸石

丝光沸石(MOR)的理想晶胞组成为 $Na_8[Al_8Si_{40}O_{96}]\cdot 24H_2O$,丝光沸石的 Si/Al 约为 10,属于中硅沸石。其结构以五元环为特征,其是由五元环和四元环组成的链状结构围成八元环和十二元环的层状结构。许多这样的层叠起来就形成了丝光沸石,但每层上的原子并不在一个平面上,而且层与层之间也不是正对着的,相互之间有一定的位移(图 2 - 11)。丝光沸石的主孔道为椭圆形的十二元环直筒形孔道,孔径约为 0.65nm×0.70nm,主孔道之间有八元环孔道,由于排列不规则,八元环孔道尺寸仅为 0.26nm×0.57nm,一般分子进不去,因此在催化作用中只有一束主孔道起作用,丝光沸石没有笼、没有晶穴(孔穴),通常称为一维直孔道,孔道易堵塞。丝光沸石的晶胞中有 8 个阳离子,4 个位于主孔道周围的八元环孔道中,另外 4 个位置不固定。

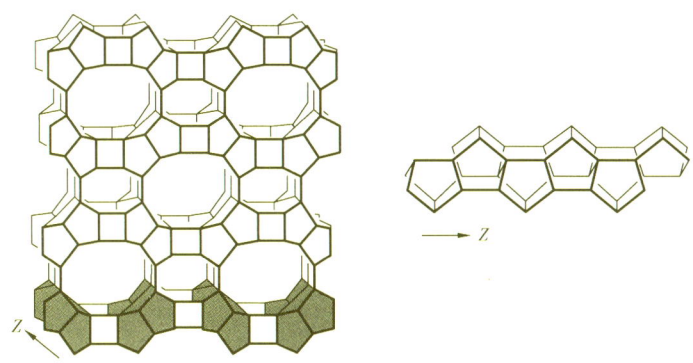

图 2 – 11 MOR 的骨架结构和通过共享 [5⁴] 结构单元构成的链

五、ZSM – 5 沸石

ZSM – 5 沸石（MFI）的理想晶胞组成为 $Na_n[Al_nSi_{96-n}O_{192}]\cdot 16H_2O$，其硅铝比可高达 50 以上至无穷大，属于高硅沸石。MFI 型结构单元与丝光沸石相似，由成对的五元环组成，无笼状空腔，只有通道。硅（铝）氧四面体连接成比较特殊的基本结构单元，即由 8 个五元环组成的结构单元通过共边连接成链状结构，然后扩展成层状，许多这样的层叠起来就形成了 ZSM – 5 沸石（图 2 – 12）。

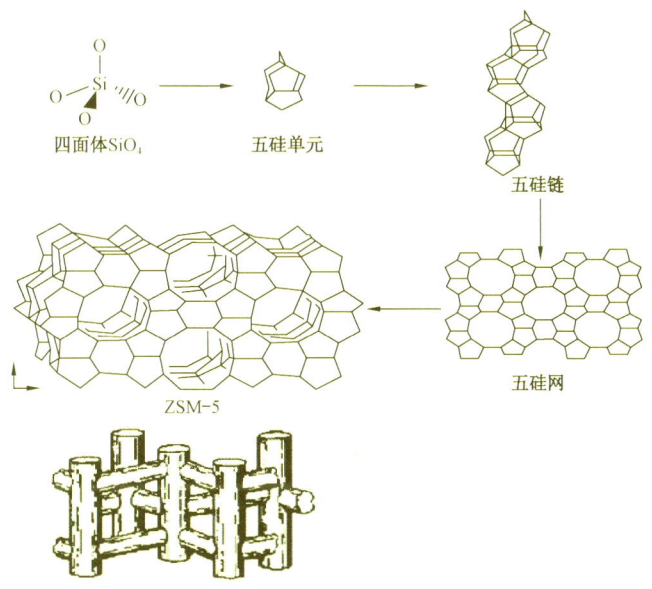

图 2 – 12 ZSM – 5 沸石结构与孔道走向图

ZSM – 5 沸石的主孔道窗口为十元环，孔道体系是三维的，骨架中平行于 c 轴方向的十元环孔道呈直线形，孔径约为 0.51nm×0.55nm；平行于 a 轴方向的十元环孔道呈"Z"字形，孔径约为 0.53nm×0.56nm。ZSM – 5 沸石的这种十元环孔道结构在择形催化中表现出优异的特性。

六、ZSM-11 沸石

ZSM-11 沸石(MEL)也存在像 MFI 中由五元链构成的波状网层,与 MFI 不同的是,相邻层之间不是以对称中心相关,而是以镜面相关,由此而产生出平行于 a 轴和 b 轴方向的十元环直孔道,孔径约为 0.53nm×0.54nm(图 2-13)。由于 ZSM-5 沸石和 ZSM-11 沸石具有同一形式的网层结构,因此很容易产生混晶现象。

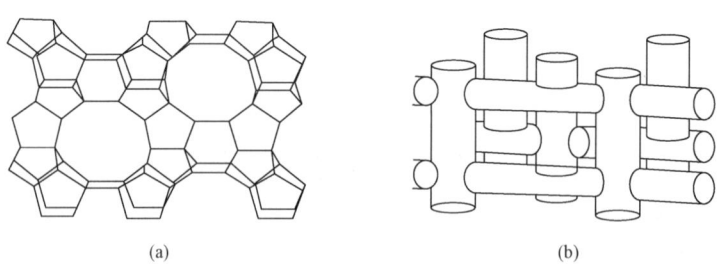

(a) (b)

图 2-13 ZSM-11 沸石的网层结构及孔道结构

七、Beta 沸石

Beta 沸石(BEA)的理想晶胞组成为 $Na_n[Al_nSi_{64-n}O_{128}]$,由两个结构不同但紧密相关的多形体 A 和 B 的混晶组成,具有高度晶格缺陷。多形体 A 为手性对映体,结构单元层以 RRRR 或 LLLL 连接;多形体 B 为非手性对映体,结构单元层以 RLRL 连接(图 2-14)。Beta 沸石为三维孔道体系,沿 a 轴和 b 轴方向具有十二元环直孔道,孔径约为 0.73nm×0.60nm;沿 c 轴方向具有扭曲的十二元环孔道,孔径约为 0.56nm×0.56nm。

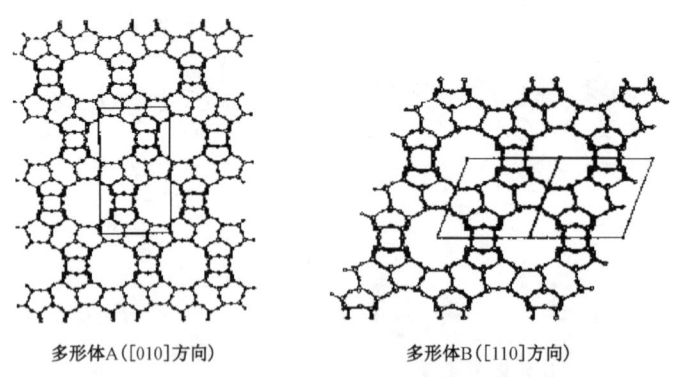

多形体A([010]方向)　　　多形体B([110]方向)

图 2-14 BEA 的骨架结构

八、TUN

高硅沸石 TNU-9 是一种新的具有十环环孔道系统的三维沸石分子筛,与目前大量使用的 ZSM-5 沸石具有很大的相似之处,然而层与层之间的连接与 ZSM-5 沸石又有显著不同[图 2-15(a)]。不同于 MFI 结构,TUN 骨架结构不存在 Pentasil 链。TNU-9 为三维十元环孔道:平行于 y 轴的两个不同尺寸的直孔道(0.52nm×0.60nm,0.51nm×0.52nm),垂直于 y 轴方向的十元环波状孔道(0.54nm×0.54nm)将以上二维孔道搭桥连通[5][图2-15(b)]。TNU-9 是迄今所知的最复杂的沸石之一,它具有 24 个明显不同的四面体晶体结构,具有潜在的催化性能。

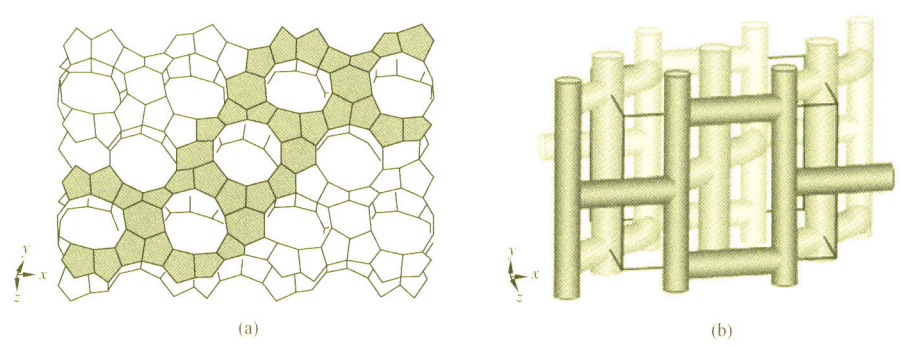

图 2-15　TUN 骨架结构的层状结构和三维孔道结构图

九、磷铝分子筛

磷铝分子筛($AlPO_4-n$)约有 20 多个品种,其结构由 AlO_4 四面体和 PO_4 四面体组成,AlO_4 四面体和 PO_4 四面体互相交替排列,其结晶组成可用氧化物的摩尔比表示:$xR \cdot Al_2O_3 \cdot P_2O_5 \cdot yH_2O$,其中 R 为有机胺或季铵盐,在合成中起模板作用。磷铝分子筛中 AlO_4 四面体带有一个负电荷,而 PO_4 四面体带有一个正电荷,因此整个 $AlPO_4-n$ 的骨架呈电中性,没有可交换的阳离子。磷铝分子筛具有较好的热稳定性和水热稳定性,然而整个骨架为弱酸性,一般用作催化剂载体,改性处理引入金属组分后,可制成优良的烃类转化催化剂。

1. AFI

AFI 分子筛的典型材料包括 $AlPO_4-5$ 和 $|(C_{12}H_{28}N)_4(OH)(H_2O)_x|[Al_{12}P_{12}O_{48}]$。

$AlPO_4-5$ 分子筛属于六方晶系,结构中磷氧四面体与铝氧四面体严格交替排列,具有 4-6-12 二维三连接网层,沿 c 轴方向堆积主孔道由十二元环组成孔道:具有平行于[001]方向的一维十二元环孔道体系,孔径约为 0.73nm,孔道壁完全由六元环组成(图 2-16)。

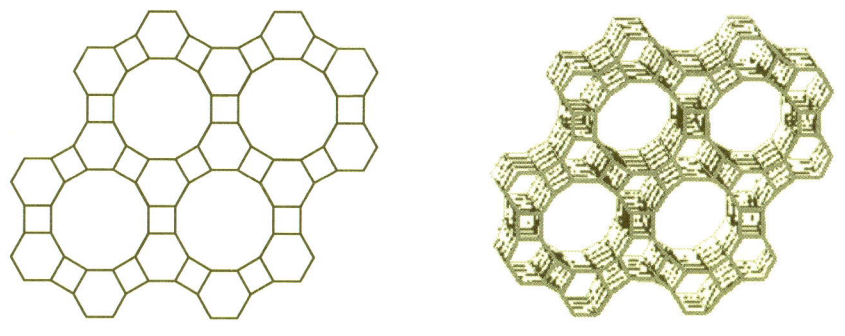

图 2-16　$AlPO_4-5$ 分子筛的 4-6-12 网层和沿[001]方向的骨架结构

硅磷铝分子筛 SAPO-n：其结构骨架由 PO_4、AlO_4 和 SiO_4 四面体组成，已确定的有 13 种三维的微孔型骨架结构，孔径在 0.3~0.8nm 之间，它们具有从六元环到十二元环的孔道。由于引入了 Si 元素，使 SAPO 系列的分子筛形成带负电性的骨架，因而晶内具有可交换的阳离子，并且具有质子酸性，根据合成条件及含 Si 量的不同，可呈现中强酸到强酸的性质，SAPO 分子筛上同时存在有 Brönsted 酸（B 酸）和 Lewis 酸（L 酸）中心。

2. VFI

VFI 分子筛的典型材料包括 VPI-5 和 $|(H_2O)_{42}|[Al_{18}P_{18}O_{72}]$。

超大孔分子筛：一般将孔径大于十二元环的微孔分子筛称为超大孔分子筛，目前已合成的超大孔分子筛大部分是磷铝分子筛，合成过程中模板剂是必不可少的。这些超大孔分子筛由于其热稳定性较差，因此在催化反应中的应用尚不多见。这些超大孔分子筛最为典型的是 VPI-5(VFI) 和 $AlPO_4$-8(AET) 和 Cloverite(CLO) 三种分子筛。

VPI-5 是第一个孔径大于十二元环的超大孔分子筛，属六方晶系，它具有十八元环孔道，孔径尺寸为 1.27nm。VPI-5 的拓扑结构与 $AlPO_4$-5 很像，$AlPO_4$-5 分子筛的十二元环由 6 个四元环和 6 个六元环围成，当在 $AlPO_4$-5 结构中的每个四元环附近插入一个四元环，使六元环间有两个四元环，就得到了具有八元环孔径的 VIP-5 结构（图 2-17）[6]。VIP-5 经焙烧后可转化成具有十四元环孔道的 $AlPO_4$-8 结构[7,8]。$AlPO_4$-8(AET) 分子筛是第一个含十四元环的分子筛，属于正交晶系。骨架中 PO_4 和 AlO_4 四面体严格交替。沿[001]方向上存在一维十四元环孔道，孔道直径为 0.97nm。

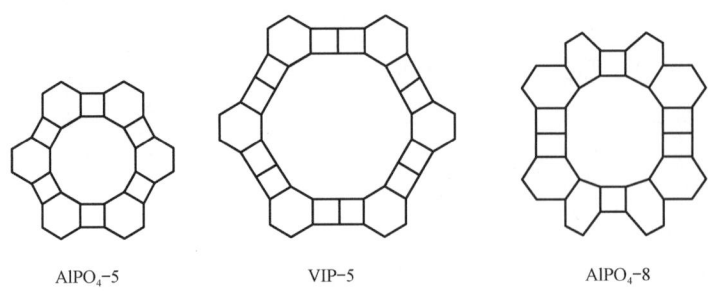

图 2-17　$AlPO_4$-5、VIP-5 和 $AlPO_4$-8 的拓扑结构

3. -CLO

-CLO 分子筛的典型材料包括 Cloverite 和 $|(C_7H_{14}N)_{24}|[F_{24}Ga_{96}P_{96}O_{372}(OH)_{24}]_8$。

Cloverite 分子筛是一个具有二十元环孔道结构的磷酸镓分子筛，属于立方晶系，骨架中 GaO_4 四面体和 PO_4 四面体严格交替，构成一个三维简短式骨架结构，孔口直径约为 0.6nm×1.32nm。Cloverite 分子筛的骨架结构可以看成将 8 个 α 笼置于立方体的顶点，沿着立方体的边线，α 笼之间通过两个 γ 笼连接。Cloverite 骨架中具有两个非交叉的三维孔道体系，其中一个体系经 α 笼和 γ 笼，具有八元环孔口；而另一个经立方体面形成一个二十元环的四叶苜蓿形孔口，孔口尺寸为 3nm 左右（图 2-18）。

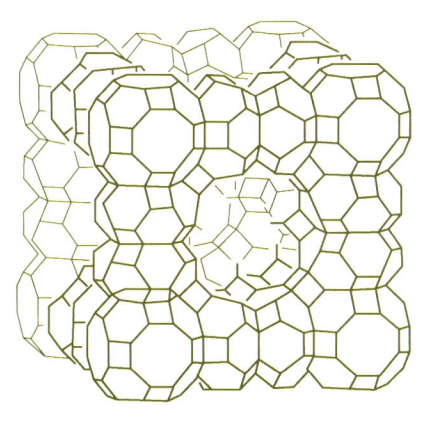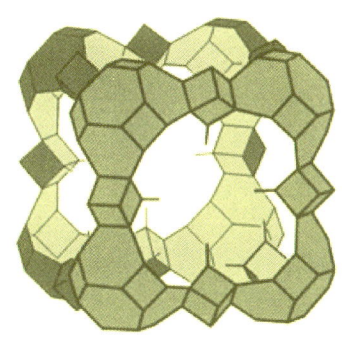

图 2-18 Cloverite 的骨架拓扑结构和超笼

第四节 分子筛的性质特点

微孔分子筛材料具有规则的孔道分布、极高的比表面积(可达 $600m^2/g$)、较好的水热稳定性以及可调变的酸性等特点,从而决定了分子筛材料具有独特的吸附性能、离子交换性能和催化性能。

一、离子交换性能

早在 19 世纪末叶,人们就已发现了沸石的离子交换作用,沸石的这种可逆离子交换能力是其重要性能之一。交换后的离子可调节晶体内的电场、表面酸性,从而改变沸石的性质,调节沸石的吸附和催化特性。例如,将 NaA 型沸石交换为 KA 型沸石时,吸氧能力基本消失,而交换为 CaA 型沸石时则能吸附丙烷;Y 型沸石中的 Na^+ 被多价阳离子取代后,可以完全改变沸石的催化特性。沸石与某种金属盐的水溶液相接触时,溶液中的金属阳离子可进入沸石中,而沸石中的阳离子可被交换下来进入溶液中:

$$A^+Z^- + B^+ \rightleftharpoons B^+Z^- + A^+$$

一般地,低硅铝比的沸石具有较高的离子交换量。例如,A 型、X 型、Y 型沸石交换量可达 4~7mmol/g,而硅铝比为 40 的 ZSM-5 沸石离子交换量只有 0.75mmol/g。对于同种类型的沸石,硅铝比越低,其交换量越高。水溶液中交换是离子交换最常用的方法,欲交换上去的金属离子在水溶液中以阳离子(简单的或络合的)状态存在。需要注意的是,水溶液的 pH 值应不会破坏沸石的晶体结构。常用的交换条件是:温度为室温至 100℃;时间为数十分钟至数小时;溶液浓度为 0.1~0.2mol/L。经离子交换后,沸石的孔径及物化性质会有明显变化,例如:A 型沸石,由于 Si/Al = 1,因此是所有沸石中具有最大离子交换容量的分子筛。NaA 的孔径为 4Å,经 Cs^+、K^+ 和 Ca^{2+} 交换后的 A 型沸石孔径变为 2Å,3Å 和 5Å。

利用分子筛的离子交换性质,将金属离子直接交换到分子筛上,再将交换上去的金属离子还原为金属来制备高分散的负载型金属催化剂,与一般浸渍法相比,所得的分散度要高得多。另外,还可以利用离子交换的性质来制备性能优良的双功能催化剂,例如,将 Ni^{2+}、Pt^{2+} 和 Pd^{2+} 等交换到分子筛上并还原成为金属。这些金属将处于高度分散状态,可制备双功能催化剂。

二、吸附性质

分子筛的吸附性质主要表现在"分子筛"作用、对极性分子的强亲和力、对不饱和化合物的亲和力和吸水性4个方面。

(1)分子筛的孔径大小决定了可以进入晶穴内部的分子的大小。例如,用正己烷(直径为 4.9Å)和分子直径大于 5Å 的苯、四氢萘、甲基环己烷配制成混合物。在 5A 分子筛上的吸附结果是:5A 分子筛可选择吸附正己烷分子,但是不吸附较大的分子。由此可以看出,沸石对不同大小的分子表现出明显的选择性吸附性能。

(2)强极性或易被极化的分子,易被分子筛吸附。例如,极性分子 CO 和非极性分子 Ar 的直径接近,都小于 4Å;沸点也接近(CO 为 -191.5℃,Ar 为 -185.7℃)。但由于 CO 是极性分子,而 Ar 是非极性分子,因而在 5A 型沸石上 CO 的吸附量远大于 Ar 的吸附量;二甲苯的 3 个异构体(邻二甲苯、间二甲苯和对二甲苯)中,邻二甲苯和间二甲苯的极性比对二甲苯的极性强,在 CaX 或 CaY 型沸石上可选择性吸附邻二甲苯和间二甲苯,从而达到分离出对二甲苯的目的。

(3)含有双键的分子是可被极化的分子,与分子筛之间也具有强的亲和力。不饱和度越大的分子,吸附性也越强。例如,分别采用 4A 分子筛、活性炭和硅胶来吸附乙烷、乙烯和乙炔 3 种烃类,由表 2-3 中数据可以看出,分子筛较活性炭和硅胶具有更高的吸附不饱和烃的能力,对不饱和度大的烃类具有更好的吸附能力。

表 2-3 不同吸附剂吸附能力的比较

吸附剂	压力(mmHg)	吸附量(%)		
		乙炔	乙烯	乙烷
4A 分子筛	1	3.8	1.4	0.3
	100	7.7	7.8	3.8
活性炭	100	3.5	4.8	5.9
硅胶	100	2.2	2.4	0.7

注:1mmHg = 133.3224Pa。

(4)吸水性。作为气体干燥剂,分子筛具有较大的吸水能力,分子筛的吸水量较硅胶和氧化铝都高;分子筛可以在较低的分压下仍具有很好的吸水性。当高于室温时,硅胶及氧化铝的吸水量迅速下降,超过 120℃时接近于零;而 5A 分子筛,在 100℃时吸水量还有 13%,当温度高达 200℃时仍保留有 4% 的吸水量。

三、热稳定性

分子筛的稳定性通常是指它在经受高温处理后,晶体结构是否破坏以及性能(如吸附分离性能等)是否降低。一般来说,沸石分子筛的硅铝比越高,其稳定性也越好;但对于某种类型的沸石来说,阳离子不同时,稳定性也会有所不同,见表2-4。

表2-4 不同类型沸石的热稳定性比较

沸石类型	SiO_2/Al_2O_3	结构破坏温度(℃)		差热峰(℃)
		开始破坏	50%破坏	
NaA	2	660	755	933
NaX	2.5	660	770	933
NaY	4.8	700	780	974
LaY	4.8	840	870	—
HZSM-5	>10	>900	—	>1200

四、催化性能

1. 酸催化

分子筛经过质子交换处理后,表面具有丰富的质子酸位,是一种固体酸,它在许多酸催化反应中能够提供很高的催化活性。

(1)分子筛中起电荷平衡的阳离子被 H^+ 所取代而产生酸性。对于耐酸性强的分子筛,如ZSM-5、丝光沸石等,可以通过稀盐酸直接交换将质子引入。其他分子筛均需先变成铵型后,再加热分解。骨架中的铝氧四面体上留下一个质子酸,这是 B 酸中心的来源,再经加热脱水后可产生 L 酸中心,其过程如下式所示。

吸附在 B 酸中心和 L 酸中心的吡啶分别在 $1540cm^{-1}$ 和 $1450cm^{-1}$ 产生特征红外谱带。沸石表面的酸中心量随着焙烧温度的变化而变化。焙烧温度升高,B 酸量下降,L 酸量升高。

(2)水合高价金属阳离子解离,产生 B 酸性。多价阳离子,如 Ca^{2+}、Mg^{2+}、La^{3+} 等,经交换后可以显示酸位中心,配位于多价阳离子的 H_2O 分子,经热处理发生解离,水解离出 H^+ 产生 B 酸中心,例如 $[Ca(OH_2)]^{2+} \longrightarrow [Ca(OH)]^+ + H^+$,其具体过程如下:

$$\begin{array}{c}
\text{Ca}^{2+} \\
\text{—Al—O—Si—O—Si—O—Si—O—Al—O—Si—} \quad \xrightarrow{\text{H}_2\text{O}}
\end{array}$$

$$\begin{array}{c}
\text{Ca(OH}_2)^{2+} \\
\text{—Al—O—Si—O—Si—O—Si—O—Al—O—Si—} \quad \longrightarrow
\end{array}$$

$$\begin{array}{cc}
\text{Ca(OH)}^+ & \text{H}^+ \\
\text{—Al—O—Si—O—Si—O—Si—O—Al—O—Si—}
\end{array}$$

（3）过渡金属离子还原形成酸位中心。过渡金属簇状物存在时，在临氢条件下，可促使分子 H_2 与质子（H^+）之间的相互转化，从而形成酸性位，例如：

$$Ca^{2+} + H_2 \longrightarrow Ca + 2H^+ \qquad Ag^+ + \frac{1}{2}H_2 \longrightarrow Ag + H^+$$

（4）骨架外铝离子形成的 L 酸中心。分子筛骨架中三配位的铝离子易从分子筛骨架上脱出，以（AlO）$^+$ 或（AlO）$_p^+$ 形式存在于孔隙中，成为 L 酸中心；当（AlO）$_p^+$ 与 OH 基酸位中心相互作用时，可使 L 酸位中心得到强化。

2. 择形催化

分子筛结构中有均匀的内孔，当反应物和产物的分子大小与晶内孔径相接近时，催化反应的选择性取决于分子与孔径的相应大小，这种选择性称为择形催化。反应主要是在晶内进行，只有大小和形状与孔道相匹配的分子才能成为反应物和产物。择形催化增加了目的产物的产量，能够有效地抑制副反应的进行。由孔腔中参与反应的分子的扩散系数差别引起的，称为质量传递选择性；由催化反应过渡态空间限制引起的，称为过渡态选择性。择形催化有反应物的择形催化、产物的择形催化、过渡状态的择形催化和分子交通控制的择形催化 4 种形式。

（1）反应物的择形催化：大尺寸分子不能扩散进入分子筛孔腔内，只有那些小于内孔直径的分子才能进入孔内催化活性部位进行催化反应（图 2-19）。例如，八元环的沸石分子筛只能吸附直链分子，十元环的沸石分子筛（ZSM-5）则能利用扩散速率不同而区分支链分子和环状分子。

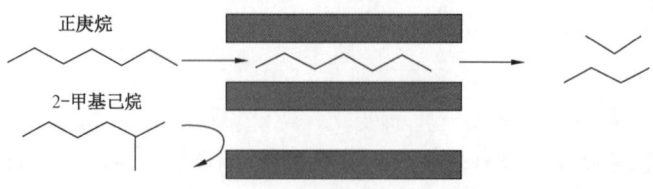

图 2-19 反应物的择形催化示意图

（2）产物的择形催化：当产物混合物中的某些分子太大，难以从分子筛的内孔窗口扩散出来时，就形成了产物的择形催化。这些未扩散出来的大分子，或者异构成线度较小的异构体扩散出来，或者裂解成较小的分子，甚至不断裂解，最终以炭的形式沉积在孔内和孔口，导致催化剂失活，典型的例子则是 ZSM-5 沸石的对位选择性（图 2-20）。

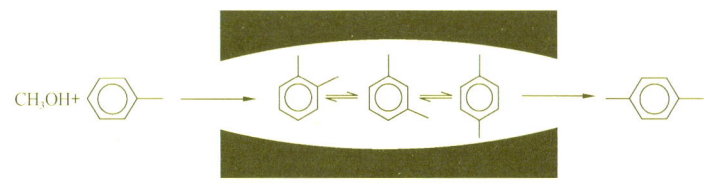

图 2-20　产物的择形催化示意图

（3）过渡状态的择形催化：有些反应，反应物分子和产物分子都不受催化剂窗口孔径扩散的限制，但形成相应的过渡状态需要有较大的空间，不然就受到限制，使反应无法进行，这就构成了过渡状态的择形催化（图 2-21）。例如，二烷基苯的烷基转移反应，属于过渡状态的择形催化的例子，反应涉及一种二芳基甲烷型的过渡状态，在择形催化剂 HMOR 上，对称的三烷基苯的产量几乎为零。这种对称的异构体形成受阻，是因为 HMOR 的内孔无足够大的空间以适应大分子结构的过渡状态。

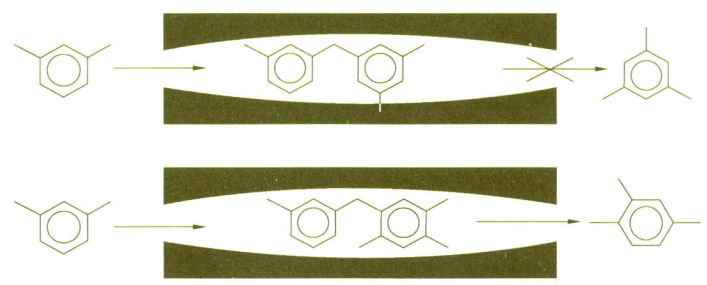

图 2-21　过渡状态的择形催化

（4）分子交通控制的择形催化：在具有两种不同形状和大小孔道的分子筛中，反应物从一种孔道进入催化剂活性部位进行催化反应，而反应产物则从另一孔道扩散出去，尽可能减少逆扩散，从而增加反应速率。典型的例子则是 ZSM-5 沸石和全硅沸石（Silicalite-1）具有两种类型的孔道结构，反应物从"之"形孔道进入，较大产物从直孔道逸出，如图 2-22 所示。

另外，通过将过渡金属元素引入沸石分子筛骨架中，还实现了其在氧化还原反应中的应用，最典型的例子是钛硅分子筛的合成，合成的含钛分子筛在催化氧化反应中表现出相当高的催化活性，如 TS-1、Ti-Beta、Ti-MWW 等分子筛已被广泛地用于苯酚羟化、烯烃环氧化、烷烃氧化等反应。

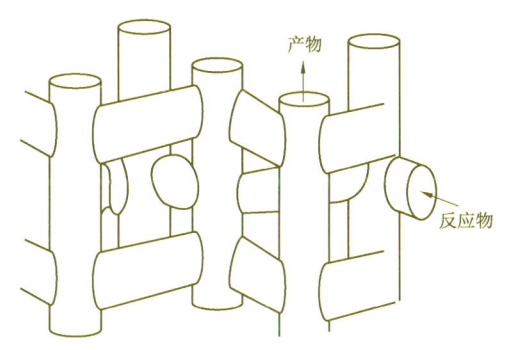

图 2-22　分子交通控制的择形催化

参 考 文 献

[1] 徐如人,庞文琴. 分子筛与多孔材料化学[M]. 北京:科学出版社,2004.
[2] Barrer R M. Chemical nomenclature and formulation of compositions of synthetic and natural zeolites[J]. Pure and Applied Chemistry,1979,51:1091 - 1100.
[3] McCusker L B,Liebau F,Engelhardt G. Nomenclature of structural and compositional characteristics of ordered microporous and mesoporous materials with inorganic hosts[J]. Pure and Applied Chemistry,2001,73(2): 381 - 394.
[4] Baerlocher Ch,McCusker L B,Olson D H,Atlas of zeolite framework types[M]. 6th Edn. London:Elsevier,2007.
[5] Gramm F,Baerlocher Ch,McCusker L B,et al. Complex zeolite structure solved by combining powder diffraction and electron microscopy[J]. Nature,2006,444(7115):79 - 81.
[6] McCusker L B,Baerlocher Ch,Jahn E,et al. The triple helix inside the large - pore aluminophosphate molecular sieve VPI - 5[J]. Zeolites,1991,11(4):308 - 313.
[7] Dessau R M,Schlenker J L,Higgins J B. Framework topology of $AlPO_4$ - 8:the first 14 - ring molecular sieve [J]. Zeolites,1990,10(6):522 - 524.
[8] Richardson J W Jr,Vogt E T C. Structure determination and rietveld refinement of aluminophosphate molecular sieve $AlPO_4$ - 8[J]. Zeolites,1992,12(1):13 - 19.

第三章 分子筛材料的表征

分子筛的物理化学性质与其催化反应性能密切相关。因此,在分子筛研究中,对结构的分析和性能的表征十分重要。分子筛的表征通常包括化学组成分析,物相分析,晶型结构、吸附性能及催化性能的测定等内容。本章将针对以上内容,着重介绍目前工业上合成及应用分子筛时常用的一些鉴定方法。

第一节 X射线衍射分析

一、X射线衍射原理

X射线是指波长范围为0.001~10nm的电磁波,具有波粒二象性。并不是所有的X射线都能用来分析催化剂的晶体结构,只有当X射线的波长在0.05~0.25nm之间时,才可用来测定催化剂或分子筛的晶体结构。当一束单色X射线经过电子、原子或晶体时会发生散射现象,若散射后X射线的波长与入射波相同且同相,散射波可相互叠加,称为相干散射或Bragg散射,相干散射是晶体对X射线产生衍射的基础。

一束平行的波长为λ的单色X光照射到两个间距为d的相邻晶面上时,会发生弹性散射,若反射波发生相互干涉,此时产生衍射现象,设入射角和反射角均为θ,两个晶面反射的射线干涉加强的条件为两者的光程差等与入射波长的整数倍(图3-1),即满足Bragg方程:

$$2d\sin\theta = n\lambda \tag{3-1}$$

式中,d为晶面间距;θ为布拉格角(掠射角);n为自然数;λ为入射X射线的波长。

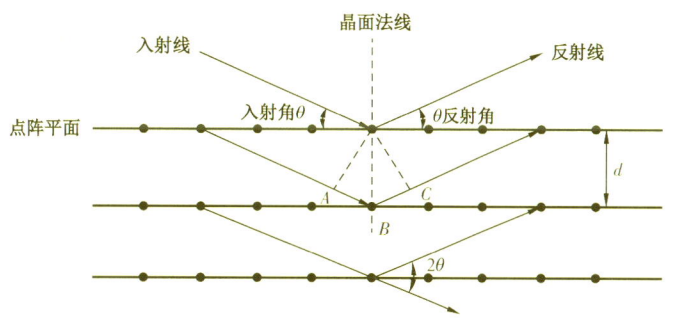

图3-1 X射线衍射方向

不同的晶体物质具有不同的组成和晶型结构,因此都具有特征的d值,而根据Bragg方程,在入射X射线波长一定的条件下,衍射线的方向(衍射角)是晶面间距d的函数。因此,对于不同晶系的晶体或同一晶系而晶胞大小不同的晶体来说,它们的衍射图是不同的。也就是说,每一种晶体物质都有其特定的 X 射线衍射图谱,即具有独特的衍射峰数目、位置及强度。在 X 射线衍射图中,出峰位置以衍射角 θ 表示,而峰强度 I 以峰高表示,由此根据 d 和 I 等信息对分子筛进行定性或定量分析。

二、X 射线的产生及样品的准备

产生 X 射线最简单的方法就是使高速运动的电子撞击金属靶,在撞击过程中,其损失的动能以光子的形式放出。如果说电子携带的能量足够大,则有可能将金属原子的内层电子撞出,使内层形成空穴,此时外层电子跃迁回内层填补空穴,并释放出光电子。如图 3-2 所示,在原子能级谱图中,高能电子在撞击阳极靶时,会将阳极物质原子中 K 层电子撞出电子壳层,在 K 层形成空位,原子系统能量升高,使体系处于不稳定的激发态,按照能量最低原理,L、M、N 层中的电子会跃入 K 层的空位,为了保持体系的能量平衡,电子在跃迁的同时,会将多余的能量以 X 射线光电子的形式释放。若 X 射线是从 L 层中的电子跃入 K 层空位时释放的,则称为 K_α 射线;若是从 M、N 层中的电子跃入 K 层,则称为 K_β、K_γ 射线。由于 X 射线衍射仪要求使用单色 X 射线,因此需要在 XRD 测试时把 K_β、K_γ 射线去掉,常用的方法是在光路上加一个滤波片或者是加一个石墨晶体单色器。

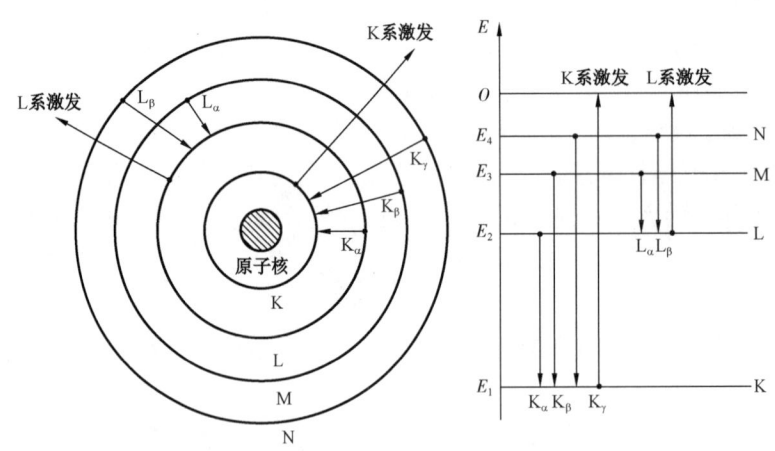

图 3-2 原子的能级及特征谱的发射过程

对于样品的制备工作,应该给予足够的重视,样品制备不当的话,有可能会给实验数据带入显著的误差。在制备样品时,首先需要将样品研磨成适合衍射实验用的粉末,然后把样品粉末制成平整的平面试片。在制备样品时,应注意以下几点:

(1)样品颗粒度应合适。颗粒过粗使能够产生衍射的晶面减少,样品的衍射强度减弱,影响检测的灵敏度;颗粒过细有可能会破坏晶体结构。

(2)应避免颗粒发生定向排列,存在取向。

(3)在制备过程中,应防止由于外加物理或化学因素而影响试样其原有的性质。

三、X射线衍射法的应用

1. 物相结构的鉴定

不同的分子筛物质都具有特定的结构参数(例如,晶体结构类型、晶胞大小、晶胞中原子数目以及它们所在位置等),它在给定波长的X射线衍射下,会呈现出该物质特有的多晶体衍射谱图。将衍射谱图转化为相应的 d 值和 I 值后,与已知结构物相的粉末衍射卡片对照,找到与衍射谱图相匹配的相应物相,由此对物相组成进行定性鉴定。图3-3为几种常见类型沸石分子筛的XRD谱图,从图中可以看到,每一种沸石分子筛都有其独有的特征峰。由于每种分子筛物质都有自己特定的衍射谱图,当几种分子筛混在一起时,每种分子筛的衍射谱图会同时出现在混合样品的衍射谱图上,互不干扰,由此可推测样品是由哪几种晶体物质组成的。而且,在多相物质中各相的衍射强度 I_i 与其含量 x_i 成正比,因而可根据衍射强度的大小对混合物进行定量分析,分析出混合物中某分子筛的含量。

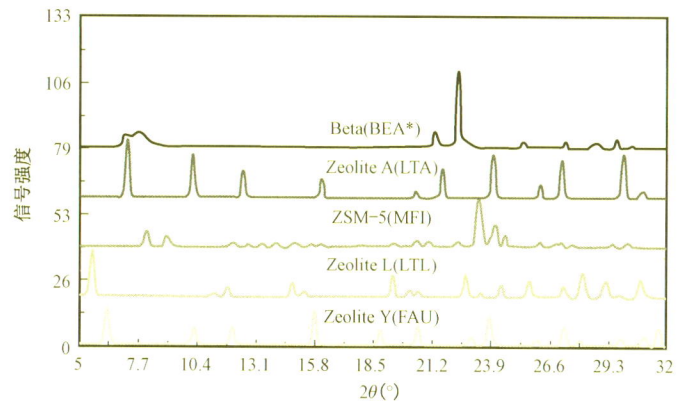

图3-3 几种常见类型沸石分子筛的XRD谱图

2. 分子筛结晶度的测定

合成分子筛或对分子筛进行后处理时,往往会出现一些无定形物质,表现在X射线衍射谱图上就是基线不平或有杂峰出现,此时可通过测量分子筛材料的结晶度来判断合成材料的纯度。例如,用Cu靶测定,利用位于22.5°~24°之间的4个衍射峰来确定ZSM-5沸石的结晶度,简单的计算方法是求出测定样品峰高之和与标准样品(100%结晶度)相应峰高之和的比值,该比值作为沸石的结晶度。

例如,为了分析不同铝源对ZSM-5沸石合成的影响,在其他条件相同的情况下,分别考察了以偏铝酸钠、氯化铝、硝酸铝和异丙醇铝为铝源时ZSM-5沸石的结晶度[1]。合成ZSM-5沸石样品的XRD谱图如图3-4所示。由图3-4可知,合成的ZSM-5沸石均具有典型的MFI结构的XRD衍射峰,以南开大学催化剂厂生产的 SiO_2/Al_2O_3 为38的Na-ZSM-5沸石催化剂样品为基准,计算合成沸石的相对结晶度(Relative Crystallinity, R.C.),所得数据如图3-4所示。由数据可知,不同的铝源均可制备结晶度较高的ZSM-5沸石,由相对结晶度的大小(偏铝酸钠>氯化铝>硝酸铝>异丙醇铝)可知,有机铝源合成ZSM-5沸石的结晶度最低,以偏铝酸钠为铝源合成ZSM-5沸石的结晶度最高。

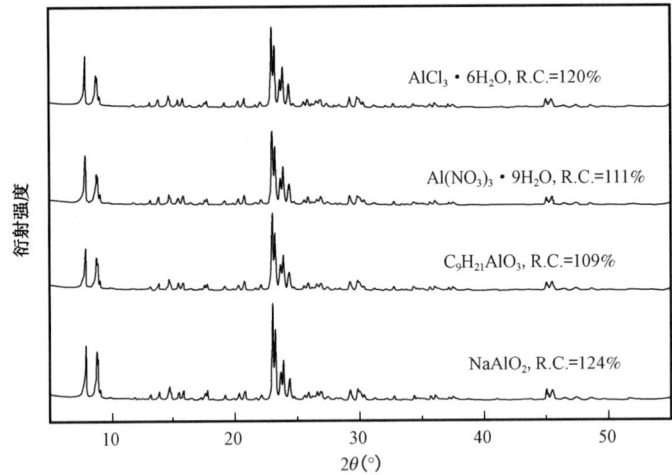

图 3-4 不同铝源合成 ZSM-5 沸石的 XRD 谱图

3. 分子筛晶粒的测定

晶粒度是指物质一次聚集态晶粒的平均大小。对于实际的小晶体,不能近似地看成有无限多晶面的理想晶体。当 X 射线入射到小晶体时,其衍射线条将变得弥散而宽化,晶体的晶粒越小,X 射线衍射谱带的宽化程度就越大,由此可根据衍射峰的半高宽,利用 Scherrer 公式 [式(3-2)]计算分子筛的平均粒径。

$$D = K\lambda/(\beta\cos\theta) \quad (3-2)$$

式中,λ 为波长;β 为半峰宽,rad;θ 为布拉格角;K 为形状因子,球状粒子 $K=1.075$,立方晶体 $K=0.9$,一般要求不高时就取 $K=1$。

4. 分子筛骨架硅铝比(Si/Al)的测定

分子筛的骨架硅铝比是与其催化性能有关的一个重要指标,而骨架硅铝比与其晶胞参数相关。分子筛骨架中的三价铝离子尺寸比四价硅离子尺寸大,样品中铝含量越高,晶胞体积越大,因此可根据晶胞体积或晶胞参数来确定分子筛的骨架硅铝比。如 Y 型沸石的晶胞参数 a 随着分子筛骨架的铝含量增加而线性增加,由此可根据式(3-3)至式(3-5)来计算 Y 型沸石的骨架硅铝比。

当 $N_{Al} = 48 \sim 77$ 时:

$$N_{Al} = 1152(a - 2.4191) \quad (3-3)$$

当 Si/Al 较高时:

$$N_{Al} = 1055(a - 2.4117) \quad (3-4)$$

$$Si/Al = \frac{192 - N_{Al}}{N_{Al}} \quad (3-5)$$

式中,192 为单位晶胞内硅铝原子总数。

5. 介孔分子筛材料的鉴定

介孔分子筛是一种含丰富介孔(2~50nm)的结晶沸石,它既具有微孔分子筛高的稳定性、选择性及反应活性,又由于介孔的引入而改善了分子筛对大分子的吸附性能,是目前催化材料的一个研究热点[2]。而对介孔材料的研究是离不开表征的,对介孔分子筛的表征最常用的手段就是XRD,利用X射线衍射分析可判断分子筛中是否存在介孔结构。在XRD谱图中,若在小角度衍射区域内($2\theta < 10°$)出现衍射峰,则说明分子筛中存在介孔结构。由图3-5可知,在$2\theta = 1° \sim 1.5°$之间有一宽峰,说明该SiO_2材料存在介孔结构,且属于柱状孔道,介孔较为有序且孔径分布较集中。

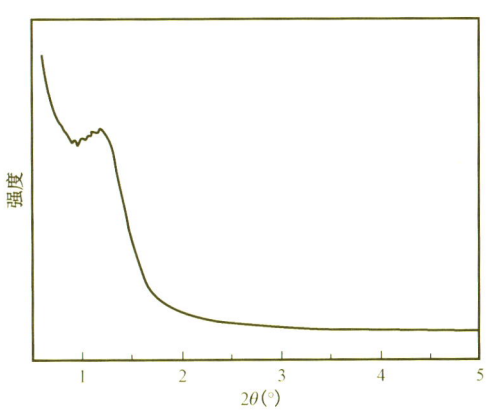

图3-5 介孔SiO_2的小角XRD谱图[3]

第二节 红外光谱法

红外光谱法(Infrared Spectroscopy,IR)是研究分子筛骨架结构及表面化学性质的一种非常重要的表征手段。目前,IR在分子筛研究中的应用主要有分子筛表面羟基结构、表面酸性、催化性能、分子筛骨架构型的判别、骨架元素组成分析以及阳离子在骨架中的分布情况等。

一、红外光谱法的基本原理

用一束不同波长的红外线照射某分子筛试样,由于该试样对不同频率红外线的吸收不同,使通过试样后的红外线在一些波长范围内变强(不吸收),而另一些波长范围内则变弱(被吸收),从而形成了该试样的红外吸收光谱。每种分子筛都有由其组成和结构决定的独有的红外吸收光谱,据此可以对分子筛进行结构及表面性质的分析。

根据红外线波长的不同,习惯将红外光谱分成近红外区(大于$3000cm^{-1}$)、中红外区($400 \sim 4000cm^{-1}$)和远红外区(小于$300cm^{-1}$)3个区域,其中,在研究分子筛结构中,中红外区是应用最多的区域。而在各种红外光谱分析中,透射红外吸收光谱(Infrared Transmission - absorption Spectroscopy)和漫反射红外光谱(Diffuse Reflectance Spectroscopy)是应用最为广泛的两种方法。透射红外吸收光谱可用来研究分子筛骨架振动,在此研究中,一个非常关键的问题是样品的制备,研究分子筛骨架振动多采用溴化钾压片法或矿物油涂膜法制备样品[4]。制备KBr压片时应注意锭片的厚度要合适,锭片薄,有利于红外线透过,但太薄的话,会造成透射的吸收度太低,也会影响实验结果的准确性。一般来讲,分子筛样品的厚度常选用$5 \sim 7mg/cm^2$,以保证在$4000cm^{-1}$处透射率为$10\% \sim 30\%$。可利用漫反射红外光谱(DRIFT)来研究分子筛的一些表面性质,如分子筛表面酸碱性及吸附性能等。漫反射红外光谱可以用来测量松散的粉末,可避免由于压片造成的扩散影响,因而很适用于散射和吸附性强的样品。

二、红外光谱法在分子筛研究中的应用

1. 分子筛骨架振动的研究

分子筛骨架振动引起的谱带多在中远红外区(200~4000cm^{-1}区间),该谱图一般具有以下特点:

(1)骨架振动谱带分布在200~1300cm^{-1}区间。

(2)在1000cm^{-1}附近有很强的吸收。

(3)在450cm^{-1}附近有较强的吸收。

(4)在450~1000cm^{-1}与200~400cm^{-1}区间,各种骨架构型沸石的红外吸收谱带变化十分复杂。

(5)晶格水及羟基谱带分布在3700cm^{-1}和1600cm^{-1}附近。

(6)相同构型的沸石,其组成上的差别也会引起谱峰位置的变化,但谱带形状基本相同。

1971年,Flanigen、Khtami和Szymanski提出沸石骨架振动红外光谱的归属方法,称FKS法。该方法将沸石骨架振动红外谱带分成内部四面体振动谱带和外部连接振动谱带两大类型。图3-6为典型的分子筛红外谱图(Y型沸石的骨架振动谱峰)[5],其中实线部分表示内部四面体振动,虚线部分表示外部连接振动。

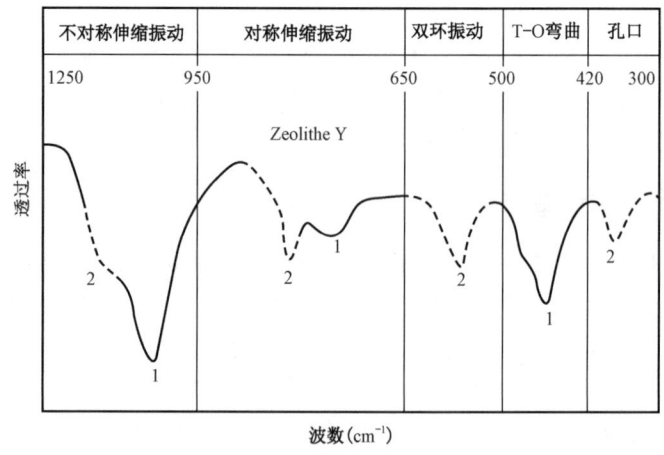

图3-6　Y型沸石骨架振动红外谱图
1—内部四面体振动;2—外部连接振动

(1)内部四面体振动谱带:这类谱带对骨架类型、其他金属阳离子等因素不太敏感,也称为结构不敏感振动峰,分为3个区域:四面体内部连接的反对称伸缩振动谱带950~1250cm^{-1};四面体内部连接的对称伸缩振动峰650~720cm^{-1};硅氧键和铝氧键的弯曲振动。

(2)外部连接振动谱带:这类谱带与沸石骨架类型、TO_4四面体之间的互相连接方式、骨架电荷、平衡骨架电荷的金属阳离子的类型和分布有密切关系,称为结构敏感振动峰,分为4个区域:四面体外部连接的反对称伸缩振动谱带1050~1150cm^{-1};四面体外部连接的对称伸缩振动谱带750~820cm^{-1};沸石骨架中一些双环的特征谱带500~650cm^{-1},如A型沸石在

550cm^{-1}处的较强吸收为双四元环的特征振动,X型、Y型沸石中550~580cm^{-1}处的吸收为双六元环的特征振动;孔口振动谱带300~420cm^{-1},环越大,振动频率越低,如A型沸石中八元环的特征频率为378cm^{-1},X型沸石中十二元环的特征频率为365cm^{-1},Y型沸石中八元环的特征频率在370~380cm^{-1}之间。

2. 分子筛骨架硅铝比及同晶取代的研究

分子筛是由SiO_4和AlO_4^-基本结构单元按照一定规律组合而成的,不同分子筛有不同的Si/Al值。而Si/Al值不同,对分子筛的催化反应性能及稳定性能的影响也是不同的,因此在研究分子筛的结构性质时有必要测定其骨架Si/Al值,利用透射红外光谱可分析分子筛骨架Si/Al值的变化情况。在硅氧四面体及铝氧四面体中,硅氧键与铝氧键的键长是不同的(硅氧键键长为1.61Å,铝氧键键长为1.75Å),而铝的电负性比硅小,因此铝氧键的结合力较硅氧键弱,引起键的力常数减小,而导致铝氧键的振动频率比硅氧键的振动频率低。因此,在同一构型的分子筛中,骨架振动谱带的频率与骨架中铝的摩尔分数有一定的线性关系,随着骨架中铝含量的增加,红外谱带向低波数方向移动。例如,在ZSM-5沸石的红外谱图中,约1230cm^{-1}处的谱带对ZSM-5沸石的SiO_2/Al_2O_3很敏感,如图3-7和图3-8所示[6],约1230cm^{-1}处谱带的化学位移同ZSM-5沸石中铝的摩尔分数呈直线关系,铝含量增大(SiO_2/Al_2O_3减小),约1230cm^{-1}处谱带向低波数方向移动。

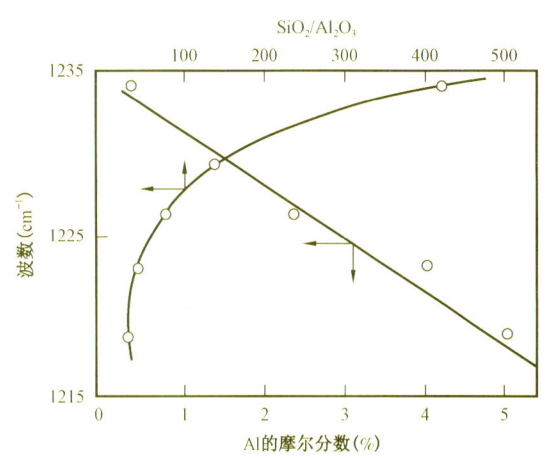

图3-7 不同硅铝比的HZSM-5沸石的红外光谱图

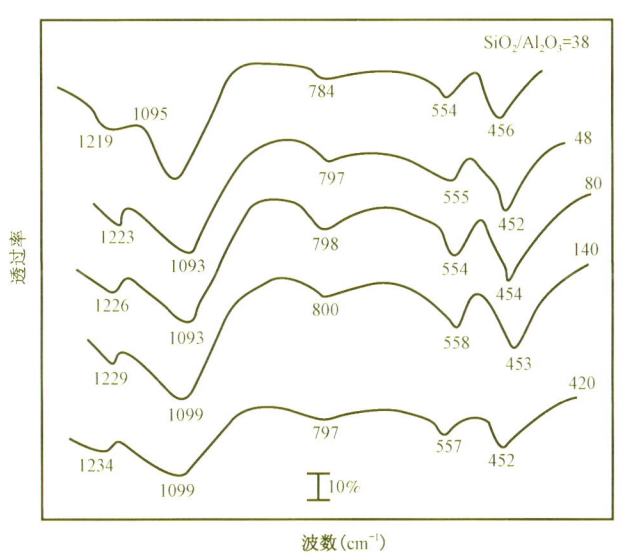

图3-8 HZSM-5沸石硅铝比同约1230cm^{-1}处红外谱带位置的关系

除了骨架 Si/Al 可导致红外谱带位移发生变化外,分子筛中同晶取代也可以导致谱带位移的变化。谱带位移的变化主要取决于取代原子的原子质量及该取代原子与氧原子之间的键长。如在钛硅分子筛 TS-1(MFI 结构)的红外谱图中,约 960cm^{-1} 处出现了一个新的谱峰,且该谱峰强度随着钛含量的增加而增强[7]。

3. 分子筛表面羟基结构及性质的研究

分子筛表面羟基是产生表面酸性的重要来源,表面羟基的位置、数量及其所处环境与催化剂的活性有密切关系。图 3-9 为部分脱氨的 HY 沸石红外谱图,沸石表面羟基的吸收谱带出现的位置通常为:(1)3643~3650cm^{-1} 附近,超笼中 $S_{II}'(S_4)$ 位置,强度随着沸石吸附其他分子而发生变化;(2)3530~3540cm^{-1} 附近,在双六元环中的 S_1 位置或在 β 笼内,吸附峰不易被吸附质改变;(3)3745cm^{-1} 附近,此吸收峰与骨架表面羟基或无定形氧化硅的表面羟基有关。

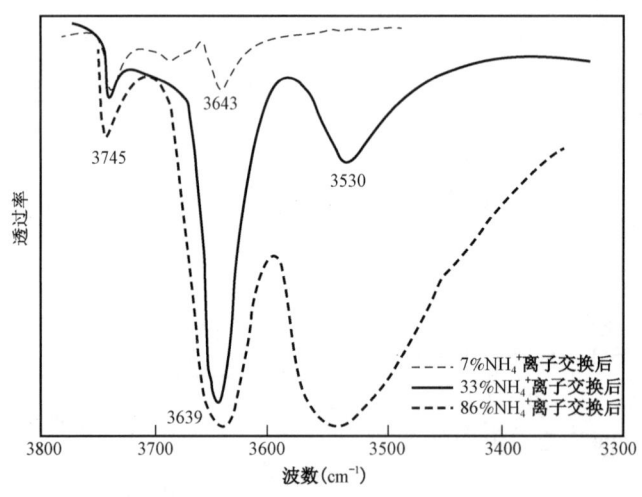

图 3-9 HY 沸石的红外透射谱图

表 3-1 给出了不同分子筛表面羟基的归属波数,可以看到不同分子筛表面羟基的出峰位置是不同的。而且对于同一类型的分子筛(如 ZSM-5),用不同的金属阳离子替代 Al 元素时,谱峰位置也会略有不同。图 3-10 表示的是含不同金属元素的 ZSM-5 红外透射谱图[8],可以看到,对于 HZSM-5(Al)沸石,在 3740cm^{-1} 及 3610cm^{-1} 处出现两个谱峰,3740cm^{-1} 处的谱峰代表 Si—OH,而 3610cm^{-1} 处的谱峰代表骨架中的 Al—OH,当分子筛中的 Al 被 Ga^{3+} 和 Fe^{3+} 代替后,3740cm^{-1} 处 Si—OH 的谱峰未发生变化,但 3610cm^{-1} 处的谱峰位置发生改变,HZSM-5(Ga)沸石中的 Ga—OH 出现在 3620cm^{-1} 处,而 HZSM-5(Fe)沸石中的 Fe—OH 出现在 3630cm^{-1} 处。

表 3-1 不同分子筛表面羟基的谱峰归属

沸石	波数(cm^{-1})	归属
X,Y	3745	与无定形物种有关的晶体末端 Si—OH
	3640	Si(Al)—OH,是 B 酸的主要指标,位于沸石大空腔

续表

沸石	波数(cm^{-1})	归属
CaY	3540	Si(Al)—OH,位于吡啶分子不可及的方钠石笼中
	3585	Ca^{2+}—OH
ReY	3522	Re^{3+}—OH
HM	3740	与无定形物种有关的晶体末端 Si—OH
	3600	Al—OH 及酸羟基
HZSM-5	3720	Si—OH,位于晶内,弱酸羟基
	3600	Al—OH,定位于大孔道内或晶外

4. 分子筛表面酸性的测定

分子筛(如 Y 型、ZSM-5 型沸石)被广泛应用于催化裂化、异构化、聚合等酸催化反应过程中。反应中分子筛表面的酸性位(B 酸和 L 酸)与烃类分子相互作用形成正碳离子,进而引发反应,因此为了研究分子筛的酸催化活性,有必要测定分子筛的表面酸性质:酸类型(B 酸和 L 酸)、酸强度和酸浓度。其中,利用红外光谱法可有效地区分分子筛中的 B 酸和 L 酸。

利用红外光谱法研究分子筛表面的酸性质时,需要利用氨气、吡啶、正丁胺、三甲基胺等碱性分子来作为探针分子,其中应用较为广泛的是吡啶分子。实验时,首先对分子筛进行真空脱气净化处理,以除去分子筛表面吸附的杂质分子,然后在一定蒸气压下吸附吡啶气体分子,再利用红外漫反射测量吸附物种的振动谱带。研究表明,吡啶分子可与 B 酸相互作用形成吡啶离子 $C_5H_5NH^-$(BPY),而与 L 酸相互作用形成配合物(LPY),它们各自的特征红外谱带的归属是不同的,一般认为 $1540cm^{-1}$ 谱峰代表 B 酸酸位,$1450cm^{-1}$ 谱带表征 L 酸部位。图 3-11 所示为 HZSM-5 沸石吡啶吸附红外谱图,$1545cm^{-1}$ 谱带是吡啶离子的吸附峰,表征 B 酸中心,$1630cm^{-1}$ 和 $1455cm^{-1}$ 的谱带表征 L 酸中心,$1490cm^{-1}$ 的谱带是 B 酸中心和 L 酸中心叠加的结果。

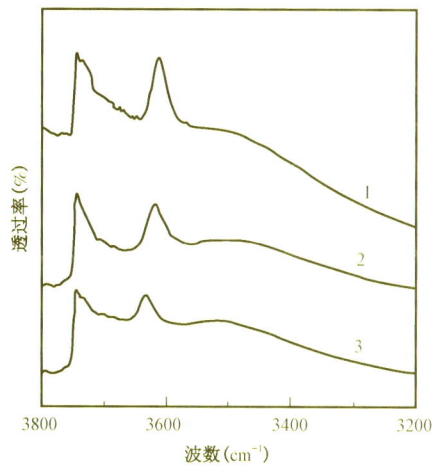

图 3-10 不同金属元素的 ZSM-5(M)红外透射谱图
1—HZSM-5(Al);2—HZSM-5(Ga);3—HZSM-5(Fe)

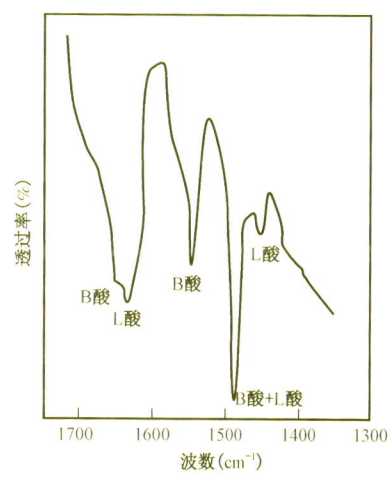

图 3-11 HZSM-5 沸石吡啶吸附红外谱图

除了利用吡啶分子作为碱性探针分子外,也常用氨气分子来作为探针分子。氨气的红外吸收谱带较宽、碱性较强,且分子体积小,因此常用于小孔和弱酸中心的测定。另外,在测量分子筛外表面的酸中心时,可采用2,6-二叔丁基吡啶分子作为碱性探针分子,因为该分子体积较大,无法进入分子筛孔道内部。

第三节 核磁共振法

一、核磁共振法简介

固体核磁共振(Nuclear Magnetic Resonance,NMR)是一种研究原子核在核外磁场中能级及其跃迁的波谱方法,是探测分子筛骨架元素组分和晶体结构一种有力的研究工具。固体核磁共振是XRD的一个重要补充,XRD可提供分子筛长程有序和周期性的信息,而NMR可研究材料的短程(局部环境)结构。

核磁共振谱图是以吸收信号的强度为纵坐标,以外加磁场强度 H_c 或射频频率 v_c 为横坐标作图得到的曲线。在固体核磁共振谱图中,由于固体存在着各种各向异性的相互作用,使固体核磁共振谱线变得很宽,此时不可能测量化学位移和自旋—自旋耦合,只能获得弛豫时间和有限的结构信息数据。为了使固体NMR谱线窄化,以得到高分辨率的NMR谱图,需要在技术上采取一些措施,目前使用的方法主要有两种:一种是使用多重脉冲技术,采用电磁辐射的强多重脉冲循环,除去同核和异核的偶极作用及静磁场的不均匀性,从而使谱线窄化;另一种方法是让样品在与外磁场方向呈54°44′夹角(魔角)的轴上做快速旋转,当旋转速度满足一定条件(3kHz)时,观察到的固体NMR谱线明显变窄,利用魔角旋转,再结合核磁共振中的其他技术,如交叉极化和大功率质子去偶等,就可以消除自旋核之间的直接偶极相互作用、四极相互作用,以及化学位移各向异性的影响,从而大大提高固体NMR谱的分辨率,这种把具有魔角旋转探头的核磁共振称为魔角旋转核磁共振(MAS NMR)。

二、核磁共振法在分子筛研究中的应用

不同的分子筛都具有自己独特的晶体结构,这些特有的骨架结构决定了分子筛具有不同的催化性能。目前,构成分子筛 ^{29}Si、^{27}Al、^{17}O 等的MAS NMR研究提供了大量分子筛结构信息,对研究分子筛催化剂结构与催化活性的关联提供了很多有用的信息。

1. 骨架Si/Al的测定(^{29}Si MAS NMR研究)

分子筛中的 SiO_4 存在5种配位环境,因此在分子筛的 ^{29}Si 谱中最多可出现5条可分辨的图谱,这5种谱峰对应着5种 SiO_4 四面体解耦股,自高场到低场依次为Si(0Al,4Si)、Si(1Al,3Si)、Si(2Al,2Si)、Si(3Al,1Si)和Si(4Al,0Si)共振峰[9](图3-12)。根据Loewenstein规则,在分子筛骨架结构中不可能存在Al—O—Al结构,因此可由5种 ^{29}Si 峰面积(I)借助于下列公式计算出骨架Si/Al。图3-13所示为分子筛经过不同处理后的 ^{29}Si MAS NMR谱图,根据谱

图的形状即可计算出不同分子筛的骨架 Si/Al。通过分析可知,分子筛经过焙烧处理、水热老化处理或酸处理后均可使骨架 Si/Al 提高,其中酸处理的脱铝现象最为明显。

$$Si/Al = \sum_{n=0}^{4} I_{Si(nAl)} / \sum_{n=0}^{4} 0.25n[I_{Si(nAl)}] \quad (3-6)$$

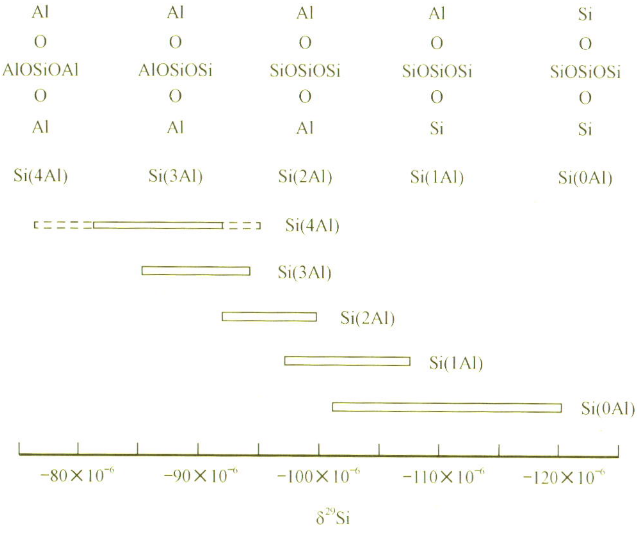

图 3-12 分子筛的 ^{29}Si MAS NMR 核磁共振谱图

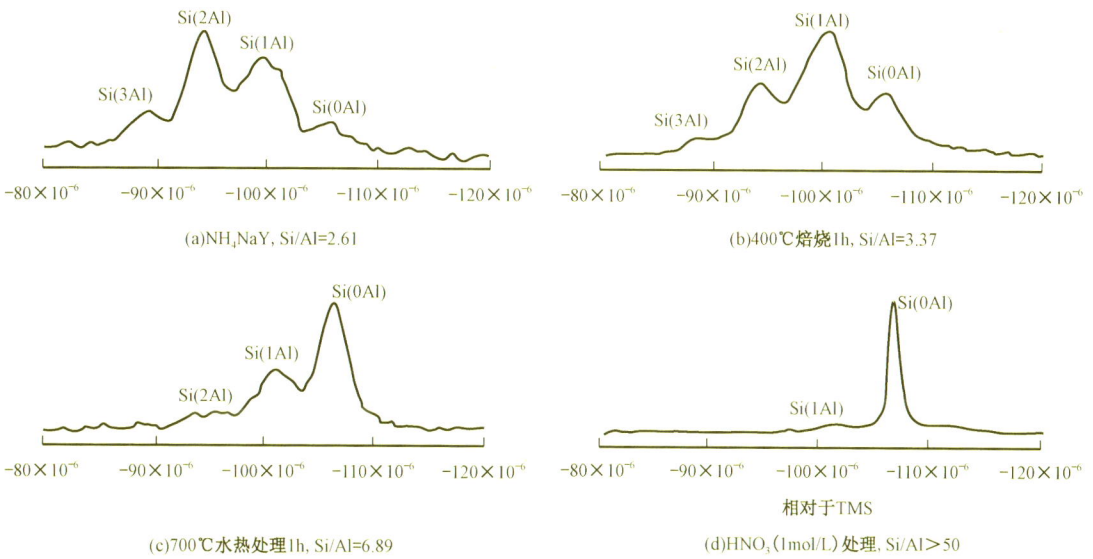

图 3-13 不同分子筛的 ^{29}Si MAS NMR 核磁共振谱图

在取代的磷铝分子筛中又存在类似的线性关系,可用来计算骨架杂原子的量及骨架组成,如在 MgAPO-n 分子筛中,^{31}P 的化学位移与 Mg 有关,具体见表 3-2。

表 3-2　MgAPO-n 分子筛的 ^{31}P MAS NMR 化学位移

	相对于 TMS 的化学位移
P(1Al,3Mg)	-14.0×10^{-6}
P(2Al,2Mg)	-21.1×10^{-6}
P(3Al,1Mg)	-28.0×10^{-6}
P(4Al,0Mg)	-34.9×10^{-6}

2. 骨架铝与非骨架铝的区分（^{27}Al MAS NMR 研究）

根据 Loewenstein 规则，在分子筛骨架结构中不存在 Al—O—Al 结构。因此，在分子筛骨架结构中只存在一种四配位的骨架铝 Al(4Si)，在 ^{27}Al MAS NMR 谱图中，分子筛中四面体晶格 Al 只出现单个共振峰，各种分子筛有其特征值，一般在 $(55 \sim 70) \times 10^{-6}$ 之间（以 0.1mol/L 的 Al(NO$_3$)$_3$ 为化学位移参考）。而分子筛中的非骨架铝一般以六配位形式存在，呈八面体结构。^{27}Al MAS NMR 化学位移对不同配位的 Al 物种十分敏感，因此可以用 ^{27}Al MAS NMR 谱区分六配位非骨架铝（0 左右）和四配位骨架铝。

图 3-14 为 Y 型沸石在不同处理条件下的 ^{27}Al MAS NMR 谱图，分子筛处理之前仅在 58×10^{-6} 左右出现一个骨架铝单峰 [图 3-14(a)]，分子筛经过 400℃ 焙烧 [图 3-14(b)]、700℃ 水热处理 [图 3-14(c)] 或经过 HNO$_3$(1mol/L) 处理 [图 3-14(d)] 后，在 0 左右出现了八面体非骨架铝峰，说明分子筛经过不同处理后出现了不同程度的脱铝现象。

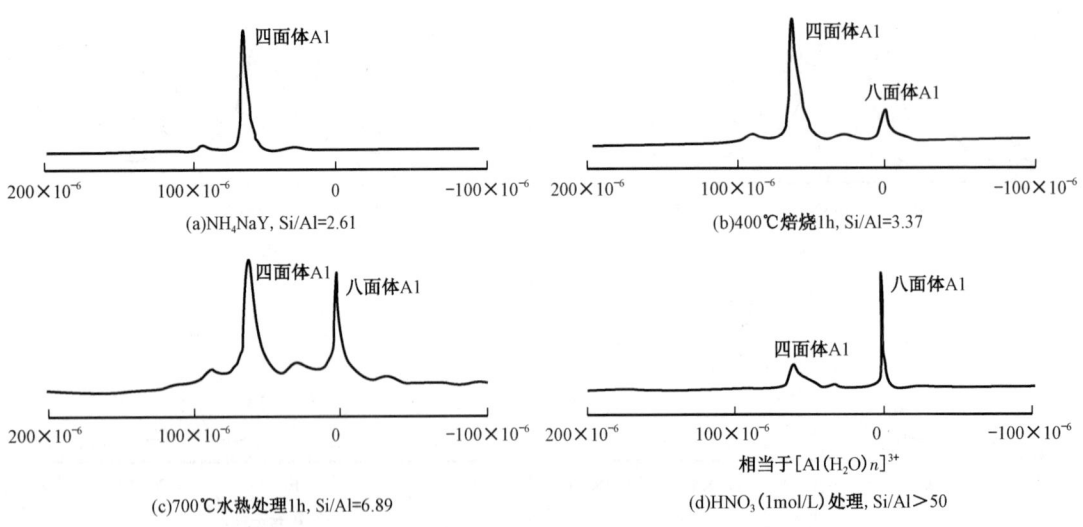

图 3-14　不同分子筛的 ^{27}Al MAS NMR 核磁共振谱图

3. 非骨架原子的核磁共振

(1) ^{23}Na MAS NMR 研究——Na$^+$ 位置的研究：利用 ^{23}Na NMR 可确定分子筛中非定域的 Na$^+$ 的位置，表 3-3 给出了不同分子筛不同位置 Na$^+$ 的核磁共振谱峰位置。

表 3-3 不同分子筛 Na$^+$ 的核磁共振谱峰位置

分子筛	位置	d^{23}Na
Na-X 及 Na-LSX	S I	-10×10^{-6}
	S I′(1)	$(-27 \sim -20) \times 10^{-6}$
	S I′(2)	-28×10^{-6}
	S II	$(-18 \sim -17) \times 10^{-6}$
	S III′(1,2)	$(-18 \sim -11) \times 10^{-6}$
	S III′(3)	$(-31 \sim -28) \times 10^{-6}$
Na-Y	S I	$(-8.5 \sim -1) \times 10^{-6}$
	S I′	$(-20 \sim -13) \times 10^{-6}$
	S II	$(-15 \sim -3) \times 10^{-6}$
Na-EMT	S I	1×10^{-6}
	S I′+S II	0
Na-MOR	十二元环	-6.8×10^{-6}
	十二元环结构中具有环形的侧袋	-16.8×10^{-6}
Na-ZSM-5	十元环	-10.8×10^{-6}
Na-ETS-10	S I +S II +S IV	$(-16 \sim -14) \times 10^{-6}$
	S III +S V	$(-11.2 \sim -9.5) \times 10^{-6}$

(2) ^{1}H MAS NMR 研究(表面羟基和酸性质的研究):利用 ^{1}H MAS NMR 研究分子筛表面羟基及酸性质,该方法与红外光谱法相比,能解决红外光谱由于不同羟基之间消光系数的差异带来的定量方面的困难以及在 4000~3200cm^{-1} 范围内分辨率低的问题。一般情况下,分子筛表面羟基可进行如下归属。

① $(0 \sim 0.5) \times 10^{-6}$:分子筛外表面或骨架外与金属离子相连的羟基(MOH)。
② $(1.2 \sim 2.2) \times 10^{-6}$:分子筛缺陷位或末端的硅羟基(—SiOH)。
③ $(2.8 \sim 3.6) \times 10^{-6}$:与周围桥键氧形成氢键的非骨架铝羟基(—AlOH)。
④ $(3.6 \sim 4.3) \times 10^{-6}$:位于分子筛大笼或孔道中的桥式羟基(SiOHAl)。
⑤ $(4.6 \sim 5.2) \times 10^{-6}$:位于 Y 型沸石小笼中的桥式羟基(—SiOHAl)。
⑥ $(5.2 \sim 7.0) \times 10^{-6}$:HZSM-5 和 H-Beta 沸石的桥式羟基(SiOHAl)。

另外,还可采用探针分子吸附的方法测定固体中酸强度,不同的碱性分子在核磁共振谱中有不同的化学位移,由此可根据化学位移的不同确定分子筛表面的酸强度。

除了 ^{1}H、^{27}Al、^{23}Na、^{29}Si 核磁共振外,在分子筛研究中,常用的还有 ^{13}C MAS NMR 和 ^{129}Xe MAS NMR。^{13}C MAS NMR 可以研究分子筛中吸附质流动与传递机理、吸附与催化、分子筛合成中晶体生长机理和模板剂的状态等,如利用 ^{13}C NMR 方法可研究分子筛的积炭情况及原因;^{129}Xe MAS NMR 则非常适合研究分子筛的孔道结构,从 ^{129}Xe 化学位移可以得到未知结构分子筛的孔体积或结构缺陷的精确数据。

第四节 电子显微技术

一、电子显微技术简介

人眼睛的分辨能力是有限的,一般仅能分辨 0.1~0.2mm 的细节,而为了弄清楚分子筛的微观结构,如表面形貌、孔道结构等,必须要对其做出纳米级乃至原子尺度的表征。在众多的表征手段中,光学显微镜和电子显微镜可用来识别分子筛的局部晶体结构。光学显微镜的分辨率在 0.2μm 以上,可用于观察合成分子筛过程中产品的外形及晶化程度。但如果想要进一步观察分子筛的表观形貌特征、晶粒大小、孔道等,则需要分辨率更高的电子显微镜。电子显微镜分为透射电镜(Transmission Election Microscope,TEM)和扫描电镜(Scanning Election Microscope,SEM)两种。扫描电镜和透射电镜都可用来研究分子筛的晶体结构,如果要研究分子筛内部形态结构、晶格等信息时,可采用透射电镜,其分辨率可达到 0.1nm;如果所要研究分子筛的表面形貌、尺寸较大、分辨率要求不是很高时,可采用扫描电镜,其分辨率最高也可达到 0.5nm。

二、透射电镜

1. 原理

透射电镜(TEM)是以波长极短的电子束作为照明源,用电子透镜聚焦成像的一种具有高分辨本领、高放大倍数的光学显微镜,主要由电子光学系统(镜筒)、真空系统、电源系统和操作控制系统四部分组成。透射电子显微镜通过分子筛材料内部对电子的散射和干涉作用成像,电子束透射到样品时,可随着物质组分密度不同而发生相应的电子散射。电子束投射到质量大的结构时被散射的多,投射到荧光屏上的电子就少而形成暗像,在电子照片上呈黑色,称电子密度高;反之,则称电子密度低[10]。

目前,一般商业电子显微镜的分辨能力可达到 0.2nm 甚至更高,如电子能量为 200~300kV 的 TEM,分辨率可达到 0.18~0.25nm,而高分辨率透射电子显微镜 HRTEM 的分辨率可达到 0.1nm,可在原子尺度上直观地观察材料的结构和微缺陷。但是分子筛对电子束太敏感,因此不能使用太强的电子束得到高分辨率的像,达不到仪器所能达到的分辨率,对于一些低骨架密度的分子筛及新型分子筛的结构分析,只能综合使用 HRTEM 和 XRD 技术来解决。

2. 应用

透射电子显微镜(TEM)可用于观察分子筛粉末的形态、尺寸、粒径大小、粒径分布范围、分布状况等。下面将通过几个例子来说明 TEM 在分子筛研究中的应用。

图 3-15 为微孔硅钛酸盐 ETS-10 结构的 TEM 图像,采用 XRD 方法很难确定其结构,但

是利用 TEM 可清楚地看到 ETS-10 的各类缺陷,而从 TEM 成像和电子衍射可以确定 ETS-10 沿 z 轴具有四重轴对称性,同时显示了非常重要的孔道排列和骨架的连接情况。

图 3-15　微孔材料 ETS-10 的 TEM 成像与电子衍射图

利用 TEM 还可观察分子筛的孔道结构。由图 3-16 可看到,顺着孔道方向看到的是六方排列的一维介孔孔道,可观察到孔径的大小[图 3-16(a)],而与孔道垂直方向看则为有规律的条纹,与层状材料相似,这是 MCM-41 一维孔道的长程结构[图 3-16(b)]。

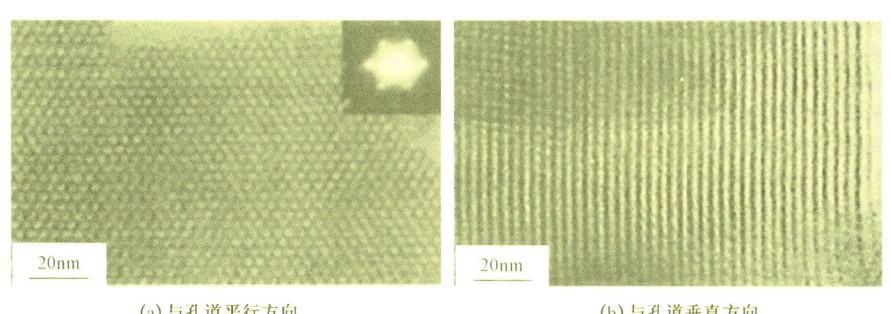

(a) 与孔道平行方向　　　　　　　　(b) 与孔道垂直方向

图 3-16　分子筛 MCM-41 的 TEM 谱图

利用透射电镜不仅可以获得带有晶体结构信息的高分辨率照片(HRTEM),还可给出小区域的电子衍射(SAED),不仅如此,利用高分辨率电子显微成像还可进行其他实验手段难以实现的区域缺陷结构分析(图 3-17)[11]。

近些年来,经常利用透射电子显微镜技术(TEM)和粉末 X 射线衍射(XRD)相结合的方法来获得复杂分子筛材料的晶体结构,许多复杂的新型分子筛材料的结构都是通过这一方法获得的,如 TNU-9、IM-5 和 ITQ-37(图 3-18)等[12]。

三、扫描电镜

1. 原理

扫描电镜(SEM)的成像原理与透射电镜不同,它不用透视镜来进行放大成像,而是像闭

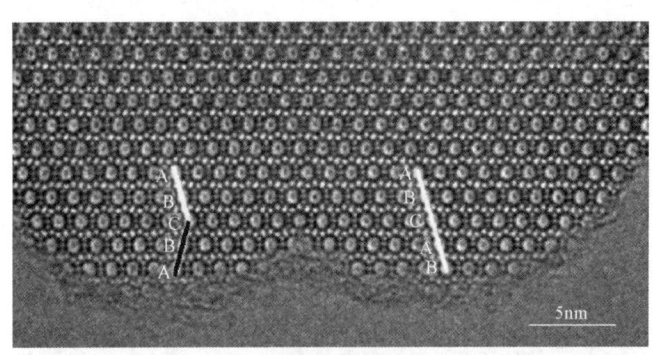

(a) Beta分子筛TEM谱图

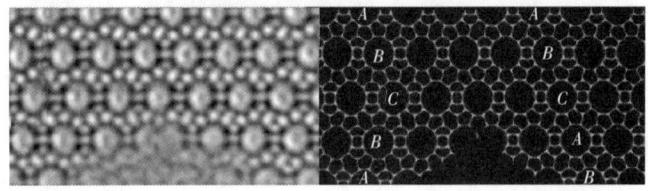

(b) Beta分子筛缺陷处TEM谱图　　(c) Beta分子筛缺陷模拟图

图3-17　TEM下Beta分子筛的缺陷

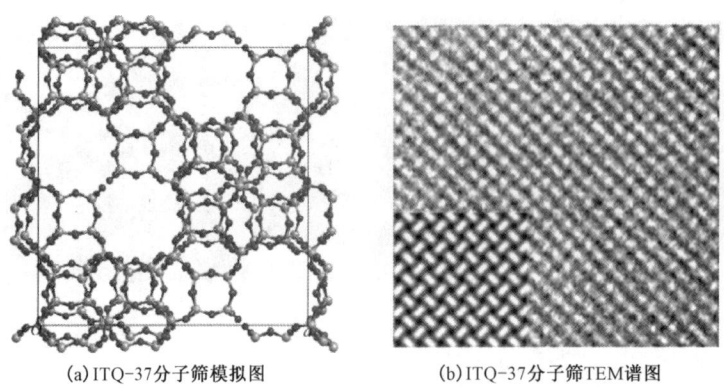

(a) ITQ-37分子筛模拟图　　　　(b) ITQ-37分子筛TEM谱图

图3-18　利用传统的透射电子显微分析方法结合XRD方法解析ITQ-37的结构

路电视系统那样,逐点逐行扫描成像。从电子枪的热阴极发射的电子受阳极电压加速并形成笔尖状电子束,细电子束在样品表面做光栅状扫描,同时显像管中的电子束与此做同步扫描。这样就在荧光屏上显示出样品表面微观形貌。扫描的区域越小,相同面积荧光屏上显示的图像放大倍数就越大。

扫描电镜(SEM)的观测景深大,图像立体感强;成像方法范围广、分辨率高,其观察倍率最高可达到约30万倍,分辨率可达3nm;试样制备简单,且对试样的电子损伤小;保真度高,且得到的信息较多。利用扫描电镜可观测分子筛的晶体形貌、晶粒大小、晶粒均一度及分子筛的晶体纯度。

2. 应用

扫描电镜在分子筛研究中的应用较多,如可观察分子筛的结晶形貌,从而确定分子筛的类型,考察分子筛合成的影响因素,确定分子筛晶体的尺寸及分布等;还可直观地观察分子筛的外表面,考察分子筛是否有二次成核及表面的粗糙程度。另外,还可考察分子筛的纯度,观察是否有杂晶或无定形物质生成。下面将通过几个实例来说明 SEM 在分子筛研究中的应用。

图 3-19 为不同水热反应时间制得 A 型沸石的 SEM 照片[13]。如图 3-19 所示,当水热反应 0.5h 时,生成的晶粒为球形,粒度为 50~100nm,1h 时生成的晶粒仍以球形为主,部分已聚合生长形成粒度为 0.5~1μm,初具立方体轮廓的微米晶粒。随着反应时间的延长,上述球形晶粒基本消失,生成了粒度大小不一、晶面完整的立方体微米晶粒[图 3-19(c)、图 3-19(d)]。说明在其他生成条件相同时,反应时间越长,晶粒粒度越大。

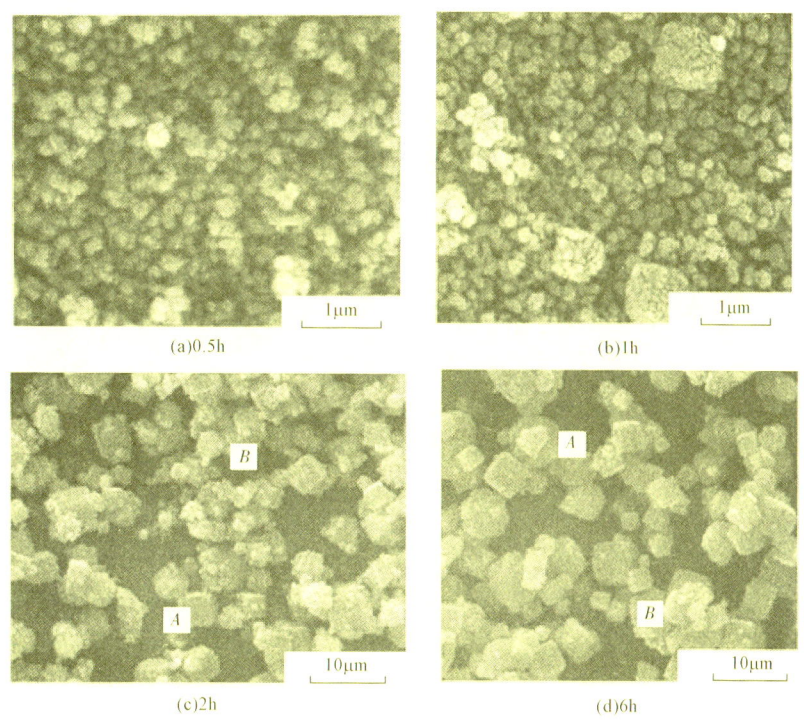

图 3-19 不同水热反应时间制得 A 型沸石的 SEM 照片

以粗孔微球硅胶和硅溶胶为硅源,考察二者不同比例对 ZSM-5 沸石合成的影响规律(图 3-20),由图 3-20 可知,硅源全部为硅胶小球时(S-0),合成的 ZSM-5 沸石为长方形,大小为 18μm 左右,晶体表面较粗糙;随着硅溶胶含量的增大,晶粒表面变得光滑,晶粒逐渐增大,其中以纯硅溶胶作为硅源时,合成的 ZSM-5 沸石晶粒可达 30μm 左右(S-100)。

催化裂化催化剂(以 Y 型沸石为活性组分)在反应后,其反应活性迅速降低,为了考察其失活原因,对新鲜催化裂化催化剂[图 3-21(a)]及反应后的催化剂[图 3-21(b)]进行 SEM 分析。由图 3-21 可以看到,催化裂化反应后催化剂表面由白色变成了黑色,说明催化剂失活的一个重要原因是由表面积炭引起的。

图3-20 粗孔微球硅胶和硅溶胶为硅源合成 ZSM-5 沸石的 SEM 照片

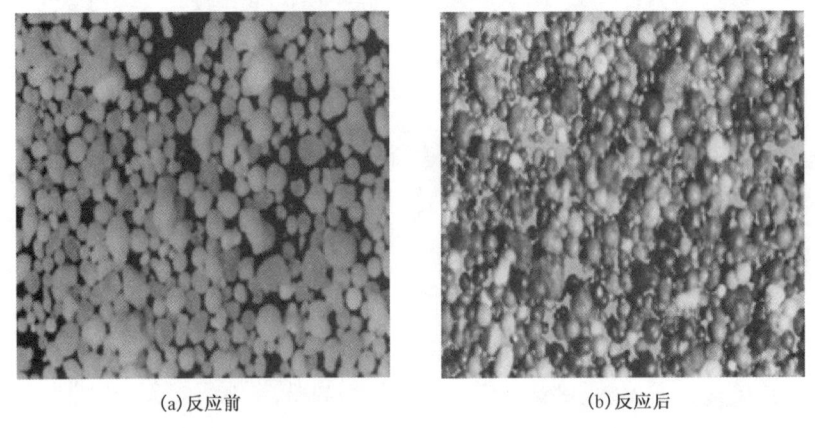

(a)反应前　　　　　　　　　(b)反应后

图3-21 FCC 催化剂反应前后的 SEM 照片

第五节　热分析技术

一、热分析技术简介

热分析技术(Thermal Analysis,TA)是在程序控温及一定气氛下,测量试样随着温度变化而发生物理或化学性质变化的技术。热分析技术用于催化方面的研究已有70多年的历史,其在分子筛研究中的应用包括测量分子筛的热稳定性、有机模板剂的含量及分解温度、分子筛的积炭行为及酸性质等。

热分析技术的分类有很多,国际热分析协会(ICTA)根据所测定的物理性质将现有的热分析技术分为 9 类 17 种,其中最常用的有热重分析(Thermogravimetry, TG 或 TGA)、差热分析(Differential Thermal Analysis, DTA)和差示扫描量热法(Differential Scanning Calorimentry, DSC)3 种。

(1)热重分析:是测量样品在加热过程中质量随温度变化而发生变化的方法。以被分析样品的质量为纵坐标、温度为横坐标作图得到 TGA 曲线,其灵敏度可达到 10^{-8}g。

(2)差热分析:通过测量被测样品和参比物在升温过程中的温度差进行分析。以参比物与样品间温度差为纵坐标,以温度为横坐标作图得到 DTA 曲线,其灵敏度可达 10^{-4}J。若 DTA 曲线向下,则表示反应为吸热反应;向上则表示放热反应。

(3)差示扫描量热法:被测物在加热过程中吸收或放出热量时,测量为使参比物与被测物的温度一致所需要减少或增加的热量。DSC 曲线与 DTA 曲线形状相似,但热效应的变化量测量比 DTA 更准确。

二、热分析技术在分子筛表征中的应用

1. 有机模板剂的分解温度

在分子筛的合成过程中,通常会加入一定量的有机胺作为模板剂,以起到结构导向的作用。这一类分子筛在焙烧时,焙烧温度要超过模板剂有机胺的分解温度,否则会影响分子筛的吸附或反应性能。利用热重分析可有效地确定分子筛中有机胺的分解温度。图 3 – 22 为以四乙基氢氧化铵为模板剂的 SAPO – 5 分子筛在 N_2 气氛下焙烧得到的热重 DTG 曲线[14],由图 3 – 22 可知,随着温度的升高,分子筛 3 个失重峰,第一个峰(低于 170℃)为脱表面吸附水的峰,第二个峰(170～350℃)和第三个峰(350～479℃)为有机胺的分解峰,这些有机胺分别用来平衡分子筛骨架负电荷及填充分子筛孔道。由此可知,对于该 SAPO 分子筛来说,其焙烧温度应大于 479℃。

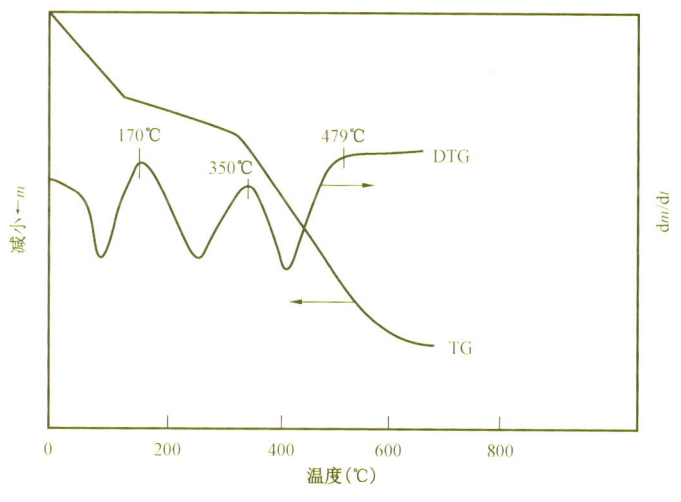

图 3 – 22 SAPO – 5 在 N_2 气氛下焙烧的 TG、DTG 曲线

2. 热稳定性的研究

在高温下,分子筛有可能会发生骨架结构的坍塌破坏或者是骨架结构的转晶,因此分子筛的使用温度应低于其骨架坍塌温度,利用热分析技术可研究分子筛的热稳定性。随着温度的升高,分子筛往往会出现3个或3个以上的失重峰。低温下的失重峰通常是由于分子筛脱水、脱有机模板剂引起的,多数分子筛在高温区(600~1200℃)通常出现两个放热峰,第一个放热峰对应于分子筛骨架坍塌,而第二个峰对应于重结晶生成新的致密相。

图3-23为NiMCM-41分子筛的TG、DSC曲线图[15],25~170℃为物理吸附水的失重峰,270~740℃为表面活性剂的分解峰及Si—OH的协同脱附峰,样品在温度高于550℃后失重量很小,说明550℃焙烧可以去除模板剂。样品在714.6℃的放热峰是由于介孔结构坍塌所产生的,说明NiMCM-41分子筛不能用于高于700℃的催化反应过程。

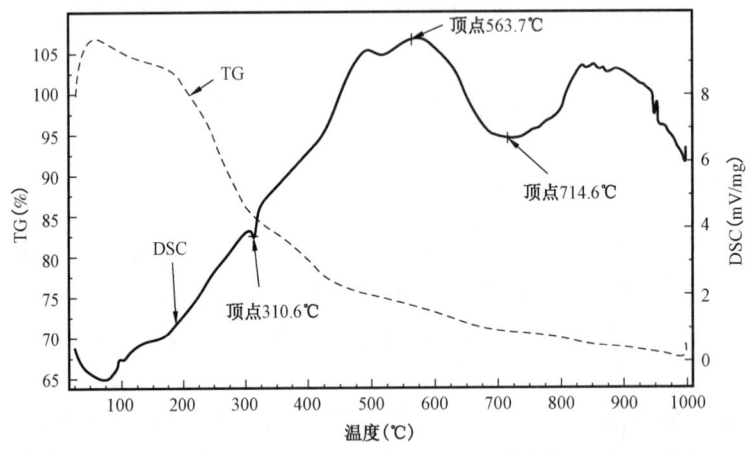

图3-23 NiMCM-41分子筛的TG、DSC曲线图

3. 分子筛积炭行为的研究

积炭是导致分子筛催化剂反应活性下降的一个非常重要的原因,反应过程中形成的焦炭会覆盖活性中心或堵塞分子筛孔道,导致催化剂活性降低,利用热分析技术可对分子筛的积炭行为进行研究。

催化重整是以石脑油为原料生产高辛烷值汽油或轻芳烃的重要原油加工过程,可用Pt/HZSM-5作为重整催化剂,其中金属Pt提供金属活性中心,HZSM-5提供酸性中心。为了考察Pt/HZSM-5催化剂的结焦失活现象,对失活催化剂进行TG、DSC分析,其TG、DSC曲线如图3-24所示[16]。由图3-24可以看到,TG曲线存在低温失重峰(低于200℃)、中温失重峰(200~400℃)及高温失重峰(400~700℃),其总失重率为9.25%。DSC曲线存在1个吸热峰和3个放热峰,低温吸热峰(82℃左右)代表物理吸附水的脱附峰,236℃、500℃和571℃处的放热峰为失活催化剂上不同类型的积炭氧化燃烧放热所致。低温下的放热峰(236℃)代表反应物在Pt金属的脱氢作用下生成的烯烃通过聚合反应生成的无定形炭,属于易除积炭,高温下的放热峰代表分子筛表面或孔道内部的积炭。

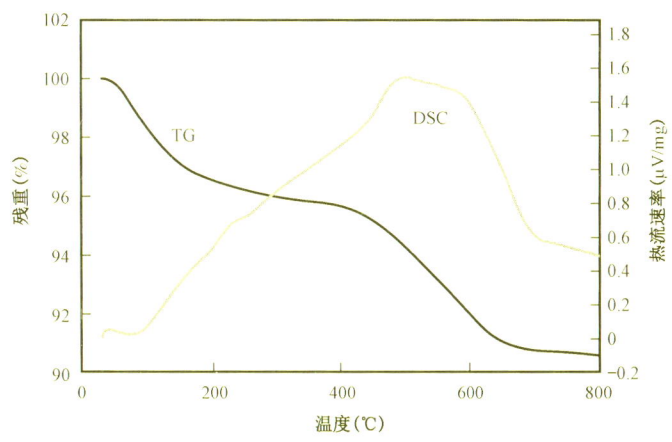

图 3-24 失活催化剂 Pt/HZSM-5 的 TG、DSC 曲线图

4. 酸性质的研究

对于催化剂酸量及酸强度的测定,可利用正丁胺滴定法,但该法只能用于白色或浅色催化剂酸性质的测量。利用碱性气体吸附—热重程序升温脱附技术,以固体表面化学吸附碱量或吸附热作为表面酸性的量度,从而克服正丁胺滴定法的缺陷。

利用热分析技术测量分子筛的酸性质时,先将分子筛预处理并吸附碱性气体(如 NH_3),然后用 N_2 吹扫,除去物理吸附部分,再在差热—热重分析仪(DTA-TG)装置上进行程序升温脱附。例如,对于 MCM-41 分子筛酸性质的测量,先对分子筛进行预处理,然后在等温条件下以氨气为吸附质,通过热分析技术测量固体表面随压力增加的氨的吸附量,可测得其表面酸量,并用微量量热法测量吸附氨的吸附焓,根据吸附焓大小确定分子筛表面的酸强度。

实际上,对于催化剂酸量及酸强度的测定,目前最普遍的测定方法是采用碱性气体吸附—色谱程序升温热脱附技术(TPD)。碱性气体分子与固体催化剂表面接触时,除了发生气—固物理吸附外还会发生化学吸附,即碱性气态分子在催化剂酸性部位的强吸附。此种吸附先从催化剂强酸部位开始,逐步向弱酸部位发展,脱附过程与此相反。因此,对于某一给定催化剂,可以选用合适的碱性气体,利用各种测量气体吸附、脱附的实验技术测量催化剂的酸强度和酸度。其中,酸强度由吸附热或脱附活化能表示,酸度(酸量)则由单位质量(或单位表面积)催化剂化学吸附碱性分子的数量表示。如图 3-25 所示,在 NH_3-TPD 谱图中,出峰位置 T_m 代表酸强度,出峰温度越高,代表催化剂酸强度越强;出峰面积则代表催化剂的酸量,出峰面积越大,代表催化剂的酸浓度越大。

在对分子筛进行 NH_3-TPD 分析时,通常要经过催化剂的预处理、吸附—脱附和分析数据 3 步。在预处理阶段首先对催化剂进行脱气处理,通常

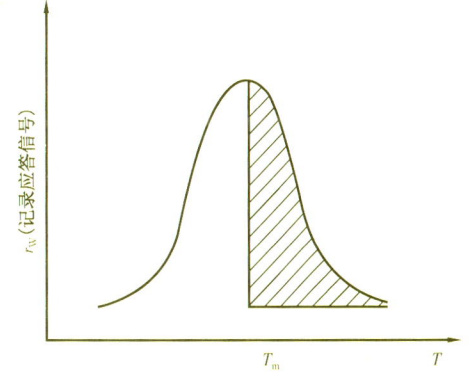

图 3-25 NH_3-TPD 谱图示例

使催化剂在惰性载气(如 He)气氛下加热至一定温度以脱附表面吸附物质;然后在低温(如100℃)恒温饱和吸附碱性气体分子(如 NH_3),继而在等速升温且通入稳定流速的载气条件下,使催化剂表面吸附的 NH_3 在一定温度范围内脱附出来,然后用气相色谱检测脱附气体浓度随温度的变化,得到 TPD 谱图。

如图 3-26 所示,对 ZSM-5 沸石进行改性并考察其酸量及酸分布。由图 3-26 中可以看到,ZSM-5 沸石在 225℃和 450℃出现两个 NH_3 的脱附峰。其中,高温处(HT)的 NH_3 脱附峰代表分子筛骨架上具有强催化活性的强酸位,而低温处(LT)的 NH_3 脱附峰则代表硅羟基或者是骨架外 Al 物种表现出来的弱酸位。P 改性后 ZSM-5 沸石的谱峰面积明显下降,说明其酸性位数目明显降低,这是因为 P 的引入导致部分骨架铝水解,而且部分 B 酸位与 POH 相互作用而发生缩合。在采用金属元素 W 对 ZSM-5 沸石进行改性时,沸石的出峰温度有所降低,且出峰面积有所下降,说明沸石强酸及弱酸酸量均有所下降。

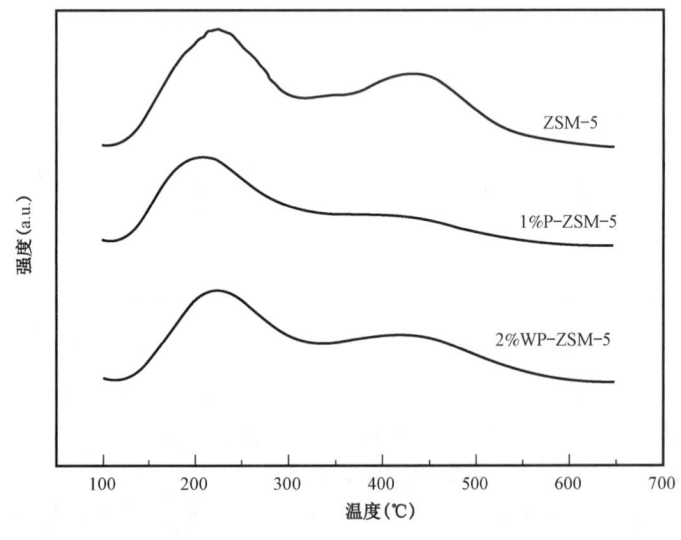

图 3-26　改性分子筛的 NH_3-TPD 谱图

第六节　吸附分析

分子筛是一种多孔物质,其表面积和孔结构性质会影响到分子筛的催化活性及其稳定性。因此,分子筛的比表面积和孔结构是表征其催化性能的重要参数,两者都可借助物理吸附进行测定。

一、吸附理论

吸附是物质在两相界面上集浓的现象。当气体分子与固体表面接近到一定程度时,气体分子被固体表面吸附,但吸附分子是不断运动的,当吸附分子的动能克服固体表面的引力时,则发生脱附现象。在吸附过程中吸附剂是指具有吸附能力的固体物质(如分子筛),吸附质是指被吸附剂所吸附的气体物质(如氮气)。固体与气体表面存在物理吸附和化学吸附两种,物理吸附是借助于范德华力引起的,而化学吸附涉及化学键的形成,类似于化学反应。在测量分子筛的表面积和孔结构性质时用到的主要是物理吸附。

固体在吸附气体时,其吸附量与吸附温度和气体压力有关,三者的关系通常用吸附平衡等温线来描述。吸附等温线以压力为横坐标,恒温条件下吸附质在吸附剂上的吸附量为纵坐标,它的形状与材料的孔组织结构有关。根据 IUPAC 的分类,有 6 种不同的类型(图 3-27),其中有 4 种类型(Ⅰ、Ⅱ、Ⅳ、Ⅵ)适用于多孔材料。其中,Ⅰ型吸附等温线适用于微孔材料(包括多数沸石和类沸石分子筛);Ⅱ型吸附等温线适用于打孔材料;Ⅳ型吸附等温线适用于介孔材料(如 MCM-41、MCM-48 和 SBA 系列介孔材料等);Ⅵ型吸附等温线适用于超微孔固体(包括沸石和类沸石分子筛)。在Ⅳ型吸附等温线中,通常会存在滞后回环,即吸附—脱附等温线不重合。在吸附过程中,低压下的吸附与单层吸附有关,单层吸附是可逆的,因此在低压区不存在滞后回环,但在中高压区,脱附的蒸发压力与吸附时的饱和压力不同,导致吸附曲线和脱附曲线不重合,从而形成了滞后回环。

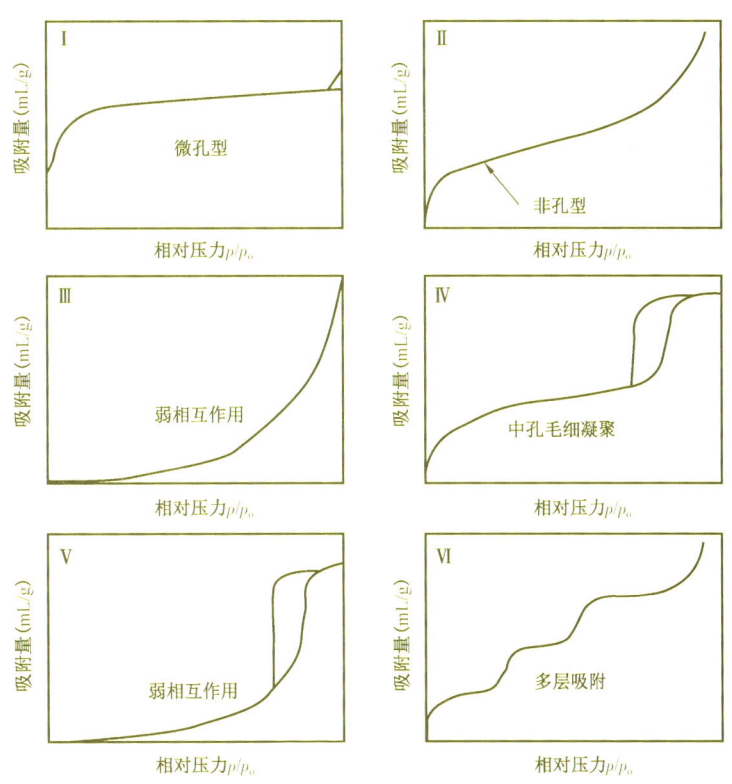

图 3-27　IUPAC 对吸附等温线的分类(标准温度和压力条件下)

对分子筛进行碱处理可造成分子筛的脱硅,从而在微孔分子筛中引入一定的介孔结构。如 ZSM-5 沸石是典型的微孔分子筛,对 ZSM-5 沸石进行碱处理可使分子筛产生一定的介孔结构。用不同的碱溶液处理 ZSM-5 沸石,并对其进行 N_2 吸附表征,结果如图 3-28 所示。可以看到,碱处理 ZSM-5 沸石的 N_2 吸附等温线出现滞后回环,这说明 ZSM-5 沸石经碱溶液处理后生成了介孔。分子筛经不同碱溶液处理后,其孔结构表现出不同的性质,在相同浓度的碱溶液条件下,经 NaOH、NaOH/Al(NO$_3$)$_3$ 和 NaOH/(NH$_4$)$_3$PO$_4$ 溶液处理的分子筛中孔比表面积分别提高了 144%、106% 和 228%。这可能是由于 NaOH/Al(NO$_3$)$_3$ 溶液中的 AlO$_2^-$ 对分子筛孔道造成部分堵塞,而 NaOH/(NH$_4$)$_3$PO$_4$ 溶液中的 PO$_4^{3-}$ 起到了进一步清理分子筛孔道的作用,从而使不同碱溶液处理分子筛表现出不同的孔结构性质。

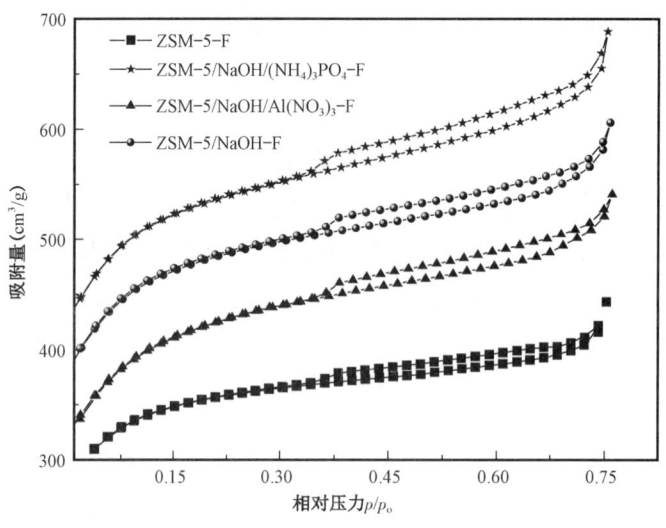

图 3-28　分子筛改性前后 N$_2$ 吸附等温线

二、比表面积的测定

吸附现象除了可用吸附等温线描述外,还可用数学方程进行描述,目前用得比较多的是 Langmuir 吸附等温式和 BET 吸附等温方程。Langmuir 吸附等温式描述的是单层理想吸附,该模型的基本假定是:

(1) 吸附剂表面存在吸附位,吸附质分子只能单层吸附于吸附位上;
(2) 吸附分子间无作用力;
(3) 吸附是可逆的,吸附—脱附过程处于动力学平衡中;
(4) 吸附表面在能量上是均匀的,即各吸附位具有相同能量。

满足以上条件的吸附称为理想吸附或 Langmuir 吸附,满足 Langmuir 吸附等温式[式(3-7)]。

$$\theta = \frac{V}{V_m} = \frac{Kp}{1 + Kp} \tag{3-7}$$

式中,θ 为表面覆盖度;V 为吸附量;V_m 为单层吸附容量;p 是吸附质蒸汽吸附平衡时的压力;K 为吸附系数,是吸附平衡常数。Langmuir 吸附等温式通常描述的是 Ⅰ 型吸附等温线。

Langmuir 吸附等温式描述的是单分子层吸附,而 BET 吸附等温方程则将 Langmuir 吸附等温式推广到多分子层吸附,BET 模型需满足以下假定:

(1) 吸附表面在能量上是均匀的,即吸附位具有相同能量;
(2) 吸附质分子间无相互作用力;
(3) 吸附可以是多分子层,且各吸附层之间存在动态平衡;

(4) 从第二层开始至第 n 层,各层的吸附热都等于吸附质的液化热。

满足以上条件时,可用 BET 吸附等温方程来描述吸附现象[式(3-8)]。

$$\frac{p}{V(p_o - p)} = \frac{C-1}{CV_m} \times \frac{p}{p_o} + \frac{1}{CV_m} \quad (3-8)$$

式中,p_o 指吸附温度下吸附质的饱和蒸气压;V_m 指单分子层饱和吸附量;C 为常数。

由式(3-28)所示,以 $\frac{p}{V(p_o - p)}$ 对 $\frac{p}{p_o}$ 作图,应得到一条直线,直线斜率为 $\frac{C-1}{CV_m}$,截距为 $\frac{1}{CV_m}$,由此可计算出单分子层饱和吸附量 V_m 及常数 C,从而计算出吸附剂的总表面积和比表面积。

$$S = \frac{V_m \times N \times A_m}{22400 \times W} \times 10^{-8} \quad (3-9)$$

式中,V_m 为吸附质 N_2 单分子层吸附量,mL;N 为阿伏伽德罗常数;A_m 为 N_2 分子的最大横截面积,$0.162 nm^2$;W 为样品质量,g。式(3-9)即为气体吸附 BET 法测量表面积的原理,该公式通常只适用于处理相对压力为 0.05~0.35 的吸附数据。

三、孔结构的测定

孔结构和孔径分布对分子筛的活性和选择性都有非常大的影响,因此,对分子筛的孔结构进行分析和测定也是分子筛研究中必不可少的内容。在孔结构中有几个比较重要的概念:

(1) 比孔体积,指单位质量催化剂内部所有孔体积的总和,mL/g。

(2) 孔径,将所有催化剂内部孔道近似为圆柱毛细孔,孔体积除以比表面积即为孔径。

(3) 孔径分布,一般来讲,孔径小于 2nm 为微孔,孔径在 2~50nm 之间为介孔,孔径大于 50nm 为大孔。

孔结构的测定一般采用气体吸附法和压汞法,气体吸附法适用于直径小于 50nm 的微孔及介孔,而压汞法适用于直径大于 3.5nm 的孔结构。

1. 气体吸附法

气体吸附法依据的是填充理论,微孔的填充是一个连续的过程,而中孔的填充则是气体在孔内的凝聚过程,表现为一级气—液相转移。根据分子筛孔径的不同,采用不同的气体吸附方法。

(1) 微孔测试:对于微孔材料孔结构的测定,首先要测定样品在很低相对压力下的吸附等温线,因此要求仪器要有较高的系统真空度和高精度压力传感器,并需要选择合适的吸附质分子(如 Ar)以及恰当的测试条件。对于微孔体积的测算还需要选择合理的孔模型和相应的计算方法。常用的计算方法有 Horvaih-Kawazoe(H-K)法、Dubinin-Radushkevich(D-R)法、t-Plot 法和 MP 法等。其中,D-R 法适用于求算微孔活性炭和分子筛等微孔材料的孔体积;H-K 法适用于求算分子筛的孔体积,是一种较普遍的分析方法;t-Plot 法可用来分析吸附质的总表面积、外表面积和中孔孔体积等信息。但这些方法仅适用于描述微孔填充而不能应用于中孔分析。

(2)介孔测试:介孔结构的Ⅳ型吸附等温线上之所以存在滞后回环,与毛细凝聚现象有关,而 Kelvin 公式是测量中孔体积和分布的基本模型。

$$\ln\left(\frac{p}{p_o}\right) = -\frac{2\sigma V_M \cos\theta}{RTr_k} \quad (3-10)$$

式中,σ 为吸附质的表面张力;V_M 为吸附质液体的摩尔体积;θ 为液体弯月面与固体壁的接触角;r_k 为液体弯月面的曲率半径。

由 Kelvin 公式可以计算出相对压力 p/p_o 所对应发生毛细凝聚的毛细管半径 r_k,也称 Kelvin 半径。E. P. Barett、L. G. Joyner 和 P. P. Halenda 根据该方程提出了计算中孔分布的最经典方法——BJH 法。在计算时,选择比压 0.05~1(饱和蒸气压)进行 BJH 分析。但需要注意的是,该方法不适用于微孔分析。

另外,在气体吸附法中,密度函数理论(DFT)和分子模拟方法(MC,蒙特卡洛模拟方法)也是常用的测量孔结构的方法,这两种方法能够同时测量微孔和介孔的孔径分布,但有时也会产生较大误差。

2. 压汞法

对于一些大孔结构的分析常用的方法是压汞法。常压下,汞不能使大多数固体润湿,因此要想使汞进入固体孔中,必须要施加一定的外压。孔径越小,所施加的外压越大。通常,孔半径和外压存在如下关系:

$$r = -2\sigma\cos\theta/p \quad (3-11)$$

式中,r 为孔道半径;p 为外压;σ 为汞的表面张力;θ 为汞对固体的润湿角。

常温下,该式可化简为:

$$r = 764.5/p \quad (3-12)$$

参 考 文 献

[1] 魏入朝. ZSM-5 分子筛的合成、表征及 MTO 反应性能研究[D]. 青岛:中国石油大学(华东),2011:27-30.

[2] 寇龙,王有和,彭鹏,等. 介孔沸石分子筛的制备[J]. 化学进展,2014,26(4):522-528.

[3] 寇龙. 干凝胶法合成新型多级孔 ZSM-5 分子筛[D]. 青岛:中国石油大学(华东),2011:20-21.

[4] 辛勤,梁长海. 固体催化剂的研究方法 第八章 红外光谱法(上)[J]. 石油化工,2001,30(1):72-84.

[5] Flanigen E M. Structural analysis by infrared spectroscopy. In:Rabo J A. ed. Zeolite Chemistry and catalysis,ACS Monograph171[G]. Washington,DC:American Chemical Society,1976:80-117.

[6] 辛勤,罗孟飞. 现代催化研究方法[M]. 北京:科学出版社,2009:330-356.

[7] Cundy C S,Forrest J O. Some observations on the preparation and properties of colloidal silicalites:Part Ⅱ:Preparation,characterisation and properties of colloidal silica lite-1,TS-1,silicalite-2 and TS-2[J]. Microporous and Mesoporous Materials,2004,72:67-80.

[8] Furumoto Y,Harada Y,Tsunoji N,et al. Effect of acidity of ZSM-5 zeolite on conversion of ethanol to propylene [J]. Applied Catalysis A:General,2011,399(1-2):262-267.

[9] Klinowski J. Solid-state NMR studies of molecular sieve catalysts[J]. Chemical Reviews,1991,91(7):1459-

1479.
[10] 杨菁,朱建华. 电子显微镜研究分子筛的新进展[J]. 江苏化工,2007,35(1):1-5.
[11] 朱良奎. 结晶微孔材料的透射电子显微分析[D]. 长春:吉林大学,2015:11-13.
[12] Sun J L,Bonneau C,Cantin A,et al. The ITQ-37 mesoporous chiral zeolite[J]. Nature,2009,458:1154-1157.
[13] 申少华,李爱玲,张术根,等. A 型沸石的水热制备及生长机制研究[J]. 硅酸盐学报,2003,31(8):732-737.
[14] 刘金香. 固体催化剂的研究方法 第三章 热分析在催化研究中的应用(上)[J]. 石油化工. 2000,29(5):378-391.
[15] 姜延顺. 高稳定性介孔分子筛的合成、表征与催化性能的研究[D]. 南京:南京理工大学,2005:63-67.
[16] 郭春垒,方向晨,贾立明,等. 分子筛重整催化剂 Pt/HZSM-5 积炭失活研究[J]. 石油炼制与化工,2012,43(4):25-29.

第四章 微孔分子筛材料的合成

微孔分子筛的合成可以追溯到 19 世纪中期,人们通过模仿天然沸石的地质生成条件,使用高压和高温等合成条件,但合成结果并不理想。直到 1948 年,Barrer 等才首次真正成功地合成出了天然不存在的沸石分子筛,之后,美国联合碳化物公司(UCC)的 Milton 和 Breck 等发展了沸石分子筛的合成方法,并成功地合成出了没有天然对应物的沸石分子筛——A 型、X 型和 Y 型沸石[1]。1961 年,Barrer 和 Denny 首次将有机季铵盐阳离子引入合成体系,有机阳离子的引入开启了高硅铝比沸石甚至全硅分子筛时代,此后在有机物存在的合成体系中得到了许多新型分子筛,这是分子筛合成的另一个大的飞跃。经过 40 多年来沸石合成工作者的不懈努力,已有 60 多类具有良好热稳定性的硅铝酸盐分子筛被合成出来。1982 年,Wilson 等[2]报道了磷铝分子筛材料的合成,随后许多不同骨架元素组成的、不同微孔化合物类型的、不同骨架结构的新型分子筛被合成出来。不同于传统的分子筛的合成条件,这类分子筛材料是在弱酸性或中性条件下合成的。由于微孔分子筛具有独特的孔道结构和可调变的酸性,使得分子筛材料具有广泛的应用领域,因此分子筛的合成工作有着非常重要的意义。本章主要以硅铝酸盐沸石分子筛为例,详细讨论分子筛合成的基本规律及合成机理等内容。

第一节 沸石分子筛合成的原料

合成沸石分子筛的基本原料有硅源、铝源、碱、金属阳离子、有机模板剂和水,其中最重要的是硅源和铝源。

一、硅源

合成沸石的主要硅源有水玻璃(一种包含硅源和碱源的硅酸钠水溶液,其中存在不同聚合度的硅酸根离子)、固体硅酸钠、硅溶胶(纳米 SiO_2 粒子在水中形成的分散液)、SiO_2 粉末以及有机硅酸盐。

合成分子筛常用到的硅源物种如下:

水玻璃:$Na_2O \cdot xSiO_2$,其中 x 称为模数。

硅酸盐:硅酸钠 $Na_2SiO_3 \cdot 9H_2O$,硅酸钠 $Na_2SiO_3 \cdot 5H_2O$。

硅溶胶:Ludox - AS - 40,$SiO_2$40%(质量分数),NH_4^+(抗衡离子);Ludox - HS - 40,$SiO_2$40%(质量分数),Na^+(抗衡离子)。

SiO_2 粉末:超微 SiO_2(Fumed Silica),超细 SiO_2(白炭黑)。

有机硅酸盐:正硅酸乙酯 $Si(OC_2H_5)_4$,正硅酸甲酯 $Si(OCH_3)_4$。

微孔硅铝酸盐沸石分子筛的合成与硅源类型有着相当大的关系,这是因为不同的硅源,硅酸盐阴离子的存在状态不同;合成过程中硅酸根离子的存在状态和反应特性是沸石合成中的关键问题之一。例如,在 $Na_2O - Al_2O_3 - SiO_2 - H_2O$ 合成体系中,在其他晶化条件相同的情况下,采用不同的硅源,可能生成不同结构的分子筛(图4-1)。在图4-1中,图4-1(a)和图4-1(c)的晶化条件均相同,晶化温度都为25℃,两者的区别在于采取不同的硅源,图4-1(a)采用硅溶胶,而图4-1(c)采用硅酸钠。结果发现,在相同的晶化条件下,图4-1(a)中生成了为 Y 型沸石,而图4-1(c)中则生成了 X 型和 A 型沸石。同样的现象也发生在100℃的晶化条件下,硅源不同,以硅溶胶为硅源,可生成 Y 型、S 型和 R 型沸石[图4-1(b)],而以硅酸钠为硅源,则生成 P 型、X 型和 A 型沸石[图4-1(d)]。

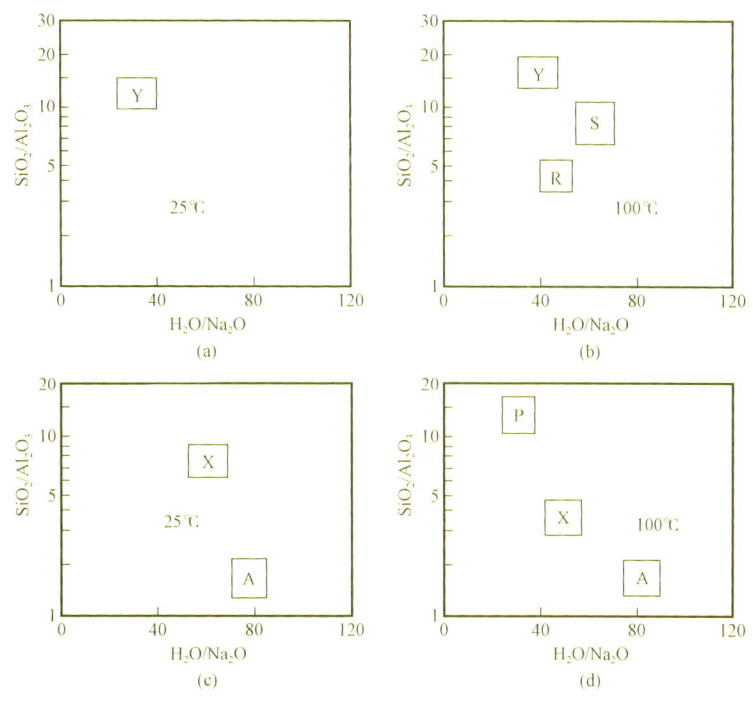

图4-1 不同硅源对沸石分子筛晶形的影响

有研究者在其他合成配比以及合成条件相同的情况下,分别采用硅溶胶、超微 SiO_2、金属硅酸盐和硅酸乙酯(TEOS)为硅源研究不同的硅源对纳米 ZSM-5 沸石合成的影响。研究发现,采用不同的硅源合成纳米 ZSM-5 沸石,对合成最终产品的性质有着重要的影响:硅源不同,合成样品的结晶度、晶粒大小、晶体形貌以及比表面积都有很大的差别[4](表4-1)。

表4-1 不同硅源对合成 ZSM-5 沸石性质的影响[4]

硅源	ZSM-5 结晶度(%)	比表面积(m^2/g)	平均晶体尺寸(nm)	晶相
超微 SiO_2	97.3	358.21	55.8	ZSM-5
TEOS	77.1	351.16	90.3	ZSM-5
硅溶胶	46.7	285.00	113.6	ZSM-5
硅酸钠	—	9.17	135.7	石英相

溶液中硅酸根离子的存在状态、结构与分布除了和硅源的类型有关外,还主要受合成体系的 pH 值及 SiO_2 浓度的影响,同时也与阳离子种类以及合成的温度、压力有关。这些因素在一定程度上决定了硅酸根离子同铝酸根离子的聚合速度及沸石分子筛的骨架结构。图 4-2 为部分多硅酸盐阴离子的结构,在不同的 SiO_2 浓度和碱浓度下,硅酸根离子聚合态的分布有很大差异。

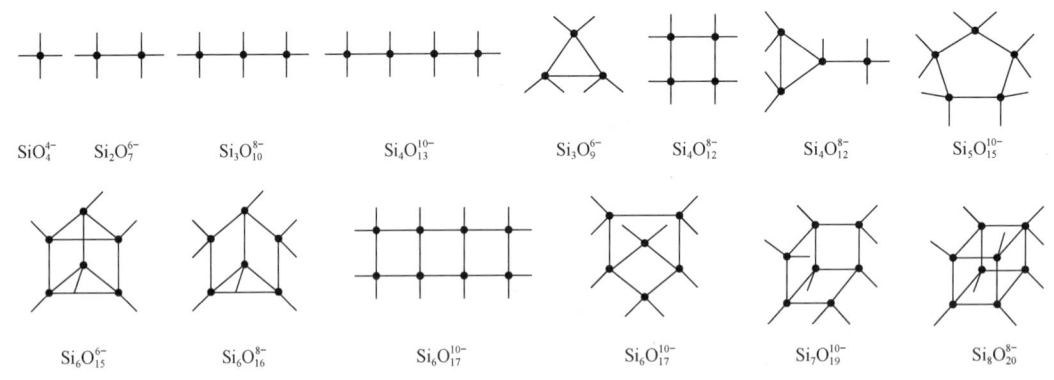

图 4-2　部分多硅酸盐阴离子的结构

1. 强碱性硅酸盐

大多数的沸石分子筛合成都是在碱性介质进行的,因此碱金属,如 Na^+ 和 K^+ 的强碱性硅酸盐溶液是合成沸石分子筛的主要硅源之一。

硅酸钠溶液是合成沸石分子筛最常用的硅源,水玻璃是其中最重要的一种,它不仅提供了合成沸石分子筛所需要的硅源,同时还提供了 Na^+ 和 OH^-,因此了解硅酸钠溶液在沸石分子筛合成条件下的聚合状态具有重要的意义。人们对硅酸钠溶液的研究始于 20 世纪中期,然而由于受当时研究手段的限制,仅能得到模数、不同 SiO_2 浓度的重均分子量和数均分子量的结果。近年来,随着研究手段的提高,研究者通过 TMS – GLC、TMS – GPC 及 Si – NMR 等手段,得到了不同聚合态的硅酸根离子的定量结果。研究发现,硅酸钠溶液中存在着低聚态硅酸根离子,同时还存在更复杂的分子量很大的高聚态硅酸根离子,SiO_2 浓度越小,碱浓度越大,低聚态硅酸根离子越多;而 SiO_2 浓度越大,碱浓度越小,高聚态硅酸根离子越多。对于硅酸钾溶液,与硅酸钠溶液中硅酸根离子的存在状态相差不大,只在量方面有差别。

2. 有机碱硅酸盐

在沸石分子筛合成过程中,合成高硅沸石分子筛往往需要有机胺的存在,因此有机胺对体系中硅酸根离子存在形态的影响引起了许多研究者的关注。近年来,许多工作者对四烷基硅酸盐的水溶液进行了研究,并得到了一些规律性的结果。研究发现,对于四甲基铵硅酸盐水溶液,体系中主要为双四环的八聚硅酸根离子;对于四乙基铵硅酸盐水溶液,体系中主要为双三环的六聚硅酸根离子;而四丁基铵硅酸盐水溶液中,体系则主要为双五环的十聚硅酸根离子。其详细内容可参见徐如人和庞文琴所著的《分子筛与多孔材料化学》[3]。

二、铝源

沸石合成中常用到的铝源有偏铝酸钠(NaAlO$_2$)、拟薄水铝石(AlOOH,70% Al$_2$O$_3$,30% H$_2$O)、硫酸铝[Al$_2$(SO$_4$)$_3$]、三水铝石[Al(OH)$_3$]以及异丙醇铝[Al(i-OC$_3$H$_7$)$_3$],其中异丙醇铝常用于微孔磷铝分子筛的合成。

研究发现,溶液的pH值直接影响铝酸根离子的存在状态,在酸性溶液中:当pH<1时,铝酸根离子以八面体水合离子Al(OH)$_6^{3+}$的形式存在;当pH=1~4时,以Al(OH)$^{2+}$、Al(OH)$_2^+$或Al(OH)$_4^-$为主;当pH=2~6时,存在[Al$_{13}$O$_4$(OH)$_{24-y}$(H$_2$O)$_{12-y}$]$^{(7-y)+}$等聚合离子;当pH>6时,Al(OH)$_4^-$和AlO$_2^-$占大多数。

在碱性溶液中,铝酸根离子主要以Al(OH)$_4^-$的形式存在,当碱性浓度增加到一定程度,即当OH$^-$浓度为0.5~6mol/L时,Al(OH)$_4^-$发生脱水而转变成AlO$_2^-$,其脱水过程如下:

$$Al(OH)_4^- \longrightarrow AlO(OH)_2^- + H_2O \longrightarrow AlO_2^- + H_2O$$

当碱浓度大于1.5mol/L时,则发生如下脱水反应:

$$2Al(OH)_4^- \longrightarrow [(OH)_3Al\text{—}O\text{—}Al(OH)_3]^{2-} + H_2O$$

三、模板剂或结构导向剂

早在1961年,Barrer等将有机季铵碱引入沸石分子筛的合成体系中,首次合成出了高硅比和全硅沸石分子筛。人们发现,有机碱分子的大小和形状与生成结构的孔道或笼的大小和形状有一定关系,在合成过程中起着一定的模板作用,故称为模板剂。然而,研究发现,通过改变条件和反应组成,一种有机物能导致几种骨架结构的生成。并且模板剂的尺寸和形状与孔道或笼的尺寸和形状的关系有时并不密切,并不是用大尺寸模板剂来填充大孔道或笼。在这些情况下,有机阳离子不是起着真正的模板作用,因此这些有机物又被称为结构导向剂(SDA)。随后,一些不带电荷的有机分子和无机离子等都被用来作结构导向剂,并产生了各种各样的新结构。在沸石分子筛的合成过程中,这些客体分子的作用非常复杂,它们不仅起着结构导向的作用,同时还具有影响液相结构及促进晶化等作用。然而,人们依然习惯称为模板剂或结构导向剂。目前使用的结构导向剂主要有金属阳离子、有机物、氟离子和金属配合物。这些客体分子或离子在合成时的作用主要有:模板作用;结构导向作用;空间填充剂和平衡骨架电荷,影响产物的骨架电荷密度等。

1. 金属阳离子

硅铝沸石分子筛通常是在碱性条件下合成,因此反应体系中在引入OH$^-$的同时就引入了相应的阳离子。合成硅铝沸石分子筛常用到的阳离子为碱金属离子(如Li$^+$、Na$^+$、K$^+$和Rb$^+$)和碱土金属离子(如Ca^{2+}和Ba^{2+}等)。在合成体系中,不同的阳离子导向的产物不同,如含Na$^+$的合成体系容易得到A型沸石(LTA)、钙霞石(CAN)、方沸石(ANA)、八面沸石(FAU)和P型沸石(GIS)等;含Li$^+$的体系容易得到ABW结构;而含K$^+$体系易得到ANA、CHA和LTL等结构,却得不到FAU和LTA结构。

金属阳离子在硅铝沸石分子筛的合成过程中具有重要的作用,研究发现,金属阳离子影响反应体系中硅酸根的聚合状态、缩聚速度、缩聚形式及胶体化学性质。此外,对于同一种阳离子,在不同的反应条件下可以得到不同的硅铝沸石分子筛。这主要是因为金属阳离子是以碱金属氢氧化物 MeOH 的形式引入反应体系的,氢氧根影响硅酸根和硅铝酸根的溶解和聚合反应,而对应的金属阳离子具有一定的结构导向作用。一般认为,金属阳离子影响溶液中水分子的排布,水分子围绕金属阳离子形成水合阳离子,随后被硅铝酸根取代形成了微孔结构的晶核。Na^+ 和水分子间的相互作用如图 4-3 所示。这些围绕在金属阳离子周围的有序水分子被硅氧四面体和铝氧四面体取代后就形成了沸石的次级结构单元笼[5]。

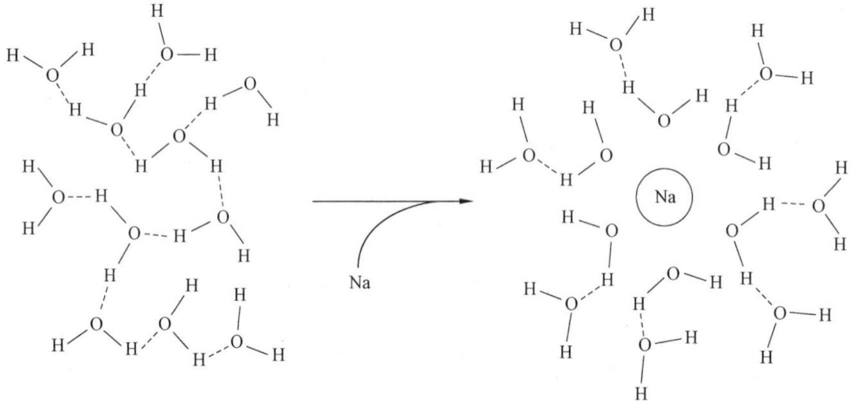

图 4-3 钠离子和水分子间的结构导向性示意图(虚线表示氢键)[5]

例如,在不引入有机模板剂的条件下,在以水玻璃为硅源的无机体系中合成 ZSM-5 沸石,研究发现,体系中 Na^+ 具有结构导向的作用,通过调节体系中 Na_2O 含量可以得到结晶度良好的 ZSM-5 沸石。另外,研究发现,反应体系改变时,最终得到不同的产物。其主要原因为,Na_2O 含量对母液中硅铝酸盐的稳定性有着关键性的作用,在高 Na_2O 含量条件下,硅铝酸盐的溶解度大,因此较多的硅铝酸盐存在于液相中,而只有少量的硅铝酸盐进入固体晶相,此时更易生成比 ZSM-5 沸石更稳定的介稳相——MOR 晶相,当 Na_2O 含量进一步增加时,MOR 晶相则会逐步转化成最稳定的 α-石英相。相反,如果母液中 Na_2O 含量很低,此时硅铝酸盐在液相中的溶解度小,而硅铝酸盐的聚沉速度快,这就使得硅铝酸盐来不及形成结晶相 ZSM-5 沸石而形成无定形物。由此可见,在无模板剂体系下合成 ZSM-5 沸石,原料中的 Na_2O 不仅起着调节碱度的作用,同时对分子筛的形成具有结构导向性[6-8]。

大量的合成实验证明,一些金属阳离子与最终形成沸石分子筛的小笼等基本结构单元存在着某种对应关系,阳离子或水合阳离子的大小与这些小笼的结构单元相匹配(表 4-2)。

表 4-2 沸石分子筛中一些特征金属阳离子和易导向生成的结构单元[3]

阳离子	特征笼结构单元	沸石类型
Na^+	α 笼	LTA、KFI
Na^+ 或 TMA^+	SOD 笼	LTA、FAU
Na^+ 或 TMA^+	GME 笼	GME、OFF、MAZ

续表

阳离子	特征笼结构单元	沸石类型
K^+、Ba^{2+}、Rb^+	CAN 笼	FRI、OFF、LTL
Na^+	D4R	LTA
Na^+、K^+、Ba^{2+}、Sr^{2+}	D6R	FAU、KFI、CHA、GME、ERI/OFF、LTL

总的来说,碱金属和碱土金属阳离子在硅铝沸石分子筛的合成中要起到结构导向作用、平衡骨架电荷作用以及作为碱源提高合成体系 pH 值的作用。

2. 有机物

1)有机物的种类及对应生成的微孔结构

最早在 20 世纪 60 年代初,以胺类为主的有机物被首次引入沸石分子筛的合成体系,有机胺的引入给沸石分子筛的合成工作带来了突破性进展,自此开启了高硅沸石分子筛合成的新时代。人们发现烷基铵加入硅铝凝胶中能够提高晶化产物的 Si/Al,可以合成出高硅或纯硅沸石分子筛。其中,最具有代表性的就是 ZSM-5 和 Beta 等高硅沸石分子筛的合成。

与球形的无机阳离子相比,有机阳离子的形状和大小是可以选择的,控制有机阳离子的空间效应和电子性质为沸石分子筛的合成提供了一个新的自由度,使得沸石分子筛的合成具有更多、更广泛的空间。从沸石分子筛的合成文献报道来看,除部分沸石分子筛是在金属阳离子的结构导向剂下合成外,大多数沸石分子筛是在有机结构导向剂的条件下合成的,这些有机导向剂主要为有机胺(铵),除此以外,一些高聚物、醇、酮等也可以作结构导向剂[9-11]。

20 世纪 80 年代,一系列磷铝分子筛 $AlPO_4-n$ 首次被合成出来,与传统的硅铝沸石分子筛不同,其骨架结构中是以 PO_4 四面体和 AlO_4 四面体通过氧桥键严格交替排列形成的中性结构。这一类分子筛通常需要在有机胺存在的条件下合成。研究发现,有机胺(铵)的结构和导向生成的磷铝晶体结构不存在严格的对应关系。也就是说,一种有机物可以得到多种磷铝分子筛结构;同时一种磷铝分子筛可以用多种结构导向剂合成。例如,$AlPO_4-5$ 分子筛可由 30 多种胺导向得到,同时这些有机胺分子的大小和形状也各不相同;二丙胺(Pr_2NH)可以生成 $AlPO_4-8$、$AlPO_4-11$、$AlPO_4-31$、$AlPO_4-39$ 和 $AlPO_4-41$ 等结构。常见分子筛的结构和对应的导向剂见表 4-3[3]。

表 4-3 常见沸石分子筛的结构及合成所需导向剂

结构类型	典型材料	SDA	结构类型	典型材料	SDA
ABW	Li-ABW	Li^+	AEI	$AlPO_4-18$	Et_4N^+
ACO	ACP-1	$H_2NCH_2CH_2NH_2$	AWO	$AlPO_4-21$	$PrNH_2$、Me_3N
AFI	$AlPO_4-5$	Et_4N^+、Pr_4N^+、Et_3N、Pr_3N 等	ATT	$AlPO_4-33$	Me_4N^+
AET	$AlPO_4-8$	Bu_4N^+、Bu_2NH、Pr_2NH	AFT	$AlPO_4-52$	$Et_4N^+ + Pr_3N$
AEL	$AlPO_4-11$	Pr_2NH、$i-Pr_2NH$、Bu_2NH	AFR	SAPO-40	Pr_4N^+
AFN	$AlPO_4-14$	$i-Pr_2NH$、$t-Bu_2NH$	ATS	MAPO-36	Pr_3N、Pr_4N^+
AST	$AlPO_4-16$	奎宁环 $C_7H_{13}N$	APD	$AlAsO-1$	$HOCH_2CH_2NH_2$

续表

结构类型	典型材料	SDA	结构类型	典型材料	SDA
BEA	Beta	Et_4N^+	LTA	Linde A	Na^+
BPH	BePO-H	$Na^+ + K^+ + Et_4N^+$	LTA	SAPO-42	$Me_4N^+ + Na^+, Et_4N^+$
BPH	Linde Q	K^+	LTL	Linde L	K^+
CFI	CIT-5	N-甲基鹰爪豆碱	MAZ	Ω	$Me_4N^+ + Na^+$
CHA	SAPO-34	$Et_4N^+, PrNH_2$	MEI	ZSM-18	$(Me_3N^+CH_2CH_2)_3CH$
-CLO	Cloverite	奎宁环 $C_7H_{13}N$	MEL	ZSM-11	Bu_4N^+
DFO	DAF-1	$H_2N(CH_2)_{10}NH_2$	MFI	ZSM-5	Pr_4N^+、$H_2N(CH_2)_6NH_2$ 等
DFT	DAF-2	DEA	MTN	ZSM-39	吡咯烷、哌啶
DOH	Dodecasil	吡咯烷 $MeNH_2$	MTT	ZSM-23	吡咯烷
EMT	EMC-2	18-crown-6	MTW	ZSM-12	Et_4N^+
ERI	erionite	$Na^+ + K^+ + Et_4N^+$	MWW	MCM-22	环己基亚胺
ERI	$AlPO_4$-17	环己胺、哌啶	OFF	Offrelite	$K^+ + Me_4N^+$
EUO	EU-1	$Me_3N(CH_2)_6NMe_3$	RHO	Rho	$Na^+ + Cs^+$
FAU	X,Y	Na^+	RUT	RUB-10	Me_4N^+
FAU	SAPO-37	$Me_4N^+ + Pr_4N^+$	SBE	UCSB-8Co	$H_2N(CH_2)_9NH_2$
FER	ZSM-35	$H_2NCH_2CH_2NH_2$	SBS	UCSB-6GaCo	$H_2N(CH_2)_6NH_2$
GME	Gmelinite	DABCO	VFI	VFI-5	Pr_2NH
IFR	ITQ-4	N-苄基奎宁	ZON	ZAPO-M1	Me_4N^+
KFI	ZK-5	三乙烯二胺			

2)有机物在沸石分子筛合成中的作用

有机物在沸石分子筛的合成过程中不仅起着平衡电荷和调节体系 pH 值的作用,更重要的作用是作为模板剂或结构导向剂引导某种结构的形成。例如,使用四甲基铵(TMA)合成方钠石和 A 型沸石,结果发现 TMA 位于方钠石笼中,方钠石笼的窗口为六元环,孔口直径约为 0.36nm,使得 TMA 不能自由出入。因此,一定是硅铝酸根围绕 TMA 聚合形成方钠石笼,TMA 被包裹在方钠石笼内,TMA 尺寸与方钠石笼正好匹配。因此,普遍认为 TMA 在方钠石笼的形成中起着模板作用。另一个例子则是用四丙基铵(TPA)合成 ZSM-5 沸石,研究发现,TPA 位于 ZSM-5 两个不同走向孔道的交叉处,4 个丙基链各自伸向 4 个不同的孔道,研究表明,TPA 在 ZSM-5 的合成过程中具有模板作用。然而,ZSM-5 沸石的合成并不是只有在 TPA 这一种有机物下才能得到,合成 ZSM-5 沸石的有机化合物至少有十几种,甚至在纯无机体系中也可以合成。在这种情况下,有机胺并没有起到真正的模板作用,把它们称为结构导向剂更为合适。有机导向剂种类繁多,结构和大小也有很大的可变性,在不同的条件下,这些有机客体在沸石分子筛的合成过程中所起的作用也不尽相同。一般来说,通常把有机物与骨架结构的关系归纳为以下几个方面。

(1)模板作用:模板作用只有在沸石分子筛的结构和模板剂的几何和电子构型完美匹配时才会发生。由前文可知,有机客体分子和最终形成的沸石分子筛结构并非一一对应的,即具有非专一性,这表明合成中的模板作用并不是很强。在分子筛合成中,模板剂的例子很少,最典型的例子就是 ZSM-18 分子筛的合成,合成过程中所使用的有机模板剂三季铵盐($C_{18}H_{30}N_3^{3+}$)与 ZSM-18 的孔道体系非常匹配,甚至模板剂分子在其笼内不能旋转,这种有机客体和主体间的强相互作用被认为是真正的模板作用。

(2)结构导向作用:目前,以有机胺和季铵盐为主的有机模板剂在合成沸石分子筛的过程中,其确切的作用人们还不能给出确定的答案,然而这些有机客体对于导向骨架结构的形成以及稳定体系是必不可少的。因此,近年来许多报道都把它们称为结构导向剂。与金属阳离子相比,有机物的结构导向作用更强,它能决定最终生成产物的结构。结构导向剂根据所起的导向作用,分为严格结构导向剂和一般结构导向剂。

如果一种特殊的结构只能用一种有机物导向生成,这种导向作用就称为严格结构导向作用,例如采用 N,N,N-三甲基胺合成 SSZ-24。一般结构导向作用是指有机客体容易导向一些小的结构单元、笼或孔道的生成,从而影响最终的骨架结构,但是它们与骨架结构间不存在一一对应的关系。这种结构导向作用在微孔沸石分子筛的合成中是最常见的。例如,在沸石分子筛的合成中,TMA^+ 易导向方钠石笼(SOD)、四元环和双四元环;TEA^+ 易导向双三元环;TPA^+ 和 TBA^+ 则分别易生成五元环和双五元环。一般来说,有机导向剂的形状和尺寸决定了生成结构的孔道尺寸和形状,球形分子有利于笼的形成,链形分子有利于一维孔道的形成,而带有支链的结构导向剂得到交叉孔道的体系。在一般的结构导向作用下,同一种结构导向剂可导向生成多种产物,结构导向剂的存在是特定结构产物生成的必要条件,而不是充分条件。例如,$AlPO_4$-20 需要的有机胺只有 TMA^+,而 TMA^+ 也是其他沸石分子筛常用的导向剂。在合成中,有机客体的结构导向作用受凝胶化学条件影响比较大,有机结构导向剂只有在合适的凝胶化学条件下才起作用,反过来它也会影响反应的凝胶组成与结构。一种结构导向剂可以导向生成不同结构的化合物。这一现象更加证实了合成过程中凝胶化学对有机胺导向作用的影响。凝胶化学之所以对结构导向剂的作用有影响,其原因可能是有些有机客体分子柔韧性较大,在不同的凝胶化学条件下其结构会发生变化。最终导致它的结构导向作用不同。不同的结构导向剂容易生成不同的结构单元、笼或孔道,几种导向剂共同作用的情况下可能会得到一些新的结构。例如,UOP 的研究者[12]报道,在合成 A 型沸石的体系中引入 TMA 和更大分子的 TEA 共同作用下具有 LTA 结构的分子筛 UZM-9,该分子筛与 A 型沸石相比,骨架 Si/Al 提高到了 9;最近,具有 LTA 结构的全硅分子筛 ITQ-29 在含氟体系中被合成出来,合成体系中以多元环季铵和 TMA 为导向剂,多环季铵在溶液中自组装形成的超大分子与 LTA 型结构中的 α 笼完美匹配(图 4-4)。TMA^+ 在合成体系中导向方钠石笼生成的同时还具有平衡双四元环(D4R)内 F^- 的作用[13]。

几种模板剂共同作用合成沸石分子筛还可以调变沸石分子筛的活性位,例如,Perez-Pariente 等[14-16]采用大分子和小分子的有机导向剂共同作用,调节了所合成的镁碱沸石(Ferrierites)的 B 酸性位。合成过程中采用大分子苯基甲基吡咯烷鎓(BMP)和 TMA 双有机导向剂体系,研究发现两种结构导向剂共同参与晶化过程(图 4-5)。合成过程中通过调变 TMA、吡咯烷鎓和 BMP 的比例,在镁碱沸石笼内的架桥羟基分布相应改变,从而改变了分子筛的活性[17]。研究认为,具有较低电荷密度的大分子有机阳离子和具有较高电荷密度的小分子有机阳离子共同作用,容易导向生成较低 Si/Al 的沸石分子筛,这被称为电荷密度的不匹配。

有机导向剂主要为有机胺(铵),除此以外,一些高聚物、醇、酮等也可以作结构导向剂。

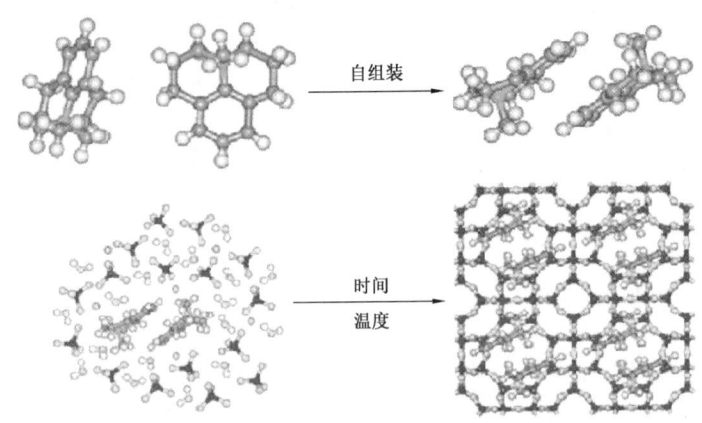

图4-4 导向剂自组装合成 ITQ-29[13]

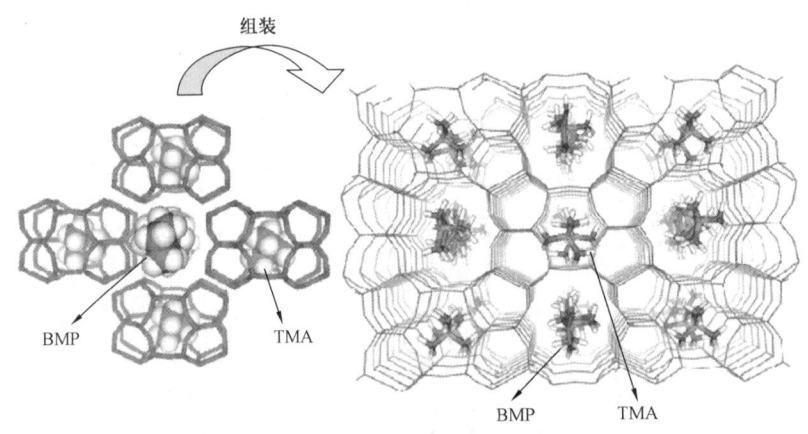

图4-5 含有 TMA 的沸石笼环绕 BMP 分子自组装生成镁碱沸石[15]

用磷替代胺作结构导向剂可以合成出一些新结构,例如,ITQ-27[18]和 ITQ-34 等[19]。此外,用磷作结构导向剂还可以提高合成沸石分子筛的水热稳定性。采用磷腈作为结构导向剂可以得到稀少的 Boggsite 沸石,该沸石具有 10 元环和 12 元环的双孔道结构,目前仅以天然的形式存在。另外,Lee 等[10,11]还采用含有缩酮的结构导向剂替代胺,该类型的结构导向剂具有易分解和易组装的优点,免去了合成后焙烧模板剂的环节,降低了污染。

(3)孔道填充剂:任何存在于沸石分子筛骨架中的客体分子或离子都具有孔道填充作用,能够稳定生成物的结构。对于高硅沸石分子筛。由于骨架的晶体表面是疏水性的,反应体系中的有机分子取代水位于孔道内,最大限度地稳定高硅分子筛的内表面,提高有机—无机骨架的热力学稳定性。空间填充作用一个典型的例子就是 ZSM-5 沸石的合成,用来合成 ZSM-5 沸石的结构导向剂除了典型的四丙基铵以外,乙胺、乙二胺、乙醇、异丙胺、正丁胺以及1,6-己二胺等一系列有机分子都可以作为导向剂合成 ZSM-5 沸石。这些不同结构、不同形状、不同大小的客体分子所起的结构导向作用比较弱,因此人们认为它们主要起到空间填充作用。研究发现,采用不同有机物合成得到的晶体形貌不同,与模板剂种类有关,不同的模板剂由于其尺寸和几何结构不同,决定了合成分子筛的过程中其填充方式是不同的,因此晶体的生长方向也就不同,最终得到的分子筛的晶体形貌也有所差别[20](图4-6)。

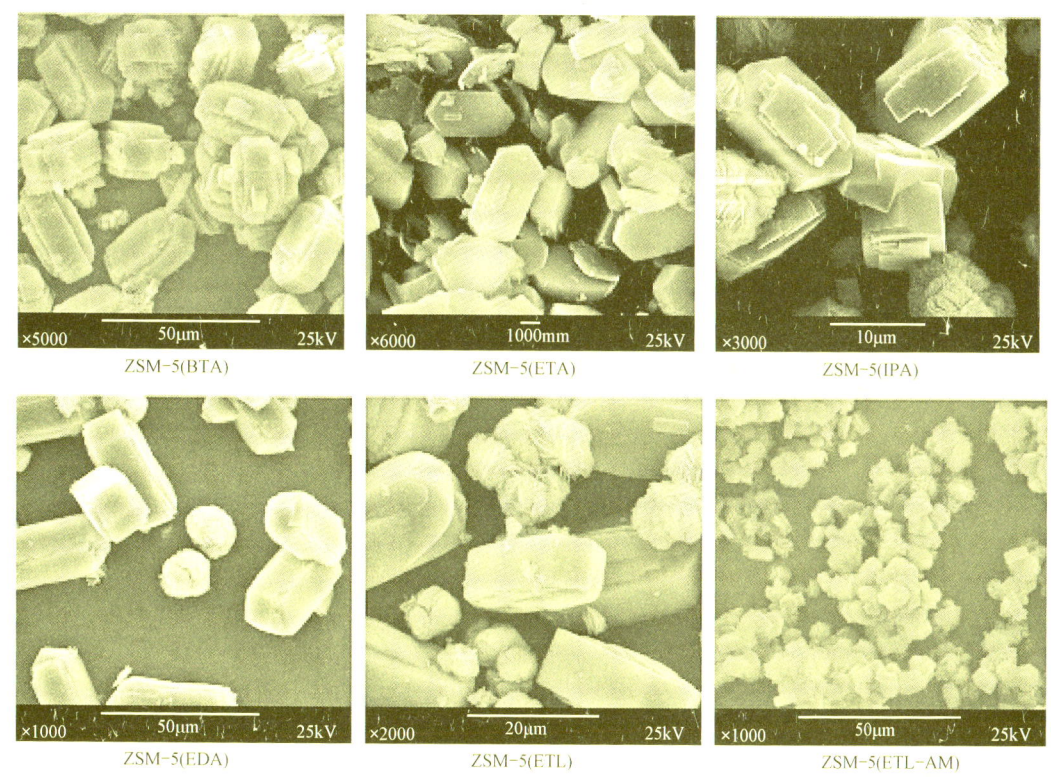

图4-6 不同ZSM-5样品扫描电镜图

(4)平衡骨架电荷,影响产物的骨架电荷密度(硅铝比):由于硅铝沸石分子筛、杂原子分子筛和非等比的磷铝分子筛都含有阴离子骨架,这就需要无机阳离子或有机胺平衡骨架电荷。研究指出,有机物可以调节无机物结构来达到电荷平衡。其具体方式为:TO_4四面体带有不同的电荷,通过选择不同的TO_4四面体调节骨架组成,从而达到与导向剂电荷匹配的目的。例如,A型沸石(LTA)的合成,A型沸石的骨架Si/Al为1,当在合成体系中引入TMA时,形成的A型沸石骨架Si/Al提高到3,有机胺在合成过程中进入沸石笼中会提高骨架的Si/Al,这是由于它们具有较低的电荷密度,需要较低的骨架电荷密度与之平衡。

除了上述作用外,有机物在合成中还具有以下作用:作为抑制剂阻止某种结构骨架的生成;避免引入无机阳离子;配位作用,增大金属离子的溶解度,使其更容易进入骨架[21]。

第二节 沸石分子筛的合成机理

随着沸石分子筛合成工作的不断开展,可以合成的沸石分子筛种类也越来越多。研究者们已经不仅仅满足于一些新结构沸石分子筛的合成,同时还将目光转移到沸石分子筛的形成过程,去探讨其合成机理。研究沸石的生成机理不仅具有重要的理论价值,还对实际合成具有指导意义。要想对特定结构、性能的新型分子筛做到设计合成,则必须开展对沸石分子筛的生成过程和晶化机理的深入研究。沸石分子筛的合成机理一直是人们争论的话题,这主要是因为:虽然沸石分子筛的合成步骤简单,但是晶体的生长却经历着我们无法看到的复杂过程,涉及硅酸根、铝酸根的状态;硅铝酸盐的形成和溶解;凝胶固相和溶液相的不断变化以及沸石晶核的形成和生长等。经过多年的研究,目前关于沸石分子筛的晶化机理具有代表性的主要有固相转变机理、液相转变机理和固液双相转变机理。随着实验方法和表征手段的不断进步,人们对沸石分子筛晶化机理的认识也在不断提高。

一、固相转变机理

固相转变机理也称为固相机理,是最早被提出的沸石晶化机理,由 D. W. Breck 和 E. M. Flanigen 于 1968 年提出。与液相转变机理的主要分歧在于,认为液相组分是否参与了沸石的晶化过程。固相机理认为:在沸石的晶化过程中,既没有凝胶固相的溶解,也没有液相直接参与沸石的成核与晶体生长,整个过程中固相和液相中硅铝浓度保持不变。只是凝胶固相的本身在碱性水热条件下发生硅氧四面体和铝氧四面体的重新排列形成沸石晶核,晶核再继续长大形成沸石晶体。

固相转变机理如图 4-7 所示,当各种原料混合以后,硅酸盐和硅铝根聚合生成硅铝酸盐初始凝胶。与此同时,虽然也产生凝胶间液相,然而液相部分不参与晶化反应。然后,这些硅

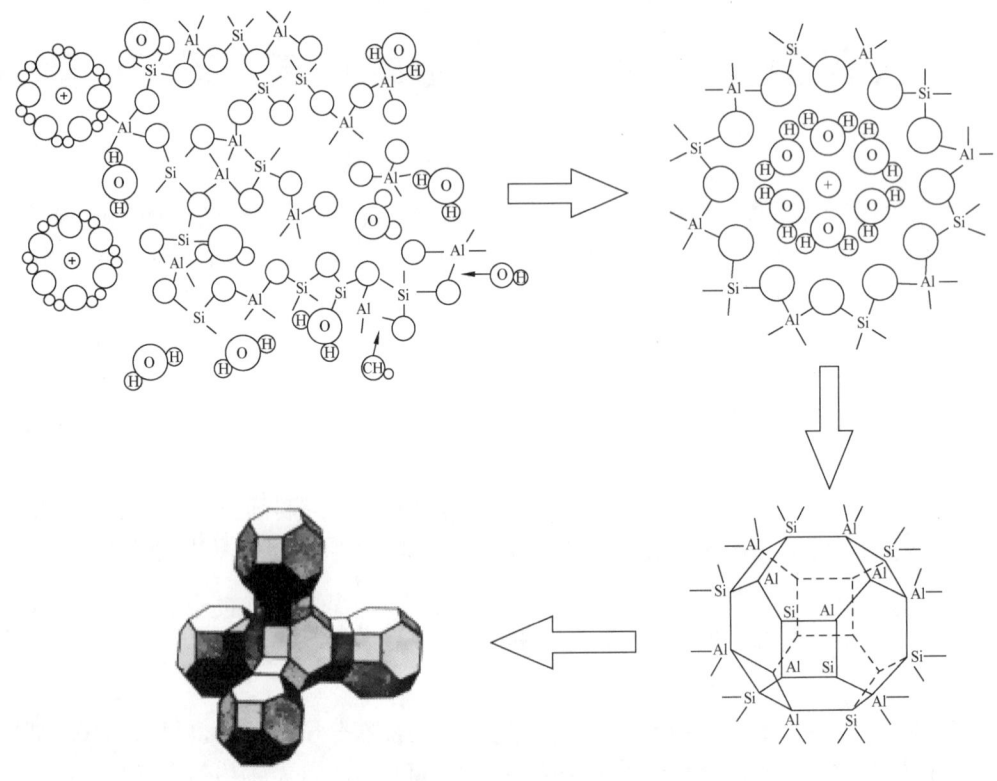

图 4-7　固相转变机理示意图

铝凝胶在强碱的作用下解聚形成沸石初级结构单元。这些初级结构单元再围绕水合碱金属阳离子重排构成次级结构单元，这些次级结构单元再进一步聚合、连接形成沸石晶体。我国的徐文旸等[22,66]将 ZSM-5 与 ZSM-35 的水合凝胶干燥、焙烧后，置于三乙胺中晶化，在三乙胺液相中，以乙二胺为模板剂在 N_2 气氛中晶化得到了全硅 ZSM-35 和 ZSM-5。经检测发现，固相中的硅铝比不发生变化，而在液相中又检测不到硅酸根离子与铝酸根离子的存在，有力地证明了 ZSM-5 和 ZSM-35 是通过凝胶的固相转变而直接晶化得到的。最近，很多研究者采用的干凝胶合成法也在一定程度上证实了固相转变机理的合理性。

二、液相转变机理

在固相转变机理提出的同一时期，G. T. Kerr 和 J. Ciric 等提出了液相转变机理，液相转变机理与固相转变机理的本质区别就是沸石晶化过程中液相是否参与反应。液相转变机理认为，初始凝胶在碱性水热条件下部分溶解成硅酸根和铝酸根离子进入液相，液相中的活性物种再进一步发生聚合反应形成沸石晶核并逐渐形成沸石晶体。按照液相转变机理，硅、铝溶液混合后，快速形成无序的硅铝酸盐凝胶，并达到凝胶与液相之间的溶解平衡，在加热晶化过程中平衡移动，这些硅铝酸盐在强碱的作用下溶解，导致液相中硅铝酸盐的浓度增加；当液相浓度达到一定的过饱和度时，硅酸根和铝酸根聚合，形成沸石晶核；晶核不断地吸收溶液中的"养料"，即消耗溶液中的硅铝酸根，当溶液的浓度减小时，凝胶固体继续溶解，直到凝胶固体完全溶解，晶体形成。最终结果是无定形凝胶的全部溶解和沸石晶体完全晶化（图 4-8）。

Zhdanov 等最早详细阐述了液相机理，并提出沸石晶核是在凝胶固相和溶液相的界面生成的，晶体的生长速度与液相中硅铝酸根的浓度密切相关。人们对液相机理的接受程度远高于固相机理，关于液相机理的报道层出不穷，典型的液相转变机理的例子是没有发生固相传输过程，直接在清液中形成沸石。例如，Y 型、S 型（GME）、P 型（GIS）沸石能够在清液中合成，没有凝胶相出现，更是有力地证明了液相转变机理的存在[23,24]。

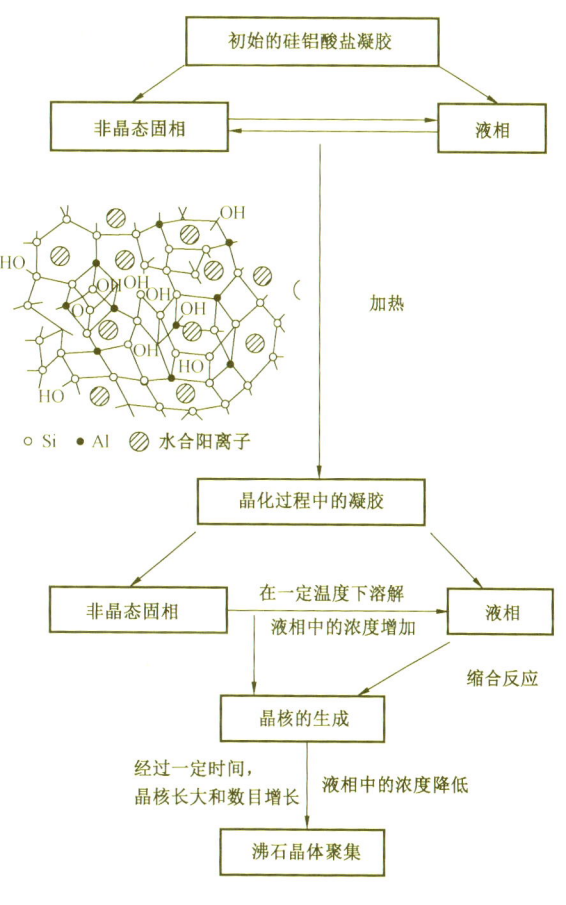

图 4-8 液相转变机理示意图

三、固液双相转变机理

随着人们对沸石晶化过程认识的不断深入和现代表征方法的不断进步,研究者对沸石的晶化机理提出了新的观点:固液双相转变机理。固液双相转变机理认为,沸石晶化的固相转变和液相转变都存在。它们可以分别发生在两种晶化反应体系中,也可以同时在一个体系中发生。早在1981年,Z. Gabelica等[25]在两个不同的体系中合成了 ZSM-5 沸石,并通过 X 射线衍射、化学分析、差热分析和扫描电镜等多种测试方法对合成 ZSM-5 沸石的两种体系进行了研究。这两种体系的原料、反应物料比和合成条件都不相同。他们认为,其中一种体系属于固相转变机理,而另一种体系属于液相转变机理。Z. Gabelica 等还在反应体系组成为 $20Na_2O \cdot Al_2O_3 \cdot 20SiO_2 \cdot 400H_2O$ 的条件下研究了 NaY 沸石晶化的过程。研究表明,液相机理和固相机理同时发生在一个反应体系中,该体系除了采用一般的方法,如 X 射线衍射、扫描电镜等外,还应用了固相和液相 ^{27}Al-NMR 和 ^{29}Si-NMR 技术。研究发现,在沸石晶体中 Si 和 Al 的化学环境与原始凝胶中 Si 和 Al 的化学环境一样,这证明了固相转变存在的可能性;然而在晶化后期液相 ^{27}Al-NMR 研究表明,Al 可以从液相转入固相,这又说明了液相转变存在的可能性。因此 Z. Gabelica 等认为,此时两种转变机理可以同时发生在同一体系中。然而,由于当时对晶化过程中有关变化的检测手段与所得结果不能比较确切地证明固液双相转变体系的存在,因而当时并没有受到沸石化学界的重视。直至20世纪90年代初,随着研究方法和检测手段的进步,人们对沸石生成机理才有了进一步的认识。1992年,L. E. Iton 等[26]首次应用了小角中子散射技术研究了不同条件下 ZSM-5 的晶化过程。研究发现,ZSM-5 的晶化机理会随着所使用的硅源不同而发生变化。当使用的硅源其主要存在形式为单聚硅酸根或低聚态的硅酸根时,成胶后水合凝胶表面活性位将与 TPA^+ 结合形成晶核,表面晶核促使凝胶骨架的重排而晶化,即通过固相转变途径而晶化成 ZSM-5 沸石。而当使用 SiO_2 溶胶(Colloidal Silica)作为硅源时,不小于 12nm SiO_2 胶粒在 TPA^+ 的作用下逐渐溶解并进一步扩散、缩聚成初级凝胶,然后再溶解缩聚成核,其过程为典型的液相转变机理晶化成 ZSM-5 沸石。L. E. Iton 等认为,即使是同一种沸石,当晶化条件改变时,其晶化过程有时也会遵循不同的途径与机理进行。

经过几十年的研究,人们对沸石分子筛的晶化机理研究已经取得了很大的进展,然而仍然不能达到清楚、全面的认识。但是,相信随着原位表征手段的进步,沸石的晶化过程必将得到更详细的解读。

第三节 沸石分子筛的合成

一、沸石分子筛的水热晶化合成

1. 水热晶化合成技术

水热晶化合成是指在密封体系如高压釜中,以水为溶剂在一定的温度和自生压力下,水中的反应物借着特定反应进行的合成。该合成法常用于制取纯度较高的产品,以及合成自然界中不存在的分子筛。水热晶化合成按照合成时的温度高低划分为亚临界合成和超临界合成两大类,当反应温度范围为 100~240℃ 时,属于亚临界合成,多数沸石分子筛晶体的水热晶化合成为亚临界合成反应;而超临界合成温度可高达 1000℃,压强高达 0.3GPa。它利用作为反应介质的水在超临界状态下的性质和反应物质在高温高压水热条件下的特殊性质进行合成反应。水热晶化合成是沸石和微孔晶体合成化学的基础与核心,也是沸石和微孔晶体化合物最好的合成途径。根据合成时所采取的温度,分为低温水热晶化合成(25~150℃)和高温水热晶化合成(>150℃),对应所产生的自生压力通常在 1~10MPa 之间。

水热晶化合成法具有以下特点[27]:

(1)提高了水的有效溶剂化能力,使得反应物或最初生成的非均匀的凝胶混合均匀和溶解,水热条件也使得成核速度和晶化速度提高许多倍。

(2)水热条件下,反应物的反应性能发生改变,反应活性提高。

(3)水热条件下,易于生成某些特殊的氧化还原中间态和介稳相,能够使一些低熔点、高蒸气压且不能在熔体中生成的物质以及高温分解相在水热低温条件下晶化生成,明显降低了反应温度。

(4)水热条件有利于得到生长缺陷少、好取向、更完整的晶体。

(5)水热条件下易于调节环境气氛和相关物料的氧化还原电位,有利于低价态、中间价态和特殊价态化合物的生成,并能均匀地进行掺杂。

在水热条件下合成沸石分子筛,最基本的两个过程就是硅铝酸盐(或其他组成)水合凝胶的生成和凝胶的晶化。以硅铝沸石分子筛为例,基本合成步骤为:将含硅化合物(水玻璃、硅溶胶等)、含铝化合物(水合氧化铝、铝盐等)、碱(氢氧化钠、氢氧化钾等)和水按适当比例混合(一般在室温下),在反应釜中加热一定时间,即析出分子筛晶体,针对不同的应用目的,进行后处理(图 4-9)。高碱性的硅铝凝胶主要合成富铝沸石,如 A 型、X 型、Y 型沸石等;如果合成高硅沸石,通常还需要加入有机导向剂。沸石合成中反应物的主要组成一般用氧化物来表示,即使氧化物不是所用的原料或者某些氧化物是不存在的,例如,$wM_2O:Al_2O_3:xSiO_2:y\text{organnic}:zH_2O$。

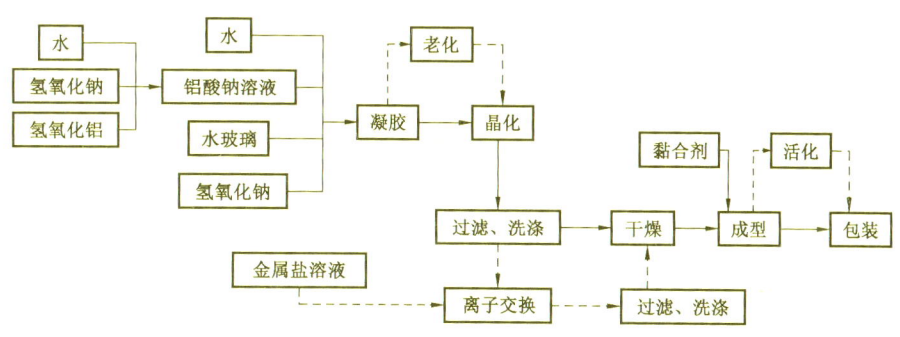

图 4-9 沸石分子筛合成的一般流程

下面分别给出了水热条件下合成低硅沸石、高硅沸石和磷铝分子筛的 3 个实例,这些方法选自由 Syntheses Commission of the International Zeolite Association(国际沸石协会合成委员会)主编的"Verified Syntheses of Zeolitic Materials",由此,读者可以对分子筛的合成有一个初步的认识[28]。

例1:A型沸石(LTA)的合成

LTA的化学式:$Na_{12}[(AlO_2)_{12}(SiO_2)_{12}] \cdot 27H_2O$。

合成原料:氢氧化钠、$NaAlO_2$(Al_2O_3 41%,NaO 37%,H_2O 22%)、硅酸钠($Na_2SiO_3 \cdot 5H_2O$)、去离子水。

起始原料配比:$3.165Na_2O : 1Al_2O_3 : 1.926SiO_2 : 128H_2O$。

具体合成步骤如下:

(1)将0.723g氢氧化钠溶于80mL的去离子水中,搅拌直到氢氧化钠完全溶解,把完全溶解后的NaOH溶液分成两等份分别置于聚丙烯瓶中。

(2)向其中一份NaOH溶液中加入8.258g铝酸钠,搅拌直至完全溶解。

(3)向另一份NaOH溶液中加入15.48g硅酸钠搅拌至澄清。

(4)将(3)中的溶液快速倒入(2)溶液中,形成黏稠的硅铝凝胶继续搅拌至均匀。

将得到的凝胶在100~150mL的密闭的聚丙烯瓶中于99℃±1℃下晶化3~4h后冷却,然后过滤、水洗、干燥,得到A型沸石原粉。纯度由X射线衍射来测定,如图4-10所示。由此方法得到的沸石为白色粉末,晶体尺寸2~3μm。

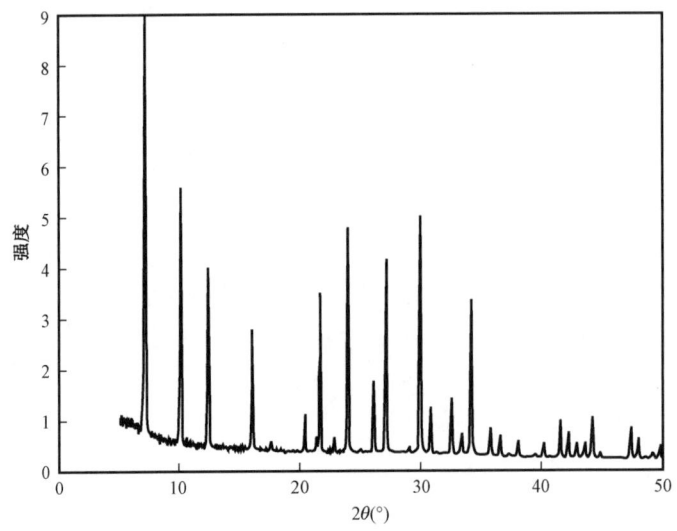

图4-10 LTA型沸石分子筛的XRD谱图

例2:ZSM-5沸石(MFI)

ZSM-5的化学式:$Na_nAl_n \cdot Si_{98-n} \cdot O_{192} \cdot 16H_2O$,$0 < n < 27$。

合成原料:氢氧化钠、TPAOH(20%溶液)、铝酸钠($Al_2O_3 : 1.24Na_2O : 0.57H_2O$)、硅酸(Merck,$SiO_2 \cdot 0.5H_2O$)、去离子水。

起始原料配比:$3.25Na_2O : Al_2O_3 : 30SiO_2 : 958H_2O$。

具体合成步骤如下:

(1)晶种的制备。

① 将13.8g氢氧化钠和117.0g TPAOH溶液加入710.3g去离子水中,充分溶解至混合均匀;

② 在搅拌条件下将 158.9g 硅酸逐步加入上述溶液中,充分混合搅拌 1h,于 100℃下陈化 16h。

(2)ZSM-5 的合成。

① 将 8.8g 氢氧化钠和 10.3g 铝酸钠溶于 867.8g 水中至完全溶解;

② 将 113.1g 硅酸在充分搅拌的条件下加入①溶液中,同时在室温下剧烈搅拌 1h;

③ 将步骤(1)制备的晶种取 50g 加入②中继续搅拌 1h。

反应混合物被放入不锈钢反应釜中高温(180℃)晶化 40h 后,过滤洗涤。产物中的有机模板剂能通过高温(如 500℃)焙烧除去。由 X 射线衍射来测定,谱图如图 4-11 所示,晶体尺寸约为 6μm。

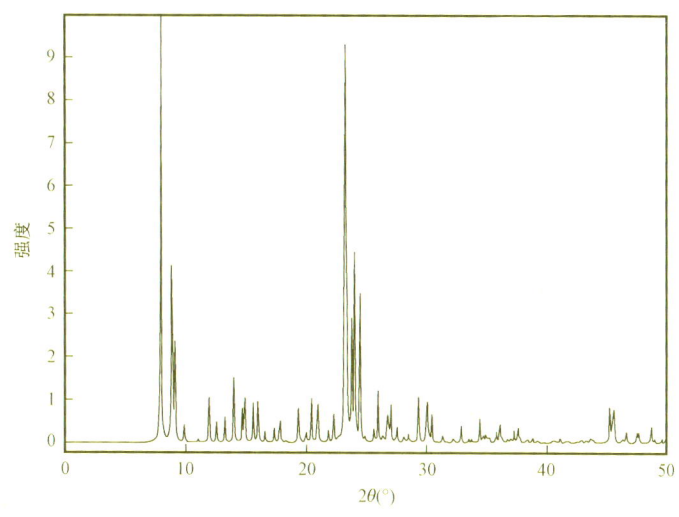

图 4-11 MFI 型沸石分子筛的 XRD 谱图

例 3:$AlPO_4-5$ 分子筛(AFI)

$AlPO_4-5$ 的化学式:$Al_{12}P_{12}O_{48}$。

合成原料:磷酸(Merck,85% H_3PO_4)、三乙胺[TriEA,$(C_2H_5)_3N$]、异丙醇铝[Merck,$Al(C_3H_7O)_3$]、氢氟酸(Merck,40% HF)、去离子水。

起始原料配比:$Al_2O_3:1.3P_2O_5:1.6TEA:1.3HF:125H_2O:6C_3H_7OH$。

具体合成步骤如下:

(1)3.84g 磷酸与 7g 去离子水混合。

(2)在(1)溶液中逐步滴加 20.7g 三乙胺。

(3)将 5.23g 异丙醇铝在搅拌的条件下于 0℃下一点点地加入(2)溶液中,在室温下搅拌 2h。

(4)将 0.82g HF 与 89.2g 去离子水混合。

(5)将(3)和(4)溶液混合并搅拌 2h。

反应混合物被放入不锈钢反应釜中高温(180℃)晶化 6h 后,过滤洗涤。由 X 射线衍射来测定,谱图如图 4-12 所示,晶体尺寸约为 50μm。

一般来说,沸石合成实验既不复杂也不危险,但是考虑到实验人员和设备的安全,实验人

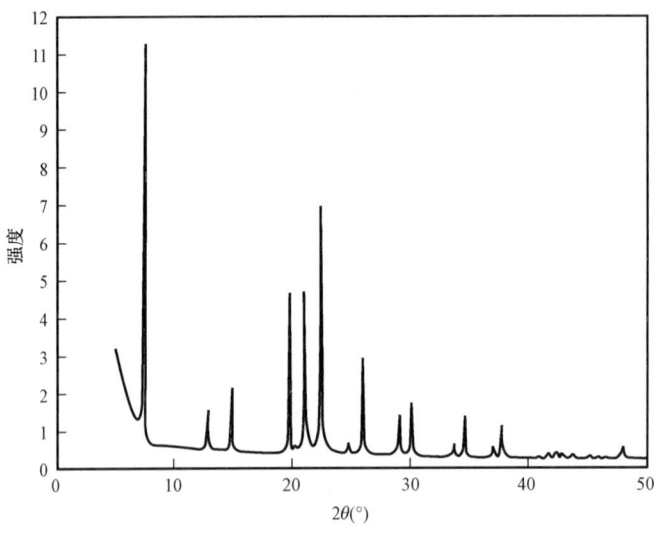

图 4-12　AlPO$_4$-5 分子筛(AFI)的 XRD 谱图

图 4-13　简易高压反应釜实物图

员应对所用化学试剂的性质和设备的特点有一定了解。高压釜是进行高温高压水热晶化合成的基本设备,由外罩和内芯两部分组成(图 4-13)。其中,不锈钢部分是外罩,聚四氟乙烯衬是内芯。外罩是用来防止高温、高压下内芯可能发生的膨胀和变形,而内芯则可以形成一个密闭的反应室,能够适用于任何 pH 值的酸、碱环境。反应釜的聚四氟内衬在高温下会变软,高于 200℃时则不能使用;沸石晶化过程中水产生的自生压力可高达 1.5MPa,如果使用有机模板剂,压力会更高,因此为避免产生过高的压力,装填度一般控制在 60%~80%之间。

2. 影响合成的主要因素

由前面的介绍可以看出,沸石分子筛的合成步骤既不复杂也不危险,然而整个晶化过程却是一个非常复杂的过程,尽管人们对沸石的晶化提出了固相转变和液相转变机理,然而对晶化过程仍没有明确定论。不论是固相转变机理还是液相转变机理,其晶化过程都可以简单地概括为 4 步:硅酸根、铝酸根的重新聚合;沸石的成核;核的生长以及沸石晶体的生长;二次成核。理解沸石生成机理和详细过程是很困难的,因为整个晶化涉及太多的化学反应和平衡,成核和晶体生长又多在非均相混合物中进行,整个过程又随时间而变化。为了调节和监控沸石分子筛的合成反应,研究反应条件对合成反应的影响尤为重要。一般影响沸石水热晶化合成的主要因素有反应物配比、反应原料的类型、陈化条件、反应温度和时间、阳离子类型、pH 值等。考察反应因素的影响时一般固定其他条件,只保留一个变量,但是有时往往一个因素的改变同时影响了其他条件的变化,因此要研究这些因素对沸石合成的影响还是比较困难的。尽管如此,研究者们还是根据多年的实践经验总结了许多一般性的规律。

1) 初始物料组成和原料类型

一个基本的沸石合成体系一般包括硅源、铝源、碱源、金属阳离子或有机胺阳离子、水。初始凝胶的配比往往能够决定最终产物的类型,如果初始凝胶的配比不同,即使晶化条件相同,最终的沸石产物也可能会不同。早期,Breck 等根据不同产物所需要的合成配比,绘制出了一些沸石的晶化相区图(图 4-14),这些相图非常清楚地阐明了起始凝胶组成对生成相的影响[29]。

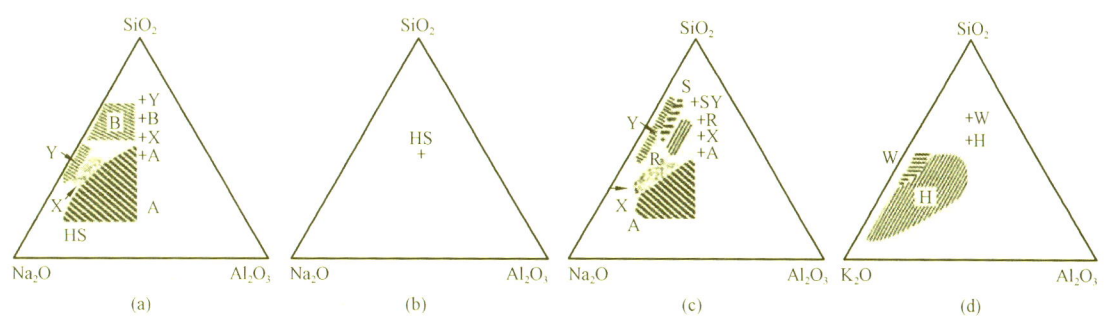

图 4-14 反应组成图(+ 表示生成沸石晶相的典型配比)[33]

对于 $Na_2O - Al_2O_3 - SiO_2 - H_2O$ 体系,以硅酸钠为硅源在 100℃下晶化,其中水在凝胶中所占摩尔分数为 92% ~ 98%,从图 4-14(a) 中可以看出,该体系在不同的原料配比下可得到 A 型(LTA)、X 型(FAU)、Y 型(FAU)、B 型(ANA) 和 HS 型(SOD) 等晶相,如果原料配比恰好在图中两相的边界处时,还可能出现两相共存的共晶现象。当保持其他条件不变,减少水的量到 60% ~ 85% 时,结果发现只能得到 HS 型沸石(SOD)[图 4-14(b)];由图 4-14(c) 可以看出,采用硅溶胶替代硅酸钠为硅源,其他条件同图 4-14(a) 不变的情况下,生成 A 型、X 型和 Y 型沸石晶相的相区也相应发生了改变,同时还生成了 R 型(CHA) 和 S 型(GME) 沸石。对于 $K_2O - Al_2O_3 - SiO_2 - H_2O$ 体系,在 100℃晶化,H_2O 在凝胶中含量为 95% ~ 98%,在该体系中,仅产生含钾沸石 W 型和 H 型两种晶相[图 4-14(d)]。

2) 硅源和铝源的影响

反应物的化学和物理性质对沸石的晶化有着重要的影响,关于不同硅源和铝源的一些性质在本章的第一节已经比较详细地进行了说明。合成沸石分子筛常用到的硅源有水玻璃、硅溶胶、SiO_2 粉末、硅酸甲酯和硅酸乙酯。由图 4-14(a) 和图 4-14(c) 可以看出,选择不同的硅源对分子筛晶化有直接的影响,不同的硅源由于类型与结构的不同往往具有不同的溶解度和反应活性,溶解后的多硅酸根离子状态与分布随硅源的不同其结果也不同,这些都直接影响沸石的成核和晶化过程。另外,研究发现,硅源比表面积的大小对晶化速率、晶粒尺寸和分布均有较大的影响,硅源的比表面积越大,在碱性介质中的溶解度就越大,导致在碱溶液中产生更大的过饱和度和更快的成核速度,从而有利于较小的晶体生成;反之,硅源的比表面积越小,越有利于生成大晶体[4]。

鉴于硅源对沸石晶体尺寸和拓扑结构的影响,在合成沸石分子筛过程中许多研究者通过选择合适的硅源来控制晶体尺寸,例如,在合成纳米 ZSM-5 沸石时往往采用硅酸乙酯或超细 SiO_2 粉末为硅源,而水玻璃作硅源一般得不到纳米尺寸[4];以玻璃管、陶瓷管等大的块状材质替代传统的粉末或液状硅源的 BMD(Bulk Material Dissolution)技术[30],则是利用这些块状硅源在碱液中的溶解速度低生成较少晶核的原理,从而得到大尺寸的单晶相,利用该技术可以制备得到很大的沸石单晶。

铝源对沸石分子筛的晶化也有一定的影响,合成沸石分子筛常用到的铝源有铝酸钠、拟薄水铝石、氢氧化铝、异丙醇铝、硝酸铝、硫酸铝和金属铝粉末。Sano 等[31]在含氟体系中合成高硅丝光沸石(MOR)时发现,只有在以 $AlCl_3$ 和 $Al(NO_3)_3$ 为铝源时才能得到纯的 MOR 晶相,而以 $Al_2(SO_4)_3$ 为铝源时则容易产生 Beta(BEA)沸石相。

3)硅铝比

凝胶的硅铝比对最终产物的结构和组成起着决定性作用,产物的硅铝比不同于反应混合物的硅铝比,它们之间没有明确的定量关系。通常低硅沸石(Si/Al≤5),如 A 型(LTA)、X 型(FAU)和方钠石(SOD)等在碱性大、Si/Al 低的起始物料体系中合成;而高硅沸石,如 Beta 沸石(BEA)、ZSM-5(MFI)、ZSM-11(MEL)则往往在碱性较弱、Si/Al 高的体系中合成。一般情况下,反应物料的 Si/Al 总是高于晶化产物的 Si/Al,多余的氧化硅则留在溶液中。并非所有结构的沸石,其低硅和高硅形式都能被合成出来,例如,Si/Al 大于 3 的 FAU 型沸石,高铝的 ZSM-5、ZSM-11、Beta 等,它们的合成仅通过提高原料的 Si/Al 是无法实现的,在合成时往往需要借助一些特殊的结构导向剂或在 F^- 体系中合成。一个典型的实例就是 A. Corma 等[13]关于纯硅 LTA 型沸石的合成,典型的 A 型沸石(LTA)的 Si/Al 为 1,使用四乙基铵阳离子(TMA^+)作为结构导向剂可以使 LTA 型沸石的骨架 Si/Al 提高到 3,而使用超大分子纤维作为结构导向剂在 F^- 体系中则可以得到具有 LTA 结构的纯硅 ITQ-29。

4)碱度

大多数的沸石分子筛合成是在碱性体系中进行的,如 Na_2O-Al_2O_3-SiO_2-H_2O 体系,在该体系中,碱度通常定义为 OH^-/Si 或 H_2O/Na_2O。提高碱度会增加硅与铝的溶解度,改变原料物种在合成体系中的聚合态及分布。在碱度大的体系中,多硅酸根的聚合度降低,这就加快了溶液中多硅酸根离子与铝酸根离子间的聚合成胶和胶溶速度。总的结果是增高碱度,缩短了诱导期和成核时间,加快了沸石分子筛的晶化速度。图 4-15 很好地反映了碱度对 A 型沸石晶化过程的影响,该合成体系原料配比为 $5Na_2O:1Al_2O_3:2SiO_2:(100\sim200)H_2O$,晶化温度为 70℃[32]。改变碱度同时也会影响晶体的晶粒尺寸,提高反应体系的碱度,产物晶粒变小且粒度分布变窄。

5)水量与稀释

水热晶化合成分子筛水主要起到溶剂的作用,与其他影响因素相比,通常水量的变化对合成体系影响不大,合成水量通常可以在一定范围内改变。然而水量的变化可以引起其他反应物浓度的改变,从而影响到分子筛的晶化过程。通常,水量增加(稀释)降低了成核速度,晶体生长快于成核,有利于大晶体生成。水量变化还会影响各种物种在溶液中的聚合态和浓度,因此影响反应速率和产物结构,甚至影响晶化机理[图 4-14(a)和图 4-14(b)]。

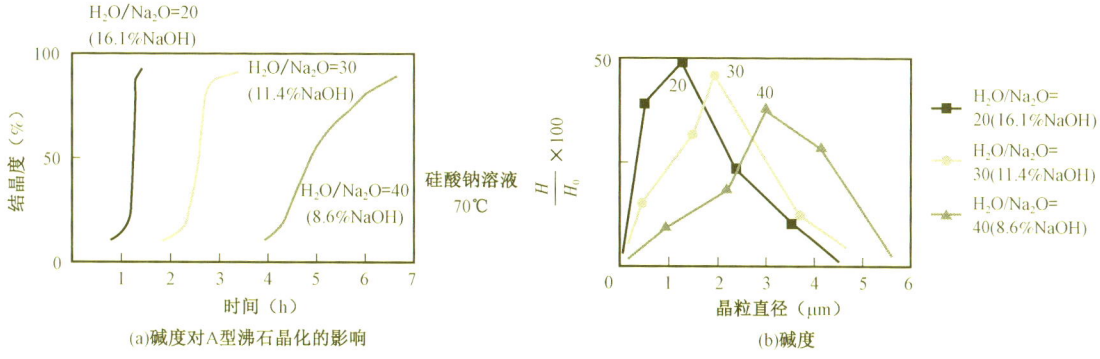

图 4-15 碱度对 A 型沸石晶化的影响以及对生成 A 型沸石粒度分布的影响[32]

$\dfrac{N}{N_0}$——原文献中作者定义的粒度分布

Camblor 等[33]研究发现,在含 F^- 体系中合成分子筛时水的主要作用是作为反应物而非溶剂,水量对于形成特殊结构的高硅沸石起着重要的作用。通常,在 F^- 体系中使用同一种结构导向剂(SDA)仅仅改变 H_2O/SiO_2 就可以得到不同晶相,此时,起始原料中水量在一定程度上改变了 SDA 的导向性能,从而得到不同的孔结构。例如,使用 TMA^+ 作为 SDA,起始原料为 $SiO_2 - 0.5HF - 0.5TMAOH - wH_2O$ 的合成体系,当 H_2O/SiO_2 为 3.0 时得到全硅 CHA 相,而当 H_2O/SiO_2 在 7.5~10 之间时,则形成了 SSZ-23(STT)型沸石。

6) 无机阳离子和有机模板剂

富铝沸石通常使用碱金属氢氧化物作为碱源在强碱性条件下合成,无机阳离子在沸石的晶化过程中具有重要的作用。碱金属在沸石合成中的作用包括:提供碱源,通常是碱金属的氢氧化物;具有一定的结构导向作用。无机阳离子和有机模板剂的作用已在本章第一节中进行了阐述。

7) 晶化温度和时间

晶化温度是合成沸石分子筛的重要因素之一,它直接影响到最后生成的晶相。不同类型的沸石晶相都有其对应的合成温度范围。随着晶化温度的升高,微孔晶体的孔径尺寸和孔体积明显缩小,骨架密度相应增大。当温度低于 150℃ 时,结构往往由四元环和六元环构成,而当温度在 150~200℃ 之间时,则容易形成五元环结构,这是因为硅铝酸盐的造孔规律和晶化温度与水蒸气压之间存在着密切的关系。

通常温度升高引起的晶体生长速率变化要比成核速率的变化大得多,因此高温下易在较短时间内得到大晶体。图 4-16 为 NaX(FAU)沸石生长速率随温度变化图,从图 4-16 中可以看出,沸石晶体生长的线性速率($0.5\Delta l/\Delta t$)强烈地随着晶化温度的升高而明显加快,其中 Δl 为在 Δt 时间内晶体增长的尺寸[34]。温度不但影响晶体的尺寸,也影响晶体的形貌。实验发现,纯硅 MFI 型沸石的晶体长宽比随着温度升高而增大,其原因可能是不同的晶面生长有不同的活化能,温度对其影响不一样[35]。

晶化时间在沸石分子筛的合成中也是一个很重要的影响因素。通常,沸石分子筛的结晶

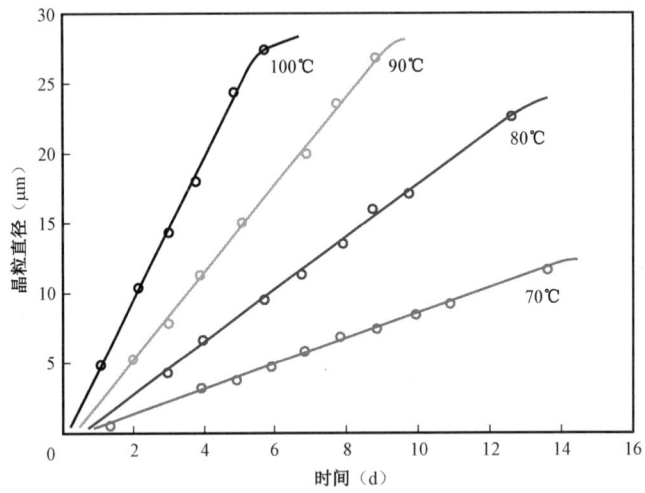

图 4-16　不同晶化温度下 NaX 沸石晶体生长速率曲线[34]

度随着晶化时间的延长而增加。然而,分子筛材料是介稳相,根据连续反应的 Ostwald 法则,初始介稳相连续转化到一个热力学更稳定的相,直到最稳定相生成。例如,随着晶化时间的延长,A 型沸石(LTA)和 X 型沸石(FAU)溶解分别形成更稳定的方钠石和 P 型沸石(GIS)。需要注意的是,沸石的形成不能只看热力学数据,动力学也起着很大的作用。

8) 陈化

将原料混合均匀直至开始晶化这一阶段称为陈化,大多数研究表明,陈化对凝胶的化学组成有着重要的影响,从而影响沸石的成核和晶体生长动力学。尽管目前对陈化过程中凝胶内发生的具体过程还不能够充分地理解,然而陈化对沸石成核和沸石晶化的影响主要表现为增加了成核速率,缩短了诱导期和晶化时间,增加了晶体数目。

Q. Li 等[36]详细考察了陈化对 TPA-silicalite-1(MFI)合成过程中成核和晶化动力学的影响,合成起始原料配比为 9TPAOH∶25SiO$_2$∶0.13Na$_2$O∶595H$_2$O∶100 C$_2$H$_5$OH,合成体系在室温下陈化 1～30d,然后两段温度晶化,两段温度分别为 60℃和 100℃。图 4-17 给出了陈化时间(AT)对 TPA-silicalite-1 沸石晶化的影响,从图中可以看出,随着陈化时间的延长,诱导期和晶化过程都相应变短,当陈化时间由 1d 延长到 30d 时,诱导期由 84h 缩短为 22h;另外,从图中还可以看出,陈化减小了晶体的尺寸。

Okubo 等[37]应用 Si-NMR 技术详细研究了在合成 FAU 型沸石时陈化的作用和影响,合成起始原料配比为 50Na$_2$O∶10SiO$_2$∶1Al$_2$O$_3$∶400H$_2$O,其中以硅溶胶、NaAlO$_2$ 和 NaOH 作为反应物,室温陈化,时间分别取 0 或 1h、1d、2d 和 7d,随后 90℃晶化。研究发现,当体系不经过室温陈化或短时间陈化则得到的产物为 SOD 型、CHA 型和 ANA 型沸石;只有当陈化时间在 1d 以上时才能得到纯的 FAU 型晶相;继续延长陈化时间,结果显示晶化时间缩短,同时晶粒尺寸分布变窄。这是由于陈化时间延长,导致诱导期间水合硅铝凝胶量增大,有利于成核的硅铝酸根离子的出现和增加。

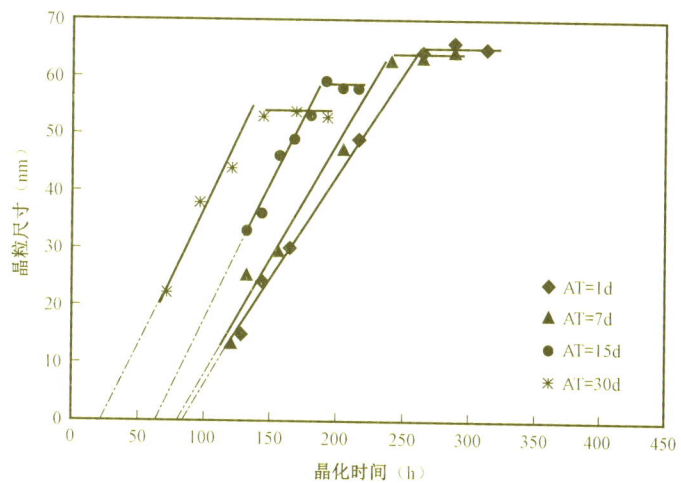

图 4-17 陈化时间对 TPA silicalite-1 沸石晶化的影响(硅源为 TEOS,晶化温度 60℃)[36]

9) 搅拌

在实验室中,沸石分子筛通常是在静止的状态下合成的。搅拌能有效地改变扩散过程和改变晶化动力学。一般来说,搅拌体系合成的沸石晶粒通常较小。另外,搅拌有时可有选择地晶化,例如,一个反应体系在搅拌条件下得到 A 型沸石,而不搅拌得到的则是 X 型沸石;同一体系静止条件下得到的为 MFI 型结构,而搅拌条件下为 TON 结构。

10) 晶种

把少量的沸石分子筛引入合成体系称为晶种法,体系中引入晶种有利于沸石晶体的生成并可以控制最终晶体的尺寸,晶种的加入会缩短晶化时间和抑制杂晶生长。晶种对某些分子筛的生成有决定性作用,尤其是在轻微过饱和度下,直接成核不能发生,晶种可提供全部生长面。在这种情况下,晶种可以提高晶化速度得到小尺寸晶粒[38]。反之,如果合成体系过饱和度比较大,晶种的界面就会和过饱和度下的初级成核存在竞争,从而抑制了成核,此时晶种的加入导致生成较大的晶体[39]。

二、沸石分子筛的其他合成路线

沸石分子筛除了用于择形催化、分离等领域外,目前还用于膜、传感、光催化等方面。随着沸石分子筛应用的广泛性,对沸石分子筛的合成也提出了一些新的要求,如特殊的组成、结构、性质以及晶体尺寸和拓扑结构等。这就需要寻找一些特殊的合成策略以满足对分子筛各方面的要求。因此,在水热晶化合成法的基础上出现了一些新的合成方法,如溶剂热合成、离子热合成、F^- 体系合成、微波合成路线、干胶合成法以及组合合成方法等。

1. 溶剂热合成路线

早在 1985 年,Bibby 和 Dale[40] 首次报道了以乙二醇或丙醇为溶剂,在原料配比为 $2SiO_2$:$3NaOH$:40 溶剂的体系中 150℃ 下晶化 15~25d 合成了全硅方钠石(SOD)。在该合成体系中,除了反应物自身产生的水外,没有额外引入水。自此,采用有机溶剂或有机溶剂和水的混合物替代水体系合成沸石分子筛受到了人们的关注。此后,利用该方法徐如人等采用醇类作为溶剂在首次引入季铵盐模板剂的条件下合成出了全硅沸石(MFI)、ZSM-39(MTN)和ZSM-48,他们还在合成中把一些金属杂原子引入沸石骨架中[41,42]。

一般来说,与水热晶化合成相比采用溶剂热合成的反应速率要慢一些,这是因为有机溶剂的溶解能力比水要低。溶剂热合成沸石的晶化受溶剂黏度的影响,有机溶剂的黏度越大,传质过程越慢,从而导致生成尺寸较大的晶体。利用该方法目前已经合成了一系列大晶体尺寸的高硅沸石,例如,Ozin等采用HF-吡啶和HF-烷基胺作有机溶剂制备了大尺寸的单晶沸石镁碱沸石(FER)和全硅MFI等沸石结构[43]。徐如人等采用1,3-丁二醇为溶剂合成出了具有完美晶相的钙霞石,与水热体系合成的沸石晶体比较,在该条件下合成的沸石没有晶体缺陷[44]。

早在1987年,徐如人等[45]首次将非水合成方法引入磷酸盐体系,其中使用的溶剂主要为乙二醇和醇类化合物。在合成体系中,反应混合物的摩尔配比为(0.5~20)amine∶1Al$_2$O$_3$∶(1.2~3.0)P$_2$O$_5$∶40EG∶xH$_2$O,其中少量的水来自原料中的磷酸,以不同的胺类为溶剂,该体系在180~200℃下晶化,最终得到不同结构的磷铝分子筛AlPO$_4$-5(AFI)、AlPO$_4$-11(AEL)、AlPO$_4$-41(AFO)、AlPO$_4$-21(AWO)、AlPO$_4$-20(SOD)及杂原子取代的MgAPO-43(GIS)和CoAPO-36(ATS)。有意思的是,在使用各种醇类作为溶剂在非水体系下合成时,还得到了一些具有阴离子骨架的特殊结构非致密相磷酸铝,该结构的典型特点是铝磷比小于1[46]。例如,以各种醇作溶剂,三乙胺作为结构导向剂合成的含有二十元环的JDF-20磷酸铝骨架,其中铝磷比为5/6[47];以乙二胺(EG)为溶剂,六亚甲基四胺为导向剂合成的与AlPO$_4$-22具有相似结构的AlPO$_4$-CJB1,其铝磷比为12/13[48]。

目前,大量的醇类已应用在溶剂热合成体系中,作为溶剂它不仅只是提供一个介质,同时也起到溶解或者部分溶解反应物从而形成溶剂—反应物的配合体的作用,最终影响到整个化学反应的速率。溶剂的极性是描述溶剂溶解性能的主要参数,通常称为溶剂溶质间总的相互作用,它包括库仑力、诱导力、分散力、氢键和电荷转移。徐如人和庞文琴[3]系统地考察了20多种醇类在合成配比为5.0Et$_3$N∶1Al$_2$O$_3$∶1.8P$_2$O$_5$∶xROH的体系,180℃晶化下晶相和醇性质的对应关系表4-4。他们发现产物的结构和溶剂的极性有着密切的关系,极性参数用E_T^N表示,该数据表明晶化的前驱物随着溶剂的极性不同而发生改变。

表4-4 不同醇溶剂对应的晶化产物[3]

醇	E_T^N	晶化产物	醇	E_T^N	晶化产物
水	1.000	AlPO$_4$-5	1,4-丁二醇	0.704	JDF-20
丙三醇	0.812	AlPO$_4$-5	1,3-丁二醇	0.682	JDF-20
乙二醇	0.790	AlPO$_4$-5	四甘醇	0.664	JDF-20
甲醇	0.762	AlPO$_4$-5	丁醇	0.602	AlPO$_4$-CI
1,3-丙二醇	0.747	AlPO$_4$-5	仲丁醇	0.506	AlPO$_4$-CI
二甘醇(DEG)	0.713	JDF-20	环己醇	0.500	AlPO$_4$-CI
三甘醇(TEG)	0.704	JDF-20	叔戊醇	0.321	无定形

2. 离子热合成路线

2004 年，Cooper 等[49]首次报道了采用离子液和其他低共熔混合物作为溶剂合成了磷铝分子筛，为了区别传统的水热合成和溶剂热合成，把该方法命名为离子热合成。合成体系中使用的 1-甲基-3-乙基-咪唑溴盐的离子液体([Emim]Br)既作为溶剂又充当了模板剂的作用，在反应起始原料为 Al(^{i}PrO)$_3$-H$_3$PO$_4$-HF-IL 的体系中于 150℃晶化，最终得到了 4 种不同结构的磷铝分子筛，其中合成的 SIZ-3 与 AlPO$_4$-11(AEL)具有相同的骨架结构，而 SIZ-4 与 AlPO$_4$-34(CHA)具有相同的结构。研究认为，在反应温度下离子液能够完全溶解反应原料，离子液中的阳离子在合成过程中具有模板的作用。与水热晶化合成相比，离子热合成的最大特点之一就是不存在模板剂—骨架和溶剂—骨架两种作用力间的竞争。另外，由于离子液的蒸气压很低，因此离子热合成不同于水热晶化合成的高压体系，该方法在常压下即可进行，避免了高压体系的操作危险性。

近年来，离子热合成分子筛越来越受到人们的关注。2006 年，Wang 等[50]在 1-甲基-3-丁基咪唑溴盐的离子液体中合成分子筛 AlPO$_4$-5(AFI)和 AlPO$_4$-11(AEL)，研究了胺在合成中的结构导向性，研究发现，1-甲基-3 乙基咪唑导向生成十元环结构的 AlPO$_4$-11(AEL)分子筛，而阳离子尺寸较大的 1-甲基-3-丁基咪唑离子液体同时导向生成 AEL 和十二元环的 AlPO$_4$-5(AFI)分子筛。向 1-甲基-3-丁基咪唑溴盐的离子液体中添加正二丙胺等有机胺可以改变晶化动力学，合成出纯相的 AFI 分子筛。Xu 等[51]首次将微波加热应用于离子热合成 AlPO$_4$-11(AEL)分子筛，结果显示，微波离子热合成法提高了分子筛的晶化速率，使合成时间从常规加热的数十小时迅速减少到几分钟，并且得到与常规加热条件下不同形貌和更高结晶度的产物。离子液体和低共熔体是良好的微波吸收体，具有很高的极性和离子导电性。将微波技术与离子热合成法相结合，为分子筛合成开辟了一条新的途径。关于离子热合成的具体内容将在第五章详细介绍。

3. F$^-$存在下的合成路线

F$^-$合成是指 F$^-$存在下硅铝沸石和以 AlPO$_4$-n 为主的分子筛的水热晶化合成或溶剂热合成。Flanigen 和 Patton[52]首次报道了用 F$^-$替代 OH$^-$作为矿化剂合成了全硅沸石分子筛。随后，Kessler 等在这方面做了大量的系统工作，发展了这一合成路线[53,54]。硅铝沸石合成中，F$^-$作为矿化剂替代 OH$^-$对合成体系最大的影响就是体系的 pH 值小于 10~11，允许体系在中性或酸性条件下合成，在该条件下加快了硅铝酸根的聚合速度。

与碱性体系合成相比，由于 F$^-$条件下合成体系的过饱和度相对较低，从而造成成核速率比较慢，因此在该体系下易形成大的单晶。利用该方法，Guth 等[55]成功制备了具有 MFI、FER、MTT、MTN 和 TON 结构的大单晶沸石，晶体尺寸约为 200μm。随后，庞文琴等[56]采用各种有机胺或季铵盐作为结构导向剂在 SiO$_2$-Al$_2$O$_3$-SDA-H$_2$O 体系中引入 HF 或 NH$_4$F 合成了一系列 P(GIS)、ZSM-39(MTN)、Theta-1(TON)和 ZSM-5(MFI)大沸石单晶。庞文琴等[57]又将氟离子体系推广到微孔磷铝分子筛和金属磷酸盐领域，在凝胶组成配比为 1.0Al$_2$O$_3$：1.0P$_2$O$_5$：2.2TPAOH：1.7NH$_4$F：318H$_2$O 的体系中采用 F$^-$合成路线首次合成了 AlPO$_4$-5 大单晶。

F^-也适合于合成杂原子(B、Al、Ga、Fe 和 Ti)取代的高硅沸石,通常过渡金属在 pH 值高的条件下不稳定,易发生水解生成氢氧化物或是氧化物沉淀,因此难以生成过渡金属元素含量高的杂原子沸石。然而,在 F^- 体系中这些过渡金属可以生成氟的配合物,从而有利于进入分子筛骨架。庞文琴[58]等系统地研究了在 F^- 体系中含杂原子 ZSM-5 的晶化问题,反应合成体系配比为 $1.0SiO_2 : (0 \sim x)M_pO_q : (0.2 \sim 10)NH_4F : (0.1 \sim 0.8)TPABr : (30 \sim 300)H_2O$,其中 M_pO_q 为杂原子氧化物[M 代表 Ti(Ⅳ)、B(Ⅲ)、Ga(Ⅲ)、Fe(Ⅲ)、Ni(Ⅱ)、Mn(Ⅱ)、Co(Ⅱ)、Zn(Ⅱ) 和 Be(Ⅱ),当 M 为Ⅳ价和Ⅱ价元素时 $x=2$,当 M 为Ⅲ价元素时 $x=1$],反应混合体系 pH 值为 $6 \sim 6.5$,在 $170 \sim 190℃$ 下晶化 $1 \sim 14d$。研究发现,在 F^- 存在的酸性介质中,大多数元素能够和氟化物发生反应形成可溶性的配氟离子,如 MF_6^{3-}(M = Fe、Ga) 和 MF_6^{2-}(M = Ti、Zr),在水热晶化过程中,这些配氟离子水解生成 $FeOF_4^{3-}$ 和 $TiOF_4^{2-}$ 等形式,它们和 $SiOF_4^{2-}$ 反应最终形成杂原子取代的 ZSM-5 沸石。另外,它们使用有机胺作结构导向剂在氟离子体系中合成了杂原子取代的 $AlPO_4-5$ 大单晶,命名为 MAPO-5(M = Si、Li、B、Zn、Mn、Co、Ti 等),将氟离子体系下杂原子取代合成推广到了磷酸铝系列分子筛[59]。

F^- 除了作为矿化剂的作用外,还具有一定的结构导向性。Kessler 等将 F^- 引入磷酸盐分子筛中,结果发现 F^- 能够导向生成双四元环 D4Rs 结构单元,其中两个非常重要的例子就是微孔磷酸镓 LTA 和 Cloerite 的合成,F^- 位于 D4Rs 中心。另外,在 F^- 体系中还可以得到缺陷很少几乎完美的全硅沸石分子筛,而在强碱体系合成时得到的全硅沸石往往缺陷较多,这主要是因为无 F^- 条件下模板剂的正电荷需要由骨架缺陷 Si—O^- 造成的负电荷来平衡,而在含 F^- 体系中 F^- 可以平衡模板剂的正电荷。其典型的例子为,具有一维十四元环超大孔道结构的全硅沸石 UTD-1(DON) 在含氟体系中合成时可以完全消除孔道缺陷[60,61]。

4. 微波辐射下水热晶化合成路线

微波(MW)是一种电磁辐射,它的波长范围为 $0.001 \sim 1m$,所对应的频率为 $0.3 \sim 300GHz$,位于红外辐射和无线电波之间。目前,微波加热已被广泛应用于许多化学反应,例如,有机无机合成、选择性吸附、氧化还原反应和聚合反应等过程。与传统的热传递加热方式不同,微波具有对物质高效、均匀的加热作用,可大大提高化学反应速率,同时微波辅助合成具有操作方便、收率高及产品易纯化等特点。关于微波辅助合成沸石分子筛最早是由 Mobil 公司在 1988 年提出的,他们采用微波辅助的方法合成了钠 A 沸石和 ZSM-5 沸石[62]。与传统的水热晶化合成法相比,微波辐射能同时大量成核并且可以大幅度缩短晶化时间,获得均匀细小的晶粒。

目前,利用微波辅助水热晶化已合成出一系列的沸石分子筛材料,例如,A 型沸石、八面沸石、方钠石、Beta 沸石、ZSM-5、MFI 全硅沸石、$AlPO_4-5$、VPI-5 和 Cloverite 等不同结构的分子筛材料。利用微波辐射辅助合成可以有效地控制分子筛的拓扑结构,同时该方法对于杂原子取代的分子筛合成也表现出特有的优点。H. Wang 和 M. S. Park[63]详细研究了微波辐射对 Ti-MFI 杂原子沸石分子筛合成的影响,并与传统的水热晶化法进行了比较。实验中反应混合物配比为:$1.0TEOS : 0.2TPAOH : (0 \sim 0.05)(H_7C_3O)_4Ti$[钛酸(四)正丙酯]$: 1.0C_3H_3O$(异丙醇)$: 22.2H_2O$,将该体系在 $165℃$ 下接受 600W 的微波辐射 60min,最终得到沸石分子筛,记为 Ti-MFI-MW。相同的原料配比采用水热晶化合成在 $165℃$ 下晶化 24h,得到的沸石分子筛记为 Ti-MFI-CH。研究发现,采用微波辐射合成时,随着原料组成的改变,得到沸石分子筛的拓扑结构发生显著的变化。由图 4-18(a) 和图 4-18(b) 可以看出,在微波辐射和水热晶化合成两种条件下得到的 Ti-MFI 都是具有微米尺寸的晶体;然而由图 4-18(c) 和图 4-18(d) 可以看出,在微波辐射下合成的 Ti-MFI 样品具有堆叠的纤维状态。研究者认为,微波辐射下合成的样品之所以具有这种堆叠的状态是因为微波条件下活化了 Ti—O 的偶极矩强度,从而在晶体之间形成了 Ti—O—Ti 和(或)Ti—O—Si 键。

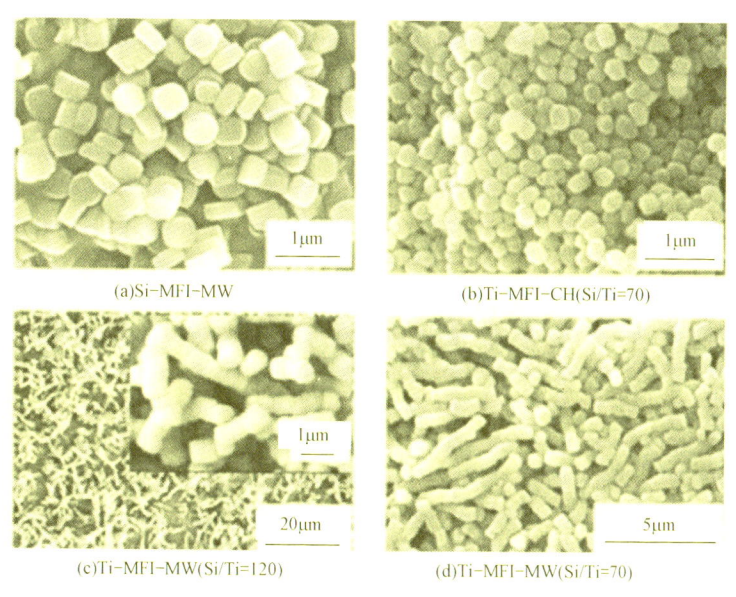

(a)Si-MFI-MW (b)Ti-MFI-CH(Si/Ti=70)
(c)Ti-MFI-MW(Si/Ti=120) (d)Ti-MFI-MW(Si/Ti=70)

图 4-18 分子筛的 SEM 电镜

在合成沸石分子筛过程中,微波辐射对化学过程的影响主要包括[64]:能够使得反应混合物均匀受热;提高了反应速率;在反应混合体系中改变了反应物种之间的作用。需要说明的是,微波辐射能量的分布可以通过调整一系列参数进行调节,例如,反应器的几何尺寸、介电系数、温度和频率等参数。能量分布的改变决定了最终生成产品的拓扑结构和收率,Conner 在 2.45GHz MW 下采用两个不同尺寸的反应器合成纯硅 MFI 沸石很好地证明了这一点[65]。

5. 干胶法合成路线

干胶法(Dry Gel Conversion,DGC)是将合成体系中的固态原料与液相分离,高温下液相汽化后的蒸气与固态原料相互作用从而促使分子筛晶化的过程。我国的徐文旸是该方法最早的创始人之一[22,66]。Matsukata 等[67]对干胶法合成分子筛的研究进展做了系统的综述和讨论,并根据结构导向剂所处位置的不同,分为气相转移法(Vapor-Phase Transport,VPT)和蒸汽辅助转化法(Steam-Assisted Conversion,SAC)两大类。气相转移法(VPT)是将分子筛合成所需的可挥发性的结构导向剂与水混合放入釜底,待高温时与水蒸气一同与上层的干胶作用;蒸汽辅助转化法(SAC)是指将不具有挥发性的结构导向剂先与干胶混合一起置于釜的上层,然后在蒸汽作用下晶化(图 4-19)。与传统的水热晶化合成法(HTS)相比,干胶法具有适用范围广、晶化时间短、模板剂用量少及产率高等优点。

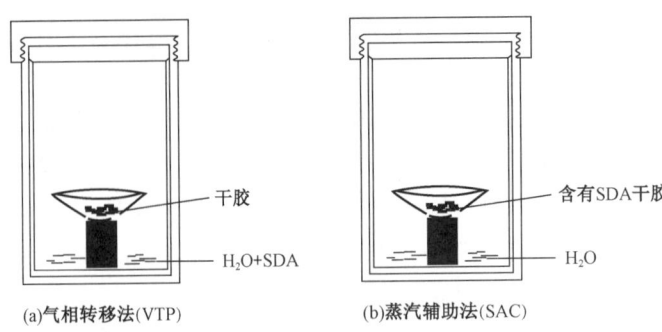

图 4-19 干胶合成法示意图

采用气相转移法(VTP),以乙二胺和三乙胺作为结构导向剂在 180~200℃下晶化可以得到不同结构的沸石分子筛,如 MFI、MOR 和 FER[68,69]。采用蒸汽辅助法(SAC),以 TEAOH 为结构导向剂可以得到硅铝比(SiO_2/Al_2O_3)从 30 到无穷的 BEA 沸石。研究发现,与传统的水热晶化合成法相比,蒸汽辅助法(SAC)能够显著提高晶化速度,缩短晶化时间,同时得到的 BEA 沸石表现出更优异的热稳定性[70,71]。另外,一些含杂原子的沸石分子筛如 TS-1、TS-2 和 Ti-BEA 等也可以通过蒸汽辅助法(SAC)制备得到。

在相同物料配比的情况下,不同的合成方法对分子筛晶化速率、晶形转变、微观形貌、结构特征和催化性质等方面都有一定的影响。Alfaro 等[72]分别采用 SAC 和 HTS 方法合成 Silicalite-1,实验结果表明,在 HTS 合成体系中,由于水的大量存在,体系各物料浓度低,这使得生长过程中形成的大量晶核不易聚集,从而形成了粒径分布均匀的小晶粒 Silicalite-1;而在 SAC 条件下合成,由于受水量的限制,大量晶核聚集,最终导致所合成分子筛的形貌不均匀,且晶粒的尺寸明显大于 HTS 方法合成的样品。研究还指出,在不同的合成条件下,硅源、陈化时间等参数的变化对分子筛晶粒的大小和形貌的控制也有着较大的差别。例如,将不同硅源用于 HTS 合成体系中时,样品的理化性质并没有显著差异;然而将不同硅源用于 SAC 合成体系中时,会发现样品的微观形貌差别较大。随着陈化时间的增加,HTS 合成的分子筛粒径增加,而 SAC 合成的分子筛粒径逐渐变小。

与水热晶化法不同,干胶法合成时,固相与液相始终分离,且易移取,这为人们准确研究分子筛的晶化历程提供了便利。Arnold 等[73]和 Matsukata 等[74]分别使用 VPT 法合成 BEA 沸石,研究发现,不同硅铝比(SiO_2/Al_2O_3 为 30 和 730)下沸石分子筛的生长机理基本相同。在干胶法合成过程中,晶化过程包括干胶的水解和结构的重排、纳米粒子的生成、纳米粒子的融合与分子筛生长过程。他们认为,在形成长程有序的周期性结构之前,首先形成作为"中间体"的纳米粒子,随着晶化的进行,纳米粒子聚集并发生融合,最后生成 BEA 晶体。研究指出,相对于高硅铝比(730)样品,低硅铝比(30)样品晶化过程中粒子的聚集发生得更快,其中模板剂中四乙基铵离子(TEA^+)可以稳定化—Si—O—Al—和(或)—Si—O⋯HOSi—,有利于快速成核和晶体生长。

目前,随着分子筛应用范围的逐渐扩大,干胶法也越来越多地用于分子筛膜、负载型分子筛和分子筛单块材料等新型分子筛材料的制备[75-78]。在制备这些新型分子筛材料的过程中,通常分为两个步骤:首先是晶种和不同载体的复合,然后为 DGC 下晶种的二次生长,从而获得既定形貌的单块分子筛。

6. 组合合成方法与技术

组合化学是近几十年来兴起的一门新学科,其发展趋势引起了世界科技界的关注。目前,组合化学已渗透到药物、有机、材料、分析等诸多领域,随着自动化水平的提高,组合化学已成为化学领域最活跃的部分之一。近年来,组合合成方法已成功地应用于沸石材料的水热晶化合成。

1998 年,Akporiaye 等[79]首次报道了利用组合方法水热晶化合成沸石分子筛。图 4-20 为他们设计的多釜式反应器,可以在水热条件下进行 100 个独立的晶化过程,每个微型反应釜的体积为 0.5 mL。他们研究了 100 ℃下 $Na_2O - Al_2O_3 - SiO_2 - H_2O$ 体系的晶化相区图,扩展研究了 $(TMA)_2O - Cs_2O - Li_2O - Na_2O - Al_2O_3 - SiO_2 - H_2O$ 体系的相区图(图 4-21)。该研究工作充分展示了组合合成法高效率的优点。

1999 年,Bein 等[80]应用组合合成技术在 $1.0Al_2O_3 : 1.0P_2O_5 : x[Co(cp)_2]OH : yPr_2NH : 190H_2O$(cp 是指环戊二烯)体系中,160 ℃晶化 24h 研究了两种结构导向剂 $[Co(cp)_2]OH$ 和 Pr_2NH 对生成磷铝分子筛晶相的影响。2002 年,于吉红等[3]也采用组合合成法研究了锌磷体系,并得到了 3 种新相。随后,Corma 等[81-83]应用组合合成技术发现了具有三维结构大孔道的 ITQ-21 沸石、ITQ-30 沸石和 ITQ-24 沸石。近十几年,利用组合合成技术已发现了许多结构独特的分子筛,例如,ITQ-32[84]、ITQ-33[85]、ITQ-37[86]、ITQ-40[87]、ITQ-44[88]和 ITQ-47[89]。目前,组合合成技术已经成为寻找新结构分子筛最有力的手段之一。

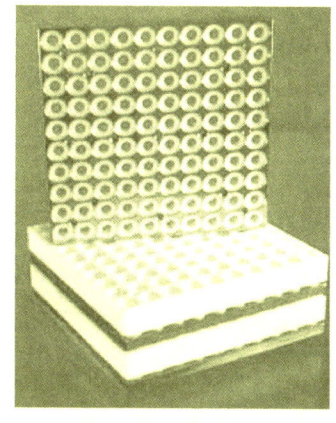

图 4-20 多釜式水热反应器[86]

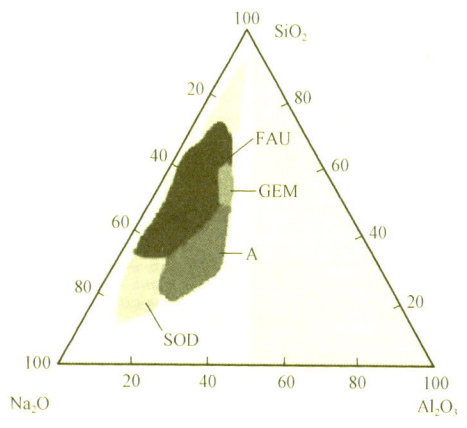

图 4-21 组合合成法测得的 $Na_2O - Al_2O_3 - SiO_2 - H_2O$ 晶相相区图[86]

第四节 特殊聚集形态微孔分子筛的合成

沸石分子筛的晶体形貌和尺寸对其催化性能、吸附性能、分离以及离子交换性能都有很大的影响。因此,通过寻找合适的合成策略来控制分子筛的晶体尺寸和形貌以满足不同层次的需求是一项非常有意义的工作。本节将主要介绍目前在控制晶体尺寸和形貌方面人们已取得的主要成果。

一、大单晶与完美晶体的制备

分析分子筛的结构、研究生长机理、研究吸附和扩散、测定光电性质以及作为功能材料的应用都需要尺寸在 50μm 以上的大单晶。然而,采取传统的水热晶化合成法得到的分子筛一般是一些微细粉末和小晶体的聚集体。大单晶的合成需要严格控制晶化过程的各个因素。一般来说,水热晶化合成沸石分子筛的步骤可以简单概括为原料混合物形成过饱和体系,最后晶化生成沸石晶体介稳相的过程,整个晶化过程主要包括达到过饱和状态、成核和晶体生长。因此,要得到大单晶,需要特别注意的是控制晶化过程。首先,反应体系的过饱和度对晶体的成核和生长有很大影响,而体系的过饱和度则是由反应起始原料的组成决定的。其次,成核是整个晶化的关键,无论是均相成核还是非均相成核,少量的成核会使反应体系中有足够的反应活性物种供给晶体生长直至长到最大尺寸。因此,为了得到大单晶,对反应物的组成进行优化是必要的。尽管目前人们对成核和晶体生长过程还不能完全理解,但是在合成大单晶过程中,一致认为晶体的生长速率要比成核速率快是必要的。目前,合成大单晶的主要方法有:(1)加入成核抑制剂;(2)使用活性低的硅源和铝源;(3)采用溶剂热合成;(4)F^- 体系下合成;(5)采用高温高压合成路线;(6)在微重力下合成;(7)低温凝胶法合成[90]。溶剂热合成和 F^- 体系合成已在本章第三节进行了阐述,因此本节只对其他几种合成路线进行阐述。

1. 合成体系中加入抑制剂

最早在 1971 年,Charnell[91]将三乙醇胺(TEA)引入硅铝凝胶中得到了大单晶 A 型沸石(LTA)和 X 型沸石(FAU)。Morris 等[92]研究认为,三乙醇胺(TEA)容易与 Al 发生螯合作用,从而抑制了成核速度,使最后生成的产物晶粒增大。裴式纶等[93]也详细考察了在 SiO_2 - Al_2O_3 - Na_2O - TEA - H_2O 体系中以铝粉作为铝源在 85℃下晶化,TEA 对生成 A 型沸石和 X 型沸石晶粒大小的影响,加入 TEA 后,体系能够得到均匀而完整的单晶,晶体尺寸一般大于 50μm(图 4 - 22)。

(a)大单晶LTA

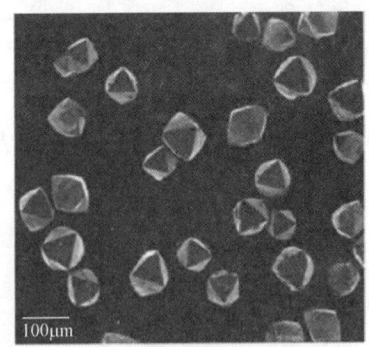
(b)大单晶FAU

图 4 - 22 扫描电镜图[93]

另外,他们还在 SiO_2 - NaOH - EG(乙二醇)体系中引入邻苯二酚,利用邻苯二酚易与 Si 发生螯合作用的特点,制备了具有较完美晶相的纯硅方钠石大单晶[94]。邻二苯酚和 TEA 具有相同的作用,降低了成核和晶化速度,起到晶化抑制剂的作用。随后,他们还使用苯二醇作为硅的络合剂在四丙基溴化铵作为结构导向剂的条件下合成了晶体尺寸为 165μm 的 Si – MFI 大单晶[95]。

2. 采用低活性反应原料

由本章第二节可以知道,反应原料对合成沸石分子筛的尺寸和形貌具有重要的影响。硅源活性越高,原料混合后就能够快速地形成过饱和溶液,从而导致更多的成核。例如,Sacco 等[96]在合成 MOR 沸石时发现,当把无定形硅源(硅酸)在 850℃下加热处理后,硅源的比表面积变得很低,在该条件下能够得到尺寸可达 250μm 的大单晶 MOR 沸石,是采用高活性硅源合成的 MOR 沸石尺寸的 6 倍。

庞文琴等[97]最早报道,混合使用两种不同活性的硅源可以得到大的单晶沸石相。他们采用水玻璃和 SiO_2 微粉混合作硅源,在 $Al_2O_3 – SiO_2 – Na_2O – NaCl – H_2O$ 体系中 150℃下晶化 15d 可得到晶体长度约为 185μm 的 MOR 大单晶;反之,如果在合成中仅使用一种硅源,则得到的是较小尺寸的晶体。研究认为,在晶化过程中高活性的水玻璃首先消耗掉,接着低活性的 SiO_2 微粉给晶体生长提供"营养"。

1999 年,Shimizu 和 Hamada 提出了 BMD(Bulk Material Dissolution)技术,该技术以石英管、陶瓷管、陶瓷舟等比表面积很小的块状材质为硅源合成超大沸石晶体[30]。图 4 – 23 为该技术所用装置简易图,石英管等块状硅源以套筒形式置于高压反应釜中[98]。他们以石英管作为硅源在反应配比为 $25.2SiO_2 : 8.9TPAOH : 9.7HF : 870H_2O$ 的体系中 200℃下晶化 25d 得到了超大 Si – MFI 沸石晶体(图 4 – 24)。最近,Okamoto 等[99]采用 BMD 技术合成 Si – MFI 沸石时进一步优化了合成条件,并针对该方法可重复性较差的问题进行了改进,他们把石英管等硅源通过一个 PTFE 支架在反应釜中悬空固定并引入一定量晶种。研究指出,改进后的方法大大提高了产品的可重复性,并得到了尺寸约为 5mm 的超大 Si – MFI 单晶。BMD 技术是合成超大沸石晶体的一种非常有效的手段,利用该技术也可以得到其他结构的一

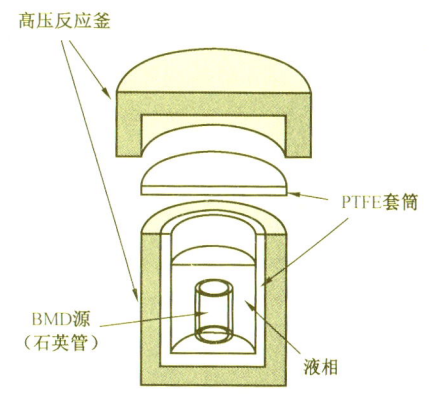

图 4 – 23 BMD 技术合成大单晶装置图[98]

(a)在PTEF套筒底部形成的大单晶

(b)在石英管上形成的单晶

图 4 – 24 Si – MFI 大单晶

些超大沸石晶体,如 MOR、ANA、JBW、CAN 和 SOD 等一系列结构。该合成技术最大的特点为,使用比表面积很小的块状硅源代替传统的溶胶或超细粉末硅源,由于这些块状原料在液相中的溶解速率非常慢,在晶化过程的初级阶段只有少量成核,从而导致超大晶体形成。需要注意的是,该合成技术得到的大晶体容易存在孪晶现象,同时当焙烧除去结构导向剂时晶体会出现破损。

3. 在微重力下合成

为了寻找更大、更纯净、更完美的晶体,人们尝试在太空中晶化合成分子筛。在微重力下合成,其最大的特点是不存在自然对流的影响,而减小了传质速率,从而使得晶化过程很慢,同时减少了晶体缺陷的出现。另外,在微重力下合成还能避免晶体黏结和沉淀在反应器底部,使得晶体在营养体系中停留更长的时间,有利于大晶粒形成[100]。因此,研究者设想在这种静止的环境下通过长时间的晶化可以得到大的沸石单晶。Sacco 等[101]在微重力环境下在 Al_2O_3 - SiO_2 - Na_2O - TEA - H_2O 体系中得到了尺寸为 215μm 的 X 型沸石单晶。此外,在太空中,人们还研究了 ZSM - 5 沸石的合成,最终得到尺寸为 160μm × 145μm × 100μm 的大单晶[102]。

4. 高温高压合成路线

通常采用水热条件下合成沸石分子筛,晶化温度一般不会超过 250℃。研究发现,高温条件下晶体的生长速率大于成核速率,有利于得到大晶粒。最早在 20 世纪 50 年代,Barrer 等在超过 300℃ 的高温下制备了 ANA 型沸石和 SOD 型沸石,样品尺寸可达 0.5mm;后来,Litvin 等在 550℃ 的高温下在 Na_2O - Al_2O_3 - SiO_2 - H_2O 体系中得到了厘米尺寸的方钠石(SOD)和长度为 5mm 的盖霞石(CAN)。Wang 和 Jacobson[90]研究了高温高压体系(约 300℃,100MPa)下 Si - MFI 沸石的合成,研究发现,当温度超过 300℃ 时没有出现 MFI 晶体,得到的是更稳定的致密相石英。他们发现,当原料配比为 $1TMAOH:2SiO_2:0.5Na_2SiF_6:0.39TPABr:100H_2O$ 的体系在 250℃、50~100MPa 的条件下晶化时可以得到尺寸为 0.43mm 的 Si - MFI 沸石大单晶;有趣的是,如果在 250℃ 和自生压力下晶化时,得到的产物仅是方石英。该现象说明,高压能够保护有机导向剂的结构,防止发生高温分解。

5. 低温凝胶法合成

低温条件下(如室温)在凝胶中生成晶体是一种非常有效的晶体生长技术。低温凝胶法限制了凝胶中的成核数目,有利于反应溶液生成大晶粒沸石,Ciric 第一次把该方法应用于大单晶沸石的制备[103]。图 4 - 25 为低温凝胶法合成沸石晶体的实验装置图,其中含硅溶液和含铝溶液通过 NaOH 和 Carbopol 934(交联聚丙烯酸树脂商品)形成的凝胶分开并慢慢地扩散进入胶体内。利用该方法,在晶化约两周的时间后可以制备出晶体尺寸分别为 60μm、40μm 和 100μm 的 LTA 型、FAU 型和 KFI 型大单晶混合物。

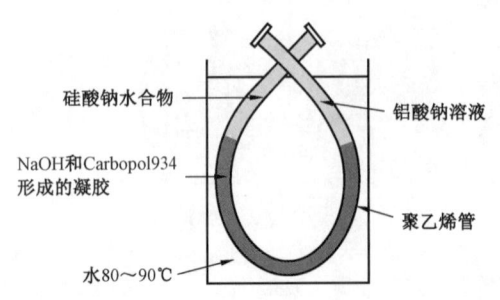

图 4 - 25　低温凝胶法合成沸石晶体的实验装置图[103]

二、纳米沸石分子筛的制备

纳米沸石分子筛一般是指晶粒尺寸小于100nm的沸石分子筛,纳米沸石分子筛不同于一般的微米级沸石,由于具有更大的外比表面积,使更多的活性中心得到暴露,因此具有更高的催化性能。另外,由于更多的孔口暴露在外,减小了扩散阻力,从而不易被反应沉积物堵塞。纳米沸石分子筛在环境催化、分离、沸石膜的制备等领域都具有重要的应用价值,因此纳米沸石的合成越来越受到人们的重视。综合目前研究者在合成纳米沸石方面的工作,纳米沸石的合成路线可分为两大类:(1)在澄清液体和溶胶体系中合成;(2)通过空间限制法合成[104]。

1. 澄清液体和凝胶体系中合成

1)合成路线

与大单晶合成的要求相反,成核越多越有利于形成小晶粒沸石。因此,合成纳米沸石往往需要成核的速率大于晶体生长速率。大多数纳米沸石分子筛的合成是在澄清液体溶胶中得到的,该合成体系可以得到尺寸小于100nm分布良好的沸石溶胶悬浮物。为了防止纳米晶体聚集,控制合成体系具有很高的过饱和度和初级成核的空间稳定性是关键。为了满足以上两个要求,在合成过程中一般需要使用大量的有机结构导向剂。另外,由于低温下有利于成核,因此合成纳米沸石分子筛一般采用较低的温度。

在某些原始物料为凝胶的体系中也可以合成纳米沸石分子筛,只是在该体系中合成得到的产物往往容易聚集成大尺寸的晶粒,同时粒径分布较宽。要想从凝胶前驱物制备粒度分布较窄的纳米沸石分子筛,要求凝胶必须均匀,同时具有较高的反应性能,既能够大量成核,同时成核分布均匀。另外,在晶化过程中应尽量减少溶解和二次晶化的发生。因此,在合成时往往采取的措施有:(1)选择易溶解的硅源和铝源;(2)体系中应引入大量的碱金属,保证硅源、铝源充分溶解;(3)剧烈搅拌保证凝胶混合均匀。

在澄清溶液或凝胶条件下合成纳米沸石,目前人们已经做了大量工作,并合成了各种结构的纳米沸石。将大量四甲基铵阳离子(TMA^+)存在的$(TMA)_2O - Na_2O - Al_2O_3 - SiO_2 - H_2O$的澄清溶液体系在低温下(室温到130℃)晶化,可以得到LTA沸石和FAU沸石的溶胶悬浮液。研究发现,体系中的TMA^+不仅具有结构导向剂的作用,同时还提供了形成澄清溶液所需要的碱度。另外,体系中还需要引入少量的碱金属阳离子用以平衡部分骨架Al的负电荷[105]。使用铝粉作为铝源,用NaCl替代NaOH作为钠源,Zhu等[106]在TEOS - Al - $(TMA)_2O - NaCl - H_2O$的澄清溶液中通过优化合成条件在100℃下晶化得到了高质量的LTA(50nm,130nm)和FAU(80nm)纳米沸石晶体,如图4-26所示。研究指出,随着$(TMA)_2O/Al_2O_3$值的增加,LTA沸石的尺寸减小。另外,减少体系中NaCl的量会降低FAU沸石的收率及结晶度。除了以上结构外,在含有大量TMA^+的澄清溶液和凝胶体系中也可以得到其他结构的纳米沸石,如SOD、GIS、ZSM-2和OFF等。

ZSM-5沸石是目前研究和应用最多的一种高硅沸石。由含TPAOH的澄清溶液可以得到ZSM-5纳米悬浮液,研究发现,随着TPAOH的减少,晶体生长速率加快,最终产物的收率增加,同时增加体系中水量得到的晶体尺寸变大[107]。Grieken等在无钠体系的澄清溶液中170℃下晶化得到了纳米ZSM-5沸石,同时该方法还具有较高的收率[108]。另外,有报道在无

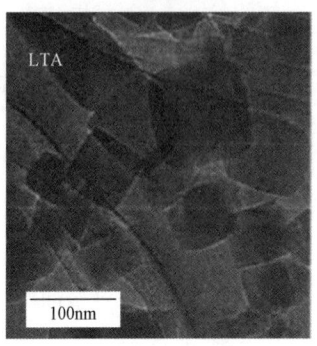

图4-26 纳米沸石 LTA 和 FAU 的高分辨率电镜(HREM)图[106]

模板剂条件下也可以得到 ZSM-5 纳米沸石,只是合成中需要小心地控制合成条件[109]。

全硅沸石由于合成体系中没有铝源和碱金属,合成配比简单,因此是人们研究最多的一种沸石。Persson 等[110]在原料配比为 $9TPAOH:25SiO_2:480H_2O:100EtOH$ 的澄清溶液体系中100℃下晶化得到了平均尺寸为95nm 且粒径分布较窄的 TPAOH-Silicalite-1 溶胶悬浮液。该体系由于可重复性好,同时改变晶化条件(如陈化或加热等)可以调变晶体尺寸和收率,因此常被其他研究者所使用。Li 等[111]采用上述配比体系,研究了两段温度晶化对合成纳米沸石 TPAOH-Silicalite-1 的影响。首先,低温下陈化促进成核然后高温晶化,研究发现,采用 60~100℃两段晶化法与60℃一段晶化法相比,两种晶化条件下均得到尺寸为57nm 的 TPAOH-Silicalite-1,然而两段晶化法使产品收率由53%提高到了60%。他们在研究中还提到采用 TEOS 为硅源,与无定形硅源相比,成核速度要快,生成的晶体尺寸小。

总之,采用澄清溶液和凝胶合成纳米沸石分子筛需要严格控制晶化条件才能实现,起始原料的 SiO_2/Al_2O_3、OH^-/SiO_2 与 H_2O/SiO_2 以及晶化温度等均影响纳米晶粒的尺寸和分布,表4-5列出了不同结构的纳米沸石分子筛的合成条件。

表4-5 不同结构的纳米分子筛合成条件及尺寸大小[104]

分子筛类型	澄清溶液或凝胶的组成	温度(℃)	晶体尺寸(nm)
LTA	$(2.0~2.3)(TMA)_2O:(0.2~0.5)Na_2O:$ $1Al_2O_3:3.4SiO_2:370H_2O(S)$; $1.2(TMA)_2O:0.42Na_2O:1Al_2O_3:3.62SiO_2:246H_2O(S)$	100	230~240
FAU	$2.46(TMA)_2O:0.04Na_2O:1Al_2O_3:3.4SiO_2:370H_2O(S)$; $1.576(TMA)_2O:0.044Na_2O:1Al_2O_3:3.62SiO_2:246H_2O(S)$	100	100
FAU	$0.15Na_2O:5.5(TMA)_2O:2.3Al_2O_3:10SiO_2:570H_2O(S)$	100	40~80
LTA	$(1.12~3.6)SiO_2:1.0Al_2O_3:(1.5~7)(TMA)_2O:$ $(0.07~0.28)NaCl:(276~500)H_2O(G)$	100	50,130~900
FAU	$3.4SiO_2:(0.83~1.7)Al_2O_3:$ $2.3(TMA)_2O:0.1NaCl:300H_2O(G)$	100	80
SOD	$14(TMA)_2O:0.85Na_2O:$ $(0~0.08)Na_2O:3.4SiO_2:325H_2O(S)$	100	37

续表

分子筛类型	澄清溶液或凝胶的组成	温度(℃)	晶体尺寸(nm)
ZSM-2	1.52(TMA)$_2$O : 0.53Li$_2$O : 1Al$_2$O$_3$: 3.62SiO$_2$: 246H$_2$O(S)	100	49~108
GIS	1Al$_2$O$_3$: 4.17SiO$_2$: 2.39(TMA)$_2$O : 253H$_2$O(S)	100	30~50
OFF	10SiO$_2$: 1.0Al$_2$O$_3$: (110~220)H$_2$O : 0.12Na$_2$O : 0.5K$_2$O : (3~4.5)(TMA)$_2$O(G)	100	30~250
MOR	6Na$_2$O : 2Al$_2$O$_3$: 30SiO$_2$: 780H$_2$O : seeds[①](G)	150	63
LTL	(10~12.5)K$_2$O : 1.0Al$_2$O$_3$: (16~40)SiO$_2$: (250~450)H$_2$O(S)	140~190	30~70
LTL	10K$_2$O : 1.0Al$_2$O$_3$: 20SiO$_2$: 400H$_2$O(S)	175	50~60
BEA	Al$_2$O$_3$: (16~400)SiO$_2$: (5.16~105)(TEA)$_2$O : (240~6400)H$_2$O(G)	140	10~200
BEA	0.48Na$_2$O : 9TEAOH : 0.25Al$_2$O$_3$: 25SiO$_2$: 295H$_2$O(S)	100	60
MFI	9TPAOH : 0.16Na$_2$O : 1Al$_2$O$_3$: 50Si : (300~495)H$_2$O : 0[②]/100EtOH(S)	165	15~60
MFI	1Al$_2$O$_3$: 60SiO$_2$: 11TPAOH : 900H$_2$O(S)	70,90	10~20
MFI	(0.01~0.443)TPAOH : (20~80)H$_2$O : 1TEOS(S)	115	>90
MFI	(3~13)TPAOH : 25SiO$_2$: 480H$_2$O : 100EtOH(S)	95	≥100
MFI	9TPAOH : 25SiO$_2$: 0.13Na$_2$O : 595H$_2$O : 100EtOH(S)	60,100	60~170,100~300
MEL	SiO$_2$: 0.3TBAOH : 4.0EtOH : 18H$_2$O(S)	22+100[③]	90
MEL	0.35TBAOH : 1.0TSOS : i2H$_2$O(S)	60~90	114
MFI	0.36TPAOH : 0.06TiO$_2$: 1.0SiO$_2$: 16.2H$_2$O : 4EtOH : 0.24BuOH(S)	22+175(mw)	<100
AFI	(0.7~1.1)(TEA)$_2$O : (0.6~1.0)Al$_2$O$_3$: 1.1P$_2$O$_5$: 50H$_2$O(G)	160,150~160(mw)	
AEL	1.6i~Pr$_2$NH : (1.3~1.73)P$_2$O$_5$: 1.1Al$_2$O$_3$: 35/70H$_2$O : 0[②]/(0.8~1.2)HF(G)	160,200	100~800
AEI	1Al$_2$O$_3$: 3.16P$_2$O$_5$: 3.16(TEA)$_2$O : 186H$_2$O(S)	100,150,170	120~240

注:mw 为微波法,S 代表澄清溶液,G 代表凝胶。
① seeds 表示晶种。
② 0 是指加入量为 0 或加入另外的量。
③ 22+100 是指晶化先是在 22℃,然后在 100℃下进行。

2) 纳米沸石的回收和分离

采用澄清溶液和凝胶合成纳米沸石分子筛的一个重要问题就是如何从晶化母液中将产物分离出来。目前,通常采取的方法是通过高速离心(大于 20000r/min)将纳米晶体从母液中分离出来,然后再将其分散在水中用超声波等方法将黏附的母液洗去,再次离心分离,最后进行干燥。根据文献报道,一般来说,纳米沸石晶体收率较低,仅是微米沸石晶体收率的 10%。分离后的母液中含有大量的有用物质,如有机导向剂等,因此有研究报道,把分离后的母液循环利用以提高纳米晶体的收率,其具体步骤如图 4-27 所示[112]。研究认为,由于纳米沸石晶体收率较低,合成澄清溶液体系中只有很少一部分营养物质被消耗掉,因此晶化后的母液和最初的物料组成很接近。另外,在离心分离过程中,只有足够重的那部分晶体被分离出来,而一些非常小的沸石晶体(小于10nm)仍然存在于母液中,这些小晶粒可以作为晶核直接生长成大晶粒,避免了长时间的成核和晶体生长。研究指出,通过周期性地分离出纳米沸石把澄清溶液重复使用,得到的纳米 Silicalite-1 沸石和 Y 型沸石收率分别为原来的 6 倍和 10 倍。对于 NaY 沸石,在循环使用母液合成中需要加入 NaOH,每批次得到的沸石硅铝比相差不大,这说明合成中硅源和铝源是同时均匀消耗的。从环境保护的角度看,该方法有效地减少了废液的排出,降低了污染。

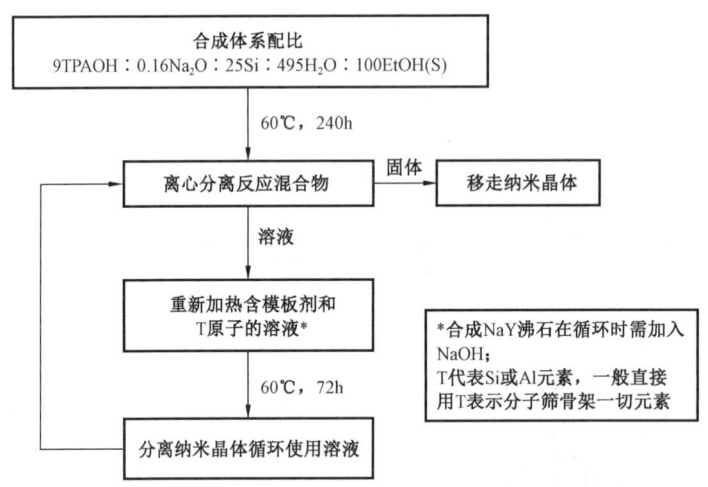

图 4-27 循环法合成纳米 Silicalite-1 沸石和 Y 型沸石流程图

2. 空间限制法合成

在具有纳米尺寸的惰性介质中合成沸石分子筛,通过限制其在空间内的生长也可以得到纳米尺寸沸石分子筛。空间限制法合成纳米沸石分子筛过程如图 4-28 所示。Jacobsen 等[113]最早报道了采用该方法以介孔炭黑为基质合成了纳米 ZSM-5 沸石。其具体步骤为:将 TPAOH、H_2O、乙醇和铝混合后的澄清溶液润湿引入介孔炭黑中,然后再引入 TEOS,将浸渍润湿后的基质放入瓷盘中,在装有足量水的高压反应釜中180℃下处理一定时间。通常,沸石的晶粒大小由炭黑的孔尺寸所决定,不同于前面的澄清溶液合成,该方法通过简单的焙烧就可以除去炭黑基质和有机导向剂回收纳米沸石。需要注意的是,采用空间限制法在焙烧除去模板的过程中纳米晶粒容易发生团聚现象。采用空间限制法合成纳米沸石,合成中最关键的步骤为:(1)采用浸渍的方法把合成凝胶引入基质的介孔内,保证沸石晶化过程在基质孔内进行空间限制生长;(2)为了防止合成凝胶从介孔内扩散出去,必须保证浸渍后的基质和反应釜底部的水不能直接接触。Pinnavaia 等[114]采用孔径平均尺寸为 12nm、22nm、45nm 和 85nm 的胶体炭(CIC)作为模板,通过空间限制法合成了尺寸高度均一的纳米 ZSM-5 沸石,纳米晶体的尺寸和模板的孔尺寸高度一致。

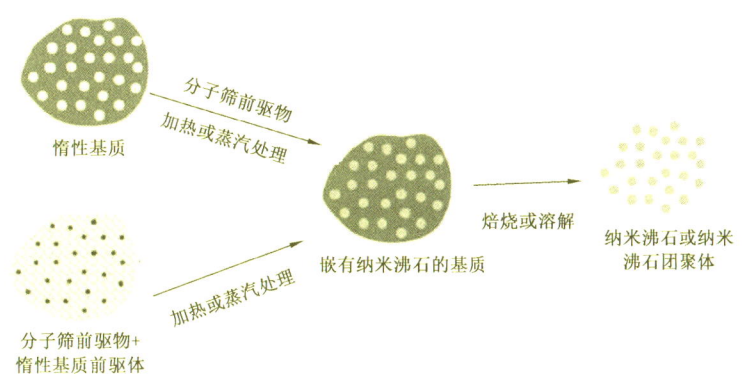

图 4-28 空间限制法合成纳米沸石示意图[104]

除了上述材料外,碳纳米管、淀粉和一些水凝胶聚合物等物质作为空间限制法的模板剂,例如,采用淀粉作为空间限制模板剂在不加有机导向剂的条件下可以得到尺寸为 50~100nm 的 NaY 沸石[115],只是该方法得到的沸石粒度分布比较宽,同时焙烧除去空间限制模板剂是不可避免的。Wang 等[116]报道,采用具有热可逆性的聚合水凝胶甲基纤维素(MC)作为空间限制模板剂制备了尺寸分布为 20~180nm 的 NaA 沸石和 10~100nm 的 NaX 沸石。室温下,MC 可溶于水,因此能够均匀地进入沸石合成体系 $Na_2O - Al_2O_3 - SiO_2 - H_2O$ 中,当加热时(例如 50℃),MC 水溶液由于凝胶作用变成固体样式,纳米沸石在 MC 凝胶的网状结构中限制性晶化生长,得到的纳米沸石在室温下水洗就可以除掉水溶性的聚合物,避免了焙烧过程。

三、分子筛膜的制备

沸石分子筛膜是由具有一定粒度的沸石分子筛松散晶体,在一定条件下以相互交联的方式在载体上连续生长而形成的,是一种重要的无机膜。由于它具有分子水平、规整均一、大小可控可调的孔结构,因而使其广泛地应用于分离领域。与分子筛相比,它具有良好的整体性,可以使反应物与产物连续进行吸附、脱附、催化,使筛分、催化连续同步协同进行,同时它具有良好的热稳定性、化学稳定性、生物稳定性以及更强的催化活性等,使其在工业催化、石油化工、精细化工、环境保护、生物工程等方面都发挥着重要作用[117,118]。近年来,人们研究发现,分子筛膜还可以作为纳米级材料的基体进行原子簇和超分子化合物的组装,在光电子、传感器、电化学仪器、燃料电池等高科技领域显示出潜在的应用前景。根据成膜方式,沸石分子筛膜一般分为自支撑膜和支撑膜。自支撑膜由于没有支撑体,其机械强度往往较差,限制了其应用。支撑沸石分子筛膜是分子筛在具有一定强度的多孔载体表面上结晶生长,形成一层致密、连续的膜层。本书主要介绍支撑沸石分子筛膜的合成。

1. 原位晶化法

将载体放入含有硅源、铝源、碱、水和有机模板剂的合成母液中,在一定的温度和压力条件下,分子筛晶体会在载体表面成核并生长成连续的膜,该方法称为原位晶化法。Masuda 等[119]较早采用该方法在多孔陶瓷过滤管的外表面上合成出性能良好的 A 型沸石膜,并详细研究了硅源、铝源及晶化条件与成膜的关系。目前,利用原位合成法已经合成出多种类型的沸石分子筛膜,例如,ZSM-5沸石膜、A型沸石膜、丝光沸石膜(MOR)、八面沸石膜、镁碱沸石(FER)膜、P型沸石膜以及磷铝系列分子筛膜等。原位晶化法的合成时间一般比较长,且难以控制沸石晶体优先在支撑体表面生长。另外,由于合成液在支撑体表面随机成核,因此形成的分子筛膜难以连续致密,尤其是很难控制膜层的厚度和晶体的生长方向[120]。

2. 负载晶种法

晶种法又称二次生长法,是先在支撑体表面上预先负载上一层均匀的晶种层,再置于合成液中水热晶化成膜。在适当的晶化条件下,引入的晶种层可作为晶体生长中心代替原位合成过程中形成的晶核。负载晶种的支撑体从合成母液中获取所需营养,使分子筛晶体直接在晶种的基础上生长,减少了反应液中新晶核的生成,从而有利于提高膜层的交联性,最终形成致密的分子筛膜。这种成膜方式消除了沸石晶体生长所需要的成核过程,缩短了合成时间,且能更好地控制晶体生长和分子筛膜的微观结构,有效地控制膜层厚度。另外,晶种层可以修饰支撑体表面的缺陷,减少因表面不均匀对沸石生长产生的不利影响。成膜质量的好坏主要由晶种在支撑体表面的负载方式所决定,目前晶种负载方法主要有浸涂法、自组装法、激光刻蚀法以及提拉法和电泳法等。Lai 和 Gavalas[121]采用在 $\alpha-Al_2O_3$ 陶瓷表面附加晶种,水热晶化合成 ZSM-5 沸石膜,其渗透性能明显加强且晶化时间缩短;Hedlund 等[122]采用自组装技术,在支撑体表面预先涂敷上一层阳离子聚合物(甲基异丁烯酸盐聚合物),然后再借助库仑力的驱动,使带负电的 MFI 晶种吸附在阳离子聚合物上,形成很薄的晶种层,制得了厚度只有 $0.5\mu m$ 的 MFI 沸石膜;Li 等[123]用喷涂晶种法制备了 ZSM-5 沸石膜,其比表面积高达 $260cm^2/g$。

四、一些具有特定聚集形态微孔材料的制备

纳米沸石分子筛作为基本的结构单元在外模板作用下可自组装成更大的沸石聚集形态,如膜状、纤维状和空心球状等形态。近年来,一些研究小组利用该思路制备了各种特殊聚集形态的微孔材料。其中,聚苯乙烯微球(PS)是最常用的外模板剂之一,他们可以制备成不同的尺寸,能够自组装成周期性的3D排布,同时具有通过加热或化学处理就可以除掉等优点,然而该材料具有较低的玻璃化温度,限制了合成温度的范围。以聚苯乙烯微球为外模板,采用层组装技术已成功制备了 LTA、FAU、BEA 和 MFI 型沸石空心微球[124],其主要制备过程为:首先将带负电荷的聚苯乙烯微球通过阳离子高聚物改性,然后均匀高分散的纳米分子筛体系在微球表面一层层自组装成膜,最后焙烧除去微球。具有球形和六方管状结构的介孔硅材料(MS)也可以作为外模板剂来制备一些结构独特的中空材料,MS 除了具有外模板剂的作用外,还是沸石晶化的硅源[125-127]。其制备方法为:首先在十六烷基三甲基溴化铵(CTAB)、硅酸钠(Na_2SiO_3)、水和乙醇乙酯体系中合成 MS,通过调节体系中各物质比例可以得到不同形状和结构的 MS[128,129],然后在得到的介孔硅模板上负载纳米沸石晶体,接着进行水热处理,在水热处理过程中,随着晶化过程最终得到与 MS 模板具有相同结构的沸石材料,扫描电镜如图4-29所示。

该过程除了可以制备纯硅沸石材料外,在合成中还可以引入金属、碱金属等进入中空结构

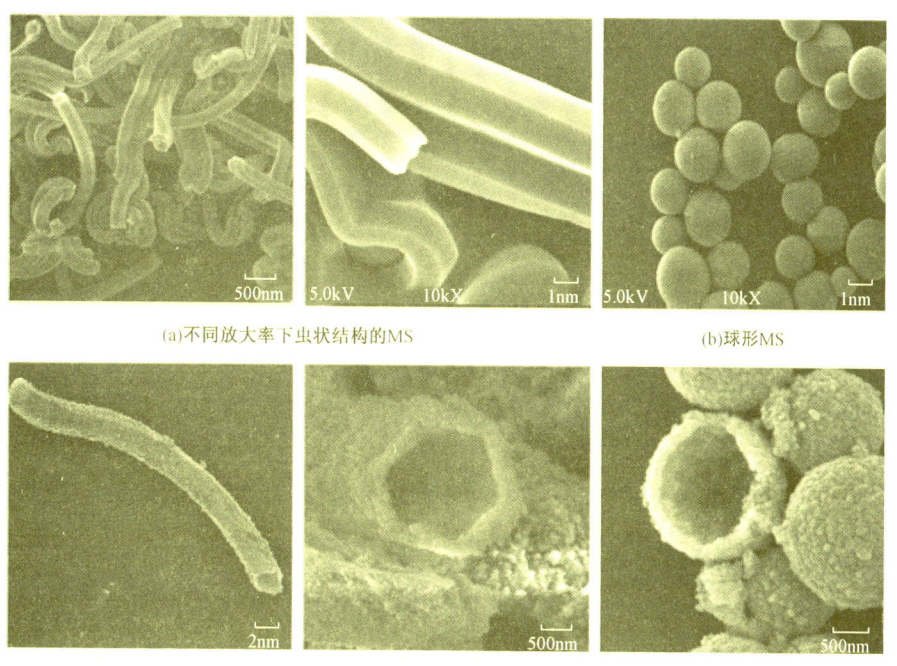

图4-29 介孔硅和相应沸石材料的SEM[128]

沸石内部,改性后的材料在光催化等领域具有潜在的应用价值[130]。

具有两种不同结构的核/壳复合沸石分子筛在择形催化、分离等领域等表现出优异的特性。研究者可以根据反应的需要选择不同的核壳结构,近年来已报道可以合成多种类型的核壳结构分子筛,如 ZSM-5/Silicalite-1、MOR/MFI 和 BEA/MFI 等[131,132]。以 ZSM-5/Silicalite-1 为例,其制备过程为:首先制备大单晶 ZSM-5 沸石作为核,将大单晶用叔丁醇钛和异丙醇的混合液洗涤后干燥,然后放入 Silicalite-1 的纳米溶胶合成体系中,纳米 Silicalite-1 在 ZSM-5 大单晶表面进行自组装,在一定温度下晶化、洗涤、焙烧后就可以得到核壳结构的 ZSM-5/Silicalite-1 分子筛[131],其具体合成路线如图4-30所示。同时,在合成过程中可以通过控制合成条件调节壳的厚度。

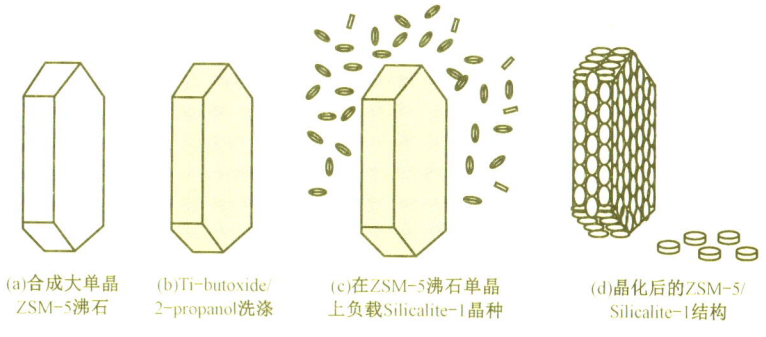

图4-30 核壳沸石 ZSM-5/Silicalite-1 合成示意图[131]

第五节　分子筛的二次合成

制备过程会影响到分子筛的物理化学性质和催化性能,而分子筛的后处理过程(如离子交换、浸渍、酸碱处理等)同样会影响到分子筛的催化性能。分子筛的二次合成是通过对骨架的修饰、改性,达到功能化要求的目的。

一、离子交换

硅铝型沸石分子筛是由 SiO_4、AlO_4 聚合而成的晶体,其基本结构单元由 4 个氧原子与 1 个 Si 原子或 Al 原子相连构成了硅氧四面体或铝氧四面体。其中,氧为 -2 价,硅为 $+4$ 价,硅氧四面体处于电荷平衡状态,而铝为 $+3$ 价,与氧结合形成四面体还需要阳离子的存在来使整个分子筛保持电中性。在分子筛合成中,常用到 Na^+ 来平衡骨架中的电势,由于 Na^+ 并不在分子筛的骨架上,因而可以被其他阳离子所交换,从而改变分子筛的性质,扩大其在化学领域的应用。如对于 NaA 型沸石来说,用不同的金属阳离子交换后,会使分子筛具有不同的孔径,从而使其具有不同的催化性能,用 Ca^{2+} 交换可使 A 型沸石的孔径扩大至 0.5nm,从而用于分离汽油和煤油馏分中的直链烷烃;用 K^+ 交换可使 A 型沸石的孔径缩小为 0.3nm,从而可用于分离碳氢化合物与其他气体。

二、浸渍

用不同的元素对分子筛进行浸渍改性,可调变分子筛的酸碱性质、水热稳定性及氧化还原性等,从而使分子筛具有不同的催化性能。

1. 磷改性

分子筛用于催化反应时,经常要处于高温水蒸气的条件下,而苛刻的反应条件有可能导致分子筛骨架结构的破坏以及酸性质的降低。如在催化裂化的应用中,分子筛催化剂要长期处于高温水蒸气的条件下,此时分子筛骨架中的 Al 容易发生水解而导致骨架结构破坏。因此,在裂化催化剂的研究中,分子筛水热稳定性的考察及改善就非常重要。目前,工业上应用的催化裂化分子筛中一般会加入磷元素以提高分子筛的水热稳定性。Kubo 等[133]指出,采用 P 元素对 ZSM-5 沸石进行浸渍改性时,会使分子筛的酸量减少,但在水热处理之后,P 改性 ZSM-5 沸石的 B 酸酸性位数量和正庚烷裂解活性要远远高于未经 P 改性的 ZSM-5 沸石,这说明 P 改性可以有效抑制高温水蒸气水解作用造成的骨架脱铝,从而提高 ZSM-5 沸石的水热稳定性。

在水热处理过程中 P 物种可以与分子筛上的骨架铝相互作用从而稳定骨架结构,这一结论通过 ^{27}Al-NMR 表征已经得到公认[134,135],但关于 P 改性的作用机理仍存在很大争议。Vedrine 等[136]以及 Kaeding 和 Butter[137]最早提出 P 物种与分子筛骨架上的氧原子成键形成五价的磷氧化合物(图 4-31A)。Lercher 和 Rumplmayr[138]认为,P 物种取代了桥羟基上的氢质子,并使 Al—O 键打开,从而与骨架相互结合(图 4-31B)。李萌萌等[139]和 Lu 等[140]采用密度泛函理论(DFT)分别验证了这两种模型的合理性。但沸石骨架的几何结构可能会阻碍

H_2PO_3 基团插入,而且这两种模型均很难解释通过阳离子交换或热水洗涤就可以使水热脱铝后的 P/HZSM-5 的酸性得以部分恢复的现象。

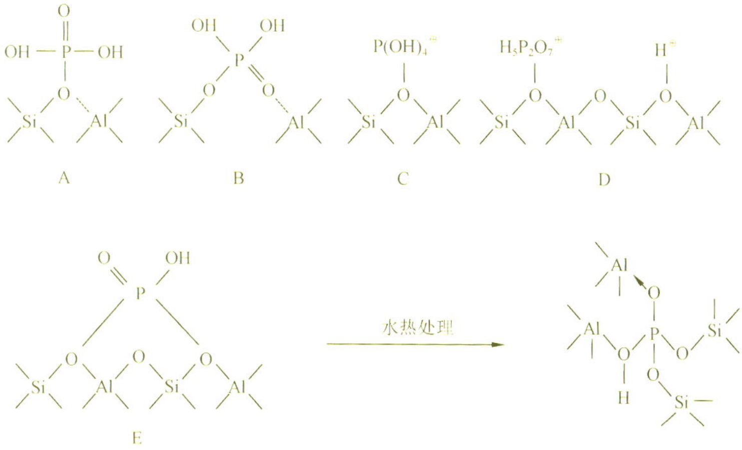

图 4-31 ZSM-5 沸石 P 改性作用模型

图 4-31 中的模型 C、模型 D 由 Blasco 等[141]提出,在这两种模型中,引入了离子对的概念,认为骨架铝是由骨架外的磷酸阳离子所保护。杨静等[142]通过模拟计算认为,$P(OH)_4^+$ 或 $H_5P_2O_7^+$ 和桥氢原子形成的离子对结构(模型 C、模型 D)在低温下最稳定,这进一步说明了这两种结构的合理性。近期,Xue 等[135]利用 D_2/OH 交换反应研究了水热处理过程对 P 改性 ZSM-5 沸石酸性位的影响,并提出了模型 E(图 4-31),该模型由 Hendrik 和 Bert[143]通过实验与模拟结合的方法进行了验证。

2. 金属改性

(1)过渡金属改性:利用浸渍或离子交换的方法将过渡金属引入分子筛可调变分子筛的酸性质及其氧化还原性质。过渡金属的 d 轨道电子未完全充满,这就容易与烃类分子发生 σ-π 键合形成反应中间物种,使其具有催化活性;而且过渡金属元素外层的 s 电子和 d 电子均可以参与成键,就使得过渡元素常存在多种价态。同时,过渡金属本身就有一定的氧化还原性,将其引入分子筛结构从而调变分子筛的催化性能。例如,刘鸿洲和汪燮卿[144]利用不同过渡金属改性的 ZSM-5 催化剂对柴油的裂化性能进行考察,发现不同金属交换的 ZSM-5 沸石乙烯选择性的顺序为 Ag > Cu > Ti > Cr > H > Mn > Co,丙烯选择性由高到低的顺序为 H > Ti > Cr > Mn > Cu、Ag > Co,说明过渡金属的引入会影响催化裂解的反应机理,可变价的金属离子通过发生氧化还原反应,接受或给予电子,使正碳离子或烃分子失去或得到电子而转变为自由基,从而促进乙烯生成。Li 等[145]用 Ti 和 Fe 复合改性 ZSM-5 发现,Ti 的加入可以促进 Fe 物种在分子筛表面的高度分散,而 Fe_2O_3 有利于提高 TiO_2 的还原性质,两者的协同作用使异丙基苯的表观活化能降低,从而表现出良好的催化性能。这些都说明,过渡金属离子可调变分子筛的催化反应性能。

(2)稀土元素改性:利用稀土元素对分子筛改性可提高其水热稳定性,同时调变分子筛的酸性质,如 La^{3+} 和 Ce^{3+} 已成功引入催化裂化催化剂活性组分 Y 型沸石(REY)中以提高催化裂化催化剂的水热稳定性。研究表明,稀土元素可以与分子筛骨架上的氧原子相互作用,增强分子筛的水热稳定性;同时,稀土元素改性使分子筛表现出更强的酸性,相应地提高了催化剂的裂化活性。

三、酸碱处理

微孔分子筛可在反应中表现出较好的择形催化性能,但由于孔道结构的限制,其扩散性能受到一定的影响,为此可考虑在微孔分子筛上创造等级孔,其中大孔有利于反应物的传递,而微孔则可作为纳米反应器提供活性位和择形选择性。在微孔分子筛中引入介孔,常用脱铝和脱硅两种方法。

通常可通过水热处理或酸浸析的方法实现分子筛的脱铝。但水热处理容易使分子筛形成大量的非骨架铝,进而堵塞分子筛孔道,因此在对分子筛进行水热处理后,通常会进行酸洗以洗脱非骨架铝。采用无机酸处理富 Al 的分子筛(如 Y 型沸石、丝光沸石)时,脱铝现象明显;但对于富 Si 分子筛(如 ZSM-5 沸石)来说,酸改性并不能有效调变分子筛的酸性质及孔道结构性质,因此很少单独采用酸改性的方法来修饰富 Si 分子筛的孔道结构。

通过碱处理可使分子筛在一定程度上脱硅,且保持其结构的完整性,研究表明,碱改性可使 ZSM-5 沸石的中孔比表面积从 $40m^2/g$ 增大到 $250m^2/g$[146]。虽然碱处理可以使分子筛产生部分中孔结构,但用碱处理有可能会破坏分子筛长程有序的晶体结构,而且脱硅会导致晶体内部的 Al 原子暴露在晶体边缘,从而使分子筛的热稳定性和水热稳定性变差。因此,在采用碱改性时,应严格控制处理条件或加入其他元素,以降低对分子筛骨架的破坏。

例如,ZSM-5 沸石经 NaOH 处理后,结晶度降为 91(表 4-6),说明其骨架结构遭到了一定的破坏。分子筛经 NaOH/Al(NO$_3$)$_3$ 和 NaOH/(NH$_4$)$_3$PO$_4$ 溶液处理后,其分子筛结晶度明显高于 ZSM-5/NaOH 样品,这说明碱处理溶液中存在的 Al 或 P 物种有可能起到了抑制 NaOH 对分子筛的破坏作用。

表 4-6 新鲜分子筛改性前后结晶度及孔道结构性质表

分子筛	结晶度	S_{BET} (m^2/g)	S_{micro} (m^2/g)	S_{ext} (m^2/g)	V_{total} (cm^3/g)	V_{mirco} (cm^3/g)	V_{meso} (cm^3/g)
ZSM-5-F	100	371	353	18	0.195	0.135	0.032
ZSM-5/NaOH-F	91	363	319	44	0.190	0.148	0.042
ZSM-5/NaOH/Al(NO$_3$)$_3$-F	96	380	343	37	0.196	0.144	0.035
ZSM-5/NaOH/(NH$_4$)$_3$PO$_4$-F	98	362	303	59	0.198	0.152	0.046

第六节 新结构沸石类材料的合成

一、大孔与超大孔分子筛

自 1948 年人工合成沸石获得成功以来,沸石分子筛的合成工作一直在不断地开展深入。十几年来,人们通过一些新的合成思路,许多不同骨架元素组成、不同微孔化合物类型、不同骨架结构的新型分子筛被合成出来。制备具有大微孔或超大微孔的多维结构的沸石及分子筛材料是人们的目标之一,目前已取得了较大的进展。从超大孔沸石类分子筛材料合成成果中可以看到,虽然合成磷基质的分子筛可导致比通常十二元环体系大的大微孔材料的形成(如 VPI-5 和 JDF-20),但这些超大微孔磷酸盐基质材料的热稳定性不好,其实际应用价值很小。而超大孔的硅酸盐沸石分子筛热稳定性则较好,因此,从热稳定性来看,大孔、超大孔硅酸盐分子筛应该比超大孔磷酸盐分子筛具有更为广阔的工业应用前景。特别是近年来,Corma 研究组将 Ge 引入分子筛结构中得到一系列的含 Ge 分子筛,其中包括一些大微孔、超大微孔分子筛,如 ITQ-21、ITQ-24、ITQ-33、ITQ-43 等。具有硅酸盐基质的超大孔分子筛材料的合成,由于它们具有良好的热稳定性和择形催化性能,因而引起了人们的广泛关注[147]。研究发现,在较高的 F^- 体系中容易合成一些低骨架密度、高孔隙率的硅酸盐基质新材料。另外,使用锗和硼代替部分硅元素可以得到一些具有新结构的锗硅和硼硅类沸石材料,同时在这些新材料合成中使用的一些新型模板剂也具有相当重要的地位。

1. 高浓度的 F^- 合成体系

在 F^- 体系下合成沸石分子筛是目前主要的合成路线之一,其合成体系特点已在本章第三节中进行了阐述。ITQ 系列分子筛材料是一类具有低骨架密度的新材料,该系列分子筛材料是在高浓度的 F^- 合成体系中制备得到的。与传统的 F^- 下的水热晶化法相比,其中 H_2O/SiO_2 要低得多,因此在该体系中普遍认为 H_2O 主要作为反应物而非溶剂。Camblor 等已经对该合成体系中高硅沸石和全硅沸石所取得成就进行了详细总结[33]。

研究发现,ITQ 系列分子筛材料的合成中,H_2O/SiO_2 对晶化过程中晶相的选择性具有重要的影响,在结构导向剂(SDA)不变的前提下仅仅通过改变 H_2O/SiO_2 就可以制备不同的晶相,例如,纯硅合成体系 $1.0SiO_2:0.5HF:0.5SDAOH:wH_2O$,当以 $DMABO^+$ 作为结构导向剂,在 150℃ 下晶化,当 H_2O/SiO_2 取 3.75、7.5 和 15 时,得到的晶相分别为 ITQ-9(STF)、ITQ-3(ITE) 和 SSZ-31,这说明体系中水量在一定程度上改变了结构导向剂的导向性能。采用高浓度的 F^- 合成体系,Zones 等[147]也成功合成了一系列具有特殊结构的硅沸石材料,例如 SSZ-33、SSZ-37、SSZ-50 和 SSZ-55,表 4-7 给出了在高浓度的 F^- 合成体系中制备的一些特殊结构的沸石材料[148]。

表 4-7 高浓度 F^- 合成体系合成的特殊结构分子筛材料[147]

沸石	代码	孔道体系	骨架密度(FD_{Si})($T^{(1)}/1000Å^3$)
ITQ-1	MWW	2D,10-R** |10-R**	15.9
ITQ-7	ISV	3D,12-R**↔12-R*	15
ITQ-12	ITW	2D,8-R*↔8-R*	17.7
ITQ-13	ITH	3D,10-R*↔10-R*↔9-R*	17.4
ITQ-29	LTA	3D,8-R***	14.2
ITQ-32	IHW	2D,8-R*	18.5
SSZ-33	CON	3D,12-R*↔12-R*↔10-R*	15.7

续表

沸石	代码	孔道体系	骨架密度(FD_{Si})($T^{①}/1000Å^3$)
SSZ-50	RTH	2D,8-R*↔8-R*	16.1
SSZ-55	ATS	1D,12-R*	16.1
EU-1	EUO	1D,10-R*	17.1
SSZ-37	NES	2D,10-R**	16.4

注：* 表示孔道为一维，** 表示孔道为二维，*** 表示孔道为三维，| 表示孔道不交叉，↔ 表示交叉孔道。
① T 表示骨架原子，一般分子筛骨架中的原子不具体指明是哪种原子时都用 T 代表。

2. 硅锗酸盐和硅硼酸盐分子筛

通过使用一些新型结构导向剂，用硼或锗替代部分硅元素可以得到一系列具有特殊新结构的超大孔微孔分子筛材料。Zones 等[147]利用硼元素作为替代的三价元素在不同的结构导向剂下，制备了一系列特殊结构的分子筛材料。表 4-8 列出了一部分超大孔硅硼酸盐分子筛材料的结构，其中有一半以上用 Al 代替 B 元素也可以制备得到，而有一部分只能以硅硼形式存在。

表 4-8 硼体系中得到的大孔微孔分子筛[147]

沸石	代码	骨架组成			孔道结构
		Al,Si	B,Si	Si	
SSZ-24	AFI	-	+	+	1D,12-R*
SSZ-26	CON	+	-	-	3D,12-R*↔12-R*↔10-R*
SSZ-33	CON	-	+	-	3D,12-R*↔12-R*↔10-R*
SSZ-37	NES	+	+	-	2D,10-R**
SSZ-42	IFR	+	+	+	1D,12-R*
SSZ-48	SFE	-	+	-	1D,12-R*
SSZ-53	SFH	-	+	-	1D,14-R*
SSZ-55	ATS	+	+	+	1D,12-R*
SSZ-58	SFG	+	+	-	2D,10-R*↔10-R*
SSZ-59	SFN	+	+	-	1D,14-R*
SSZ-60	SSY	-	+	-	1D,12-R*
CIT-5	CFI	+	-	+	1D,14-R*
UTD-1	DON	-	+	+	1D,14-R*

注：* 表示孔道维数，↔ 表示交叉孔道。

用 Ge 作为 Si 的替代元素，Corma 等[149]成功得到了一系列具有特殊结构的硅锗酸盐分子筛材料。研究发现，在这些特殊的结构材料中，Ge 导向双四元环(D4Rs)生成。例如，采用甲基鹰爪豆碱(MSPTOH)作为结构导向剂在 $0.33GeO_2:0.67SiO_2:0.50MSPTOH:0.5HF:20H_2O$ 体系中 175℃ 晶化 5d，生成 ITQ-21 分子筛材料；而当反应体系中没有 Ge 时，生成 CIT-5，该结构中不存在双四元环[81,150]。Ge 的双四元环导向性在含锗 BEA 型分子筛多形体

C合成中也得到充分体现,当体系中不存在Ge时,生成的是Beta沸石或纯硅ZSM-12沸石[151]。Ge之所以导向生成双四元环(D4Rs)主要是因为与Si—O键比较,Ge—O键较长,易于弯曲成较窄的T—O—T键角,从而容易生成D4R小笼结构。利用该特点,可以合成得到一系列具有交叉孔道结构的分子筛,特别是具有十元环与十二元环交叉孔道的分子筛在择形催化和扩散等方面都具有非常重要的意义。第一个具有该交叉孔道结构的分子筛材料为由SSZ-26/SSZ-33/CIT-1构成的CON家族,然而它们是由3种多形体A、B和C构成的孔道,具有生长缺陷的内生长材料。Corma等[152]以六甲双季铵氢氧化物为结构导向剂[R(OH)$_2$],在体系为5.0SiO$_2$∶1.0GeO$_2$∶0.15Al$_2$O$_3$∶1.5R(OH)$_2$∶30H$_2$O中,175℃下晶化15d可以得到具有三维孔道结构的ITQ-24,其结构与CON家族的多形体C结构相同,其孔道包括:垂直于ab面的十二元环直孔道(7.5Å×5.6Å),沿a轴方向的十二元环正弦曲线孔道(7.7Å×6.2Å)和与之垂直交叉的十元环孔道(7.7Å×6.2Å)。同时,Corma等[153]以1,5-双-(甲基吡咯烷—戊烷)为结构导向剂,在配比为0.66SiO$_2$∶0.33GeO$_2$∶0.01Al$_2$O$_3$∶0.2SDA(OH)$_2$∶15H$_2$O体系中,175℃下晶化12d得到了具有八元环(4.52Å×3.32Å)、十元环(5.86Å×4.98Å)和十二元环(6.66Å×6.66Å)交叉孔道的ITQ-22硅锗酸盐分子筛。IM-12(UTL)为第一个由超大孔和大孔孔道构成的具有二维孔道结构的分子筛,其合成条件为:采用(6R,10S)-6,10-dimethyl-5-azoniaspiro[4,5]decane hydroxide(ROH)作为结构导向剂在配比为0.8SiO$_2$∶0.4GeO$_2$∶0.3ROH∶30H$_2$O体系中,170℃下晶化6d。其结构为平行于c轴方向的十四元环孔道(9.5Å×7.1Å)和平行于b轴方向的十二元环孔道(8.5Å×5.5Å)交叉而成,如图4-32所示[154]。ITQ-15(UTL)是近几年发现的另一个具有二维孔道结构的硅锗酸盐分子筛,与IM-12具有相同的骨架构型,其合成条件为:以1,3,3-trimethyl-6-azonium-tricyclo[3.2.1.4^{6,6}]dodecane hydroxide为结构导向剂,合成体系配比为0.91SiO$_2$∶0.09GeO$_2$∶0.01Al$_2$O$_3$∶0.5[C$_{14}$H$_{26}$N]OH∶10H$_2$O,175℃下晶化18d[155]。

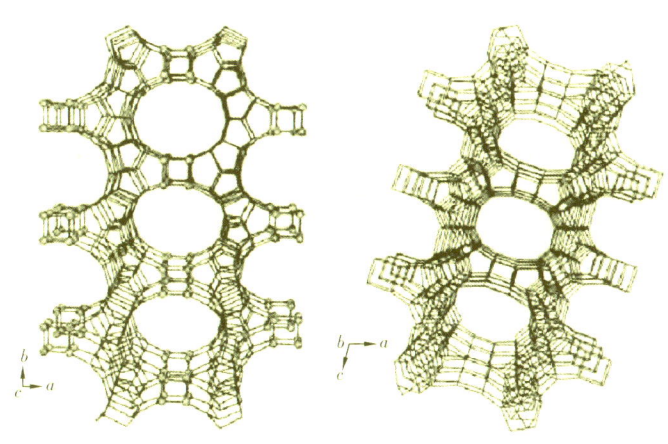

图4-32 IM-12分子筛骨架结构

由于硅锗酸盐分子筛中双四元环富含Ge,因此硅锗酸盐分子筛比其他类型分子筛更易水解,利用该特点Martens和Kirschhock等[156]通过水解IM-12中的双四元环得到一种新结构分子筛,命名为COK-14。由于UTL结构内包含双四元环连接的含硅层面,通过σ收缩IM-

12结构,从而形成了具有十二元环和十元环的新结构。该研究小组把此方法应用于其他具有双四元环分割的含硅层,硅锗酸盐分子筛(ITQ-7、ITQ-13等)也可以产生一系列新结构。从以上实例可以看出,Ge的引入不仅导向了双四元环的生成,更有意义的是合成了具有交叉孔道结构的分子筛材料。

3. 结构导向剂的设计

除了高浓度 F^- 体系和硼、锗的引入对新结构和新组成的分子筛材料合成有着重要贡献外,特殊模板剂的设计也起着不可忽视的作用。一个典型例子为,Corma 等[13]通过两个相同有机阳离子π-π堆积作用自组装形成超大分子有机导向剂来合成全硅沸石 ITQ-29(LTA)。在合成高硅 LTA 沸石时选择结构导向剂原则为:结构导向剂与 LTA 结构中的 α 笼非常匹配;结构导向剂不易与溶剂形成配合物,同时保持充分的疏水性。由于大分子很难同时满足上述要求,因此 Corma 等采用两个具有合适结构和极性的基团通过π-π堆积作用自组装得到合适的超大分子。因此,选择 4-methyl-2,3,6,7-tetrahydro-1H,5H-pyrido[3.2.1-ij]quinolinium iodide($C_{13}H_{18}IN$)在水溶液中自组装形成二聚物,通过设计导向剂可以得到纯硅 LTA 沸石结构。从上述实例可以看出,通过设计特殊结构的模板剂,同时结合新的合成体系可以得到具有新结构、新组成和特殊性质的分子筛结构。

二、MWW 型特殊结构沸石分子筛

MWW 型沸石分子筛是一类新型的具有双孔道系统的层状结构高硅沸石,家族成员包括 MCM-22、MCM-36、MCM-49、MCM-56、PSH-3、SSZ-25、ERB-1、ITQ-1、ITQ-2、EMM-10、EMM-12 和 EMM-13 等,其中 MCM-22 是 MWW 分子筛中最具有代表性的品种[157]。上述分子筛都具有 MWW 结构分子筛的基本单层结构,即它们的层内包含二维、正弦及交叉的十元环椭圆形孔道系统,层间为十二元环超笼,与传统沸石分子筛不同,其表面存在较大的孔穴。它们的区别在于层间结合程度的不同,例如,PSH-3、SSZ-25、MCM-22、ERB-1、ITQ-1 和 MCM-49 层间以氧桥相连,结合紧密,并且不能在扩孔剂的作用下扩孔;而 MCM-22(P)分子筛(合成的原粉)层间结合较弱,则可以在扩孔剂的作用下扩孔;MCM-56 具有 MWW 分子筛的单层结构。MCM-22(P)分子筛扩孔后,通过超声波分离可以制得 ITQ-2 分子筛;在其层间加入填充材料,则可以制备得到 MCM-36 分子筛。

MWW 结构分子筛通常采用水热法合成,例如,以六亚甲基亚胺(HMI)为模板剂可以合成 MCM-22(P)、MCM-49 和 MCM-56 分子筛。在一定硅铝比条件下,组成相似的硅铝凝胶当 Na^+ 含量较高时,倾向于生成 MCM-49;而当 Na^+ 含量较低时,容易生成 MCM-22。在 MWW 结构分子筛的晶化过程中,首先形成非常薄的片,然后薄片逐渐聚集变厚。在其层间氧桥形成前停止反应,可以得到 MCM-56。MCM-22(P)经过焙烧后即可得到 MCM-22,当加入扩孔剂扩孔后,在超声波下振荡使层间分离,就会得到片状材料 ITQ-2;而扩孔后与柱化试剂反应,在柱子的支撑作用下,则会得到层柱分子筛 MCM-36,这些分子筛的制备过程如图 4-33 所示。

由于该类沸石分子筛独特的孔道构型,因此在烯烃异构化、芳烃烷基化为乙苯或异丙苯、催化裂化及加氢裂化、甲苯歧化以及芳构化等许多反应中均表现出优异的催化性能。近 20 年

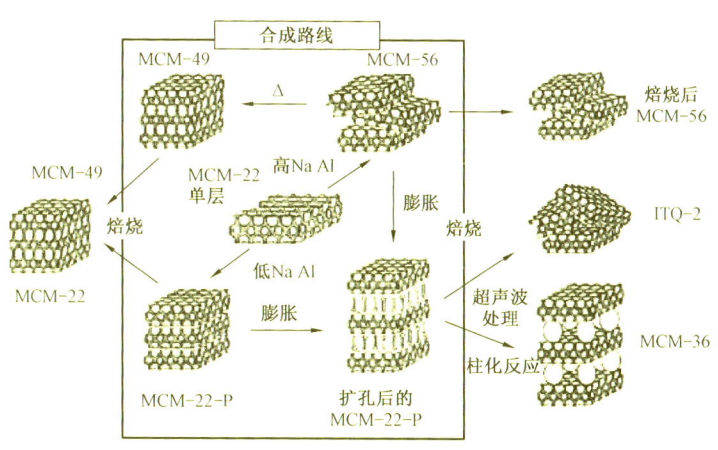

图 4-33 MWW 家族成员的关系图

来,MWW 分子筛的研究、开发与应用一直是分子筛领域关注的热点。

三、手性分子筛

目前高选择性反应,特别是不对称催化合成反应已经成为研究的焦点之一,而且在制药、农业化学品、食品添加剂等合成工业上都有重要的应用前景。当采用沸石分子筛作为催化材料进行不对称合成反应时,通常需要以分子筛为主体,固载具有不对称结构的配合物和金属有机物等,以制成新的手性催化剂。然而,该过程制备的手性催化剂仅是通过桥键或辅助试剂引入手性,因此催化剂的稳定性及催化寿命一直阻碍着其进一步的工业开发应用。如果带有手性结构的分子筛材料能够被合成出来,则其稳定性问题就可能迎刃而解。Davis 等[154] 曾报道,通过加入具有手性的结构导向剂合成出手性 Beta 沸石;然而光活性实验结果表明,只得到 5% 的对映选择性。后来,Stucky 研究小组报道合成出了具有手性结构的 $NaZnPO_4$[159] 和 $NaCoPO_4$[160] 及具有三维螺旋形孔的锗镓分子筛 UCSB-7[161]。最近,Zou 等[162] 又合成出了两种手性锗硅分子筛 SU-15 和 SU-32。虽然这些材料目前还未被应用,但为分子筛手性催化的实现建立了良好的研究基础。

四、小结

自 1948 年人工合成沸石获得成功以来,经过 60 多年众多合成沸石合成工作者的不懈努力,许多不同骨架元素组成、不同微孔化合物类型、不同骨架结构的新型分子筛被合成出来。由于沸石分子筛具有独特的孔道结构、较强的酸性及离子交换性能等特性,已被作为催化材料广泛地用于石油与天然气加工、精细化工、环保等方面。随着世界经济对石化产品需求的不断增长,石油资源短缺的矛盾日益突出;同时,基本原料的组成与来源也在不断发生变化。此外,全球对能源降耗和环保的要求越来越高,这些需求都对分子筛催化剂的设计与制备有了新的要求。目前,沸石分子筛合成的主要方向为:

(1)寻找与合成具有更高催化性能的分子筛材料,包括合成水热稳定性高的大孔分子筛、手性分子筛及特殊结构分子筛等。目前,分子筛拓扑结构已达 200 余种,每种分子筛都各有什么特点、哪种分子筛具有工业应用前景、采用什么样的分子筛会带来更高的催化性能等问题都需要思考和研究。

（2）很多具有工业应用前景的沸石分子筛需要价格较高的有机胺作结构导向剂才能合成得到，导致合成成本较高，影响其经济性。如何优化这些沸石分子筛的合成方法、降低合成成本是目前沸石合成中值得关注的问题。

（3）由于实际的工业催化反应千差万别，同时市场需求及原料差异等变化，因此根据催化反应的特点和要求设计分子筛材料并做到"量体裁衣"是目前面临的又一挑战。

参 考 文 献

[1] Rabo J A, Schoonover M W. Early discoveries in zeolite chemistry and catalysis at Union Carbide, and follow – up in industrial catalysis[J]. Applied Catalysis A:General, 2001, 222(1 – 2):261 – 275.

[2] Wilson S T, Lok B M, Flanigen E M. Crystalline metallophosphate compositions:US, 4310440[P]. 1982 – 01 – 12.

[3] 徐如人,庞文琴. 分子筛与多孔材料化学[M]. 北京:科学出版社,2004.

[4] Mohamed R M, Aly H M, El – Shahat M F, et al. Effect of the silica sources on the crystallinity of nanosized ZSM – 5 zeolite[J]. Microporous and Mesoporous Materials, 2005, 79:7 – 12.

[5] Feijen E J P, Martens J A, Jacobs P A. Zeolites and related microporous materials:state of the art 1994[J]. Studies in Surface Science and Catalysis, 1994, 84:3 – 21.

[6] Na Young Kang, Bu Sup Song, Chul Wee Lee, et al. The effect of Na_2SO_4 salt on the synthesis of ZSM – 5 by template free crystallization method [J]. Microporous and Mesoporous Materials, 2009, 118(1/2/3):361 – 372.

[7] Shin Dong Kim, Si Hyun Noh, Jun Woo Park, et al. Organic – free synthesis of ZSM – 5 with narrow crystalsize distribution using two – step temperature process [J]. Microporous and Mesoporous Materials, 2006, 92:181 – 188.

[8] 陈艳红,李春义,杨朝合. 晶种法合成 ZSM – 5 合成规律的研究[J]. 石油炼制与化工, 2013, 44(11):25 – 29.

[9] 岳瑛,沈文霞,颜贻春,等. 无机胺合成 Fe/ZSM – 5 分子筛的结构鉴定及催化性能的研究[J]. 高等学校化学学报, 1992, 13(12):1503 – 1507.

[10] Lee H, Zones S I, Davis M E. A combustion – free methodology for synthesizing zeolites and zeolite – like materials [J]. Nature, 2003, 425:385 – 388.

[11] Lee H, Zones S I, Davis M E. Zeolite Synthesis using degradable structure – directing agents and pore – filling agents[J]. The Journal of Physical Chemistry B, 2005, 109(6):2187 – 2191.

[12] Burton A W, Zones S I, Cejka J, et al. Introduction to zeolite science and practice[J]. Studies in Surface Science and Catalysis, 2007, 168:137 – 179.

[13] Corma A, Rey F, Rius J, et al. Supramolecular self – assembled molecules as organic directing agent for synthesis of zeolites[J]. Nature, 2004, 431:287 – 290.

[14] Pinar A B, Gomez – Hortiguela L, Perez – Pariente J. Cooperative structure directing role of the cage – forming tetramethylammonium cation and the bulkier benzylmethylpyrrolidinium in the synthesis of zeolite ferrierite[J]. Chemistry of Materials, 2007, 19(23):5617 – 5626.

[15] Perez – Pariente J. Zeolites and related materials:Trends, targets and challenges, Proceedings of the 4 International FEZA Conference [J]. Studies in Surface Science and Catalysis, 2008, 174A:85 – 90.

[16] Martínez C, Corma A. Inorganic molecular sieves:Preparation, modification and in dustrial application in catalytic processes[J]. Coordination Chemistry Reviews, 2011, 255(13 – 14):1558 – 1580.

[17] Pinar A B, Marquez – Alvarez C, Grande – Casas M, et al. Template – controlled acidity and catalytic activity of ferrierite crystals[J]. Journal of Catalysis, 2009, 263(2):258 – 265.

[18] Dorset D L, Kennedy G J, Strohmaier K G, et al. P - Derived Organic cations as structure - directing agents: Synthesis of a high - silica zeolite(ITQ - 27) with a two - dimensional 12 - ring channel system[J]. Journal of the American Chemical Society,2006,128(27):8862 - 8867.

[19] Corma A, Diaz - Cabanas M J, Jorda J L, et al. A Zeolitic structure(ITQ - 34) with connected 9 - and 10 - ring channels obtained with phosphonium cations as structure directing agents[J]. Journal of the American Chemical Society,2008,130(49):16482 - 16483.

[20] Sang S, Chang F, Liu Z, et al. Difference of ZSM - 5 zeolites synthesized with various templates [J] Catalysis Today,2004(93 - 95):729 - 734.

[21] 徐如人,庞文琴. 无机合成与制备化学[M]. 北京:高等教育出版社,2001.

[22] Xu W, Li J, Li W, et al. Non aqueous synthesis of ZSM - 35 and ZSM - 5[J]. Zeolites,1989(9):468 - 473.

[23] Honssian C J Y, Mojetb L, Kirschhock C E A, et al. Nucleation processes inzeolite synthesis revealed through the use of different temperature - time profiles[J]. Studies in Surface Science and Catalysis,2001,135:140.

[24] Grizzetti R, Artionli G. Kinetics of nucleation and growth of zeolite LTA fromclear solution by in situ and ex situ XRPD[J]. Microporous and Mesoporous Materials,2002,54:105 - 112.

[25] Derouane E G, Determmerie S, Gabelica Z, et al. Synthesis and characterization of ZSM - 5 type zeolites I. physico - chemical properties of precursors and intermediates[J]. Applied Catalysis,1981,1(3 - 4):201 - 224.

[26] Iton L E, Trouw F, Rum T O, et al. Small - Angle neutron - scattering studies of the template - mediated crystallization of ZSM - 5 type zeolite[J]. Langmuir,1992,8(4):1045 - 1048.

[27] 施尔畏,夏长泰,王步国. 水热法的应用与发展[J]. 无机材料学报,1996,11(2):193 - 206.

[28] Robson H. Safety considerations for zeolite synthesis - Verified Syntheses of Zeolitic Materials[M]. In:Verified Syntheses of Zeolitic Materials. Elsevier,2001:45 - 46.

[29] Breck. Zeolite molecular sieves:structure,chemistry and use[M]. New York:Wiley,1974.

[30] Shimizu S, Hamada H. Synthesis of giant zeolite crystals by a bulk - material dissolution technique[J]. Angew. Chem. Int. Ed. ,1999,38(18):2725 - 2727.

[31] Lu B, Tsuda T, Sasaki H, et al. Effect of aluminum source on hydrothermal synthesis of high - silica mordenite in fluoride medium, and It's thermal stability[J]. Chem. Mater. ,2004,16(2):286 - 291.

[32] Meise W, Schwochow F E. Kinetic Studies on the formation of zeolite A[J]. Advances in Chemistry,1972,121:169 - 178.

[33] Camblor M A, Villaescusa L A, Diaz - Cabanas M J. Synthesis of all - silica and high - silica molecular sieves in fluoride media[J]. Top. Catal. ,1999,9(1 - 2):59 - 76.

[34] Zhdanov S P, Samulevich N N. In zeolite synthesis[M]. in Proc. 5th Int. Conf. Zeolite, L. V. C. Rees(Eds.),London:Hyden,1980:75 - 84.

[35] Cundy C S, Lowe B M, Sinclair D M J. Crystallisation of zeolitic molecular sieves:direct measurements of the growth behaviour of single crystals as a function of synthesis conditions[J]. Chem. Faraday Discuss,1993,95:235 - 252.

[36] Li Q, Mihailova B, Creaser D, et al. Aging effects on the nucleation and crystallization kinetics of colloidal TPA - silicalite - 1 Original Research[J]. Microporous and Mesoporous Materials,2001,43(1):51 - 59.

[37] Ogura M, Kawazu Y, Takahashi H, et al. Aluminosilicate species in the hydrogel phase formed during the aging Process for the crystallization of FAU zeolite [J]. Chem. Mater. ,2003,15(13):2661 - 2667.

[38] Valtchev V, Mintova S, Dimov V, et al. Tribochemical activation of seeds for rapid crystallization of zeolite Y [J]. Zeolites,1995,15(3):193 - 197.

[39] Dixon A G, Thompson R W. Prediction of the zeolite crystal size distribution in batchwise hydrothermal synthesis [J]. Zeolites,1986,6(3):154 - 160.

[40] Bibby D M, Dale M P. Synthesis of silica - sodalite from non - aqueous systems[J]. Nature, 1985, 317:

157 – 158.

[41] Huo Q, Feng S, Xu R. Zeolites: facts, figures, future, part A – proceedings of the 8th international zeolite conference[J]. Studies in Surface Science and Catalysis, 1989, 49: 291 – 298.

[42] Huo Q, Feng S, Xu R. First syntheses of pentasil – type silica zeolites from non – aqueous systems[J]. Journal of the Chemical Society, Chemical Communication, 1988(22): 1486 – 1487.

[43] Kuperman A, Nadimi S, Oliver S, et al. Non – aqueous synthesis of giant crystals of zeolites and molecular sieves [J]. Nature, 1993, 365: 239 – 242.

[44] Liu C, Li S, Tu K, et al. Synthesis of cancrinite in a butane – 1,3 – diol systems[J]. Journal of the Chemical Society, Chemical Communication, 1993(21): 1645 – 1646.

[45] Huo Q, Xu R. The existence of monomeric metaphosphate in hydroxylic solvent: a positional isotope exchange study[J]. Journal of the Chemical Society, Chemical Communication, 1987(10): 783 – 785.

[46] Yu J, Xu R. Rich structure chemistry in the aluminophosphate family[J]. Acc. Chem. Res., 2003, 36(7): 481 – 490.

[47] Huo Q, Xu R, Li S, et al. Synthesis and characterization of a novel extra large ring of aluminophosphate JDF – 20 [J]. Journal of the Chemical Society, Chemical Communication, 1992, 12: 875 – 876.

[48] Yan W, Yu J, Xu R, et al. $[Al_{12}P_{13}O_{52}]^{3-}[(CH_2)_6N_4H_3]^{3+}$: An anionic aluminophosphate molecular sieve with brönsted acidity[J]. Chem. Mater., 2000, 12(9): 2517 – 2519.

[49] Cooper E R, Andrews C D, Wheatley P S, et al. Ionic liquids and eutectic mixtures as solvent and template in synthesis of zeolite analogues[J]. Nature, 2004, 430: 1012 – 1016.

[50] Wang L, Xu Y, Wei Y, et al. Structure – Directing role of amines in the ionothermal synthesis[J]. J. Am. Chem. Soc., 2006, 128(23): 7432 – 7433.

[51] Xu Y, Tian Z, Wang S, et al. Microwave – Enhanced ionothermal synthesis of aluminophosphate molecular sieves [J]. Angew. Chem. Int. Ed., 2006, 45(24): 3965 – 3970.

[52] Flanigen E M, Patton R L. Silica polymorph and process for preparing same: US, 4,073,865[P]. 1978 – 02 – 14.

[53] Guth J L, Kessler H, Caullet P, et al. Proceedings from the ninth international zeolite conference[M]. Monereal: Butterworth – Heinemann, 1992: 215 – 222.

[54] Kessler H, Patarin J, Schott – Darie C. Advanced zeolite science and applications[J]. Stud. Surf. Sci. Catal., 1994, 85: 75.

[55] Guth J L, Kessler H, Higel J M, et al. Zeolite synthesis in the presence of fluoride ions[J]. ACS Symp. Ser. (Zeolite Synthesis), 1989, 398: 176 – 195.

[56] Zhao D, Qiu S, Pang W. Proceedings from the ninth international zeolite conference[M]. Montreal: Butterworth – Heinemann, 1992: 337 – 344.

[57] Qiu S, Pang W, Kessler H, et al. Synthesis and structure of the $[AlPO_4]_{12}Pr_4NF$ molecular sieve with AFI structure Zeolites[J]. 1989, 9(5): 440 – 444.

[58] 焦庆祝, 庞文琴. F⁻离子微酸性介质中 Ge – ZSM – 5 型分子筛的合成[J]. 石油学报(石油加工), 1992, 8(2): 108 – 113.

[59] Qiu S, Tian W, Pang W, et al. Synthesis and characterization of single crystals of SAPO – 5, BAPO – 5, and LiAPO – 5 molecular sieves[J]. Zeolites, 1991, 11(4): 371 – 375.

[60] Wessels T, Baerlocher C, McCusker L B, et al. An ordered form of the extra – large – pore zeolite UTD – 1: synthesis and structure analysis from powder diffraction data[J]. J. Am. Chem. Soc., 1999, 121(26): 6242 – 6247.

[61] Lobo R F, Tsapatsis M, Freyhardt C C, et al. Characterization of the extra – large – pore zeolite UTD – 1[J]. J. Am. Chem. Soc., 1997, 119(36): 8474 – 8484.

[62] Chu P D, Vartuli F C. Crystallization method employing microwave radiation: US, 4778666[P]. 1988 – 10 – 18.

[63] Wang H, Park M S. Microwave fabrication of MFI zeolite crystals with a fibrous morphology and their applica-

tions[J]. Angew. Chem. Int. Ed,2005,44(4):556-560.

[64] Cundy C S. Microwave techniques in the synthesis and modification of zeolite catalysts[J]. Collect. Czech. Chem. Commun. ,1998,63:1699-1723.

[65] Conner W C,Tompsett G. Microwave synthesis of zeolites:1. reactor engineering[J]. J. Phys. Chem. B,2004,108(37):13913-13920.

[66] Xu W,Dong J,Li J,et al. A novel method for the preparation of zeolite ZSM-5[J]. J. Chem. Soc. ,Chem. Commun. ,1990(10):755-756.

[67] Matsukata M, Ogura M, Osaki T, et al. Conversion of dry gel to microporous crystals in gas phase[J]. Top. Catal. ,1999,9(1):77-92.

[68] Kim M H,Li H,Davis M E. Synthesis of zeolites by water-organic vapor-phase transport[J]. Microporous Mater. ,1993,1(3):191-200.

[69] Matsukata M,Nishiyama N,Yeyama N. Synthesis of zeolites under vapor atmosphere:Effect of synthetic conditions on zeolite structure[J]. Microporous Mater. ,1993,1(3):219-222.

[70] Rao P,Matsukata M. Dry-gel conversion technique for synthesis of zeolite BEA[J]. Chem. Commun. ,1996,12:1441-1442.

[71] Rao P,Leon C,Ueyama K,et al. Synthesis of BEA by dry gel conversion and its characterization[J]. Microporous Mesoporous Mater. ,1998,21(4-6):305-313.

[72] Alfaro S,Valenzuela M A,Bosch P. Synthesis of silicalite-1 by dry-gel conversion method:factors affecting its crystal size and morphology [J]. J. Porous Mater. ,2009,16(3):337-342.

[73] Arnold A,Steuernagel S,Hunger M,et al. Insight into the dry-gel synthesis of gallium-rich zeolite [Ga]Beta [J]. Micro. Meso. Mater. ,2003,62(1-2):97-106.

[74] Matsukata M,Osaki T,Ogura M,et al. Crystallization behavior of zeolite beta during steam-assisted crystallization of dry gel[J]. Micro. Meso. Mater. ,2002,56(1):1-10.

[75] Dong A G,Wang Y J,Tang Y,et al. Hollow zeolite capsules:a novel approach for fabrication and guest encapsulation[J]. Chem. Mater. ,2002,14(8):3217-3219.

[76] Alfaro S,Arruebo M,Coronas J,et al. Preparation of MFI type tubular membranes by steam-assisted crystallization[J]. Micro. Meso. Mater. ,2001,50(2-3):195-200.

[77] Wang Y J,Tang Y,Dong A G,et al. Self-Supporting porous zeolite membranes with sponge-like architecture and zeolitic microtubes[J]. Adv. Mater. ,2002,14(13-14):994-997.

[78] Lei Q,Zhao T B,Li F Y,et al. Catalytic cracking of large molecules over hierarchical zeolites[J]. Chem. Commun. ,2006,16:1769-1771.

[79] Akporiaye D E,Dahl I M,Karlsson A,et al. Combinatorial approach to the hydrothermal synthesis of zeolites [J]. Angew. Chem. Int. Ed. ,1998,37(5):609-611.

[80] Choi K,Gardner D,Hilbrandt N,et al. Combinatorial methods for the synthesis of aluminophosphate molecular sieves[J]. Angew. Chem. Int. Ed. ,1999,38(19):2891-2894.

[81] Corma A,Diaz-Cabanas M J,Martinez-Triguero J,et al. A large-cavity zeolite with wide pore windows and potential as an oil refining catalyst[J]. Nature,2002,418:514-517.

[82] Corma A,Díaz-Cabanas M J,Moliner M,et al. Discovery of a new catalytically active and selective zeolite (ITQ-30)by high-throughput synthesis techniques[J]. J. Catal. ,2006,241(2):312-318.

[83] Castañeda R,Corma A,Fornés V,et al. Synthesis of a new zeolite structure ITQ-24,with intersecting 10- and 12-membered ring pores[J]. J. Am. Chem. Soc. ,2003,125(26):7820-7821.

[84] Cantin A,Corma A,Leiva S,et al. Synthesis and structure of the bidimensional zeolite ITQ-32 with small and large pores[J]. J. Am. Chem. Soc. ,2005,127(33):11560-11561.

[85] Corma A,Diaz-Cabanas M J,Jorda J L,et al. High-throughput synthesis and catalytic properties of a molecu-

[86] Sun J, Bonneau C, Cantin A, et al. The ITQ-37 mesoporous chiral zeolite [J]. Nature, 2009, 458: 1154-1157.

[87] Corma A, Díaz-Cabañas M J, Jiang J, et al. Extra-large pore zeolite(ITQ-40) with the lowest framework density containing double four- and double three-rings[J]. Proc Natl Acad Sci U S A, 2010, 107(32): 3997-4002.

[88] Jiang J, Jorda J L, Diaz-Cabanas M J, et al. The synthesis of an extra-large-pore zeolite with double three-ring building units and a low framework density[J]. AngewChem. Int. Ed., 2010, 49(29): 4986-4988.

[89] Simancas R, Dari D, Velamazan N, et al. Modular Organic structure-directing agents for the synthesis of zeolites[J]. Science, 2010, 330(1219): 1-17.

[90] Lethbridge Z D, Williams J J, Walton R I, et al. Methods for the synthesis of large crystals of silicate zeolites [J]. Micropor. Mesopor. Mater., 2005, 79: 339-352.

[91] Charnell J F. Gel growth of large crystals of sodium A and sodium X zeolites[J]. J. Cryst. Growth, 1971, 8(3) 291-294.

[92] Morris M, Sacco A, Dixon A G, et al. The role of an aluminum-tertiary[J]. Zeolites, 1991, 11(2): 178-183.

[93] Qiu S L, Yu J, Zhu G, et al. Strategies for the synthesis of large zeolite single crystals [J]. Microporous Mesoporous Mater., 1998, 21: 245-251.

[94] Shao C, Li X, Qiu S, et al. The role of pyrocatecholasa complex agent for silicon in the synthesis of large single crystals of silica-sodalite zeolite[J]. Micropor. Mesopor. Mater., 1999, 33: 215-222.

[95] Shao C, Li X, Qiu S, et al. Size-controlled synthesis of silicalite-1 single crystals in the presence of benzene-1,2-diol[J]. Micropor. Mesopor. Mater., 2000, 39: 117-123.

[96] Warzywoda J, Dixon A G, Thompson R W, et al. The role of the dissolution of silicic acid powders in aluminosilicate synthesis mixtures in the crystallization of large mordenite crystals[J]. Zeolites, 1996, 16(2-3): 125-137.

[97] Sun Y, Song T, Qiu S, et al. Synthesis of mordenite single crystals using two silica sources[J]. Zeolites, 1995, 15(8): 745-753.

[98] Shimizu S, Hamada H. Synthesis of giant zeolite crystals by a bulk material dissolution technique[J]. Microporous and Mesoporous Materials, 2001, 48: 39-46.

[99] Kadono T, Tajima M, Shiomura T, et al. Hydrothermal synthesis of giant single crystals of MFI typzeolite: Modified bulk material dissolution method[J]. Micropor. Mesopor. Mater., 2008, 115: 454-460.

[100] Warzywoda J, Bac N, RossettiJr G, et al. Synthesis of high-silica ZSM-5in microgravity[J]. Micropor. Mesopor. Mater., 2000, 38: 423-432.

[101] Warzywoda J, Bac N, Jansen J C, et al. Growth of zeolites A and X in low earth orbit [J]. J. Cryst. Growth, 2000, 220(1-2): 140-149.

[102] Coker E N, Jansen J C, Di Renzo F, et al. Zeolite ZSM-5 synthesized in space: catalysts with reduced external surface activity[J]. Microporous and Mesoporous Materials, 2001, 46(2-3): 223-236.

[103] Ciric J. Synthetic zeolites: growth of larger single crystals[J]. Science, 1967, 155(3763): 689.

[104] Tosheva L, Valtchev V P. Nanozeolites: synthesis, crystallization, mechanism, and applications[J]. Chem. Mater., 2005, 17(10): 2494-2513.

[105] Schoeman B J, Sterte J, Otterstedt J E. Colloidal zeolite suspensions[J]. Zeolites, 1994, 14(2): 110-116.

[106] Zhu G, Qiu S, Yu J, et al. Synthesis and characterization of high-quality zeolite LTA and FAU single nanocrystals[J]. Chem. Mater., 1998, 10(6): 1483-1486.

[107] Persson A E, Schoeman B J, Sterte J, et al. Synthesis of stable suspensions of discrete colloidal zeolite(Na, TPA)ZSM-5 crystals[J]. Zeolites, 1995, 15(7): 611-619.

[108] VanGrieken R, Sotelo J L, Menendez J M, et al. Anomalous crystallization mechanism in the synthesis of nanocrystalline ZSM-5[J]. Micropor. Mesopor. Mater., 2000, 39(1-2): 135-147.

[109] Cheng Y, Liao R H, Li J S, et al. Synthesis research of nanosized ZSM-5 zeolites in the absence of organic

template [J]. Journal of Materials Processing Technology,2008,206:445-452.

[110] Persson A E,Schoeman B J,Sterte J,et al. Synthesis of stable suspensions of discrete colloidal zeolite(Na,TPA)ZSM-5 crystals[J]. Zeolites,1995,15(7):611-619.

[111] Li Q,Creaser D,Sterte J. The nucleation period for TPA-silicalite-1 crystallization determined by a two-stage varying-temperature synthesis[J]. Microporous and Mesoporous Materials,1999,31:141-150.

[112] Song W,Grassian V H,Larsen S C. High yield method for nanocrystalline zeolite synthesis[J]. Chem. Commun.,2005,23:2951-2953.

[113] Jacobsen J H,Madsen C,Schmidt I,et al. Mesoporous zeolite single crystals[J]. Journal of the American Chemical Society,2000,122(29):7116-7117.

[114] Kim S S,Shah J,Pinnavaia T J. Colloid-Imprinted carbons as templates for the nanocasting synthesis of mesoporous ZSM-5 zeolite[J]. Chem. Mater.,2003,15(8):1664-1668.

[115] Wang B,Ma H Z,Shi Q Z,Synthesis of nanosized NaY zeolite by confined space method [J]. Chin. Chem. Lett.,2002,13(4):385-388.

[116] Wang H,Holmberg B A,Yan Y. Synthesis of template-free zeolite nanocrystals by using in situ thermoreversible polymer hydrogels[J]. J. Am. Chem. Soc.,2003,125(33):9928-9929.

[117] Gang L,Kikuchi E,Matsukata M. A study on the pervaporation of water-acetic acid mixtures through ZSM-5 zeolite membranes [J]. Journal of Membrane Science,2003,18(1-2):185-194.

[118] Iwasaki A,Sano T,Kiyozum Y. Direct observation of the formation process of silicalite films onvarious substrates.[J]. Microporous and Mesoporous Materials,2000,38(1):75-83.

[119] Masuda T,Hara H,Kouno M,et al. Preparation of an A-type zeolite film on the surface of an alumina ceramic filter [J]. Microporous Mater,1995,3(4/5):565-571.

[120] Lin X,Chen X,Kita H,et al. Synthesis of silicalite tubular membranes by in Situ crystallization [J]. A ICHE Journal,2003,49(1):237-247.

[121] Re Lai,George R Gavalas. Surface seeding in ZSM-5 membrane preparation [J]. Ind. Eng. Chem. Res.,1998,37(11):4275-4283.

[122] Hedlund J,Sterte J,Anthonis M,et al. High-flux MFI membranes [J]. Microporous and Mesoporous Materials,2002,52(3):179-189.

[123] Li Y S,Wang J Q,Shi J L,et al. Synthesis of ZSM-5 membrane with large area on porous,tubular α-Al_2O_3 supports[J]. Sep. Pur. Techn.,2003,32(1):397-401.

[124] Valtchev V,Mintova S. Layer-by-layer preparation of zeolite coating of nanosized crystals[J]. Microporous and Mesoporous Materials,2001,43(1):41-49.

[125] Dong A,Wang Y,Tang Y,et al. Hollow zeolite capsules:A novel approach for fabrication and guest encapsulation[J]. Chem. Mater.,2002,14(8):3217-3219.

[126] Dong A,Wang Y,Wang D,et al. Fabrication of hollow zeolite microcapsules with tailored shapes and functionalized interiors[J]. Microporous and Mesoporous Materials,2003,64(1-3):69-81.

[127] Dong A,Ren N,Yang W,et al. Preparation of hollow zeolite spheres and three-dimensionally ordered macroporous zeolite monoliths with functionalized interiors [J]. Ad. Funct. Mater.,2003,13(12):943-948.

[128] Schulz-Ekloff G,Rathousky J,Zukal A. Mesoporous silica with controlled porous structure and regular morphology[J]. Int. J. Inorg. Mater.,1999,1(1):97-102.

[129] Huh S,Wiench J W,Trewyn B G,et al. Tuning of particle morphology and pore properties in mesoporous silicas with multiple organic functional groups[J]. Chem. Commun.,2003,18:2364-2365.

[130] Cheng J,Pei S,Yue B,et al. Synthesis and characterization of hollow zeolite microspheres with amesoporous shell by O/W/O emulsion and vapor-phase transport method[J]. Microporous and Mesoporous,2008,115(3):383-388.

[131] Gora L,Sulikowski B,Serwicka E M. Formation of structured silicalite – I/ZSM – 5 composites by a self – assembly process[J]. Applied Catalysis A,2007,325:316 – 321.

[132] Kong D,Zheng J,Yuan X,et al. Fabrication of core/shell structure via overgrowth of ZSM – 5 layers on mordenite crystals[J]. Microporous and Mesoporous,2009,119(1):91 – 96.

[133] Kubo K,Iida H,Namba S,et al. Effect of steaming on acidity and catalytic performance of H – ZSM – 5 and P – ZSM – 5 as naphtha to olefin catalysts[J]. Microporous and Mesoporous Materials,2014,188:23 – 29.

[134] Lee Y J,Kim J M,Bae J W,et al. Phosphorus induced hydrothermal stability and enchanced catalytic activity of ZSM – 5 in methanol to DME conversion[J]. Fuel,2009,88(10):1915 – 1921.

[135] Xue N H,Chen X K,Nie L,et al. Understanding the enhancement of catalytic performance for olefin cracking:Hydrothermally stable acids in P/HZSM – 5[J]. Journal of Catalysis,2007,248(1):20 – 28.

[136] Vedrine J C,Auroux A,Dejaifve P,et al. Catalytic and physical properties of phosphorus – modified ZSM – 5 zeolite[J]. Journal of Catalysis,1982,73(1):147 – 160.

[137] Kaeding W W,Butter S A. Production of chemicals from methanol:Low molecular weight olefins[J]. Journal of Catalysis,1980,61(1):155 – 164.

[138] Lercher J A,Rumplmayr G. Controlled decrease of acid strength by orthophosphoric acid on ZSM – 5[J]. Applied Catalysis,1986,25(1/2):215 – 222.

[139] 李萌萌,董秀芹,张敏华. P改性ZSM – 5分子筛的结构及酸性变化[J]. 计算机与应用化学,2012,29(2):245 – 248.

[140] Lu R,Gao Z G,Wang S. Density functional study on models of interaction between phosphorus species and HZSM – 5[J]. Journal of Molecular Structure:Theochem,2008,865(1/3):1 – 7.

[141] Blasco T,Corma A,Martínez – Triguero J. Hydrothermal stabilization of ZSM – 5 catalytic – cracking additives by phosphorus addition[J]. Journal of Catalysis,2006,237(2):267 – 277.

[142] 杨静,孙迎新,赵立峰,等. 磷在P – ZSM – 5沸石中存在的形态[J]. 物理化学学报,2011,27(8):1823 – 1830.

[143] Hendrik E B,Bert M W. Localsilico – aluminophosphate interfaces within phosphate H – ZSM – 5 zeolites[J]. Physical Chemistry Chemical Physics,2014,16(21):9892 – 9903.

[144] 刘鸿洲,汪燮卿. ZSM – 5分子筛引入过渡金属对催化热裂解的影响[J]. 石油炼制与化工,2001,32(2):48 – 51.

[145] Li X F,Shen B J,Xu C M. Interaction of titanium and iron oxide with ZSM – 5 to tune the catalytic cracking of hydrocarbons[J]. Applied Catalysis A:General,2010,375(2):222 – 229.

[146] Groen J C,Zhu W D,Brouwer S,et al. Direct demonstration of enhanced diffusion in mesoporous ZSM – 5 zeolite obtained via controlled desilication[J]. Journal of the American Chemical Society,2007,129(2):355 – 360.

[147] Zones S I,Lee H,Davis M. E,et al. Molecular sieves:from basic research to industrial applications,proceedings of the 3 international zeolite symposium[J]. Stud. Surf. Sci. Catal. ,2005,158:1 – 10.

[148] Jiri Cejka,Bekkum H V,Corma A,et al. Introduction to zeolite science and practice[J]. Studies in Surface Science and Catalysis,168,3rd Revised Edition,1991.

[149] Corma A. In recent advances in the science and technology of zeolites and related materials[J]. Studies in Surface Science and Catalysis,2004,154:25.

[150] Wagner P,Yoshikawa M,Lovallo M,et al. CIT – 5:a high – silica zeolite with 14 – ring pores Chem. Commun. ,1997,22:2179 – 2180.

[151] Corma A,Navarro M. T,Rey F,et al. Pure polymorph C of zeolite Beta synthesized by using framework isomorphous substitution as a structure – directing mechanism[J]. Angew. Chem. Int. Ed. ,2001,40(12):2277.

[152] Castaneda R,Corma A,Fornes V,et al. Synthesis of a new zeolite structure ITQ – 24,with intersecting 10 – and 12 – membered ring pores[J]. J. Am. Chem. Soc. ,2003,125(26):7820 – 7821.

[153] Corma A, Rey F, Valencia S, et al. A zeolite with interconnected 8 –, 10 – and 12 – ring pores and its unique catalytic selectivity[J]. Nature Materials. 2003, 2(7):493 – 497.

[154] Davis M E, Lobo R F. Zeolite and molecular sieve synthesis[J]. Chem. Mater. , 1992, 4(4):756 – 768.

[155] Corma A, Diaz – Cabanas M J, Rey F, et al. ITQ – 15: The first ultralarge pore zeolite with a bi – directional pore system formed by intersecting 14 – and 12 – ring channels, and its catalytic implications[J]. Chem. Commun, 2004, 12:1356 – 1357.

[156] Verheyen E, Joos L, VanHavenbergh K, et al. Design of zeolite by inverse sigma transformation[J]. Nature Materials, 2012, 11(12):1059 – 1064.

[157] Roth W J, Dorset D L. Expanded view of zeolite structures and their variability based on layered nature of 3 – D frameworks[J]. Microporous and Mesoporous Materials, 2011, 142(1):32 – 36.

[158] Davis M E, Lobo R F. Zeolite and molecular sieve synthesis[J]. Chem. Mater. , 1992, 4(4):756 – 768.

[159] Harrison W T A, Gier T E, Stucky G D, et al. $NaZnPO_4 \cdot H_2O$, an open – framework sodium zincophosphate with a new chiral tetrahedral framework topology [J]. Chem. Mater. , 1996, 8(1):145 – 151.

[160] Feng P Y, Bu X H, Tolbert S H, et al. Syntheses and characterizations of chiral tetrahedral cobalt phosphates with zeolite ABW and related frameworks [J]. J. Am. Chem. Soc. , 1997, 119(10):2497 – 2504.

[161] Gier T, Bu X H, Feng P Y, et al. Synthesis and organization of zeolite – like materials with three – dimensional helical pores [J]. Nature, 1998, 395:154 – 157.

[162] Tang L Q, Shi L, Bonneau C, et al. A zeolite family with chiral and achiral structures built from the same building layer [J]. Nature Materials, 2008, 7(5):381 – 385.

第五章 微孔分子筛材料的绿色合成

微孔分子筛材料由于具有规整的孔道结构、可调变的酸性及氧化还原性能,因而被广泛地应用于石油加工与精细化工等非均相催化领域[1-2]。例如,Y型沸石和ZSM-5沸石作为固体酸催化剂和择形催化剂被广泛用于炼油和石油加工过程。近年来,TS-1等钛硅分子筛在低温氧化反应中表现出优良的催化性能,如反应条件缓和、催化活性高、选择性好、工艺流程简单及还原产物为环境友好产物等,克服了传统工艺污染严重和反应条件苛刻等问题,因此被认为是绿色氧化反应的里程碑[3]。

沸石分子筛通常是硅铝凝胶混合物在碱性条件下水热晶化合成,合成温度一般为 $60 \sim 200 ℃$,其详细的合成过程已在第四章进行了较为详细的阐述。随着人们对"绿色化学"理念的不断追求,其传统的水热晶化合成并不符合绿色合成过程,主要原因为:(1)合成过程中通常需要引入有机模板剂,导致合成成本较高,同时高温焙烧除去模板剂会产生 NO_x 等有害物质及引起温室效应的 CO_2 等气体,造成较大的环境污染;(2)水热(溶剂热)晶化合成条件下,对应的自生压力较高,因此对反应釜的安全性能有一定要求;(3)水热晶化合成分子筛一般晶化时间较长($1 \sim 20d$),同时合成过程中固液比较低,导致分子筛合成效率低,废液排放量比较大。为了克服传统水热晶化法的这些弊端,许多研究者通过对沸石分子筛合成原料、合成条件以及合成方法进行改进,开发了一系列绿色合成路线。其主要措施有:(1)使用廉价的、可生物降解的有机模板剂或无有机模板剂合成;(2)采用天然矿物作为硅源、铝源,代替传统的硅酸钠、铝酸钠等工业产品,减少沸石分子筛合成上游工艺的能耗;(3)采用离子热合成路线消除了高压隐患;(4)无溶剂存在下合成沸石分子筛;(5)微波辐射合成提高合成效率。本章将主要从以上几个方面重点阐述目前人们在分子筛材料绿色合成方面所取得的一些成就。

第一节 合成体系模板剂的绿色化

有机模板剂在分子筛合成过程中具有深刻意义,自有机模板剂引入合成体系,到目前已有200多种不同类型的微孔分子筛被合成出来。可以说,现代分子筛的合成策略都是以有机模板剂的广泛应用为基础的[4]。然而,大多数的有机模板剂是一些季铵(胺)类有机物,通常具有毒性,合成结束后在高温焙烧脱除模板剂时会产生有害气体,并且分子筛的结构有时会受到一定破坏。另外,有机模板剂价格昂贵,使整个分子筛的合成成本较高。因此,要使分子筛能够大面积地工业化生产,模板剂的绿色化路线必不可少。

一、采用低毒性和廉价的有机模板剂合成

合成高硅沸石通常需要有机模板剂的参与,然而有机模板剂一般都有一定毒性,同时价格昂贵。根据以往的分子筛合成经验,人们认识到,在许多有机胺(铵)的合成体系中,有机胺的量往往是过量的,远远超过产物分子筛结构中包含的有机胺量,这说明只有少量有机胺真正起

结构导向作用,而大部分有机胺只是起到调节碱性和孔道填充的作用。Zones 和 Hwang[5]提出采用多种有机胺替代昂贵模板剂的路线合成沸石分子筛,例如,合成 MWW 型沸石通常在硅铝凝胶中使用环己亚胺为模板剂,而他们采用廉价的异丁胺和少量金刚烷胺(aminoadamantane)共同作为模板剂成功合成了 SSZ – 25(MWW)。该合成路线有效地降低了合成成本,利用相同的思路他们还得到了其他一系列沸石分子筛,例如,SSZ – 13(CHA)、SSZ – 33(CON)、SSZ – 35(STF)和 SSZ – 42(IFR)等不同结构[6]。EMT 沸石具有比 Y 型沸石更优异的催化性能,然而 EMT 沸石合成需要成本高且有毒性的 18 – 冠醚 – 6 作为模板剂,因此限制了其在工业上的应用[7,8]。最近,有报道采用洗发水中的某一成分聚季铵盐 – 6(polyquaternium – 6)合成了富含 EMT 的八面沸石,由于聚季铵盐 – 6 广泛应用于人们的日常生活,同时无毒、价格廉价,使得 EMT 沸石工业应用有了可能性[9]。

氨选择性催化还原(SCR)氮氧化物技术是目前去除固定源排放物 NO_x 最有效的技术,Cu – SSZ – 13 沸石由于其特殊的孔道结构,在该反应中表现出优良的活性和选择性。然而,合成 SSZ – 13 沸石需要的有机模板剂价格较高,因此限制了该催化剂的工业应用。为了寻找较廉价的模板剂,Ren 等[10]从理论上将构成 SSZ – 13 的基本结构单元 CHA 笼结构和一系列相对廉价的无机或有机化合物进行对比后,发现 Cu – TEPA(四乙烯五胺和二价铜的配合物)不仅与 CHA 笼能够很好地匹配,而且成本较低,因此将该铜配合物用于合成 Cu – SSZ – 13 沸石,命名为 ZJM – 1。研究指出,该沸石分子筛在氨选择性催化还原(SCR)中表现出优异的催化活性(图 5 – 1)。

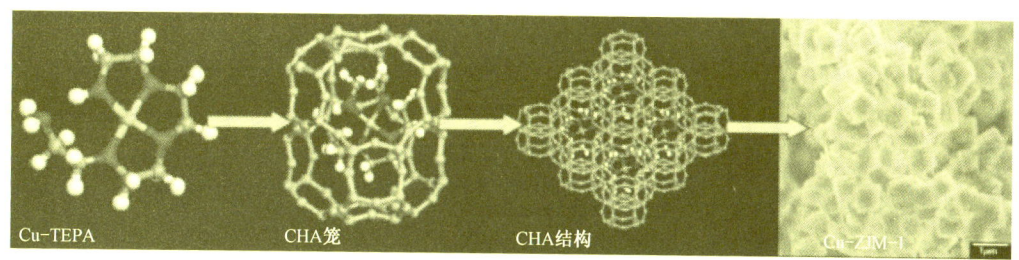

图 5 – 1　Cu – TEPA 导向生成 Cu – SSZ – 13 沸石过程[10]

UOP 公司的研究者通过在合成体系中加入少量的碱或碱土金属阳离子与有机模板剂配合来制备沸石分子筛,他们把该方法称为电荷密度不匹配(CDM)方法。利用这种配合,可以使用一些商业上常见的有机模板剂来合成一些新材料,如 UZM – 4、UZM – 8、UZM – 15、UZM – 17 和 UZM – 22 等沸石,其合成步骤为:首先制备含有有机胺模板剂的合成体系,此时有机胺和将要形成的沸石结构之间电荷是不平衡的,接着有控制地加入少量碱金属或碱土金属在和有机模板剂配合的状态下形成沸石结构[11–13]。例如,利用 CDM 法在以胆碱 – Li – Sr 为模板剂的体系中可以合成具有六方方十二元环结构的 UZM – 4 沸石和 UZM – 22 沸石[13]。值得注意的是,该方法最初是针对合成所用模板剂趋于越来越复杂的季铵有机物的情况下提出的,目的是提供一个更为廉价的合成路线。最近,人们发现在研究模板相互配合的影响和充分地评估有机模板剂在沸石结构中的作用时,CDM 法是一个非常有效的工具。Park 等[14]在

CDM 方法的基础上结合原位 ^{13}C(MAS)NMR 和 IR 技术,研究了 UZM-9(LTA)沸石的形成路径,他们发现在 $TEA^+/TMA^+/Na^+$ 混合导向体系中,开始的成核过程形成的是 α 笼,而不是一些小的 SOD 笼或双四元环结构。在 CDM 方法合成中,Na^+ 和 TMA^+ 在最初的聚合反应和成核过程中起着重要作用;同时,随着 TMA^+、TEA^+ 和 Na^+ 进入固相,开始晶体生长的过程。磷铝分子筛合成通常需要有机胺的引入,这些有机胺通常有一定的毒性,因此有必要去寻找一些低毒性的替代品。最近,Wang 等[15]报道了一种用于合成磷铝分子筛的低毒性有机模板剂。他们发现一种无毒且廉价的含氮有机化合物四甲基胍(TMG)可用作模板剂合成微孔磷铝分子筛,该有机物存在于生物新陈代谢的产物中。该课题组采用 TMG 作为模板剂已成功合成出 $AlPO_4-5$ 分子筛,研究发现,与使用传统的有机模板剂三乙胺相比较,采用 TMG 作为模板剂的合成体系具有更快的结晶速率。他们指出,这可能和四甲基胍(TMG)独特的结构有关系:四甲基胍含有 3 个氮原子,与含有 1 个氮原子的三乙胺相比,和铝具有更强的配位能力。另外,他们利用四甲基胍(TMG)作为结构导向剂还得到了一系列杂原子取代的产物,如 SAPO-5、MnAPO-5 和 CoAPO-5。研究指出,四甲基胍(TMG)不仅可以导向生成 AFI 结构,同时还可以作为导向剂制备具有 AWO 结构的磷铝分子筛。

二、合成过程中有机模板剂循环利用

从经济角度看,有机模板剂通常是合成体系中成本最高的部分。因此,对于一些必须有有机模板剂参与才能合成的分子筛来说,如果在脱除有机模板剂时不破坏其结构,从而使其能够重复利用,是减少合成成本的一个有效途径。此时,采用有机溶剂萃取法来脱除模板剂被普遍认为是最可行的方法之一,该方法常用于介孔分子筛有机模板剂的脱除。由于有机溶剂萃取法采用较低的温度,从而避免了高温处理对模板剂结构的破坏[16-18]。然而,对于微孔分子筛材料来说,由于有机模板剂和微孔尺寸联系非常紧密,特别是很多情况下有机模板剂和沸石骨架的作用力比较强,因此该方法对于脱除微孔分子筛材料中的有机模板剂相对要困难得多[19]。Davis 小组最早研究报道了微孔中有机模板剂脱除方法,并在这方面做了详细的报道[19-25]。

早在 1999 年,Takewaki 等[20]在含有四乙基氢氧化铵、Li^+ 和 Zn^{2+} 体系中水热晶化下得到具有 BEA 结构的 CIT-6 沸石,他们发现由于四乙基铵阳离子(TEA)和 CIT-6 骨架作用力较弱,因此利用柠檬酸溶液很容易把 CIT-6 沸石中的四乙基铵阳离子萃取出来。当萃取温度为 135℃时,四乙基铵阳离子和锌同时从沸石结构中脱除,可以得到缺陷很少的高疏水性 Si-CIT-6 沸石。随后,他们系统考察了硅酸锌沸石、硅铝沸石、硼硅沸石和具有 BEA 结构的纯硅沸石等不同元素构成的沸石其溶剂脱除有机模板剂的情况,详细内容见表 5-1[24]。研究发现,四乙基铵阳离子(TEA)的脱除难易程度按照 Zn > B > Al 顺序递减。另外,他们发现,当模板剂和沸石骨架之间作用力较强时,在有机溶剂脱除模板剂的同时,分子筛骨架会部分水解。例如,对于硼硅分子筛,当使用溶剂脱除 TEA^+ 时,同时会伴随着 B—O—Si 的水解。他们还将此方法应用于 MFI 结构的纯硅沸石,并提出采用萃取法时,模板剂脱除量与有机模板剂的尺寸以及模板剂与分子筛间作用力大小都有关。

表 5-1　不同样品的合成及物性参数[24]

样品	导向剂	Si/X[1]			萃取量[2] (%)	孔体积[3] (cm³/g)	TGA[4] (℃)	损失量[5] (%)
CIT-6	TEAOH	33.3	22.1	>500	>99	0.233(0.237)	575	61
Si-Beta-F	TEAF	—	—	—	>99	0.239(0.237)	375	100
Al-Beta-F	TEAF	20.0	18.2	18	49	0.085(0.233)	680	48
B-Beta-F	TEAF	40.0	29.2	74	85	0.222(0.241)	455	79
Si-Beta-OH	bis-PIP	—	—	—	无	无	680	68
Al-Beta-OH	TEAOH	ND[6]	ND	ND	45	ND	680	45
B-Beta-OH	TEAOH/DABCO	ND	15.6	ND	75	0.099(0.250)	640	61
Si-Beta-OH-meso	TEAOH				>99	0.248(0.242)	385	100
Si-Beta-F-meso	TEAF				>99	0.193(0.204)	385	100
Si-MFI-OH	TPABr				None	None	450	13
Si-MFI-F	HMDA/HF				98[1]	0.136(0.146)	325	100

① 分别为合成凝胶组成，合成样品组成 X = B、Al 或 Zn。
② 80℃萃取后通过 TGA 得到。
③ 萃取后样品的孔体积。
④ TGA 法对应失重的温度。
⑤ 200~400℃之间的损失量。
⑥ 表示无法确定。

由于缩酮容易分解和自组装，因此这类有机模板剂非常容易通过萃取的方法脱除。Lee 等[19,25]报道利用缩酮作为有机模板剂，通过萃取方法脱除模板剂可以使有机模板剂能够完全循环利用。首先，在沸石内的有机模板剂分解成小分子通过萃取从沸石内部脱除，然后再重新组装成最初的结构重新利用。例如，采用环缩酮 8,8-二甲基-1,4-二氧杂-8-氮杂螺环[4,5]癸烷作为有机导向剂合成 ZSM-5 沸石，合成结束后在 80℃下用 1mol/L HCl 溶液处理 20h，然后将样品用 0.01mol/L NaOH 和 1mol/L NaCl 混合溶液在 100℃处理 72h，此时 1,1-二甲基-4-氧代哌啶完全从孔道内脱除，同时重新通过共价键或非共价键再重新组装成最初的结构，如图 5-2 所示[25]。

三、无有机模板剂下合成分子筛

无有机模板剂下合成路线包含直接法、晶种导向液法和晶种法等。直接法是指直接通过调节初始凝胶的组成来合成分子筛；晶种导向液往往是指合成沸石的前驱溶液或含有沸石初级和次级结构单元的溶液；晶种法则是指在合成体系中存在一定沸石晶体粉末。

1. 直接法

直接法合成沸石分子筛的最典型代表是 ZSM-5 和 ECR-1 沸石，该方法打破了人们最初认为只有在有机模板剂条件下才能合成出来的观念，向分子筛的绿色合成迈进了一大步。

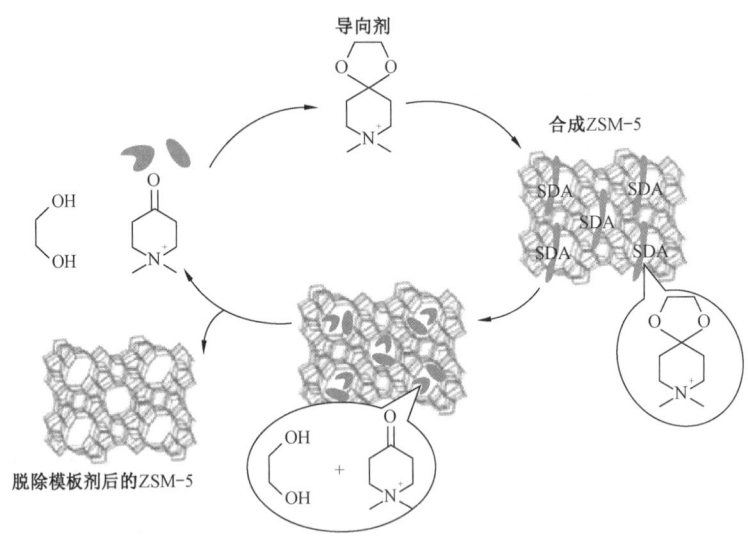

图 5-2 采用缩酮为导向剂合成 ZSM-5 沸石示意图[25]

Grose 和 Flanigen[26]最早报道了在不加有机模板剂的条件下,200℃晶化 68~72h 得到了 ZSM-5 沸石。与此同时,李赫咺等[27]等在不加任何有机模板剂的情况下采用水玻璃、硫酸铝和硫酸为原料直接合成出 ZSM-5 沸石。南开大学[28]以及中国石化集团石油化工科学研究院[29]也分别在不引入任何模板剂的无机体系中成功合成了 ZSM-5 沸石,并已经实现了工业化生产。随后,Shiralkar 和 Clearfield[30]通过研究发现,在无机体系中合成 ZSM-5 沸石时,硅铝比和钠铝比是影响产物晶相的关键。对于凝胶配比为 aSiO$_2$: 1Al$_2$O$_3$: bNa$_2$O : 1500H$_2$O 的体系,当凝胶组成中的 $a=40$ 同时 b 在 4.5~6.0 之间时,可以得到高结晶度的 ZSM-5 沸石,当硅铝比小于 30 时,会出现丝光沸石杂晶相;而当硅铝比过高大于 60 时,则会生成 α-石英杂晶相。另外,当 b 增大时,也会出现丝光沸石和 α-石英杂晶相,这说明直接法合成 ZSM-5 沸石合成范围很窄,要小心控制合成条件。Kim 等[31]在无模板剂条件下采用两段晶化法合成了小晶粒 ZSM-5 沸石,他们通过高温成核和低温晶化有效地控制了 ZSM-5 沸石的晶粒尺寸,使得 ZSM-5 沸石晶粒更小,同时尺寸分布更窄。

最近,Zhang 等[32]报道了在不加任何有机模板剂的条件下在(3.0~4.8)Na$_2$O : (0.15~1.5)Al$_2$O$_3$: 30SiO$_2$: 1350H$_2$O : (0~20)NaCl : (0~10)KCl 凝胶体系中,合成了 ZSM-5/ZSM-11 共晶相。他们通过调节初始凝胶配比,可以得到不同 SiO$_2$/Al$_2$O$_3$ 和拓扑结构的晶体,研究发现,ZSM-5/ZSM-11 共晶相受铝源类型的影响要比硅源较大,同时该体系更有利于富铝沸石的生成。当初始凝胶 SiO$_2$/Al$_2$O$_3$ 增加时,ZSM-5 晶体在晶相中所占比例增加,同时晶体尺寸变大,晶体形貌从最初的纳米棒状聚集体变成微米的轴状结构,最后变成孪生的六方体单晶(图 5-3);增加初始凝胶中 Na$^+$ 和 OH$^-$ 含量,提高了成核速率,使产物晶体长宽比变小,同时 K$^+$ 的引入不利于 ZSM-5/ZSM-11 共晶相生成。

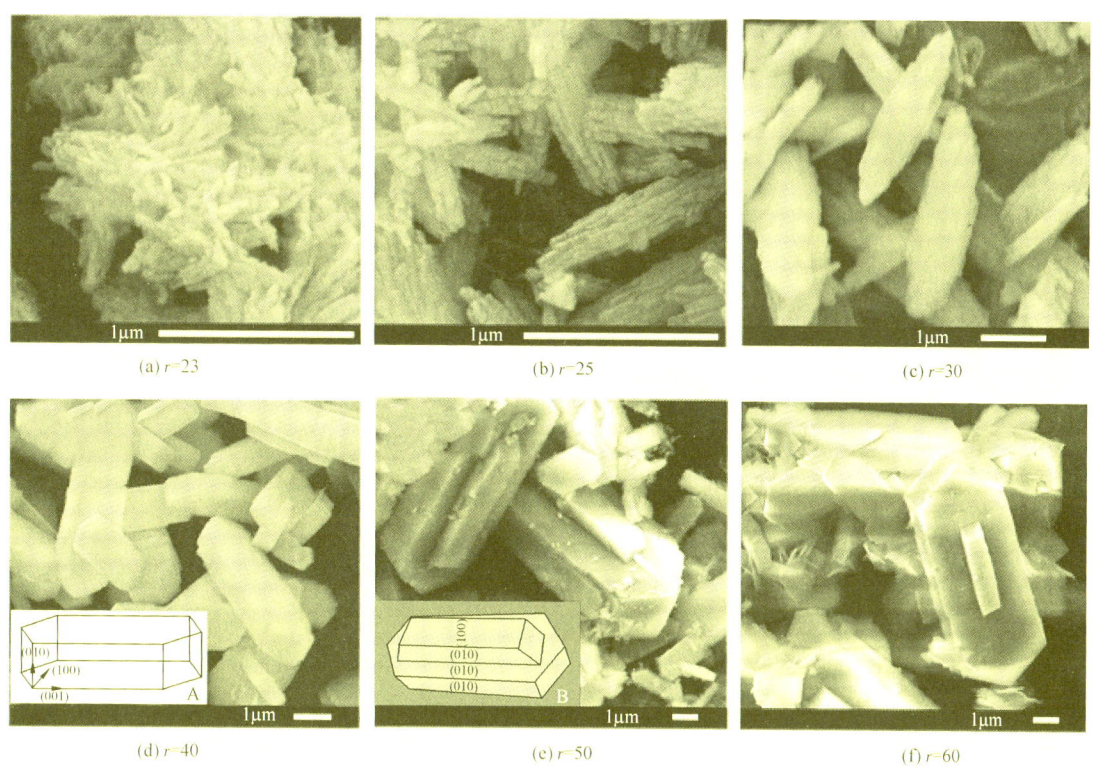

图 5-3 合成样品的 SEM（r 为初始 SiO_2/Al_2O_3）

A—MFI 结构的立方体单晶；B—孪生六方晶相

直接法合成沸石分子筛的另一个典型例子就是 ECR-1 沸石的合成，ECR-1 沸石为具有十二元环孔道的硅铝沸石分子筛，其骨架为 MOR 片层与 MAZ 片层结构交错连接生长形成[33,34]。最初，ECR-1 沸石是在有机模板剂二羟乙基二甲基氯化铵存在下合成的[33,34]。后来，人们又采用新的有机胺分子 TMAOH 合成了该沸石[35,36]。Song 等[37] 首次在无有机模板剂作用下，通过小心调节初始凝胶中的 Na_2O/SiO_2 在 100~160℃ 下晶化 1~14d 成功合成出 ECR-1 沸石（图 5-4）。研究发现，初始凝胶的 Na_2O/SiO_2 是影响产物晶相的最主要因素，当 Na_2O/SiO_2 = 0.3 时，晶化产物为纯的 Y 沸石，当 Na_2O/SiO_2 = 0.28 时，则得到 Y 沸石和 ECR-1 沸石混晶相，当 Na_2O/SiO_2 = 0.25 时晶化产物为 ECR-1 沸石纯晶相，而当 Na_2O/SiO_2 = 0.2 时产物为无定形二氧化硅。另外，研究发现，随着晶化温度的提高，ECR-1 沸石的晶化速度显著加快，当升高晶化温度到 140℃ 或 160℃ 时，虽然凝胶在短时间（分别是 5d 和 1d）内就可以晶化，但是产物却是 ECR-1 沸石和 P 沸石的混合相。随后，肖丰收课题组[38] 通过加入 NH_4Cl 来调节体系碱度，在配比为 $10SiO_2 : 1Al_2O_3 : 2.9Na_2O : 250H_2O : 1.83NH_4Cl$ 体系中 120℃ 下晶化 4d，得到了 ECR-1 沸石纯晶相，缩短了晶化时间，提高了合成效率。

 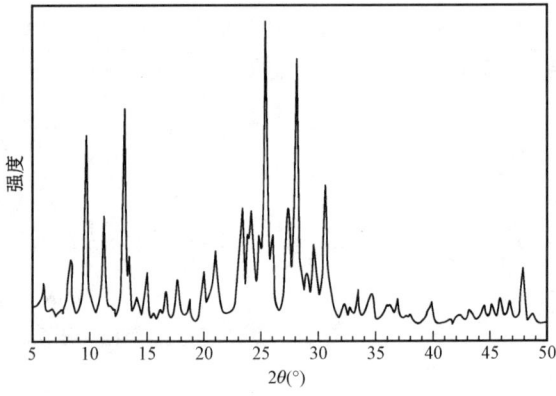

图5-4　无模板剂合成的 ECR-1 沸石 SEM 照片和 XRD 谱图[38]

EMT 沸石和 Y 沸石相比,具有更优异的催化性能,然而由于该分子筛合成成本较高,因此限制了其在工业上的大范围应用。合成 EMT 沸石常用的模板剂为 18-冠醚-6,该有机物成本高且有毒[7,8]。最近,Ng 等[39]报道在不加入有机模板剂的情况下,在富含钠的体系中采用极低的晶化温度合成了纳米六方形 EMT 晶体(6~15nm),为 EMT 沸石的工业化生产带来了希望。Ng 等指出,凝胶的组成、成核温度和时间以及加热方式等条件都对 EMT 沸石晶相的形成有很大的影响。提高晶化温度或延长晶化时间,会使纳米 EMT 晶相转化生成 FAU 或 SOD 结构,该现象说明体系中合成的纳米 EMT 晶相为介稳相。另外,在该体系下合成的 EMT 沸石与采用 18-冠醚-6 为模板剂合成的样品相比,其硅铝比要小,要在该体系下合成高硅铝比的 EMT 沸石目前仍是一个具有挑战性的问题。

直接法虽然可以彻底避免有机模板剂和晶种的加入,但是合成沸石分子筛的过程中容易产生杂晶,同时合成条件范围较窄,给工业生产操作带来一定难度。

2. 晶种导向液法

硅铝沸石 ZSM-34 具有比较复杂的孔道结构,它是由菱钾沸石(OFF)和毛沸石(ERI)组成的共生体,具有钙霞石笼(CAN)结构单元;该沸石首次由 Rubin 等、Givens 等和 Occelli 等使用三甲基乙基氢氧化铵为模板剂合成[40]。ZSM-34 沸石具有独特的孔道结构使得它在催化领域有重要的应用,因此无有机模板剂合成 ZSM-34 在工业生产上有重要的经济意义。由于由钙霞石笼(CAN)结构单元构成的菱钾沸石(OFF)和毛沸石(ERI)等材料为天然沸石,其合成过程中没有有机模板剂的引入,因此人们推测,在无有机模板剂下合成 ZSM-34 分子筛是可能的。

肖丰收等[40]报道了在无有机模板剂条件下合成 ZSM-34 沸石分子筛的新方法。他们通过制备含有 CAN 结构单元的晶种溶液,从而在适当条件下促使 ZSM-34 晶相生成;另外,由于 L 沸石含有 CAN 笼结构,因此它们的晶种溶液也具有 CAN 笼结构。因此,他们将具备 CAN 笼结构的 L 沸石(LTL)的晶种溶液加入合成 ZSM-34 的起始凝胶体系中,成功地在无有机模板剂条件下合成出 ZSM-34 沸石(图5-5)[41,42]。研究发现,合成 ZSM-34 晶相的纯度主要受 L 沸石(LTL)的晶种溶液加入量和起始凝胶 SiO_2/Na_2O 值的影响。当没有加入 L 晶种溶液时,最终得到的为无定形物;当加入少量 L 晶种溶液(0.88~1.31mL)时,得到的主要产物为较低结晶度的 ZSM-34 晶相;进一步增加 L 晶种溶液的用量到 1.75mL 时,得到完全晶化的 ZSM-34 纯晶相;继续增加 L 晶种溶液的用量到 2.19mL,则出现 L 晶相。同时,合成过程中要小心控制凝胶的碱度,只有在 SiO_2/Na_2O 值为 2.76 时才能得到纯晶相 ZSM-34;否则,过高的碱度会导致 PHI 沸石杂晶相生成,而碱度过低时则会出现 MOR 杂晶相。另外,晶化温度和时间同时影响 ZSM-34 的结晶度,当晶化温度为 80~100℃时,晶化时间为 7~14d,其产物仍然主要为无定形物,当晶化温度为 130℃或更高时,则容易出现杂晶相,例如 PHI 或正长石结构[42]。此外,采用该方法还可以制备得到杂原子(B、Ga、Fe)取代的 ZSM-34 沸石,由 UV-vis 和 NMR 结果证实,这些杂原子位于 ZSM-34 沸石骨架内。同时,这些未焙烧样品均具有较大的比表面积和微孔体积以及较窄的孔径分布,进一步说明在无有机模板剂条件下合成的 ZSM-34 样品具有开放的微孔结构。

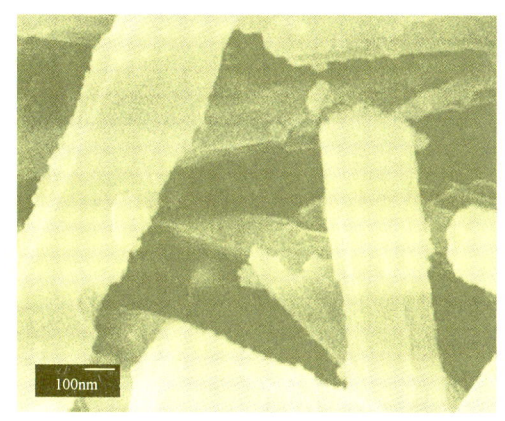 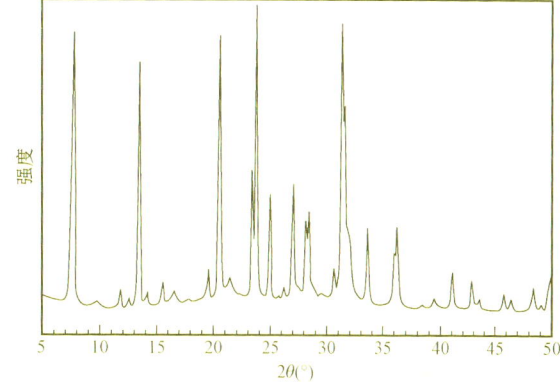

图 5-5　无模板剂合成的 ZSM-34 沸石 SEM 照片和 XRD 谱图[41]

晶种导向液法也可以用于其他类型沸石的合成。FER 型沸石(Ferrierite)是一种典型的中孔沸石,具有二维交叉的直孔道体系,[001]方向的孔道为十元环(0.42nm×0.54nm),[010]方向的孔道为八元环(0.35nm×0.48nm)。硅铝 Ferrierite 分子筛在直链烯烃的骨架异构化反应中表现出较高的产物选择性,因此 FER 型沸石的合成吸引了很多研究者的广泛关注[43-45]。通常,低硅(Si/Al 小于 10)Ferrierite 分子筛可以在无有机模板剂存在的条件下合成[46],但是高硅铝比的 FER 沸石的合成通常需要有机模板剂作为结构导向剂合成[47]。最近,肖丰收等[48]报道,通过加入 RUB-37 晶种(COD 结构)成功合成了高硅铝比 FER 沸石(Si/Al=14.5),并得到最合适的 FER 沸石水热晶化合成条件为:初始凝胶摩尔比成(0.154~0.244)Na_2O:$1SiO_2$:(0.024~0.035)Al_2O_3:$35H_2O$,晶种 RUB-37 加入量为 SiO_2 质量的 5%,晶化温度为 150℃,晶化时间为 72~168h。FER 型沸石和 CDO 型沸石具有相同的基本结构单元,唯一的不同是构成骨架的 FER 片层连接时发生了水平移动。因此,在合成中加入 RUB-37 沸石的基本结构单元促进 FER 沸石的合成。XRD 结果显示,加入晶种的初始凝胶有一个位于 9.6°的峰,此峰为晶种 RUB-37 的峰,这说明此时的 RUB-37 晶种在自然环境下仍晶化;当晶化时间延长到 12h 后,位于 9.6°的峰完全消失,产物为无定形,这表明在碱性水热条件下沸石晶种已经溶解成小的次级结构单元或者更小的硅氧四面体初级结构单元;而当晶化时间达到 24h 时，在 9.4°的位置出现了一个弱峰，此峰可以归属于 FER 型沸石的峰，说明 FER 型沸石从无定形硅铝凝胶中生长出来。进一步延长晶化时间到 72h，最终得到完全晶化的 FER 型沸石。相反，不加晶种的体系在相同的晶化条件下最终产物为含有少量 MOR 的无定形物，结果表明初始凝胶中加入的 RUB-37 晶种发挥了至关重要的作用。

晶种导向液法与直接法相比，在一定程度上降低了分子筛合成的难度，但是由于增加了晶种导向液的制备过程，使得工艺流程变长，不利于工业化生产操作。

3. 晶种法

晶种法是大规模工业合成分子筛常用的方法，在合成体系中加入晶种具有缩短诱导期、提高晶化速度、抑制杂晶生成和调控晶粒尺寸等作用。目前，采用晶种法已合成出的分子筛有 Beta 沸石、RUB-13(RTH)、ZSM-12(MTW) 和 RUB-50(LEV) 等结构。

1) Beta 沸石

十二元环的 Beta 沸石因其较大的孔径和较强的酸性，广泛地应用于石油化工领域中。由于其独特而又复杂的结构，使得 Beta 沸石的合成一直是沸石研究领域的重要课题之一[49-54]。合成 Beta 沸石最常见的有机模板为四乙基铵(TEA^+)，近年来有报道称天然矿物中存在 Beta 沸石晶体，这证实了无有机模板剂合成 Beta 沸石的可行性。Xie 等[55]首次报道了在不加入任何有机模板剂的情况下水热晶化合成 Beta 沸石的方法，他们通过向摩尔比为 $10Na_2O:40SiO_2:1Al_2O_3:570H_2O$ 的初始凝胶中加入焙烧后的 Beta 沸石作为晶种，在 140℃ 下晶化 17~19h 后可得到高结晶度的 Beta 沸石(图 5-6)。值得注意的是，与传统有机模板剂下的水热晶化合成(140℃，3~4d)相比，采用晶种法合成晶化时间大大缩短。该结果表明，加入晶种合成能够缩短诱导期，大大加快了晶化速度。

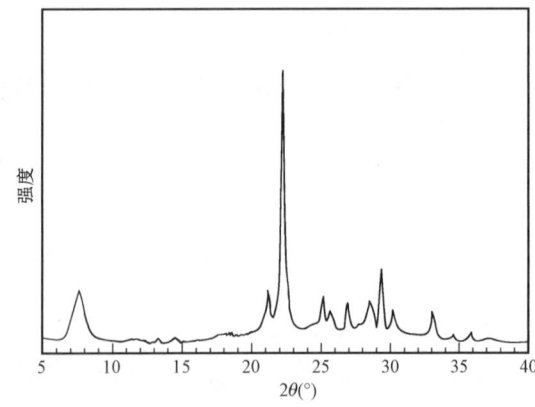

图 5-6 晶种法合成 Beta 沸石 SEM 照片和 XRD 谱图

Kamimura 等[56]系统考察了晶种法合成 Beta 沸石的各种影响因素，例如初始凝胶中 SiO_2/Al_2O_3、Na_2O/SiO_2、H_2O/SiO_2、晶种加入量及晶种 Si/Al 和晶化时间等条件(表 5-2)。实验结果表明，由于晶种的加入可以在较宽的初始凝胶组成中合成出 Beta 沸石，合成范围为：$SiO_2/Al_2O_3 = 40~100$，$Na_2O/SiO_2 = 0.24~0.325$，$H_2O/SiO_2 = 20~25$；同时加入焙烧后 Beta 晶种，其 Si/Al 在 7.0~12.0 之间。另外，研究者指出，采用晶种法合成得到的 Beta 沸石可以继续作为晶种用于合成 Beta 沸石,从而使合成体系实现真正意义上的无有机模板剂参与,因此作者把该路线合成的 Beta 沸石称为"绿色 Beta 沸石"。

表5-2 无有机模板剂下合成 Beta 沸石的具体条件及产物[46]

序号	SiO_2/Al_2O_3	Na_2O/SiO_2	H_2O/SiO_2	晶种(%)	时间(h)	晶相	结晶度
1	30	0.25	20	10	70	Beta + amor	20
2	40	0.25	25	10	70	Beta	100
3	40	0.275	25	10	22	Beta + amor	30
4	40	0.275	25	10	46	Beta	100
5	40	0.275	25	10	70	Beta + MOR	80
6	40	0.300	25	10	48	Beta	100
7	40	0.350	25	10	60	Beta + unknow	
8	40	0.325	25	10	38	Beta	100
9	50	0.240	24	10	94	Beta	100
10	50	0.275	24	10	35	Beta	100
11	60	0.300	22	10	82	Beta	100
12	60	0.325	24	10	70	Beta	100
13	60	0.300	22	10	46	Beta	100
14	70	0.325	20	10	24	Beta	100
15	80	0.300	20	10	34	Beta	100
16	100	0.225	20	10	142	Beta + amor	20
17	100	0.300	20	10	27	Beta	100
18	100	0.300	20	5	30	Beta	100
19	100	0.300	20	2.5	30	Beta + amor	80
20	100	0.300	20	1	30	Beta + amor	20
21	100	0.300	20	1	70	Beta + amor	80
22	100	0.300	20	1	100	Beta	100

与使用有机季铵 TEAOH 作模板剂合成的 Beta 沸石(Beta - TEA)相比,晶种法得到的 Beta 沸石(Beta - SDS)具有更大的比表面积;经过相同的处理条件(550℃,4h 高温焙烧),Beta - SDS 仍保持很高的结晶度,而 Beta - TEA 结晶度有所降低,同时产生部分六配位的非骨架 Al;当在 750℃的高温水蒸气下处理 8h 时,Beta - SDS 仍保持较好的结晶度,而 Beta - TEA 结晶度大幅度降低[57]。以上结果可能与 Beta - SDS 具有更少的晶体缺陷有关,同时该结果和 ^{29}Si NMR 测得 Beta - SDS 具有更少的末端 Si - OH 官能团结果一致。一般 Beta - SDS 为富铝沸石,硅铝比较低,Mintova 等[58]研究指出采用晶种法合成的 Beta 沸石,其硅铝比(Si/Al)最低可达 3.9,更适用于催化裂化反应。与有机模板剂合成样品相比,FCC 测试结果表明,Beta - SDS 具有更高的活性,LPG 收率更高[58,59]。

关于晶种法合成 Beta 沸石的机理,肖丰收等[57]和 Kamimura 等[60]几乎在同一时间进行了报道。他们通过 XRD、TEM、SEM、XPS、Raman 和 MASNMR 等现代技术,详细考察了晶种法合成 Beta 沸石的各种合成条件。图 5-7 为不同晶化时间下 Beta-SDS 沸石的 TEM 照片,从图中可以看出,当晶化时间为 1h 时,从图 5-7(a)中可以很明显观察到 Beta 沸石晶种镶嵌在硅铝无定形凝胶内,当晶化时间延长到 4h 时[图 5-7(b)至图 5-7(d)],此时在硅铝凝胶中生成晶体,同时可以看到晶体中存在一个黑色"核"。EDS 分析结果表明,黑色"核"硅铝比(Si/Al=13.3)与晶种硅铝比(Si/Al=10.2)接近;相反,晶体的壳部分 Si/Al 约为 5.3,该结果和无定形硅铝凝胶一致。当晶化时间为 18.5h 时[图 5-7(h)和图 5-7(i)],TEM 照片显示无定形硅铝完全消失生成纯晶相。合成机理可以简单地概括为:晶种在水热晶化初期首先发生部分溶解形成小碎片,被液相中无定形硅铝酸盐经过溶解—缩聚形成的硅铝酸盐凝胶包围,形成一种以晶种为核的核壳层结构。随着晶化时间的延长,处于壳层结构中的无定形的铝酸盐凝胶逐渐生成分子筛的二级结构单元,并进一步浓缩—聚合成晶体前驱物种由壳层向核心沉积,最终使得无定形的硅铝凝胶全部转换成沸石分子筛。

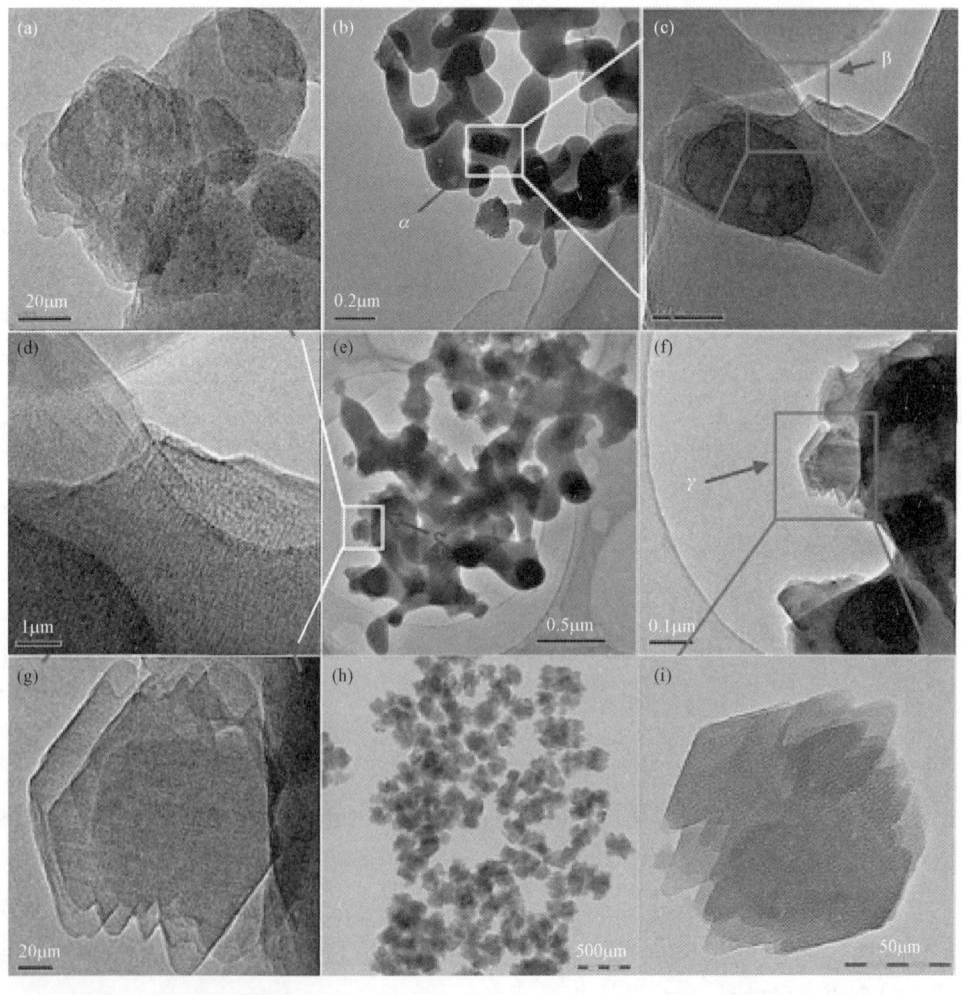

图 5-7 晶种法合成 Beta 沸石不同晶化时间下的 TEM 照片,添加 10.3% 晶种,晶化温度为 140℃[57]
(a)晶化 1h;(b)-(d)晶化 4h;(e)-(g)晶化 8h;(h),(i)晶化 18.5h

2) MTW 型沸石

ZSM-12 沸石的结构类型为 MTW 型,具有十二元环构成的一维线性非交叉孔道,孔径为 0.57nm×0.61nm,属高硅类沸石[61]。该沸石分子筛在有机分子的择形催化转化、芳烃烷基化、异构化等反应中表现出优异的催化性能,应用前景十分广阔[62]。目前,ZSM-12 沸石的合成通常需要有机模板剂四乙基铵的参与。最近,Kamimura 等[63,64]报道,通过在合成凝胶中加入 ZSM-12 沸石晶种替代有机模板剂合成了 MTW 型硅铝沸石,晶种法合成的 ZSM-12 样品硅铝比(Si/Al)范围为 23.2~34.3,要比传统有机胺合成的 ZSM-12 沸石硅铝比低。他们在研究中指出,采用晶种法合成 ZSM-12 沸石必须在体系中引入 Li^+,否则生成的主要产物为 ZSM-5 沸石,同时只有少量 ZSM-12 沸石存在。该结果表明,在晶种法合成体系中,晶种和 Li^+ 共同作用导向了 MTW 型沸石结构的生成。另外,Okubo 等[65]还发现采用焙烧后的 Beta 沸石作为晶种,可以在起始原料配比较宽的范围内合成 MTW 型沸石,合成条件为:SiO_2/Al_2O_3 = 80~120,Na_2O/SiO_2 = 0.125~0.175,H_2O/SiO_2 = 8.3~11.7,165℃下晶化 96h,晶种加入量为 SiO_2 质量的 10%。研究指出,由于 Beta 沸石和 ZSM-12 沸石具有相似的十二元环直孔道结构,因此导向了 MTW 型沸石的生成;当合成体系不加入 Beta 晶种时,在相同的合成条件下得到的是 ZSM-5 晶相,该结果进一步证明了 Beta 晶种在合成体系中的结构导向性。

3) RTH 型沸石

硼硅分子筛 RUB-13 和硅铝沸石 SSZ-50,都属于 RTH 型沸石,由 RTH 笼和八元环开放孔道构成的二维结构沸石,孔口直径分别为 0.41nm×0.38nm(平行于 a 轴)和 0.56nm×0.25nm(平行于 c 轴)[66]。该结构分子筛由于其独特的孔道结构,在甲醇制烯烃反应(MTO)方面表现出优良的催化性能。合成硼硅分子筛 RUB-13 和硅铝沸石 SSZ-50 通常需要有机模板剂的参与,常用的有机模板剂为 1,2,2,6,6-五甲基哌啶(PMP)、乙二胺(EDA)等。Yokoi 等[67]报道,在不加入有机模板剂的情况下向配比为 $1SiO_2$: $0.25H_3BO_3$: $0.2NaOH$: $200H_2O$ 中加入焙烧后的 B-RUB-13 作为晶种,成功合成了 RTH 型分子筛结构,命名为 TTZ-1。研究指出,采用晶种法合成 TTZ-1,体系中需要加入 NaOH,同时控制合成体系中的水量是关键。当体系中不加入 NaOH 时,得到的合成产物则是无定形二氧化硅和 RTH 型分子筛的混合物。晶种法合成由于缺少有机胺,因此 NaOH 主要用于提供体系的碱度。过高的碱度(Na/Si = 0.5)会使产物出现 α-石英杂晶相;当继续增加 Na/Si 到 1.0 时,则完全变为 α-石英晶相。另外,在合成过程中需要小心控制水量,否则会产生无定形结构。

此外,该研究小组还在采用晶种法合成 B-TTZ-1 时成功地把 Al 和 Ga 引入分子筛骨架中,核磁结果表明杂原子以四配位的形式存在于骨架结构中。同时,他们还采用晶种法制备了具有 RTH 结构的硅铝沸石。将晶种法合成的 RTH 型沸石用于 MTO 反应,与 SAPO-34 和 ZSM-5 相比具有更好的丙烯选择性。

4) LEV 型沸石

具有 LEV 结构的 RUB-50 沸石也是一种重要的择形催化剂,该沸石最初使用的有机模板剂为二乙基二甲基胺(CEDMA),在 150℃ 下晶化合成。最近,Zhang 等[68]报道,以 RUB-50 作为晶种采用晶种法可以合成得到 LEV 型沸石结构。合成样品经过表征表明具有很好的结晶度、高比表面积、均匀的晶粒分布以及大量的酸性位。另外，研究指出，在合成过程中体系需要引入少量的乙醇，从而抑制了 MOR 杂晶相的生成。MTO 反应结果表明，晶种法合成的 LEV 型沸石对乙烯和丙烯都具有较高的选择性。

5) SUZ-4 沸石

SUZ-4 沸石是由四、五、六、八和十元环组成的三维孔道结构的硅铝沸石，其中十元环孔道与 c 轴平行并与八元环孔道相互交叉，可用于甲醇制二甲醚的转化反应[69]。SUZ-4 沸石最早是采用四乙基氢氧化铵和奎宁环为有机模板剂在动态搅拌的条件下合成的[70]。Zhang 等[71]报道，在不加入有机模板剂的条件下，以焙烧后的 SUZ-4 作为晶种，静态条件下可以合成得到 SUZ-4 沸石。他们指出，加入晶种后可使得无定形凝胶颗粒沉淀在其表面上，促使晶化进行。

总之，由于晶种法兼具直接法和晶种导向液法的优点，不仅能简化工艺流程、缩短晶化周期，还可以调控晶粒尺寸、抑制杂晶生成，而且由于晶种加入量很少，并不会带来生产成本的大幅度提高，因此晶种法是目前最有工业化前景的绿色分子筛合成路线。

4. 不同类型分子筛间的转化

Sano 等提出了一种合成沸石的新方法，在不引入有机模板剂的条件下以沸石分子筛作为原料在加入晶种的条件下实现了沸石分子筛间的转化。他们以 Y 沸石分子筛（FAU）为原料，通过加入未经焙烧处理的 BEA 晶种和 LEV 晶种分别合成出了 BEA 沸石和 LEV 沸石[71,72]。通过分析发现，作为原料的 Y 沸石其结构次级结构单元中包含 SOD 笼和双六元环（D6R），而合成的 LEV 沸石也具有相同的 D6R 结构；BEA 型沸石的次级结构单元为 mor、bea 和 mtw，尽管和原料 Y 沸石没有相同的次级结构单元，然而在次级结构单元 D6R 和 bea 中都具有四元环（4MR）结构。该结果表明，沸石原料和最终产物之间的结构相似性是沸石间转化的关键。为了能够充分理解沸石间转化的过程，最近该小组以具有不同次级结构单元的 FAU、BEA 和 MFI 型沸石为原料来合成 MAZ 结构沸石[73]。通过分析发现，FAU 型沸石次级结构单元主要由 4MR 构成，BEA 型沸石主要包含 4MR 和 5MR，MFI 型沸石由 5MR 和 6MR 构成；而目的产物 MAZ 型沸石的次级结构单元为 dsc（具有一个 4MR）和 gmr（表 5-3）。合成过程中发现以 FAU 沸石为原料可以得到高结晶度的 MAZ 沸石，以 Bea 沸石为原料虽然可以得到 MAZ 沸石，然而结晶度较差，而以 MFI 为原料没有出现 MAZ 沸石晶相。该结果进一步说明，原料和目的产物沸石结构的相似性在沸石间的转化中起着至关重要的作用。

表 5-3 不同类型沸石的骨架结构和次级结构单元[73]

沸石类型	骨架结构	次级结构单元 CUB
FAU		sod　　d6r

续表

沸石类型	骨架结构	次级结构单元 CUB
BEA		mor　bea　mtw
LEV		d6r
MFI		mor　mel　mtl　cas
MAZ		dsc　gme

第二节　分子筛合成原料的绿色化

目前,合成沸石分子筛的主要原料为硅酸钠、铝酸钠、烧碱等化工原料,虽然合成工艺成熟、技术条件容易控制,同时产品质量较高,但是该方法需要大量的化工原料,造成沸石分子筛生产成本较高,同时由于这些化工原料的生产过程都伴随着巨大的能耗和环境污染等问题,因此寻找更为经济有效的绿色原料成为人们关注的焦点。以硅铝元素为主的天然矿物由于具有储量丰富、价格低廉等优势,在作为合成沸石分子筛的替代原料方面表现出巨大的潜力,因此,以天然矿物为原料合成沸石分子筛也逐渐成为人们研究的热点。

一、以高岭土为原料合成沸石分子筛

高岭土是一种以高岭石矿物为主的白色黏土,具有晶体结构的层状结构,其理想化学组成为 $1Al_2O_3 \cdot 2SiO_2 \cdot 2H_2O$ [74]。由于高岭土中硅、铝以晶体形式存在性质稳定,不具有与酸碱发生反应的反应活性,因此用于合成沸石时,通常需要先将高岭土进行高温焙烧,破坏高岭土稳定的晶体结构。当焙烧温度为 650～900℃ 时,高岭土转化成具有较高反应活性的偏高岭土。高岭土常用于低硅铝比沸石分子筛的合成,如果合成高硅沸石,则需要进行脱铝或补硅处理。

由于高岭土的化学成分和4A分子筛的非常相近,因此常被用来合成4A分子筛。自Howell[75]首次报道以高岭土为原料成功合成出4A分子筛以来,人们对其做了大量的研究工作。其合成步骤一般为:在高温处理下,高岭土转化为具有无定形活性硅铝源的偏高岭土,然后在碱性条件下,水热晶化合成4A分子筛。该方法具有原料价廉易得、工艺简单等优点,能够有效地降低4A分子筛的生产成本。以高岭土为原料合成沸石,沸石合成质量主要受高岭土焙烧活化温度、晶化体系的碱度、凝胶形成温度和时间、晶化温度和时间以及高岭土中杂质的影响[76]。Costa等[77]以煅烧高岭土为原料合成了洗涤用4A分子筛。实验中通过考察凝胶生成条件、陈化及结晶条件,确定了4A分子筛的最佳合成工艺参数,并且进行了放大实验。实验中还对母液进行了回收利用,降低了生产成本。Cid等[78]以高岭土为原料在自生压力下合成了NaA沸石,并详细考察了沸石分子筛合成的影响因素,确定了NaA沸石的最佳晶化合成条件:SiO_2/Al_2O_3为2.5,Na_2O/SiO_2为1.0,H_2O/Na_2O为50,反应时间为15h,晶化温度为100℃。

Y沸石和ZSM-5沸石是石油炼制工业上最为重要的沸石分子筛,主要用于催化裂化催化剂和助剂。由于这两种沸石分子筛的硅铝比均大于高岭土原料的硅铝比,因此需要对高岭土进行补硅或脱铝处理。杨贵东等[79]采用焙烧活化后的高岭土为主要原料,硅溶胶作为补充硅源,通过Taguchi实验方法优化出了制备高硅NaY沸石的最佳合成条件,其最佳初始物料摩尔比为:$7.5SiO_2 : 1.0Al_2O_3 : 2.2Na_2O : 120H_2O$,晶化时间为16h。为了提高分子筛的催化活性,人们还研究了小晶粒Y沸石的合成,Scheman等[80]采用提高碱度的方法,直接合成出晶粒小于150nm的Y型沸石;吴杰等[81]采用内蒙古煤系高岭土通过添加铝络合剂合成纳米级Y型沸石,添加的柠檬酸钠络合剂与铝生成四配位的铝络合物,提高了液相中的铝含量,促进分子筛成核以及晶体生长,从而减小了分子筛的晶粒度。王有和等[82]以焙烧高岭土为原料,采用水热晶化法合成了具有较高结晶度的ZSM-5沸石;Pan等[83]开发了一种绿色高效的ZSM-5沸石合成方法,为了提高高岭土原料的硅铝比,他们对焙烧活化后的高岭土进行酸化处理,从而避免了引入化工硅铝源,大大降低了生产成本。

原位晶化技术就是利用高岭土中的部分或者全部的活性SiO_2和Al_2O_3,在高岭土微球的孔道内合成所需的分子筛材料。采用原位晶化法合成的分子筛增加了外表面的活性中心,降低了扩散阻力,使渣油分子接近活性中心的概率增大,有利于渣油裂解。采用"原位晶化"技术在高岭土微球上已经成功合成了P[84]、Y[85-87]、ZSM-5[88,89]以及MCM-41-NaY复合分子筛[90]等一系列分子筛。目前,美国Engelhard公司和中国石油天然气股份有限公司兰州石化分公司催化剂厂已实现高岭土原位晶化技术的工业化,并开发出了一系列高岭土型催化剂,如REY型和REHY型催化剂等[76]。

二、以硅藻土为原料合成沸石分子筛

硅藻土是海洋或湖泊中生长的硅藻类的残骸在水底沉积,经自然环境作用而逐渐形成的一种非金属矿物,硅藻土的化学式为$SiO_2 \cdot H_2O$;硅藻土的主要组成物质是硅藻藻壳和黏土矿物,此外还含有少量的石英、长石、方英石和云母等,其主要化学成分为SiO_2,还有Al_2O_3、Fe_2O_3、CaO等[91]。作为沸石分子筛合成原料,硅藻土具有以下优点:(1)硅藻土的主要成分为SiO_2,因此具有更高的Si/Al,可以用来合成高硅铝比沸石分子筛;(2)硅藻土中的SiO_2是无定形的,无须进行活化处理就可以直接合成;(3)硅藻土具有独特有序排列的孔道结构,孔隙率高。因此,硅藻土不仅可以作为沸石分子筛合成的生物质硅源,还可以作为沸石分子筛的载体材料[92]。

Ghosh 等[93]最早利用硅藻土合成出了 A 型沸石,他们先将硅藻土进行预处理,即在 900℃下高温焙烧 4h,冷却后用盐酸进行酸处理除掉杂质。并且详细考察了合成体系中硅铝比、钠硅比及晶化条件对晶化产物的影响,得到的最佳反应体系参数为:$SiO_2/Al_2O_3 = 3.61$,$Na_2O/SiO_2 = 3.61$,pH = 13.6,晶化温度为 110℃,晶化时间为 51h。通过以上工艺参数得到的产品 NaA 沸石的产率为 52%,结晶度达到 92%。Chaisena 和 Rangsriwatananon[94]将硅藻土经过高温酸化后,在不同反应条件下可得到 P 型沸石、方钠石(ANA)、钙霞石(CAN)和轻基方钠石(HS)。研究发现,产品的性能主要取决于液相配比、反应温度及反应时间。满卓等[95]直接将硅藻土原料与氢氧化钠溶液混合晶化得到了 P 型沸石,不仅大大简化了操作流程,并且在生产成本上具有明显的优势,然而由于原料未经纯化处理,因此晶化产物的纯度较低。另外,研究者们在利用硅藻土合成 ZSM-5 沸石方面也做了大量工作,这些研究工作总体上可分为两大类:一类是以部分硅藻土作原料,部分多孔硅藻土作基质来合成多级孔 ZSM-5 沸石为目的的原位合成方法[96,97];另一类是全部以硅藻土作原料,以提高原料利用率、合成高结晶度 ZSM-5 沸石为目的的非原位合成方法[98,99]。

总体来说,虽然硅藻土在作为分子筛合成原料方面更具优势,但是由于以硅藻土为原料合成沸石分子筛起步较晚,理论研究还不系统,因此还未见其工业化报道。

三、以油页岩灰作原料合成沸石分子筛

油页岩作为一种非常规能源,是石油和天然气的重要补充和替代资源。我国已探明储量 320×10^8 t,预测资源 6000×10^8 t,储量居世界第四位[100]。油页岩灰是油页岩炼油后的废渣,占其质量的 40% 以上。由于成分中 SiO_2、Al_2O_3 所占比例较高,因此油页岩灰可以作为合成沸石分子筛的原料,这不仅是油页岩灰深度利用的重要途径之一,也是解决废渣排放对环境造成污染的重要方法。

目前,国内外以油页岩灰为原料进行沸石分子筛合成的文献不是很多,理论研究还不够系统,以油页岩灰为原料合成的主要沸石有 X、P、A 型沸石。Shawabkeh 等[101,102]利用约旦油页岩灰为原料通过水热晶化合成法制备了沸石分子筛,其具体步骤为:先将油页岩灰粉碎、过筛、在马弗炉中 950℃煅烧 2h,然后取煅烧过的油页岩灰与氢氧化钠混合后倒入反应釜中,在一定温度下晶化。他通过阳离子交换量确定了最佳反应条件为:160℃,24h。Machado 等[103]以巴西油页岩为原料合成了 NaA 和 NaX 型沸石,同时指出合成过程中碱熔是形成分子筛的关键。余静文等[104]通过对油页岩灰进行一次热活化,再进行热活化与化学活化结合的二次活化,以活化后溶出的硅酸钠为硅源合成了具有较高结晶度的 Beta 沸石。最近,Hu 等[105]采用油页岩灰为原料在不经预处理的条件下合成了羟基方钠石,合成过程更简洁、绿色化。

除了采用上述油页岩灰作原料合成沸石分子筛外,很多学者还研究了采用粉煤灰或生物质灰如谷壳灰等作为硅源和铝源合成沸石分子筛。这些废弃原料都有成本低,通过有效绿色合成能够减少废物排放等优点,然而目前还做不到大规模的生产应用。其主要原因为:由于 Si 和 Al 的溶解过程与沸石晶化过程同时进行,在灰渣上沸石相的生成限制了反应的进一步进

行。另外,如果不经过预处理,原料里面的杂质会对生成的晶体起到破坏的作用。因此,这些原因都会使灰渣不能完全转化成晶体相,从而限制了在工业上的应用。

以天然矿物原料合成沸石,原料来源丰富、价格低廉,大幅度降低了生产成本,又做到了绿色环保,充分利用了天然矿物原料资源,为沸石的合成开辟了一条新道路,极有发展前景。然而以天然矿物为原料,都会受到其自身元素组成的限制,使得沸石分子筛合成范围较窄,同时合成前一般需要预处理活化原料或去除原料中的杂质。因此,只有充分利用各种天然矿物的组成和结构特点,才能真正实现分子筛合成原料的全部天然矿物化、绿色化。

第三节 分子筛合成方法的绿色化

一、使用离子液作溶剂低压体系合成沸石分子筛

关于离子热合成分子筛路线在第四章第二节中已做过简单介绍。离子液体(IL)作为一类环境友好的新型"绿色溶剂",具有许多独特的性质:(1)离子液体液程宽、挥发性低、不易燃,因此离子热合成可以在常压下进行,从而降低了分子筛合成的压力风险,为合成机理的研究提供了便利,有利于进行因水热晶化合成的高压而无法进行的原位表征;(2)离子液体中的有机阳离子与分子筛合成常用的有机胺结构导向剂结构相近,因此,可以兼作溶剂和结构导向剂,而且其种类繁多,分子结构可设计,增加了合成的可控变量,为创制新材料提供了新平台;(3)离子液体具有强极性和导电性,不仅提供了一种与分子溶剂不同的离子态新型合成环境,而且离子热合成更易于与微波等电磁技术结合,赋予合成以新特性[106]。

1. 离子热合成磷铝分子筛

2004 年,Cooper 等[107]首次报道了采用离子热方法合成分子筛材料,他们采用溴化 1-甲基-3-乙基咪唑([Emim]Br)离子液体和尿素/氯化胆碱低熔溶剂合成了磷铝分子筛,命名为 SIZ-n 系列。采用[Emim]Br 离子液体合成,当体系中不存在 F^- 时,得到的产物为两种新结构的 SIZ-1 和 SIZ-6,而合成体系中存在 F^- 时则生成已知结构的 SIZ-3(AEL)和 SIZ-4(CHA)微孔磷铝分子筛。该结果表明,通常作为分子筛合成体系中的矿化剂,F^- 在离子热合成体系中对分子筛的结构具有导向性。另外,水在离子热合成体系中也起着关键作用。Ma 等[108]通过巧妙选择合成起始原料,设计了完全不含水的 $AlOOH-NH_4H_2PO_4-NH_4F-[Bmim]Br/[Emim]Br$ 离子热合成磷铝分子筛体系,通过向此体系中加入不同反应剂量的水,详细考察了水在分子筛合成过程中的作用。研究发现,水能够诱导水解和缩聚反应的发生,在无水条件下,分子筛的成核和晶化都很缓慢,并呈自催化现象;而向合成体系中添加反应剂量的水,晶化诱导期缩短,分子筛的成核和晶化速率显著提高。

为了得到一些新结构的分子筛材料,研究者往往在离子热合成体系中引入了一些有机胺类。Wang 等[109]发现在溴化 1-甲基-3-丁基咪唑离子液体([Bmim]Br)中添加正二丙胺等有机胺可以改变晶化动力学,合成出纯相的 AFI 分子筛。Xing 等[110]在[Emim]Br 离子热体系中通过添加 N-甲基咪唑(MIA)合成铝磷比为 6/7 的新型阴离子骨架结构的磷酸铝材料 JIS-1,研究发现质子化的阳离子[MIAH]$^+$ 和[Emim]$^+$ 都具有模板剂的作用,共同存在于形

成的三维孔道交叉处。最近，Wei 等[111]在[Emim]Br 离子液体中，通过调节 1,6-已二胺的添加量，合成出了迄今为止最大孔径的磷铝分子筛 DNL-1，该分子筛为 CLO 结构，具有二十元环的超大孔开口（图 5-8）。在合成过程中 1,6-已二胺和[Emim]$^+$共同起到模板的作用。

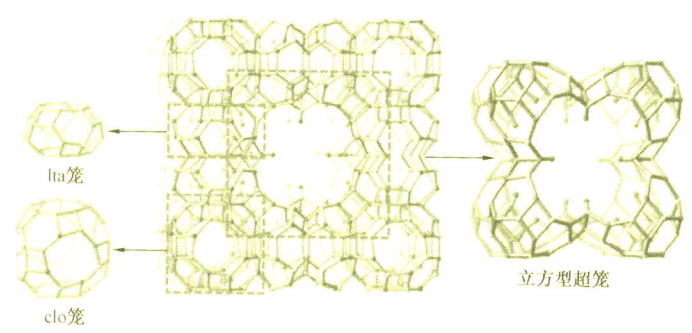

图 5-8　DNL-1 分子筛的结构图

离子液体作为一种离子溶剂，对无机盐的溶解具有新特性，同时离子热合成在无水体系中进行，因而能够避免某些过渡金属盐在水存在条件下的快速水解而形成沉淀难以进入骨架的现象。因此，离子热法也适用于合成杂原子磷铝分子筛。Parnham 和 Morris[112]在[Emim]Br 离子热体系中添加氢氧化钴，合成了 SIZ-7(SIV)、SIZ-8(AEI)和 SIZ-9(SOD)分子筛，其中 SIZ-7(SIV)具有新的结构。Wang 等[113]利用离子热法将杂原子 Mg 引入磷铝分子筛中，得到了含 Mg 的 MgAPOs 分子筛，并以其为载体制备了 Pt/MgAPO-11 催化剂，研究了其催化应用。另外，Ga、Si 等杂原子在离子热合成磷铝分子筛时也可以引入骨架内，杂原子磷铝分子筛具有一定的离子交换性和酸性，为应用于催化和吸附分离等领域提供了前景。

2. 离子热合成硅基沸石分子筛

尽管离子热合成研究在磷铝分子筛合成方面取得了诸多成果，但是在合成硅铝沸石分子筛方面报道却很少。其原因可能为：首先，在常用的咪唑基离子液体系中，部分硅物种溶解性较差[114,115]，一些能够溶解的硅物种发生水解和缩聚反应的速率极其缓慢，不利于分子筛结构的形成；其次，硅铝沸石分子筛的水热晶化合成一般是在强碱性条件下进行的，若向常用离子液体系中添加诸如 NaOH 等具有强碱性的物质，会导致离子液体分解[116]。在采用离子热合成硅基沸石时一般需要将常用离子液体功能化，即通过离子交换的方式把离子液体中的阴离子交换成 OH$^-$形式。Wheatley 等[117]通过离子交换[Bmim]Br 离子液体，制得[Bmim]OH$_{0.65}$Br$_{0.35}$ 功能化离子液体，再添加适量的硅酸乙酯（TEOS）、氢氟酸和反应计量的水，初始体系配比为 20IL∶1TEOS∶4H$_2$O∶0.38HF，于 170℃下晶化制得 MFI 和 TON 结构的全硅沸石分子筛。该体系的合成环境与水热晶化合成全硅沸石分子筛时相似，均含有大量 OH$^-$，从而有可能促进硅源在离子液体中的溶解、水解和缩聚反应，进而导向生成 MFI 和 TON 型全硅沸石分子筛。

二、无溶剂合成沸石分子筛

传统的化学家偏向于在溶剂中进行反应，然而在许多情况下，同溶解状态下比较，固体状态反应的发生更有效、更有选择性，同时还具有减少污染、降低成本、操作简便的优点。分子筛的工业合成一般是在水热条件下完成的。该合成方法需要使用大量的水作为溶剂，这在工业生产上带来一系列问题，例如：常规沸石水热晶化合成的含碱废水排放污染了环境，增加了合成成本；水溶剂在较高温度下产生了较高的压力，增加设备成本，并产生安全隐患；生产容器空间被水占据，导致沸石生产效率低下。

早在1990年，Xu等[118]首次报道了使用干胶转换和蒸汽相转移技术合成分子筛。他们通过将制备的水合凝胶蒸发得到硅铝无定形干凝胶，然后将其悬浮在由水和有机胺形成的混合蒸汽中，在高温条件下晶化得到沸石晶相。与传统水热晶化合成方法相比，干胶转换法表现出了极高的产率，并且在分子筛晶化过程需要的水较少，但是并没有实现完全无溶剂的合成。近年来，肖丰收课题组[119,120]报道了一种无溶剂合成方法，该合成体系中只需要将初始固相原料进行研磨混合，无须加入任何反应溶剂，混合均匀后便可直接装入反应釜中进行高温晶化（图5-9）。与干胶转换法最大的区别在于，干胶转换法中均一凝胶的制备需要大量溶剂，只不过是后期挥发掉而已，而无溶剂合成过程中没有溶剂的引入。对比传统的水热晶化合成方法，无溶剂合成分子筛具有显著的优点：高产率、高压反应釜的高利用率、减少环境污染、降低耗能、简单易操作、显著降低反应压力。

图5-9 无溶剂法合成分子筛流程示意图

无溶剂法合成分子筛的典型应用为Silicalite-1沸石分子筛的合成[119]，其具体步骤为：将硅酸钠（$Na_2SiO_3 \cdot 9H_2O$）、超细SiO_2粉末、有机模板剂（TPABr）和NH_4Cl等固体原材料机械混合后研磨10~20min，然后将混合后的固体粉末移入反应釜在一定温度下晶化。

Silicalite-1沸石分子筛的晶化过程通过XRD、拉曼光谱和^{29}Si NMR等技术进行观察。研究发现，当在180℃下晶化2h时，XRD结果显示每一种原料物种的特征峰均消失，同时在这个过程中，NaCl晶相因为体系中的Na^+与NH_4Cl的作用而形成；UV-Raman光谱归属于TPA^+的波带大大减弱，该现象表明固体盐在整个无定形氧化硅之间的自发分散；由^{29}Si核磁谱图可以看出，Q^4硅物种已经开始占主导，表明此时硅物种已经出现了明显的缩合反应。当晶化时间为10h时，XRD谱图中出现一系列归属于MFI结构的特征峰，同时，在紫外拉曼光谱中，在374cm^{-1}处出现了归属为五元环振动的Si—O—Si的拉曼谱峰，这意味着此阶段Silicalite-1晶体开始形成。当晶化时间到18h时，产品的XRD谱峰及拉曼谱峰都出现了明显的增强，当晶化时间超过18h时，从XRD谱图及拉曼谱图上都观察不到谱峰强度上的变化，这意味着此时晶化过程基本结束。通过不同晶化时间对产品状态的观察可以看出，从最初的混合到反应过程中，直到反应结束，整体都呈现出明显的固相状态，同时由于在晶化过程中硅物种的聚合反应使得样品体积明显减小（图5-10）。

对于无溶剂合成沸石分子筛路线，原料中存在少量水（水合硅酸钠等）是合成的关键，这可能是少量水有利于Si—O—Si的水解和缩聚反应的进行。另外，无溶剂合成路线不仅适用

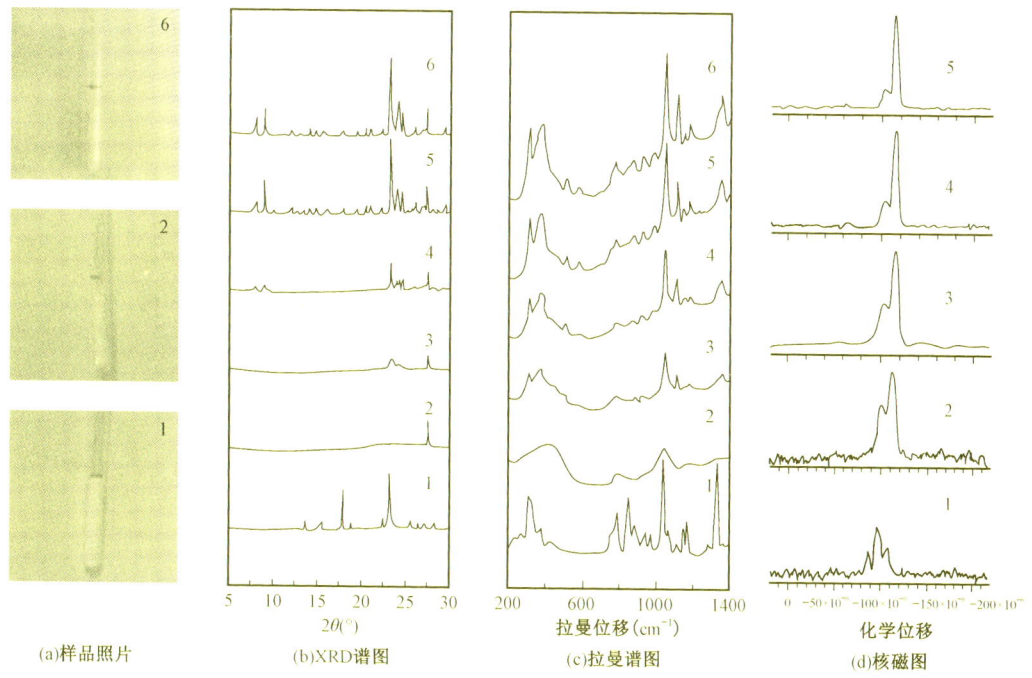

(a)样品照片　　(b)XRD谱图　　(c)拉曼谱图　　(d)核磁图

图 5-10　无溶剂合成 Silicalite-1 对应的样品照片、XRD 谱图、拉曼谱图和核磁图[119]
1—晶化时间为 0；2—晶化时间为 2h；3—晶化时间为 10h；
4—晶化时间为 12h；5—晶化时间为 18h；6—晶化时间为 24h；

于 MFI 结构沸石的合成，同时也适用于合成 ZSM-39、SOD、MOR、Beta 和 FAU 等不同结构的沸石分子筛。同时，该课题组还把这种合成方法应用于硅磷铝体系下分子筛的合成，成功合成出 SAPO-34、SAPO-11、SAPO-20 和 SAPO-43 等分子筛，以及磷铝体系下的 APO-11 分子筛，并且把金属杂原子引入骨架内[120]。无溶剂合成由于完全避免了溶剂的使用，因此不会有液相溶解带来的损失，增加了产品的收率。无溶剂热合成 MFI 分子筛产品时，产品收率可以高达 93%~95%，相应的，水热路线合成时 Silicalite-1 得到的产品收率为 82%~86%。

三、采用微波辐射合成路线

从 20 世纪开始，微波辐射作为一种能源以非常迅速的步伐进入化学反应中，同时应用面越来越广泛。微波体系下分子筛的合成与改性是其重要的一个方面，是在 20 世纪 70 年代才发展起来的一条新的合成路线[121-125]。微波法具有反应条件温和、反应速率快、能耗低、所得产品粒度均一且小的特点，一般被认为是一种绿色的化学过程。

1. 微波辅助下的水热晶化合成

1）微波辅助合成分子筛

关于微波辅助合成沸石分子筛最早是由 Mobil 公司在 1988 年提出的，他们采用微波辅助的方法合成了 NaA 沸石和 ZSM-5 沸石[126]。与传统的水热晶化合成法相比，微波辐射能同时大量成核,并且可以大幅度缩短晶化时间,获得均匀细小的晶粒。此后,人们不断利用微波加热技术解决多类沸石分子筛的制备问题。目前,研究者在微波辅助条件下已成功合成了不同结构类型的沸石分子筛,例如,NaA 型(LTA)[127]、方沸石(ANA)[128]、NaY 型(FAU)[129]、Na-P 型(GIS)[126]以及 ZSM-5(MFI)[129]沸石分子筛等。NaY 型是目前应用最广泛、最重要的沸石之一,主要应用于 FCC 反应中。一般水热晶化合成 NaY 型沸石晶化时间为 10~30h,而在微波辅助下水热晶化合成 NaY 型沸石所需晶化时间仅为 10~15min[130]。水热晶化合成 ZSM-5 沸石晶化时间为 1~3d,而在合成体系为 $5.0Na_2O:0.2Al_2O_3:60SiO_2:4.0TPA^+:900H_2O$ 中采用微波辅助的方法,在 170℃ 下晶化只需 3h 就可以得到高结晶度的 ZSM-5 沸石纯相。样品 XRD 结果表明,成核过程所需时间约为 1.65h,晶体生长大约为 1h,在同样的合成配比下加入 5% 晶种,研究发现在 175℃ 下晶化时间缩短为 5min,同时晶粒尺寸由 3~4μm 减小为 0.3~0.5μm[131]。除了硅铝沸石外,在微波辅助下也可以合成磷铝分子筛,例如在微波辅助下合成 $AlPO_4-5$ 分子筛在 180℃ 下仅需 1min,而且含有杂原子(Si、V、Co、Mn)的磷铝分子筛也可以采用微波辅助合成[132]。

2)微波辅助下合成特定结构的沸石分子筛

由于微波辐射独特的加热方式使得微波下合成的沸石不仅提高了晶化速率,同时合成晶粒尺寸分布更窄,并且能控制结晶方向。Park 等报道在微波辐射下合成了具有纤维状结构的 Ti-MFI 型沸石分子筛,合成晶体沿着 b 轴方向堆积形成纤维状的拓扑结构。研究指出,晶体自组装的程度主要受引入体系的四价金属阳离子性质的影响;同时指出,只有体系中引入金属阳离子时才会形成这种纤维状拓扑结构,晶体之间表面的端羟基聚合从而促使晶体堆积[133]。随后,Chen 等[134,135]系统研究了在微波辅助下溶剂对合成纯硅 MFI-1 晶化行为的影响。他们在合成溶剂中引入第二种或第三种醇类共同作为溶剂,这些醇类包括乙二醇、甲醇、乙醇、1-丙醇、2-丙醇、n-丁醇和己醇等一系列醇类。在研究中发现醇类的极性对合成晶体的拓扑结构有重要的影响,高极性的醇类通常导致形成独立的单晶结构,而极性较低的醇类通常导致晶体堆积。研究指出,晶体通过堆积形成的这种纤维状拓扑结构是非常稳定的,即使通过超声波处理也不会发生破坏。该结果表明,在晶化过程中,晶体表面的 Si—OH 官能团聚合,从而使得晶体之间形成了较强的化学键,微波辐射下低极性的醇类在晶化的初期阶段更容易在小晶体表面形成大量的 Si—OH 官能团。另外,研究发现在微波辐射下使用二醇作为共溶剂时,随着 C 原子数和羟基官能团比值的增大,形成的全硅 MFI 晶体变得更长、更窄、更薄(图 5-11)。所有结果表明,微波辐射显著影响 MFI 结构沸石在不同方向上的生长速率。

3)合成分子筛膜

微波辐射法在沸石分子筛膜的制备中也表现出独特的优点。与水热加热相比,所合成的沸石分子筛具有速度快、粒度分布窄、合成液配比区间宽等特点,而且能合成出常规条件下难以合成的高纯度的沸石分子筛膜。这些优点促使微波加热法在沸石分子筛膜合成领域中得到迅速发展和广泛应用。A 型沸石膜由于具有很好的脱水性能,是人们研究分子筛膜合成的重点之一。Han 等[136]采用微波加热的方式成功合成出厚度较薄且稳定性好的 A 型沸石膜,研究发现微波加热大大提高了晶化速度,晶化时间缩短到只需 10min。通过改变初始原料比例可以调控合成膜的厚度,同时指出合成过程中表面预处理晶种是得到纯相 A 型沸石膜的关

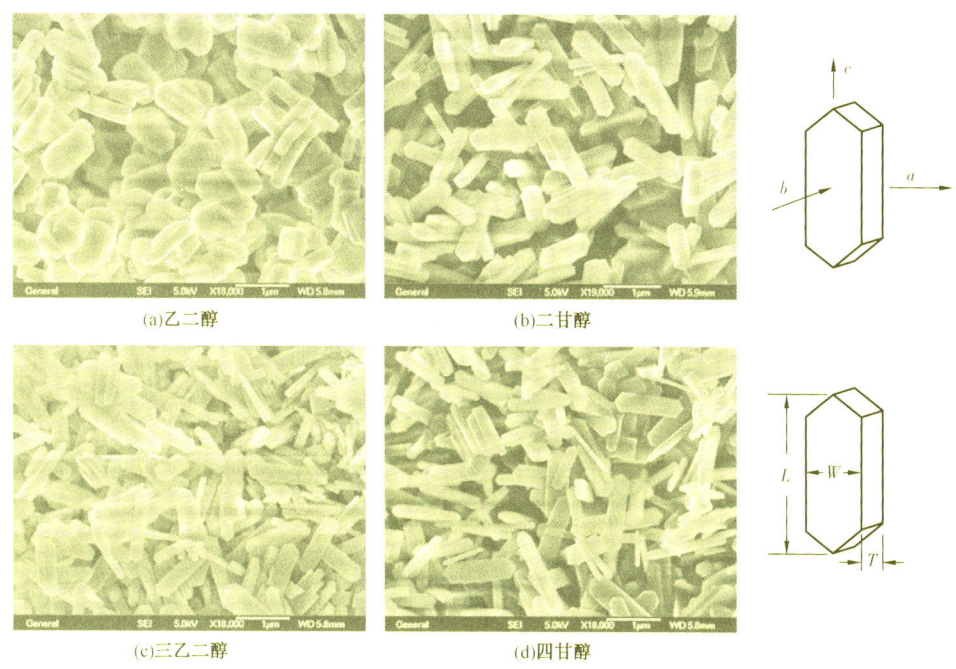

图 5-11 微波辐射下在混合溶剂中合成 Ti-MFI 样品的 SEM 图片[135]

a,b,c—三维坐标的 3 个方向；L,W,T—六方晶体的长、宽、厚

键。由于 MFI 沸石分子筛晶化温度较高(大于 150℃)，在高温微波辐射下 TPA^+ 模板剂会发生快速分解，因此采用微波加热合成 MFI 沸石膜要比合成 A 型沸石膜困难得多。Koegler 等[137]报道通过快速加热和冷却，在微波辅助下采用原位晶化合成法在硅薄片上合成了纯硅 MFI 型沸石膜；Motuzas 等[138]将微波辐射应用于沸石的二次生长阶段，成功合成了沿 101 面和 001 面 MFI 型取向膜。微波辐射也可以用于合成磷铝分子筛膜，Mintova 等[139]报道采用微波法在镀金石英晶体上合成了 $AlPO_4-5$ 分子筛膜，并指出温度、微波加热时间和陈化时间等因素都影响形成分子筛膜的厚度和生长取向。随后，Tsai 等[140]报道，采用微波加热法在通过阳极化处理的铝载体上制备了有序的 SAPO-5 分子筛膜，并详细研究了各种合成参数对分子筛膜生长取向及载体覆盖度的影响。因此说微波加热与传统加热合成相比，不仅加热速度快、晶化时间短，而且有利于控制定向生长成膜。

2. 微波辅助下的离子热合成

由于离子液体和低共熔体是良好的微波吸收体，具有很高的极性和离子导电性。因此将微波技术与离子热合成法相结合，为分子筛合成开辟了一条新的合成途径。Xu 等[141]首次将微波加热应用于离子热合成，报道了一种快速、安全的合成方法——微波促进离子热合成法。他们以异丙醇铝为铝源，借助微波作为加热方式，在[Emim]Br 体系中常压下合成了 AEL 拓扑结构的磷铝分子筛，通过微波加热极大提高了分子筛晶化速率和产物选择性，晶化时间仅为 20~60min，而传统加热下晶化时间为 20~40h。基于微波辐射和离子热结合，Cai 等[142]制备了一种具有优异抗腐蚀性能的 AEL 结构分子筛膜，并已成功运用到航天航空等领域。总之，微波离子热合成法是以"绿色"溶剂为介质的一种"绿色"、安全、高效的新型合成方法,在合成分子筛材料、分子筛功能膜等方面有很强的应用潜力。

第四节　分子筛绿色合成展望

沸石分子筛作为吸附、催化和离子交换材料已广泛应用于能源与化工等方面,随着国际环保法规的日益严格以及绿色化学的深入人心,沸石分子筛的绿色合成成为必然趋势,并引起人们的广泛关注。人们经过多年的研究虽然在一定程度上实现了沸石分子筛合成的绿色化,但是现有方法仍存在一定的问题。在有机模板剂改进方面,无有机模板剂体系合成是最经济、最绿色的过程;然而直接法和晶种导向液法均不同程度地增加了沸石分子筛工业化生产的难度;晶种法则具有较大的潜力,也是目前工业应用最广泛的方法。在绿色合成原料方面,以高岭土和硅藻土或一些天然废物为原料合成沸石分子筛时,由于受原料本身组成的限制,因此往往需要加入额外的化工硅铝原料或经酸碱脱硅铝预处理使得整个步骤复杂化,同时原料中含有的一些杂质会对合成的分子筛有破坏作用。最后,在绿色合成方法方面,离子热法作为一种高效、安全的分子筛合成新方法,显示了强大的合成优势,为分子筛合成的研究带来新的机会。虽然离子热合成的研究取得了一些进展,但是总体来说还处于不成熟阶段,例如,硅铝分子筛在工业上的应用比较广泛,但很少采用离子热法合成,因此离子热法合成硅铝分子筛也值得探索。同时,目前离子液体的种类虽然很多,但目前使用的种类很少,因此开发更多种类的离子液体用于新结构、新性能的分子筛、杂原子分子筛等材料的合成还有待于进一步探索;无溶剂法合成沸石分子筛虽然减少了溶剂水的使用,但是该工艺过程需要的晶化时间较长,并且由于人们对沸石分子筛合成机理的认识还不全面,因此无溶剂法仍处于理论研究阶段,尚未具备工业化生产的能力;微波辅助合成具有的快速、高产率、高反应选择性等特点,为沸石分子筛催化剂的制备和活化提供了一条新途径,具有很高的应用价值。然而微波透明的材料,如聚四氟乙烯、石英、玻璃等,往往不能承受水热过程的自生压力,因此限制了微波水热合成方法的应用。

综上所述,继续开发出新的沸石分子筛绿色合成工艺,加大沸石分子筛合成基础理论研究仍然是目前沸石分子筛绿色合成路线研究工作的重点,同时将现有的多种绿色沸石分子筛合成工艺有机地结合起来,实现工艺之间的相互协调配合,也是分子筛绿色合成的研究方向。

参 考 文 献

[1] 徐如人,庞文琴. 分子筛与多孔材料化学[M]. 北京:科学出版社,2004.
[2] Davis M E, Lobo R F Zeolite and molecular – sieve synthesis[J]. Chem. Mater,1992,4(4):756 – 768.
[3] 刘绚丽,尹笃林. 钛硅分子筛 TS – 1 的合成改性及催化功能[J]. 化工进展,2009,28(9):1568 – 1573.
[4] Cundy C S,Cox P A,The hydrothermal synthesis of zeolites:history and development from the earliest days to the present time[J]. Chem. Rev. ,2003,103:663 – 702.
[5] Zones S I, Hwang S J. Synthesis of high silica zeolites using a mixed quaternary ammonium cation, amine approach:discovery of zeolite SSZ – 47[J]. Chem. Mater. ,2002,14(1):313 – 320.
[6] Zones I,Hwang S,Davis M. Studies of the synthesis of SSZ – 25 zeolite in a "mixed – template" system [J]. Chemistry—A European Journal,2001,7(9):1990 – 2001.

[7] 高道伟,段爱军,赵震,等. EMT 沸石合成及应用进展[J]. 化工生产与技术,2012,19(6):46-50.
[8] Karim K,Zhao J,Rawlence D,et al. Synthesis and characterisation of hexagonal Y (EMT) and cubic Y(FAU) Effect of template and fluoride ions on the zeolite product[J]. Microporous Materials,1995,3(6):695-698.
[9] Liu S,Li L,Li C,et al. Synthesis of EMT-rich faujasite in the presence of organic template of low-cost polyquaternium-6[J]. Jourral of Porous Materials,2008,15(3):295-301.
[10] Ren L Zhu L,Yang C,et al. Designed copper-amine complex as an efficient template for one-pot synthesis of Cu-SSZ-13 zeolite with excellent activity for selective catalytic reduction of NO_x by NH_3 [J]. Chem. Commun. ,2011,47:9789-9791.
[11] Moscoso J G,Lewis G J,Gisselquist J L,et al. Crystalline aluminosilicate zeolitic composition:UZM-9:US,6713041[P]. 2004-03-30.
[12] Lewis G J,Miller M A Moscoso J G,et al. Recent advances in the science and technology of zeolites and related materials,proceedings of the 14 international zeolite conference [J]. Stud. Surf. Sci. Catal. ,2004,154A:364-372.
[13] Miller M A,Moscoso J G,Koster S C,et al. From zeolites to porous MOF materials - The 40th anniversary of international zeolite conference,proceedings of the 15 international zeolite conference [J]. Stud. Surf. Sci. Catal. ,2007,170A:487-492.
[14] Park M B,Lee Y,Zheng A,et al. Formation pathway for LTA zeolite crystals synthesized via a charge density mismatch approach [J]. J. Am. Chem. Soc. ,2013,135(6):2248-2255.
[15] Wang J,Song J,Yin C,et al. Tetramethylguanidine-templated synthesis of aluminophosphate-based microporous crystals with AFI-type structure[J]. Microporous and Mesoporous Materials,2009,117(3):561-569.
[16] Whitehurst D D. Method to remove organic templates from freshly synthesized molecular sieves:US,5143879 [P]. 1992-09-01.
[17] Chen C Y,Li H X,Davis M E. Studies on mesoporous materials:I. Synthesis and characterization of MCM-41 [J]. Microporous Materials,19932(1):17-26.
[18] Tanev P T,Pinnavaia T J. A neutral templating route to mesoporous molecular sieves[J]. Science,1995,267(5199):865-867.
[19] Lee H,Zones S I,Davis M E. A combustion-free methodology for synthesizing zeolites and zeolite-like material[J]. Nature,2003,425:385-388.
[20] Takewaki T,Beck L W,Davis M E. Zincosilicate CIT-6:A precursor to a family of *BEA-Type molecular sieves[J]. J. Phys. Chem. B,1999,103(14):2674-2679.
[21] Takewaki T,Beck L W,Davis M E. Synthesis of CIT-6,a zincosilicate with the *BEA topology [J]. Top. Catal. ,1999,9(1-2):35-42.
[22] Takewaki T,Hwang S J,Yamashita H,et al. Synthesis of *BEA-type molecular sieves using mesoporous materials as reagents[J]. Microporous and Mesoporous Materials,1999,32(3):265-278.
[23] Jones C W,Hwang S J,Okubo T,et al. Synthesis of hydrophobic molecular sieves by hydrothermal treatment with acetic acid[J]. Chem. Mater. ,2001,13(3):1041-1050.
[24] Jones C W,Tsuji K,Takewaki T,et al. Tailoring molecular sieve properties during SDA removal via solvent extraction [J]. Microporous Mesoporous Materials,2001,48,(1-3):57-64.
[25] Lee H,Zones S I,Davis M E. Zeolite synthesis using degradable structure-directing agents and pore-filling agents[J]. J. Phys. Chem. B,2005,109(6):2187-2191.
[26] Grose R W,Flanigen E M. Novel zeolite compositions and processes for preparing and using same:US,4257885 [P]. 1981-03-24.
[27] 李赫咺,项寿鹤,吴德明,等. ZSM-5 沸石分子筛合成的研究[J]. 高等学校化学学报,1981,2(4):517-519.

[28] 李赫. 项寿鹤,刘述全,等. "直接法"合成 ZSM-5 分子筛:CN,85100463[P]. 1986-02-10.

[29] 杨小明,舒兴田,何鸣元. 一种 ZSM-5 分子筛的合成方法:CN,97100145.6[P]. 1998-07-15.

[30] Shiralkar V P, Clearfield A. Synthesis of the molecular sieve ZSM-5 without the aid of templates [J]. Zeolites, 1989,9(5):363-370.

[31] Kim S D, Noh SH, Park J W, et al. Organic-free synthesis of ZSM-5 with narrow crystal size distribution using two-step temperature process[J]. Microporous and Mesoporous Materials,2006,92(1-3):181-188

[32] Zhang L, Liu S, Xie S, et al. Organic template-free synthesis of ZSM-5/ZSM-11 co-crystalline zeolite [J]. Microporous and Mesoporous Materials ,2012,147(1):117-126.

[33] Vaughan D E W, Strohmaier K G. Crystalline zeolite (ECR-1) and process for preparing It:US,4657748 [P]. 1987-04-14.

[34] Leonowicz M E, Vaughan D E W. Proposed synthetic zeolite ECR-1 structure gives a new zeolite framework topology [J]. Nature,1987,329:819-821.

[35] Gualtieri A F, Ferrari S, Galli E. Rietveld structure refinement of zeolite ECR-1 [J]. Chem. Mater. ,2006, 18(1):76-84.

[36] Chen C S H. Schlender J L, Wentzek S E. Synthesis and characterization of synthetic zeolite ECR-1[J]. Zeolites,1996,17(4):393-400.

[37] Song J W, Dai L, Ji Y Y, et al. Organic template free synthesis of aluminosilicate zeolite ECR-1 [J] . Chem. Mater. ,2006,18(12):2775-2777.

[38] 任利敏,朱龙凤,丁红,等. 无有机模板快速合成 ECR-1 沸石[J]. 高等学校化学学报 2011,32(3): 662-666.

[39] Ng E P, Chateigner D D, Bein T, et al. Capturing ultrasmall EMT zeolite from template-free systems [J]. Science,2012,335(6064):70-73.

[40] 孟祥举,谢彬,肖丰收. 无有机模板剂条件下合成沸石催化材料[J]. 催化学报 2009,30(9):965-971.

[41] Wu Z F, Song J W, Ji Y Y, et al. Organic template-free synthesis of ZSM-34 zeolite from an assistance of zeolite L seeds solution [J]. Chem. Mater. ,2008,20(2):357-359.

[42] Zhang L, Yang C, Meng X, et al. Organotemplate-Free syntheses of ZSM-34 zeolite and Its heteroatom-substituted analogues with good catalytic performance [J]. Chem. Mater. ,2010,22(10):3099.

[43] Pinar A B, Márquez-Álvarez C, Grande-Casas M, et al. Template-controlled acidity and catalytic activity of ferrierite crystals [J]. J. Catal,2009,263(2):258-265.

[44] Wattanakit C, Nokbin S, Boekfa B, et al. Skeletal isomerization of 1-butene over ferrierite zeolite:A quantum chemical analysis of structures and reaction mechanisms [J]. J. Phy. Chem. C,2012,116(9):5654-5663.

[45] Khitev Y P, Ivanova I I, Kolyagin Y G, et al. Skeletal isomerization of 1-butene over micro/mesoporous materials based on FER zeolite [J]. Appl. Catal. A:General,2012,441(17):124-135.

[46] Rakoczy R A, Breuninger M, Hunger M, et al. Template-free synthesis of zeolite Ferrierite and characterization of its acid sites [J]. Chem. Eng. Technol,2002,25(3):273-275.

[47] Guo G, Sun Y, Long Y. Synthesis of FER type zeolite with tetrahydrofuran as the template [J]. Chem. Commun, 2000,19(19):1893-1894.

[48] Zhang H Y, Guo Q, Ren L M, et al. Organotemplate-free synthesis of high-silica ferrierite zeolite induced by CDO-structure zeolite building units [J]. J. Mater. Chem. ,2011,21(26):9494-9497.

[49] Treacy M M J, Newsam J M. Two new three-dimensional twelve-ring zeolite frameworks of which zeolite beta is a disordered intergrowth [J]. Nature,1988,332:249-251.

[50] Bellussi G, Pazzuconi G, Perego C, et al. Liquid-Phase alkylation of benzene with light olefins catalyzed by β-Zeolites [J]. J Catal. ,1995,157(1):227-234.

[51] Halgeri A B, Das J. Novel catalytic aspects of beta zeolite for alkyl aromatics transformation [J]. Appl. Catal. A,

1999,181(2):347-354.
- [52] 张怀彬,仝伟,辛卫平,等. β沸石上环己烯与乙酸的加成反应[J]. 催化学报 1995,16(5):387-391.
- [53] 栗同林,刘希尧,王祥生. β沸石对甲基萘歧化反应的择形性[J]. 催化学报 1997,18(3):221-224.
- [54] 谢在库,庆龄,张成芳,等. Hβ沸石表面酸性质的研究[J]. 催化学报 2000,21(1):47-51.
- [55] Xie B, Song J W, Ren L M, et al. Organotemplate-free and fast route for synthesizing Beta Zeolite[J]. Chem. Mater.,2008,20(14):4533-4535.
- [56] Kamimura Y, Chaikittisilp W, Itabashi K, et al. Critical factors in the seed-assisted synthesis of zeolite Beta and "Green Beta" from OSDA-Free Na$^+$-aluminosilicate gels[J]. Chem-Asian J, 2010, 5(10):2182-2191.
- [57] Xie B, Zhang H, Yang C, et al. Seed-directed synthesis of zeolites with enhanced performance in the absence of organic templates[J]. Chem. Commun.,2011,47:3945-3947.
- [58] Majano G, Delmotte L, Valtchev V, et al. Al-rich zeolite beta by seeding in the absence of organic template[J]. Chem. Mater.,2009,21(18):4184-4191.
- [59] Zhang H, Yang C, Xiao F. Acidic property of BEA zeolite synthesized by seed-directed method[J]. Journal of Porous Materials,2016,23(2):415-421.
- [60] Kamimura Y, Tanahashi S, Itabashi K, et al. Crystallization behavior of zeolite Beta in OSDA-Free, seed-assisted synthesis[J]. J. Phys. Chem. C,2011,115(3):744-750.
- [61] Rosinski E J, Rubin M K. Crystalline zeolite ZSM-12:US,3832449[P].1974-08-27.
- [62] Gopal S, Zhang W, Smirniotis P G. Comparison of hydroisomerization and hydrocracking reactions of normal and branched octanes over USY and ZSM-12 Catalysts[J]. Ind. Eng. Chem. Res.,2004,43:2950-2956.
- [63] Kamimura Y, Itabashi K, Okubo T. Seed-assisted, OSDA-free synthesis of MTW-type zeolite and "Green MTW" from sodium aluminosilicate gel systems[J]. Micropor. Mesopor. Mater.,2012,147(1):149-156.
- [64] Iyoki K, Kamimura Y, Itabashi K, et al. Synthesis of MTW-type zeolites in the absence of organic structure-directing agent[J]. Chem. Lett.,2010,39(7):730-731.
- [65] Kamimura Y, Iyoki K, Elangovan S P, et al. OSDA-free synthesis of MTW-type zeolite from sodium alumino silicate gels with zeolite beta seeds[J]. Micropor. Mesopor. Mater.,2012,163:282-290.
- [66] Vortmann S, Marler B, Gies H, et al. Synthesis and crystal structure of the new borosilicate zeolite RUB-13[J]. Microporous Materials,1995,4(2-3):111-121.
- [67] Yokoi T, Yoshioka M, Imai H, et al. Diversification of RTH-type zeolite and Its catalytic application[J]. Angew. Chem., Int. Ed,2009,48(52):9884-9887.
- [68] Zhang H, Yang C, Zhu L, et al. Organotemplate-free and seed-directed synthesis of levyne zeolite[J]. Micropor. Mesopor. Mater.,2012,155:1-7.
- [69] Choo S, Hong S K, Kevan L. Comparative ESR and catalytic studies of ethylene dimerization on Pd(II)-exchanged clinoptilolite, mordenite, ferrierite, and SUZ-4[J]. J. Phys. Chem. B,2001,105(32):7730-7738.
- [70] Lawton L, Bennett J M, Schlenker J L, et al. Synthesis and proposed framework topology of zeolite SUZ-4[J]. Chem. Soc. Chem. Commun.1993,11:894-896.
- [71] Honda K, Yashiki A, Itakura M, et al. Influence of seeding on FAU-*BEA interzeolite conversions[J]. Micropor. Mesopor. Mater.,2011,142(1):161-167.
- [72] Yashiki A, Honda K, Fujimoto A, et al. Hydrothermal conversion of FAU zeolite into LEV zeolite in the presence of non-calcined seed crystals[J]. J. Cryst. Growth,2011,325(1):96-100.
- [73] Honda K, Yashiki A, Sadakane M, et al. Hydrothermal conversion of FAU and BEA-type zeolites into MAZ-type zeolites in the presence of non-calcined seed crystals[J]. Micropor. Mesopor. Mater.,2014,196:254-260.
- [74] Alkan M, Hopa C, Yilmaz Z, et al. The effect of alkali concentration and solid/liquid ratio on the hydrothermal

synthesis of zeolite NaA from natural kaolinite[J]. Microporous and Mesoporous Materials,2005,86:176 – 184.

[75] Howell P A. Process for synthetic zeolite A:US,3114603[P]. 1963 – 12 – 17.

[76] 孙书红,王智峰,马建泰. 高岭土合成沸石分子筛的研究进展[J]. 分子催化,2007,21(2):186 – 191.

[77] Costa E,Lueas A D,Uguina M A,et al. Synthesis of 4A zeolite from caleined kaolins for use in detergents[J]. Ind. Eng. Chem. Res. ,1988,27:1291 – 1296.

[78] Sanhueza V,Kelm U,Cid R. Synthesis of molecular sieves from Chilean kaolinites:1. Synthesis of NaA type zeolites[J]. J. Chem. Teehnol. Bioteehnol. ,1999,74(4):358 – 363.

[79] 杨贵东,邢伟,胡清勋,等. 利用 Taguchi 法以高岭土为原料制备高硅 NaY 分子筛[J]. 无机化学学报,2009(4):616 – 622.

[80] Scheman B J,Sterte J,Otterstedt J E. Synthesis and size tailoring of colloidal zeolite particle[J]. Journal of the Chemical Society,Chemical Communications,1993,12 :994 – 995.

[81] 吴杰,秦永宁,马智,等. 由煤系高岭土合成小晶粒 NaY 分子筛及其应用[J]. 化学工业与工程,2006,23(1):18 – 20.

[82] 王有和,李翔,刘欣梅,等. 以焙烧高岭土为原料合成 ZSM – 5 分子筛[J]. 石油炼制与化工,2009,40(8):41 – 45.

[83] Pan F,Lu X C,Wang Y,et al. Synthesis and crystallization kinetics of ZSM – 5 without organic template from coal – series kaolinite [J]. Micropor. Mesopor. Mater. ,2014,184:134 – 140.

[84] 许名灿,程谟杰,谭大力,等. 沸石分子筛在高岭土微球上的生长[J]. 催化学报,2001,22(1):31 – 34.

[85] 申宝剑,郑俊鹤,高雄厚,等. 一种高岭土基质复合分子筛及其制备方法:CN 1951567A [P]. 2007 – 4 – 25.

[86] 高雄厚,刘宏海,段长艳,等. 一种多产柴油的催化裂化助剂的方法:CN 1683474A[P]. 2005 – 10 – 19.

[87] Zheng S Q,Sun S H,Wang Z F,et al. Suzhou kaolin as a FCC catalyst[J]. Clay Minerals,2005,40:303 – 310.

[88] 孙书红,马建泰,庞新梅,等. 高岭土微球合成 ZSM – 5 沸石及其催化裂化性能[J]. 硅酸盐学报,2006,34(6):757 – 761.

[89] Sun S H,Ma J T,Gao X H. Synthesis of ZSM – 5 on kaolin microspheres in the absence of an organic amine template [J]. Clay Minerals,2007,42:203 – 211.

[90] 刘洪涛,鲍晓军,魏伟胜,等. 高岭土微球原位晶化合成高岭土 – NaY – MCM – 41 复合物[J]. 分子催化,2003,17(4):241 – 246.

[91] 郑淑琴,程远坤,钱东,等. 硅藻土的改性处理及合成分子筛的初步研究[J]. 石油学报(石油加工),2012,28(4):550 – 554.

[92] 历阳,孙洪满,王有和,等. 沸石分子筛的绿色合成路线[J]. 化学进展,2015,27(5):503 – 510.

[93] Ghosh B,Agrawal D C,Bhatia S. Synthesis of zeolite A from calcined diatomaceous clay:optimization [J]. Industrial & Engineering Chemistry Researeh,1994,33(9):2107 – 2110.

[94] Chaisena A,Rangsriwatananon K. Synthesis of sodium zeolites from natural and modified diatomite [J]. Materials Letters,2005,59(12):1474 – 1479.

[95] 满卓,孟长功. 以硅藻土为原料合成 NaP 型分子筛的研究[J]. 非金属矿,2006,29(2):1 – 5.

[96] Anderson M W,Holmes S M,Hanif N,et al. Hierarchical pore structures through diatom zeolitization [J]. Ang. Chem. Inter. Ed. ,2000,112(15):2819 – 2822.

[97] 张珂,柳云骐,赵晋翀,等. 硅藻土固相原位晶化合成梯级孔 ZSM – 5 分子筛[J]. 非金属矿,2011,34(6):1 – 5.

[98] 王德举,刘仲能,谢在库. 汽相转化法制备无粘结剂小晶粒 ZSM – 5 沸石[J]. 无机材料学报,2008,23(3):592 – 596.

[99] 历阳,王有和,刘元良,等. 以硅藻土为原料水热合成 ZSM – 5 分子筛[J]. 石油炼制与化工,2014,45(5):54 – 59.

[100] 李勇,冯宗玉,薛向欣,等. 生态化利用油页岩制备白炭黑和氧化铝[J]. 化工学报,2008,59(4):1051-1056.

[101] Shawabkeh R, Al-Harahsheh A, Hami M, et al. Conversion of oil shale ash into zeolite for cadmium and lead removal from wastewater[J]. Fuel, 2004, 83(7-8):981-985.

[102] Shawabkeh R, Al-Harahsheh A, Al-Otoom A. Production of zeolite from Jordana oil shale ash and application for zinc removal from wastewater[J]. Oil Shale, 2004, 21(2):125-136.

[103] Machado N R C F, Miotto D M M. Synthesis of NaA and NaX zeolites from oil shale ash[J]. Fuel, 2005, 84(18):2289-2294.

[104] 余静文,卓猛,金珊,等. 油页岩渣合成β沸石分子筛的研究[J]. 化工科技,2012,20(2):4-7.

[105] Hu T, Qiu J, Wang Y, et al. Synthesis of low Si/Al ratio hydroxysodalite from oil shale ash without pretreatment [J]. Journal of Chemical Technology and Biotechnology, 2014, 90(1):208-212.

[106] 王亚松,徐云鹏,田志坚,等. 离子热法合成分子筛的研究进展[J]. 催化学报,2012,33(1):39-50.

[107] Cooper E R, Andrews C D, Wheatley P S, et al. Ionic liquids and eutectic mixtures as solvent and template in synthesis of zeolite analoguess [J]. Nature, 2004, 430:1012-1016.

[108] Ma H J, Tian Z J, Xu R S, et al. Effect of water on the ionothermal synthesis of molecular sieves [J]. J. Am. Chem. Soc., 2008, 130:8120-8121.

[109] Wang L, Xu Y P, Wei Y, et al. Strucure-directing role of amines in the ionothermal synthesis [J]. J. Am. Chem. Soc., 2006, 128(23):7432-7433.

[110] Xing H Z, Li J Y, Yan W F, et al. Cotemplating ionothermal synthesis of a new open-framework aluminophosphate with Unique Al/P Ratio of 6/7 [J]. Chem. Mater., 2008, 20:4179.

[111] Wei Y, Tian Z J, Gies H, et al. Ionothermal synthesis of an aluminophosphate molecular sieves with 20-ring pore openings [J]. Angew. Chem. Int. Ed., 2010, 49:5367-5370.

[112] Parnham E R, Morris R E. The ionothermal synthesis of cobalt aluminophosphate zeolite frameworks [J]. J. Am. Chem. Soc., 2006, 128:2204-2205.

[113] Wang L, Xu Y P, Wang B C, et al. Ionothermal synthesis of magnesium-containing aluminophosphate molecular sieves and their catalytic performance [J]. Chem. Eur. J., 2008, 14:10551-10555.

[114] Parnham E R, Morris R E. Ionothermal synthesis of zeolites, metal-organic frameworks, and inorganic-organic hybrids [J]. Acc. Chem. Res., 2007, 40(10):1005-1013.

[115] Morris R E. Ionothermal synthesis—ionic liquids as functional solvents in the preparation of crystalline materials [J]. Chem. Commun., 2009, 21:2990-2998.

[116] Handy S T, Okello M. The 2-position of imidazolium ionic liquids: substitution and exchange [J]. J. Org. Chem., 2005, 70(5):1915-1918.

[117] Wheatley P S, Allan P K, Teat S J, et al. Task specific ionic liquids for the ionothermal synthesis of siliceous zeolites [J]. Chem. Sci., 2010(4):483-487.

[118] Xu W, Dong J, Li J, et al. A novel method for the preparation of zeolite ZSM-5 [J]. J. Chem. Soc., Chem. Commun., 1990(10):755-756.

[119] Ren L, Wu Q, Yang C, et al. Solvent-free synthesis of zeolites from solid raw materials [J]. J. Am. Chem. Soc., 2012, 134(37):15173-15176.

[120] Jin Y, Sun Q, Qi G, et al. Solvent-free synthesis of silicoaluminophosphate zeolites [J]. Angew. Chem. Int. Ed., 2013, 52(35):9172-9175.

[121] Mingos D M P. Microwave syntheses of inorganic materials [J]. Adv. Mater., 1993, 5(11):857-859.

[122] Arafat A, Jansen J C, Ebaid A R, et al. Microwave preparation of zeolite Y and ZSM-5 [J]. Zeolites, 1993, 13(3):162-165.

[123] Girnus I, Jancke K, Vetter R, et al. Large $AlPO_4$-5 crystals by microwave heating [J]. Zeolites, 1995, 15

(1):33-39.

[124] Cundy C S. Microwave techniques in the synthesis and modification of zeolite catalysts. A review [J]. Collect. Czech. Chem. Commun. ,1998,63(11):1699-1723.

[125] Han Y,Ma H,Qiu S,et al. Preparation of zeolite A membranes by microwave heating [J]. Microporous and Mesoporous Materials,1999,30(2-3):321-326.

[126] Chu P,Dwyer F G,Vartuli X U S. Cry tallization method using micrwave radiation:US,47778666[P]. 1988-10-18.

[127] Sathupunya M,Gulari E,Wongkasemjit S. Na-A (LTA) zeolite synthesis directly from alumatrane and silatrane by sol-gel microwave techniques [J]. J. Eur. Ceram. Soc. ,2003,23(8):1293-1303.

[128] Sathupunya M,Gulari E,Wongkasemjit S. ANA and GIS zeolite synthesis directly from alumatrane and silatrane by sol-gel process and microwave technique [J]. J. Eur. Ceram. Soc. ,2002,22(13):2305-2314.

[129] Arafat A,Jansen J C,Ebaid A R,et al. Microwave preparation of zeolite Y and ZSM-5[J]. Zeolites,1993,13(3):162-165.

[130] Tompsett G A,Conner W C,Yngvesson K S. Microwave synthesis of nanoporous materials [J]. Chem. Phys. Chem. ,2006,7(2):296-319.

[131] Xu R,Pang W,Huo Q. Modern inorganic synthetic chemistry[M]. Elsevier:Amsterdam,2011.

[132] Cundy C S. Microwave techniques in the synthesis and modification of zeolite catalysts [J]. Collect. Czech. Chem. Commun. ,1998,63:1699-1723.

[133] Hwang Y K,Chang J,Park S,et al. Microwave fabrication of MFI zeolite crystals with a fibrous morphology and their applications[J]. Angewandte Chemie International Edition,2005,44(4):556-60.

[134] Chen X,Yan W,Shen W,et al. Morphology control of self-stacked silicalite-1 crystals using microwave-assisted solvothermal synthesis[J]. Micropor. Mesopo. Mater. ,2007,104:296-304.

[135] Chen X,Yan W,Cao X,et al. Fabrication of silicalite-1 crystals with tunable aspect ratios by microwave-assisted solvothermal synthesis[J]. Micropor. Mesopo. Mater. ,2009,119:217-222.

[136] Han Y, Ma H, Qiu S L, et al. Preparatio of zeolite A membranes by microwave heating [J]. Micropor. Mesopo. Mater. ,1999,30(2-3):321-324.

[137] Koegler J H,Arafat A,van Bekkum H,et al. Synthesis of films of oriented silicalite-1 crystals using microwave heating[J]. Stud. Surf. Sci. Catal. ,1997,105(97):2163-2170.

[138] Motuzas J,Julbe A,Noble R D,et al. Rapid synthesis of oriented silicalite-1 membranes by microwave-assisted hydrothermal treatment[J]. Microporous and Mesoporous Materials,2006,92:259-269.

[139] Mintova S,Mo S,Bein T. Nanosized $AlPO_4$-5 molecular sieves and ultrathin films prepared by microwave synthesis[J]. Chem. Inform. ,1999,10(9):4030-4036.

[140] Tsai T G,Shih H C,Liao S J,et al. Well-aligned SAPO-5 membrane:preparation and characterization [J]. Microporous and Mesoporous Materials,1998,22(22):333-341.

[141] Xu Y P,Tian Z J,Wang S J,et al. Microwave-enhanced ionothermal synthesis of aluminophosphate molecular sieves [J]. Angew. Chem. int. Ed. ,2006,45(24):3965-3970.

[142] Cai R,Sun M,Chen Z W,et al. Ionothermal synthesis of oriented zeolite AEL films and their application as corrosion-resistant coatings[J]. Angew. Chem. Int. Ed. ,2008,47(3):525-528.

第六章 微孔分子筛材料的催化应用

微孔分子筛作为一种具有晶态结构的典型微孔固体材料,有着规则而均匀的孔道结构和很高的比表面积,并且具有许多化学特性。例如,很好的离子交换性能、较好的热稳定性和水热稳定性、高的酸强度,分子筛一经成功合成,即被广泛应用于石油化工等领域的关键过程中,带来了石油化工领域革命性的变化。并且随着分子筛催化剂的不断发展,在多相催化精细化工过程中也有着大量的应用。

分子筛在催化反应中有着显著的特点。首先,分子筛具有强酸性。Tamele[1]与Johnson等合作,以吸附的方法鉴定出硅铝催化剂的活性,并用正丁胺滴定的方法测出催化剂的酸值。后来,Benesi[2]用Hammett指示剂测量了硅铝催化剂的酸强度,发现其强度高于90%的硫酸。虽然当时在硅铝催化剂中,分子筛含量很少,但是足以看出其具强酸性。科学家们进一步通过金属离子和铵离子来交换分子筛中的Na^+,并进行分子筛的脱铝处理以提高酸性,结果发现分子筛催化剂活性和选择性均比标准硅铝催化剂高得多,即使在积炭情况下仍然具有很高的活性,可达标准硅铝催化剂的256倍。以硅铝氧化物作为基质,加入10%的REHX,可以大大改善催化裂化产物的选择性,其中汽油可以提高14%,焦炭可以减少40%。随着诸如ZSM-5等高硅沸石被成功开发,分子筛的酸性得到进一步增强,也在工业范围内得到更大规模的应用。而分子筛的强吸附性能使得活性组分附近的反应物浓度较高,也有助于提高催化性能。

其次,分子筛具有择形催化的特性。随着分子筛作为催化裂化催化剂实验的深入,Weisz等[3]认识到分子筛与常规硅铝催化剂在结构以及活性中心分布上有着明显区别。分子筛的活性中心主要分布在晶体内部,而常规催化剂(如无定形硅铝凝胶)上的活性中心则分布在固体表面,所以他们认为,当以分子筛为催化剂时,反应物分子直径较分子筛的临界直径小时,才能进入分子筛空腔和通道中进行反应,而且产物只能是那些能够从分子筛孔道中扩散出来的分子,并用实验证实了择形催化现象,采用Pt/CaA分子筛催化剂进行加氢反应时,只对丙烯加氢而对异丁烯不加氢。但早期人工合成的分子筛大多是孔径太小的八元环(A型),以及较大的十二元环(X型),对于大部分反应物分子并无明显的择形效应。具备十元环及"之"字形孔道的ZSM-5沸石的合成使分子筛择形催化的特性表现出特有的优势。HZSM-5沸石的结构以椭圆形直通道和近圆形"Z"字形通道垂直相交构成。HZSM-5的择形性很强,作为裂化催化剂组分,可提高汽油的辛烷值及低分子烯烃的选择性。不同形态及不同大小分子的分离,通过沸石特有的选择性来实现。在分子筛催化反应过程中,择形性可通过反应物选择性或产物选择性来实现。当原料含有两种分子,而其中一种分子由于太大而不能进入沸石的孔道时,反应物选择性发生。在反应所能生成的各种产物中,只有那些具有特定形状和大小的分子才能作为产物穿过孔道,产物选择性发生。工业上利用分子筛择形效应应用的著名工艺有Mobil公司的中间馏分油脱蜡工艺(MDDW)、甲苯歧化工艺(MTDP)、二甲苯异构化工艺(MVPI)、甲醇制汽油工艺(MTG)以及对甲乙苯合成工艺(PET)[4]。

分子筛在催化反应中的扩散限制使其分子筛的反应物择形性能够高选择性地应用于特定

反应中,但这一特性也使得比分子筛孔口更大或与孔口相近的分子的催化反应难以发生,或者反应的转化率将在很大程度上受到扩散的限制[5,6]。同时,分子筛的扩散限制使得分子筛在催化反应中很容易受到积炭的影响而失活,大大减少了其使用寿命。

此外,分子筛具备可调变的催化性能。由于最早合成的分子筛主要由硅铝元素组成,分子筛催化剂在工业上的早期应用几乎完全依赖于其酸催化作用和择形催化特性的发挥。经过长期的努力,科学家们通过改变合成条件改变分子筛骨架元素比例,而且将杂原子、稀土金属元素、非金属元素引入分子筛中来调变分子筛的催化性能,极大地拓展了分子筛的研究领域[7]。通过对分子筛的改性,分子筛的催化性能也会得到极大的改善。以 ZSM-5 沸石为例,ZSM-5 可以通过修饰改性,研究者一般采用氟硅酸铵改性、磷处理以及沉积稀土氧化物等,利用相同或者不同的改性元素在不同化学环境下与分子筛表面之间相互作用,调节分子筛骨架的电子云密度和分布以及表面酸性,进而改善 ZSM-5 的物理化学性质和分子筛的反应性能,主要目的是尽可能稳定骨架铝,调整酸中心数目与强度,使之成为优良的裂解催化剂,同时可以使水热稳定性与分子筛反应活性达到合理的配置。

第一节 分子筛在石油化工领域的应用

一、分子筛在催化裂化工艺中的应用

催化裂化是重要的炼油工艺之一,重质油原料在热和催化剂的共同作用下发生裂化反应,转变为裂化气、汽油、柴油等轻质产品。对于催化裂化的研究可追溯到 19 世纪 90 年代,当时 Gulf 石油公司的炼油界先驱者 M. Afee 在实验室发现采用三氯化铝作催化剂可以促进裂化反应,从而提高汽油产率。

Houdry 催化裂化工艺的成功开发并应用,是催化裂化作为炼油技术的一个革命性进步。E. Houdry 在 1927 年开始研究催化裂化,通过对上百种催化剂筛选,E. Houdry 选定酸性白土作催化剂,并采用空气烧掉催化剂上积炭的方法,这一成果很快引起了一些大石油公司的注意。当时美国 Vacuum 石油公司(即后来的 Mobil 石油公司),将 E. Houdry 请到美国,组建了 HPC 公司(Houdry Process Co.),并于 1931 年在 Paulsboro 炼厂建成 3500t/a 的中型装置,同年就开始试验,并取得了工业化数据[8]。

在随后的几十年里,催化裂化工艺经过固定床反应器、移动床反应器、流化床反应器的发展,催化剂也由最初的酸处理白土到后来的硅铝催化剂,发展到目前的分子筛催化剂。

20 世纪 60 年代,随着晶体硅铝酸盐(沸石分子筛)催化剂的研究和工业应用,催化裂化进入了一个新时代。初期的发现表明,用适当的金属离子交换钠离子的泡沸石,如 REHX,其活性(经水蒸气处理后)比硅铝催化剂高 200 倍以上。以硅铝氧化物作为基质,加入 10% 的 RE-HX 可以大大改善催化裂化产物的选择性,其中汽油可以提高 14%,焦炭可以减少 40%。

沸石催化剂活性高,为了充分发挥其优点,需要缩短反应的剂油接触时间,于是不同的提升管催化裂化设计先后出现。1964 年美国 Socony Mobil 公司出售耐磨小球沸石催化剂,1963 年微球沸石催化剂开始在流化催化裂化装置使用,并迅速被世界各炼厂采用。

当时的沸石催化剂可分为稀土 X 型(REX)和稀土 Y 型(REY)两大类。Grace 公司 Davison 化学分部首先生产出来的 XZ-15 催化剂就是属于 REX 沸石。为了降低催化剂制造费用并改善其性能,该公司 1965 年又研制并生产了 REX 型沸石催化剂 XZ-25。这种催化剂成为 20 世纪 60 年代催化裂化装置的主力催化剂。XZ-25 与 XZ-15 相比,除了价格低廉外,其活性也较高。稍后,该公司又相继制造出 XZ-36 和 XZ-40 稀土 X 型沸石催化剂。其中,XZ-40 还有抗金属污染能力。与此同时,活性组分由 X 型沸石发展为稳定性更好的 REY 沸石,因此该公司又生产了 REY 沸石催化剂 DZ-5 和 DZ-7。同 XZ-40 一样,DZ-7 抗金属污染能力强,强度和密度增加,而且有好的热稳定性。随后,Grace 公司又相继开发了 REY 型催化剂,如 CBZ-1、AGZ-50、Super-D 系列、DA 等一系列著名的催化剂。

在催化裂化所用的沸石催化剂出现初期,催化剂的研制集中于提高活性,但到 20 世纪 70 年代后期,开始转入研制耐金属污染、提高催化剂的选择性、控制排出物污染和提高汽油辛烷值的新时期。

提高汽油辛烷值催化剂的活性组分是超稳 Y 型沸石(USY),而非 REY 型沸石。Davison 公司于 1976 年和 1980 年相继研制出含 USY 的 Octacat 系列和 GXO 系列催化剂。Octacat 催化剂与一般含 REY 沸石的催化剂 CBZ-1 相比,汽油辛烷值(MON)高 0.5~1.5,生焦率低,再生温度降低约 30℃。GXO 系列催化剂是以 GX 为基质制成,既具有 Octacat 催化剂的优点,还具有好的渣油裂化性能,成本较低。

另一类提高汽油辛烷值催化剂采用的是富硅骨架 Y 型沸石(FSE-Y),其 SiO_2/Al_2O_3 为 5~30,是 Katalistik 公司 1986 年开发的,又称 LZ-200。该公司采用 LZ-200 沸石制造的催化剂有 Alpha-500 和 Beta-700 等牌号,这些催化剂不仅能提高汽油收率,而且辛烷值也提高了。

虽然我国催化裂化催化剂研究起步较晚,但是几十年来,我国的催化剂研制技术取得了长足发展。在活性组分研究方面,除了已有的 USY 沸石和 REHY 沸石外,还增加了 SRY 沸石(水热化学法抽铝补硅的 USY)、ZRP 沸石(具有 MFI 结构,稳定性和异构化性能优异的沸石)、ZSM-5 沸石和其他改性 USY 沸石等。结合国内各炼厂的具体需要,研制了诸如全大庆减渣裂化催化剂(DVR-1)、高掺渣比裂化催化剂(LVR-10、CHZ-4 和 CR005)、多产柴油催化剂(MLC-500、CC-20D)、高抗重金属性能催化剂(CHV-1、LV-23)、提高大庆类汽油辛烷值并兼顾汽油收率催化剂(DOCP、DOOR-1)、提高液化气产率催化剂(Comet-400)以及通用的渣油裂化催化剂(Comet 系列)等多个新品种。目前我国产品和国外相比,活性、选择性、稳定性等性质均处在同等水平,均采用超稳 Y 型沸石、高岭土和黏结剂制成。配方相似,但各有千秋。国产高抗重金属性能催化剂在相当的污染条件下,甚至表现出更高的稳定性和优良的轻质油选择性。

作为催化裂化原料的石油馏分,其主要的烃类有烷烃、环烷烃及带取代基的芳烃。带取代基的芳烃包括烷基芳烃及有环烷取代基的芳烃;在重油中尚有不带取代基的多环芳烃;在二次加工的原料中则还有烯烃。在催化裂化条件下,这些烃类可发生催化反应及非催化反应。催化反应是指在催化剂作用下发生的反应;非催化反应是指在裂化条件下热力学上可能进行的反应。非催化反应在常规催化裂化条件下,与催化反应相比是较少的。

根据长久以来的研究,目前学术界较为一致地认为催化裂化反应遵循正碳离子反应历程。催化裂化催化剂为正碳离子反应提供酸性位。分子筛 B 酸/L 酸可以通过以下途径与烃分子生成正碳离子。

(1) 与充当弱碱的不饱和烃的反应：

$$H_2C = CHCH_3 + HX \longrightarrow H_3C-\overset{+}{C}H-CH_3 + X^-$$

由于仲正碳离子比伯正碳离子更为稳定，因此在此反应中生成仲正碳离子。

(2) 从烷烃中也可抽取一个负氢离子生成正碳离子：

$$RH + HX \longrightarrow R^+ + X^- + H_2$$

$$RH + L \longrightarrow LH^- + R^+$$

(3) 正碳离子和饱和烃反应时，能发生类似的负氢离子转移生成一个新的正碳离子：

$$R_1^+ + R_2H \longrightarrow R_1H + R_2^+$$

由于叔正碳离子的相对稳定性高，故叔正碳离子很容易给伯正碳离子或仲正碳离子提供一个负氢离子。正碳离子的链反应靠此传递。

正碳离子学说可以解释烃类催化裂化反应中的许多现象。例如：由于正碳离子分解时不生成比 C_3、C_4 更小的正碳离子，因此裂化气中含 C_1、C_3 少（催化裂化条件下总不免伴随有热裂化反应发生，因此总有部分 C_1、C_2 产生）；由于伯、仲正碳离子趋向于转化成叔正碳离子，因此裂化产物中含异构烃多；由于具有叔正碳离子的烃分子易于生成正碳离子，因此异构烷烃或烯烃、环烷烃和带侧链的芳烃的反应速率高。正碳离子还说明了催化剂的作用，催化剂表面提供 H^+，使烃类通过生成正碳离子的途径来进行反应，而不像热裂化那样通过自由基来进行反应，从而使反应的活化能降低，提高了反应速率。

正碳离子学说是根据一些已被证明是正确的理论（例如，关于电子作用、键能等理论）推论出来的，而且正碳离子的存在早经导电试验证实，实际发生的现象与由正碳离子学说推论所得的结果也很相符。但是正碳离子学说也还有不完善的地方，例如，对于纯烷烃裂化时最初的正碳离子是如何产生的等问题还没有十分满意的解释。

正碳离子学说的发展已有 50 多年的历史。它主要是根据在无定形硅酸铝催化剂上反应的研究结果来阐述的。关于烃类在结晶型分子筛催化剂上的反应机理，经过 20 多年的研究，大多数的研究结果证明它也是正碳离子反应，正碳离子反应机理同样适用。分子筛催化剂的表面也呈酸性，能提供 H^+。分子筛催化剂的活性比硅酸铝催化剂的高得多，仅从酸性中心及其酸强度的比较尚不能满意地解释。有的研究工作者从其他角度（如产生静电场、晶格内反应物的局部浓度高等）来解释此现象。总的来看，这些问题还有待于更深入的研究。

Y 型沸石属于泡沸石，硅铝比一般不大于 3.0。它是由方钠石单元和双六氧环所构成。这种以四面体排列的骨架结构形成了一系列的球形空腔（超笼），其直径在 1.2nm 左右。每个空腔以十二元氧环的孔道（直径为 0.74nm）与另外 4 个相同的空腔相通，形成一种立方网络空间骨架。这种骨架结构是沸石中最开放的，其每个晶胞的总孔隙体积（包括方钠石笼）为 51%（占总体积），超笼本身的孔体积就占总体积的 45%。

人工合成的分子筛是含钠离子的分子筛。这种分子筛没有催化活性，分子筛中的钠离子可以用离子交换的方式与其他阳离子置换。用其他阳离子特别是多价阳离子置换后的 Y 型沸石有很高的催化活性。目前，工业上用作催化裂化催化剂的主要有 4 种 Y 型沸石，下面逐一进行介绍。

1. HY 型沸石

HY 型沸石是用 H^+ 通过交换代替 NaY 沸石中的 Na^+。交换可有两种方法:一是用稀酸处理;另一种是先用 NH_4^+ 交换,然后热分解去掉 NH_3,留下 H^+。用红外光谱测定羟基谱带,证明两种方法都能得出同样的结果[9],但是用酸处理需要非常小心,以避免晶体结构受到破坏。对 Y 型沸石,交换液的 pH 值不能低于 3.0。正是由于酸对沸石晶体结构有破坏作用,因此通常采用先交换 NH_4^+ 再脱 NH_3 的办法。

NH_4^+ 的交换一般用 NH_4Cl、$(NH_4)_2SO_4$ 和 NH_4NO_3 等稀溶液,在连续式交换柱或固定床交换罐上进行。为加快交换速度,可提高交换温度,但一般不高于 100℃,并用新鲜溶液多次交换。由于在 S_1 位置上的 16 个 Na^+ 难以交换,为了达到一定的交换度,并减少交换次数,可采取中间焙烧的办法。所制 NH_4Y 沸石可在真空下或在干燥的惰性气体下焙烧,在温度不高于 500℃下脱去 NH_3,留下 H^+ 与骨架上的 O 原子结合成 OH 基,如下式:

$$\begin{bmatrix} O & O & NH_4^+ & O \\ & Si & Al & \\ O & O & O & O \end{bmatrix} \xrightarrow[\text{干燥气氛}]{-NH_3, 300 \sim 500℃} \begin{bmatrix} O & OH & O \\ & Si & Al \\ O & O & O \end{bmatrix}$$

质子酸中心

当焙烧温度高于 500℃ 时,沸石脱水转化成非质子酸,如下式:

$$2\begin{bmatrix} O & OH & O \\ & Si & Al \\ O & O & O \end{bmatrix} \xrightarrow[>500℃]{-H_2O} \begin{bmatrix} O & O & O \\ & Si & Al^- \\ O & O & O \end{bmatrix} + \begin{bmatrix} O & O \\ Si & Al \\ O & O \end{bmatrix}$$

质子酸   非质子酸中心

从式中可见,2 个 B 酸转化成 1 个 L 酸。处理温度对 HY 型沸石酸中心的形态有很大的关系。HY 型沸石对于正碳离子反应的活性极高。有关研究工作表明,活性最高点往往超过最高 B 酸浓度的温度点[10],表明对某些反应非质子酸也起作用。纯 HY 型沸石虽然有高的正碳离子反应活性,但在高温下极不稳定,加热到 600℃ 以上,晶体结构基本破坏,转化成无定形硅铝。在焙烧过程中加以适当条件控制,可以使结构稳定化。

2. REY 型沸石

REY 型沸石是以稀土金属离子(如铈、镧、镨等)置换得到的稀土—Y 型沸石。因稀土元素可用 RE 符号表示,故又可简写成 REY 型沸石。

在沸石催化裂化催化剂的发展过程中,研究工作者对各种金属元素的交换及其性能的比较都做了大量的工作,Sherry[11] 和 Haynes[12] 等有较全面的综述。总体来说,含多价离子的分子筛比含单价离子的分子筛有更高的活性。RE^{3+} 要与 3 个 AlO_4 配位从电子平衡,如下式:

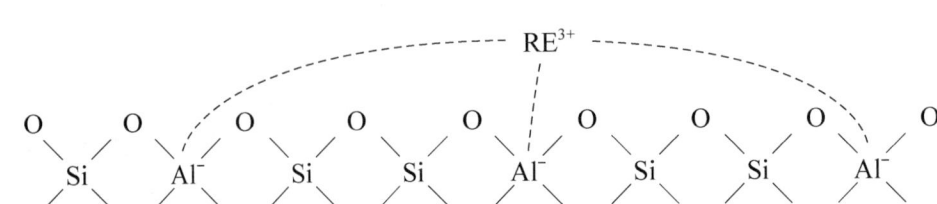

RE^{3+} 交换和 NH_4^+ 交换的过程基本相同,即分子筛在 RE 盐溶液中,在低于 100℃下搅动一定的时间,然后过滤,再用新鲜溶液多次交换,以达到所需的交换度。在几次交换之中,进行焙烧,将 RE 的水合水剥离,同时补以能量,使骨架上的 Na^+ 迁移。因为在 S_I' 位置上的 16 个 Na 是不容易被交换的,X 射线衍射的结果说明,经过热处理的交换,RE 离子进入了方钠石笼,占据了 S_I' 的位置和部分 S_{II}' 位置,但在高温(725℃)下焙烧,也有一些在 S_I 和 S_{II} 位置上。

用于交换的 RE^{3+} 一般都是混合的氯化稀土,含有镧、铈、钕、镨等,而以镧、铈为主。实验证明,交换时各种稀土离子并无选择性交换的现象。

交换度与酸度关系很大。交换度越大,沸石上残留的 Na^+ 越少。Na^+ 在沸石上的保留量对沸石的酸性有影响,同时还影响沸石的热稳定性。在工业催化剂的制备中,都应尽量实现充分交换,使沸石中的 Na^+ 残留量最低。表 6 – 1 为不同离子交换的沸石的热稳定性。

表 6 – 1　不同离子交换的沸石的热稳定性[13]

沸石	温度(℃)
NaX(Si/Al = 1.25)	650
NaY(Si/Al = 2.5)	705
MgX	840
MgY	870
RE – NaX(0.85RE + 0.15Na)	840
RE – NaX(0.85RE + 0.15Na)	870
REX	900
REY	925
NH_4X	204
NH_4Y	260
Z – 14 – XS	>980
Z – 14 – US	>980

REY 型沸石催化剂具有裂化活性高、水热稳定性好、汽油收率高的特点,但其焦炭和干气的产率也高,汽油的辛烷值低。主要原因在于它的酸性中心多,氢转移反应能力强。REY 沸石催化剂一般适宜用于直馏瓦斯油原料。在 20 世纪七八十年代,它是我国主要使用的裂化催化剂品种。采用的反应条件比较缓和。

3. RE – HY 型沸石

RE – HY 型沸石是指同时用氢离子和稀土金属离子置换得到的 Y 型沸石。H 型沸石含有较多的质子酸,但不稳定。金属型沸石稳定性好,但质子酸较少。根据 Venuto 等[14]和 Ward[15]的工作,每 6 个可交换的中心对 HY 来说最大可有 6 个质子酸中心生成,而 REY 最多只有 4 个,$Me^{2+}Y$ 就只有 3 个。为了在催化剂中引入较多的质子酸,以增加催化活性,可在金属离子交换时引入适量的 NH_4^+。引入的方式可以是金属盐溶液和 NH_4^+ 盐溶液按一定比例混合,然后和沸石进行交换;也可以是分别交换,交换温度一般在 80℃ 左右。试验发现,金属 – NH_4^+ 交换的沸石比金属型沸石有更好的活性。表 6 – 2 为 3 种金属及其对应的金属—H 型沸石的活性比较,试验还证明,当 La^{3+}/NH_4^+ 为 3.6 时达到最高点;La^{3+}/NH_4^+ 降低时活性下降。Charles 等[16]还发现,REHY 对邻二甲苯异构活性为 122,而 HY 仅为 49,Na^+ 对 REHY 的活性影响也是很大。一般工业催化剂,沸石中 Na 含量最好在 1.0% 以下。

表 6 – 2 金属分子筛与金属—H 型分子筛的比较[17]

分子筛类型	Ca – H	Ca	Mn – H	Mn	RE – H①	RE①
交换条件:82℃	26% $CaCl_2$,4~16h;2% $CaCl_2$ + 1% NH_4Cl,4~2h	Linde 10X	2% $MnCl_2 \cdot H_2O$ + 1% NH_4Cl,13d	2% $MnCl_2 \cdot 4H_2O$ + 1% NH_4Cl,4 次交换中间干燥共 14d	5% $RECl_3 \cdot H_2O$ + 2% NH_4Cl,2 次交换各 18h	5% $RECl_3 \cdot H_2O$,2 次交换各 12h
催化剂组成(%)						
Na	0.65	0.81	1.25	1.1	0.31	0.5
氧化物	10.9CaO	14.8CaO	6.8MnO	10.3MnO	23.5RE_2O_3	23.5RE_2O_3
Al_2O_3	34.9	32.6	22.1	19.5	—	—
SiO_2	52.1	40.2	6.3	61.0	—	—
评价条件	②	②	③	③	③	③
空速(h^{-1})	10	10	16	16	16	16
C/O	0.6	0.6	0.38	0.38	0.38	0.38
转化率[%(体积分数)]	65.3	24.9	61.9	26.7	60.9	49.9
C_{5+}汽油[%(体积分数)]	54.3	23.5	55.4	24.6	51.7	39.0
总 C_4[%(体积分数)]	13.2	3.1	11.3	4.4	12.5	11.1
干气(%)	6.1	1.6	4.8	2.2	5.6	5.6
焦炭(%)	3.7	1.8	0.9	0.4	2.3	2.9
H_2(%)	0.02	0.02	0.02	0.02	0.02	0.02

① 稀土。
② 100% 水蒸气,663℃,常压 20h。
③ 100% 水蒸气,649℃,0.1MPa(g),24h。

REHY 型沸石催化剂是在 REY 型催化剂的基础上降低了分子筛中 RE^{3+} 的交换量,而以部分 H^+ 代替,使之兼顾了 REY 和 HY 型沸石的优点。因此,REHY 型沸石催化剂在保持 REY

型沸石的较高的活性及稳定性的同时,也改善了反应的选择性。REHY 型沸石中的 RE 和 H 的比例可以根据需要来调节,从而制成具有不同活性和选择性的催化剂以适应不同的要求。

从 20 世纪 60 年代初开始,工业催化裂化催化剂就以稀土 Y 型沸石为主,通常都以 REY 为代表。但实际上纯 REY 是基本不存在的,确切地说都是 REHY,只是 RE/H 值有所不同。RE 比例高,沸石的稳定性较好,但活性、选择性稍差,特别是焦炭的产率相对较高。这大概是由于电磁场强度大,对反应分子的极化较强,过裂化和氢转移反应较高等原因所引起。因此,在沸石交换中,调节和控制 RE/H 的合适值是改善活性和选择性的重要手段。经过十多年的实践,至 20 世纪 70 年代,催化裂化催化剂的性能有很大的改进,其表现特征即是选择性的改进,以汽油产率的增加、焦炭产率的降低为标志。新的催化剂由于选择性好、焦炭产率低,达到同样的焦炭产率,转化深度可大大提高,从而使汽油的产率大幅度增加。

4. USY 型沸石

USY 型沸石是由 HY 型沸石经脱铝得到的具有更高硅铝比的超稳 Y 型沸石。USY 型沸石骨架有较高的硅铝比、较小的晶胞参数,其结构稳定性提高,耐热和抗化学稳定性增强。而且由于脱除了部分骨架中的铝,酸性中心数目减少,降低了氢转移反应活性,使得产物中的烯烃含量增加、汽油的辛烷值提高、焦炭产率减少。

1968 年,McDanniel 提出了 Y 型沸石超稳化工艺,将骨架铝在高温水蒸气条件下水解脱除,然后经高温焙烧使沸石内部无定形硅或骨架硅迁移或重组,形成骨架富硅的 Y 型沸石,通常称为 USY。以 NH_4Y 沸石为例进行阐述,它是将具有一定 Si/Al 的 NaY 型沸石,经过 NH_4^+ 盐溶液的多次交换,以脱出沸石中的钠离子而生成。用作 NH_4^+ 的铵盐有氯化铵、硫酸铵、硝酸铵等。NH_4Y 型沸石进一步高温焙烧至 500℃ 以上,将发生骨架脱铝,往往导致骨架结构损坏,无法达到脱铝的目的,一般需在 600~900℃ 高温下水蒸气处理 NH_4Y 型沸石,才能达到脱铝且稳定骨架结构的作用,这样经过高温水热脱铝路线所得产物即为 USY[18]。Scherzer[19] 认为,NH_4Y 型沸石经高温水蒸气处理脱铝成 USY,在脱铝后的 USY 中,铝主要以 3 种状态存在:(1)存在于 USY 骨架中;(2)存在于非骨架的六配位八面体铝;(3)以不同配位态铝存在于 USY 表面。Kerr 和 Shipman[20] 研究指出,水蒸气脱铝时对制备条件有严格的要求,如焙烧时床层深浅不同可得到截然不同的结果。Engelhardt 等[21,22] 进一步指出,脱铝度不仅与焙烧床层的厚度有关,而且与水蒸气分压有关;水蒸气分压越高,沸石骨架铝越容易脱除。

USY 型沸石催化剂在选择性方面具有明显的优越性,因而发展很快。但是由于其酸性中心数目有所减少,需要提高剂油比(例如达到 8 以上)来达到原料分子的较高转化率,且在再生时再生剂含碳量须降至 5% 以下。

自 20 世纪 80 年代中期起,USY 型沸石催化剂已经成为世界催化裂化装置主力催化剂,目前尚无其他催化剂替代其作用。未来催化裂化催化剂研究的一个重要问题是寻找新的沸石或任何其他的微孔结构材料,其性能优于 Y 型沸石。但至今尚未发现一种孔口大于 Y 型沸石,并且具有足够的裂化活性和好的水热稳定性的材料。由于较大的沸石孔口对重油裂化最为有效的假定至今尚未被证实,因此当前重油裂化催化剂的策略是:(1)采用最低晶胞参数的 USY 型沸石;(2)采用高沸石含量;(3)采用低稀土加入量;(4)控制基质对沸石的活性比值;(5)控制基质孔径分布;(6)考虑金属容留量和使用金属捕集剂及钝化剂。

二、分子筛在催化裂解工艺中的应用

催化裂解是在催化剂存在的条件下,对石油烃类进行高温裂解来生产乙烯、丙烯、丁烯等低碳烯烃,并同时生产轻质芳烃的过程。分子筛催化剂的存在,降低了催化裂解的反应温度,增加了低碳烯烃的产率和轻质芳烃产率,提高了裂解产品分布的灵活性。因此,催化裂解是分子筛非常重要的应用。

长久以来,丙烯等低碳烯烃的生产主要依赖于蒸汽热裂解工艺和催化裂化工艺。目前,国内约32%的丙烯来自蒸汽裂解生产乙烯的副产品,35%来自炼厂FCC工艺,约13%来自丙烷脱氢,20%来自煤化工等其他工艺(图6-1)。

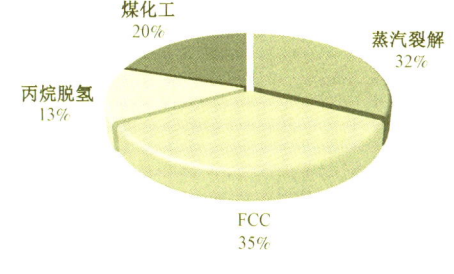

图6-1 目前工业丙烯主要的工艺来源

一般来说,催化裂解过程既发生催化裂化反应,也发生热裂化反应,是正碳离子和自由基两种反应机理共同作用的结果,但是具体的裂解反应机理随着催化剂的不同和裂解工艺的不同而有所差别。由于催化材料不同,裂解反应机理存在着差异,在Ca-Al系列催化剂上的高温裂解过程中,自由基反应机理占主导地位;在酸性分子筛裂解催化剂上的低温裂解过程中,正碳离子反应机理占主导地位(图6-2);而在具有双酸性中心的沸石催化剂上的中温裂解过程中,正碳离子机理和自由基机理均发挥着重要的作用。

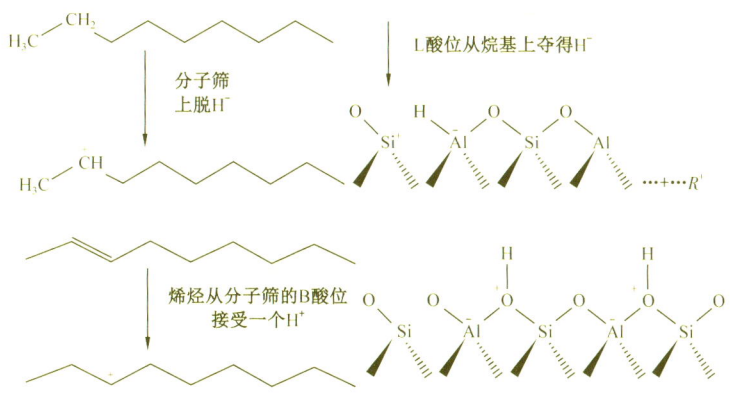

图6-2 催化裂解碳正离子机理

不同的催化剂不仅裂解产物分布不同,而且操作条件也有所差别。一般来说,催化裂解催化剂应具有高的活性和选择性,既可以保证裂解过程中生成较多的低碳烯烃,又要使氢气和甲烷以及焦炭的收率尽可能低,同时还应具有高的稳定性和机械强度。

提高丙烯、乙烯等低碳烯烃收率是催化裂解工艺的首要目标。分子筛作为催化剂的活性组分,就必须具备一定的择形催化功能,因此有着规整孔道结构的分子筛催化剂是催化裂解研究工作者的重要研究对象[23-26]。国内外有关催化裂解的研究常用微孔和中孔分子筛,如ZSM-5系列沸石作催化剂,以提高丙烯产率和丙烯与乙烯质量比为目的的不同含量、孔径、晶粒尺寸的磷改性 ZSM-5 沸石已被系统研究。结果表明,其对 C_4 烯烃裂解反应效果较好。过渡金属离子改性可提高芳烃选择性,碱金属改性可提高烯烃选择性,但催化活性降低。

1. ZSM-5 系列沸石

ZSM-5 沸石是 Mobile 公司于 20 世纪 70 年代初开发的一种三维择形分子筛,具有 MFI 结构,其包含两种孔道:一种为十元环直孔道,孔径为 0.51nm×0.55nm;另一种为 Zig-Zag 形十元环孔道,孔径为 0.53nm×0.56nm,如图 6-3 所示。该分子筛具有较强的异构化作用,可使线形、低辛烷值的烷烃、烯烃异构化为高支链化的高辛烷值烷烃、烯烃,因此 20 世纪 80 年代,ZSM-5 沸石作为提高汽油辛烷值助剂引入催化裂化工艺中。然而诸多研究发现在催化裂化条件下,ZSM-5 沸石裂化汽油馏分范围的烯烃或烯烃前身物生成 C_3、C_4 及 C_5 烯烃的能力较强[27],因而 ZSM-5 沸石成为催化裂解生产丙烯、丁烯的重要催化剂活性组分[27-30]。同时,ZSM-5 沸石具备可调变酸性以及较强的抗积炭性能,在催化裂解制低碳烯烃方面受到了越来越多的关注。

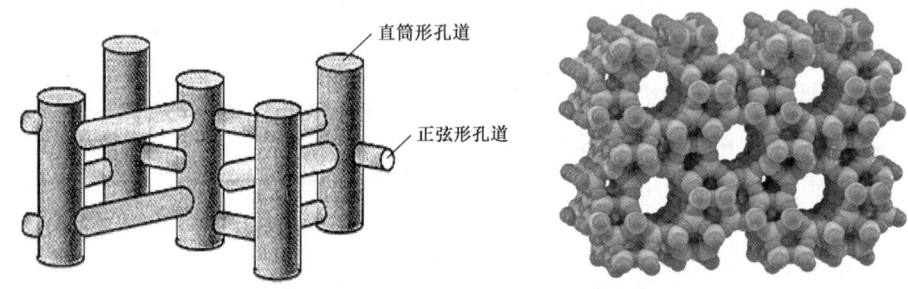

图 6-3 ZSM-5 孔道结构及原子成键立体结构

为获得更好催化性能、更高产品选择性的分子筛,人们对 ZSM-5 沸石进行了诸多改性研究。ZSM-5 沸石改性的方法很多,大致可以分为改变骨架硅铝比、阳离子交换和表面修饰等。

ZSM-5 沸石的骨架硅铝比与其反应活性以及选择性关系很大。骨架硅铝比高,其铝中心数少,造成酸性位数量少,因而裂化活性低,液化石油气(LPG)产率低,低碳烯烃产率也相应较低;相反,硅铝比如果较低,则 LPG 产率高。图 6-4 显示了 3 种含不同硅铝比 ZSM-5 沸石的助剂与 LPG 产率增量的关系[31],3 种分子筛硅铝比分别为 50∶1,400∶1 和 800∶1。由于 LPG 产率高,低碳烯烃的产率也就高。然而低碳烯烃中的丙烯丁烯比则有所不同;高硅铝比有利于丁烯的选择性。图 6-5 显示了 ZSM-5 沸石的硅铝比与丙烯丁烯比增量的关系。此外,硅铝比高,氢转移活性低,产物中的烯烃度较高,LPG 中的烯烃度也较高。但由于裂化活性较低,LPG 产率较低,丙烯、丁烯的总产率也就较低。由此可见,虽然高硅铝比具有较高的水热稳定性,可以减少汽油的再裂化,有利于提高汽油的辛烷值。但是过高的硅铝比 ZSM-5 沸石不适合增产低碳烯烃。Lu 等[32,33]研究表明,HZSM-5 沸石的酸性质受 Si/Al 和焙烧温度变化的影响,HZSM-5 沸石中 B 酸位和 L 酸位数量越多,催化活性就越高。随着 ZSM-5 沸石硅铝比的增加,催化剂酸性下降,重油转化能力随之降低。李晓红系统地考察了不同硅铝比 ZSM-5 沸石的催化性能,发现使用硅铝比为 38 的 ZSM-5 沸石作为催化裂解多产丙烯催化剂的活性组分,可以在获得较高丙烯收率的同时保证重油的充分转化[34]。当然,在不同的工艺条件下,ZSM-5沸石的硅铝比对低碳烯烃的产率影响并不一样,并不能将统一的硅铝比一概而论。需要在不同的工艺条件下,根据实际情况进行考察和研究。

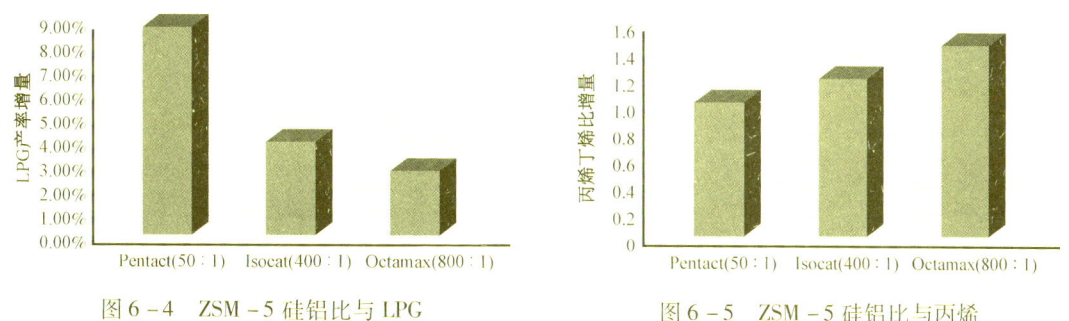

图6-4　ZSM-5硅铝比与LPG产率增量的关系[31]

图6-5　ZSM-5硅铝比与丙烯丁烯比增量的关系

为了适应原料的多样性或针对某一裂解体系,ZSM-5沸石还需要进行修饰改性,调整酸中心数目与强度,使之成为优良的裂解催化剂,同时为了使水热稳定性与分子筛反应活性达到合理的配置,研究者一般采用氟硅酸铵改性、磷处理以及沉积稀土氧化物等,主要目的是尽可能稳定骨架铝,如图6-6所示。表面修饰主要是在催化剂制备过程中的不同阶段,将改性组分通过浸渍等方法均匀分散在ZSM-5沸石上,利用相同或者不同的改性元素在不同化学环境下与分子筛表面之间相互作用调节分子筛骨架的电子云密度和分布以及表面酸性,进而改善ZSM-5沸石的物理化学性质和分子筛的反应性能,这是一种简单有效的改性方法,在催化剂研发和生产中广泛应用。

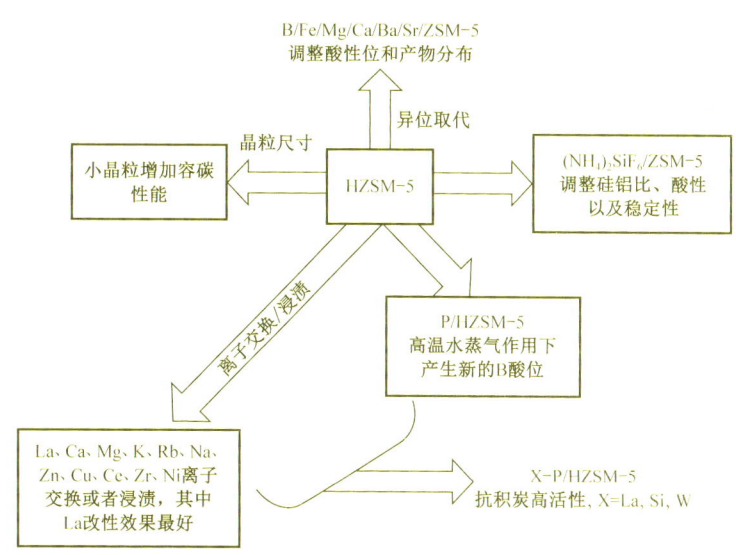

图6-6　ZSM-5沸石改性方法示意图

磷是常用于ZSM-5沸石的改性元素。众多研究表明,磷与ZSM-5沸石骨架中的羟基发生了化学作用,改善了催化剂的催化性能及水热稳定性;同时高负荷、高水比及适当增加磷的负载量,可以抑制烯烃裂解过程中氢转移反应的进行,有利于提高丙烯选择性[35-37]。Mobil 公司最早发现磷元素能改善 ZSM-5 沸石的水热稳定性。理论研究表明,磷酸可以与分子筛上的一个 B 酸位反应生成两个酸性的磷羟基,不仅增加了酸中心数目,而且还抑制了分子筛在水热条件下的骨架脱铝,提高了分子筛的酸保留度[38,39]。

$$\text{Al-OH} + \text{OH-P(=O)(OH)-OH} \longrightarrow \text{Al···O-P(=O)(OH)(O-Si)} + H_2O$$

分子筛中每一个 B 酸中心与磷酸分子反应生成两个酸性磷羟基,使沸石上酸中心数目有所增加。此外,由于磷的引入还可以抑制 ZSM-5 沸石骨架在水热条件下的脱铝作用,从而显著提高了沸石上的酸保留度,对转化率提高有所贡献。但是受 ZSM-5 沸石孔道的限制,较大的烃分子难以进入孔道内部与酸中心接触,而其外表面相对有限,故催化剂活性的提高主要体现在 LPG 产率大幅度提高,汽油产率有所下降,而柴油、重油波动幅度不大[40]。

P/ZSM-5 催化剂应用于 1-丁烯催化裂解反应,丙烯的选择性可达 39.4%,丙烯收率为 34.2%。杨小明和罗京娥[41]认为,采用磷氧化物对 ZSM-5 沸石的修饰改性不仅能够抑制它在水热条件下的骨架脱铝,还能延缓分子筛在水热过程中的晶系转变,保持结构的对称性,从而显著改善 ZSM-5 沸石的水热稳定性,而沸石的晶体形貌及孔体积等没有受到大的影响;磷氧化物改性后的 ZSM-5 沸石在 FCC 条件下具有更好的异构化能力,较好地提高了催化裂化汽油的辛烷值,特别是马达法辛烷值。Johnson 等[42]开发的用磷改性的高硅 ZSM-5 和/或 ZSM-11 的催化剂,在反应温度为 510~649℃,利用价值较低的炼厂或化工厂的副产物(C_4—C_7 的烯烃或烷烃的含量高于 30%)选择性裂化,产品中丙烯/乙烯可达到 3.0 以上,乙烯和丙烯的收率在 35% 左右。Zhao 等[43]选择 C_4 烯烃裂解为探针反应,采用 NH_3-TPD(程序升温氨脱附)、IR 等手段证明磷的加入增强了 HZSM-5 沸石的水热稳定性。另外,由于脱铝作用和部分强酸位消除,催化剂表现出了良好的抗结焦能力。柯明等研究了磷改性 ZSM-5 沸石催化剂催化裂解性能,研究表明在高温水蒸气处理过程中磷上的羟基能提供质子酸,使分子筛裂化性能得到有效提高,提高了分子筛催化裂解性能。他们认为这是由于磷进入由脱铝留下的位置,并与分子筛表面的铝原子键结合,抑制了分子筛骨架脱铝,对剩余的骨架铝起到很好的保护作用[44]。张晓华和施岩[45]通过以水热处理过的磷改性 HZSM-5 沸石为催化剂,催化重整石脑油为原料进行催化裂解反应,结果表明,水热处理过的磷改性 HZSM-5 沸石水热稳定性优于未改性的 HZSM-5 沸石,证明了磷改性 ZSM-5 沸石催化剂在催化裂解反应中具有较高活性和较高稳定性。催化裂解反应过程中选择适宜的工艺条件可有效地抑制副反应的发生。

当 ZSM-5 沸石上磷化物达到一定含量后,酸量达到最大值。磷含量进一步增加,沸石上部分磷会以 P_2O_5 形式存在,堵塞孔道,妨碍反应物和产物扩散;覆盖酸中心,使烃分子难以接近活性位,使重油产率略有回升,LPG 产率不再增加[40]。此外,P/ZSM-5 沸石催化剂转化率提高,同时焦炭产率下降。这是由于 ZSM-5 沸石的择形作用,焦炭的前驱物难以在孔道内形成,而 P 的引入进一步强化对其孔道结构的修饰。此外,P 引入还改变了 ZSM-5 上 B 酸和 L 酸的强度和相对量,使焦炭前驱物易于脱附和扩散,减轻了聚结生焦作用。L 酸中心数相对减少可降低脱氢作用。谢有畅和唐有祺[46]指出,ZSM-5 沸石的 P_2O_5 分散容量为 21%,而柯明等[44]认为磷改性 ZSM-5 沸石中 P_2O_5 含量会影响其相对结晶度,且不同硅铝比的磷改性 ZSM-5 沸石分别有一最佳 P_2O_5 含量,基本上遵循硅铝比增加,最佳 P_2O_5 含量降低的规律。

大量催化研究工作成果表明,经碱土金属、稀土金属和部分过渡金属元素修饰后的 ZSM-5 沸石则可明显提高低碳烯烃的选择性,同时能够保持分子筛的热稳定性和水热稳定性,保持分子筛的结晶度[47-52]。从理论上,稀土金属对 ZSM-5 沸石的改善原因是多方面的:一是 RE^{3+} 的加入增强了 HZSM-5 沸石的热稳定性,RE^{3+} 与 HZSM-5 沸石孔道中的氧原子发生配位。进行热处理时,骨架脱铝受到限制,减弱了酸量的降低。二是分子筛骨架中硅羟基和铝羟基由于 RE^{3+} 的引入而被极化,因此分子筛骨架的电子云密度增加,酸中心的强酸量增加。由于 RE^{3+} 中 f 电子空轨道的存在,L 酸量也随之增加。总的结果导致 RE^{3+} 引入 HZSM-5 沸石后总酸量增加。

在众多能够改善催化裂解催化剂性能的稀土元素中,镧的应用最为广泛。日本工业科学和技术研究院报道了稀土金属修饰的 ZSM-5 沸石催化剂在裂解轻石脑油时的性能,研究表明,在 P/HZSM-5 沸石的基础上,La_2O_3 改性的 P/HZSM-5 沸石表现出了很好的催化性能,在催化裂解石脑油时,乙烯和丙烯的总收率接近 60%[53]。任丽萍等[54]发现,La 改性后 ZSM-5 沸石的表面酸性发生了变化,导致催化剂活性发生变化,少量 La 的引入使催化剂表面酸量减少,降低了烯烃转化率,但是分子筛催化剂骨架结构没有因为 La 的引入而遭到破坏。除了单独使用 La 改性外,不同金属离子协同改性也是研究的重点。李成霞等[55]用 Ag^+、La^{3+} 共同改性 ZSM-5 沸石,两种金属离子的相互作用使得不同改性顺序对催化剂低碳烯烃的选择性产生较大的影响,先交换 Ag^+ 再交换 La^{3+} 得到的分子筛的性能较好。

由于稀土元素具有促进氢转移反应的特点,往往导致较高的焦炭产率,而磷元素在改善催化剂强度和降低焦炭产率的同时会导致干气收率增加。为了在提高 ZSM-5 沸石水热稳定性的同时,尽可能地降低焦炭和干气的产率,可以采用稀土—磷联合改性的方式。朱玉霞和汪燮卿[56]认为 P-La 复合组分可以有效地保护分子筛结构,相对提高催化剂的活性;改性催化剂的 B 酸/L 酸值增大,从而在降低催化反应的焦炭选择性的同时仍保持较高的丙烯选择性。刘从华等[57]对分子筛进行稀土—磷复合改性,增强了分子筛孔道内的酸性中心,而表面活性中心在磷和稀土相互作用的改性中得以减少和弱化。这种修饰作用可以引导更多的烃分子进入分子筛孔道中进行反应,减少烃分子在分子筛表面反应的概率。Xue 等[58]用掺杂 W 的方法得到了 W-P/HZSM-5 催化剂,实验证明 W、P 和 HZSM-5 沸石三者之间存在协同催化效应,因此表现出良好的丁烯裂解制丙烯性能。除浸渍法外,对 ZSM-5 沸石进行离子交换也是一种重要的修饰方法,Wakui 等[59,60]用 Mg、Co、La 的金属氧化物和碱土金属离子对 HZSM-5 沸石进行改性研究,NH_3-TPD 表明催化剂中的强酸位转化成了弱酸位,并认为在这些弱酸位上发生了脱氢裂解,抑制了烯烃氢转移反应的发生,因此提高了低碳烯烃的选择性和收率。

除 La 以外,研究者们也对其他碱金属及稀土金属元素对于 ZSM-5 沸石的改性作用进行了系统的尝试和研究。刘鸿洲和汪燮卿[61]对比了 6 种金属对 ZSM-5 沸石生产乙烯、丙烯性能的影响情况,结果表明,不同金属交换的 ZSM-5 沸石乙烯选择性的顺序是 Ag > Cu > Ti > Cr > H > Mn > Co,丙烯选择性由高到低的顺序是 H > Ti > Cr > Mn > Cu、Ag > Co。由此可见,对于生产乙烯,金属改性是有效的,尤其是 Ag;而对于丙烯而言,ZSM-5 沸石经金属改性后对其选择性反而变差。分子筛上的金属和金属氧化物催化剂一样,都是通过发生氧化还原反应,给予或接受电子,使正碳离子或烃分子得到或失去电子,变成自由基,再断裂生成乙烯。刘鸿洲和汪燮卿[61]认为,这正是 ZSM-5 沸石经金属改性后乙烯收率得以提高、丙烯收率反而下降的原因。另外,Tsunoda 和 Sekiguchi[62]也认为对 ZSM-5 沸石进行 Ag 改性可以有效提高乙烯收率。以含 20% C_4—C_{12} 烯烃的烃类为原料,用含 Ag 改性 HZSM-5 沸石的催化剂反应,乙烯和丙烯的总收率可达 35% 左右。对于 Ag 的这种特性,刘鸿洲等认为是由于 Ag 对烯烃和氢气的吸附在过渡金属中最弱而导致的。徐虹和贾修伟[52]研究发现,经水热处理与稀土改性相结合所得到的 ZSM-5 沸石对 C_{12} 烷烃的裂化有着良好的催化性能。李明慧等[63]则认为,HZSM-5 沸石经稀土金属化合物改性后对二甲苯的选择性明显提高。另外,稀土氧化物易与钒反应生成稳定的钒酸稀土,可明显提高催化剂的容钒能力,起到保护分子筛结构的作用,减缓催化剂活性的下降速率[64]。

稀土金属改性分子筛在国内已经广泛应用。中国石化石油化工科学研究院(RIPP)[65]研究合成了同时含有磷和稀土的 MFI 型分子筛 ZRP。这类分子筛在苛刻水热条件下处理时,具有良好的结构稳定性,又具有特别优异的水热活性稳定性,在催化裂解等烃类转化技术中显示出良好的择形催化性能。ZRP 分子筛含有的稀土元素在分子筛晶格内起到稳定骨架结构的作用,使分子筛在水热条件下保持晶格结构的完整性,从而抑制或减缓分子筛的脱铝失活过程。稀土元素的引入使 ZRP 分子筛的孔径比 HZSM-5 沸石更窄,并具有二次孔。孔径较大的二次孔为裂化原料油中的大分子烃类提供一定的裂解空间,从而提高了重质油转化能力。由于含有磷和稀土,与 HZSM-5 沸石相比,ZRP 分子筛的活性和水热稳定性都有了很大提高。以 ZRP 和 HZSM-5 沸石为活性组分的催化剂,在转化率相同的情况下,前者的低碳烯烃收率比后者增加了 4.6 个百分点。利用这种沸石制备的 CRP、CEP 等多种类型的催化剂已经实现了工业应用,能显著提高催化裂化或裂解过程中低碳烯烃的收率[50]。

碱性金属元素可以有效地降低 ZSM-5 沸石酸性,从而降低其氢转移活性,从而对其烯烃选择性有所提高。中国科学院大连化学物理研究所[66,67]的研究表明,K、Ba 改性的 ZSM-5 沸石显示了较高的烯烃选择性,增加 K 含量,烯烃选择性显著提高,但也明显降低了催化剂的活性;提高 Ba 含量,也可提高催化剂的烯烃选择性,而且对活性影响不大。

除此之外,也有研究表明,Fe、Cr 等元素也对 ZSM-5 沸石酸性及烯烃选择性有所改善。Lu 等[68,69]认为微量的 Fe 或 Cr 有助于更好地调节 HZSM-5 沸石的酸量和酸强度,因此可获得较高的乙烯和丙烯收率。中国石油大学重质油国家实验室[70]研究发现,HZSM-5 沸石添加脱氢金属元素可使烷烃转化为烯烃,从而提高丁烷的催化裂解性能,Fe 改性 HZSM-5 沸石的乙烯收率最大为 28.7%,丙烯收率最大为 32.4%。另外,研究报道这方面效果较好的改性金属还有 Zn、Co[71]、Ga[72]等。

2. 其他分子筛

Beta 沸石是一种具有三维通道结构 12MR 的中孔高硅分子筛,其孔道为 0.73nm ×

0.55nm，介于 MFI 型沸石与 Y 型沸石之间，硅铝比一般比较高，结构如图 6-7 所示。为了提高重油催化裂解低碳烯烃选择性，Li 等[73]在微型反应器装置上以大庆重油、癸烯、癸烷为原料，在 625℃条件下研究了大孔分子筛对低碳烯烃选择性的影响。大孔分子筛选取 REUSY、H-Beta 和 4 种不同孔径的碱处理 H-Beta。增加大孔分子筛的量，乙烯、丙烯收率先增大后减少，当 ZSM-5 与 RE-USY 或与碱处理 H-Beta 最佳配比时，乙烯、丙烯总收率分别达到最高值 24.5%（质量分数）和 26.7%（质量分数）。而且增大大孔分子筛孔径也会提高低碳烯烃收率。当总孔体积达到 0.452cm³/g 时，碱处理 H-Beta 上乙烯+丙烯收率最高。

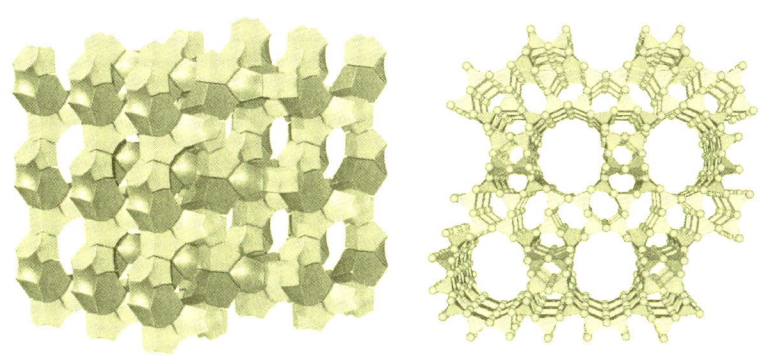

图 6-7 Beta 沸石立体结构

但是由于在 Beta 沸石合成中必须使用昂贵的有机模板剂四乙基氢氧化铵，与 Y 型沸石和 MFI 型沸石相比，Beta 分子筛的生产成本很高。尽管我国已在开展低成本 Beta 沸石合成技术的探索研究，但是，若将其真正用于裂化催化剂配方中，尚需进一步大幅度降低生产成本。

张强等[74]以 MOR 和 ZSM-5 两种沸石作为活性组分制备催化裂解多产丙烯催化剂，在重油微反装置上以大庆减压蜡油为原料，考察催化剂中 MOR 和 ZSM-5 协同对丙烯收率和丙烯乙烯质量比的影响规律。结果表明，在载体总量不变时，MOR 的加入能够明显降低乙烯收率，同时保持丙烯收率不变，使丙烯乙烯质量比提高 0.2。在此基础上对 MOR 进行 Ag 改性，与未改性的催化剂相比，丙烯收率增加 1.6%，丙烯乙烯质量比增加 0.2。

中国石化石油化工科学研究院[50]采用 REY 沸石作晶种，异晶导向直接合成制得晶体内含稀土元素和磷、骨架由硅铝元素组成的 ZRP-1 高硅分子筛。该分子筛晶粒中存在两种孔道体系，除了一类比常规 ZSM-5 更窄的微孔外，还有一类孔径约为 4nm 的中孔体系。这类分子筛在苛刻水热条件处理时，具有良好的结构稳定性，又具有特别优异的水热活性稳定性，在催化裂解等烃类转化技术中显示出良好的择形催化性能。ZRP-1 分子筛含有稀土元素和磷元素。稀土元素在分子筛晶格内起到稳定骨架结构的作用，使分子筛在水热条件下保持晶格结构的完整性，从而抑制或减缓分子筛的脱铝失活过程。稀土元素的引入使 ZRP-1 分子筛的孔径比 HZSM-5 沸石更窄，并具有二次孔。孔径较大的二次孔为裂化原料油中的大分子烃类提供一定的裂解空间，从而提高了重质油转化能力。与 HZSM-5 沸石相比，在 FCC 过程中将 ZRP-1 分子筛用于辛烷值助剂和烯烃生产时，ZRP-1 分子筛具有优良的水热活性稳定性，可在提高汽油辛烷值和生产低碳烯烃的催化剂中应用。

以重油为原料的催化裂解工艺，一般采用循环流化床反应器，为获得较高的经济效益，催化裂解催化剂需要在保证重油转化的基础上,兼顾低碳烯烃和优质汽柴油的生产。在石油资源供应日趋紧张,市场对乙烯、丙烯需求大幅增加的背景下,催化裂化制乙烯、丙烯技术不断向提高原料转化率和目的产物选择性、降低生产成本的方向发展。催化剂始终是该过程的核心,因此各类催化裂化制乙烯、丙烯催化剂的研发也顺应这一大趋势。

应用于烃类催化裂解的分子筛除研究最为广泛的 ZSM-5 沸石外,还包括镁碱沸石、丝光沸石、ZSM-11、ZSM-12、ZSM-23 和 MCM-22 等[75-80]。其中,制备方法和合成条件是影响这些分子筛性能的重要因素。朱向学[81]对 Y、Beta、MCM-22、ZSM-5、ZSM-23、ZSM-22、ZSM-35 和 SAPO-34 这 8 种分子筛的特征及在碳四烯烃上的反应性能进行比较。结果发现,分子筛的孔结构和硅铝比影响碳四烯烃的转化率和选择性。孔径小,氢转移反应受到抑制,故烯烃选择性高。样品的稳定性很大程度上受分子筛的孔结构和酸性的影响,其中 ZSM-5 沸石的稳定性最好,其次为 MCM-22。

与 ZSM-5 沸石属于同一族的 ZSM-11 沸石也是众多研究者作为催化裂解潜在催化活性组分的重点考察对象,其骨架结构如图 6-8 所示。于等人制备了不同硅铝比(SiO_2/Al_2O_3 = 35,50,65)的 ZSM-11 沸石,并将其作为活性组分制备裂解催化剂,在固定床微型反应器上考察其重油转化性能,并与常规裂解催化剂(ZSM-5 沸石为活性组分)进行对比。XRD 物相分析表明,所合成的不同硅铝比的 ZSM-11 沸石物相单一并具有较高的结晶度;SEM 和低温氮吸附数据则证明了插接形貌和介孔结构的存在。酸性表征表明,ZSM-11 沸石具有类似于 ZSM-5 沸石的酸分布。应用于重油转化过程,ZSM-11 沸石表现出比 ZSM-5 沸石更强的重油转化能力和更高的轻油收率;虽然液化石油气收率较低,但是对低碳烯烃($C_3^=$、$C_4^=$)的选择性却较高。选取酸性质类似的 ZSM-11 沸石和 ZSM-5 沸石制备裂解催化剂,进行老化处理之后在固定流化床上进一步对比二者的活性。结果表明,ZSM-11 沸石表现出对高附加值产品明显优于 ZSM-5 沸石的选择性,即较高的低碳烯烃选择性($C_3^=$—$C_4^=$)和较高的轻油(汽油 + 柴油)收率。尤其是汽油中苯含量远远低于 ZSM-5 沸石催化剂得到的裂解汽油,说明该材料更有利于生产清洁汽油[83,84]。

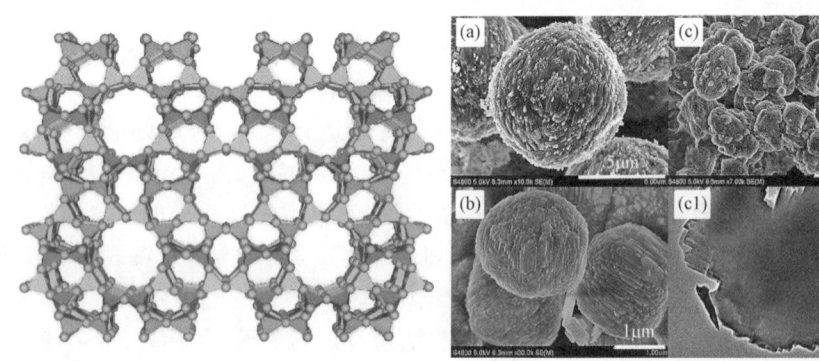

图 6-8 ZSM-11 分子筛结构与 SEM[82]

MCM-22 沸石是 Mae 等[85]于 1990 年首先合成的,相互独立的 12MR 超笼和 10MR 孔道构成了分子筛的孔道,从而使 MCM-22 沸石表现的纯烃裂化性能介于 10MR 的 ZSM-5 沸石和 12MR 的 Beta 沸石之间,更接近 Beta 沸石[86],参考图 6-9。由于反应物在 MCM-22 沸石具有的 10MR 开口超笼中扩散困难,容易发生氢转移反应[87,88],加之该分子筛的酸性弱,因此用作重油催化裂化的助辛剂[89]或用以裂解丁烯或汽油馏分烯烃生产丙烯。对于 MCM-22 沸石裂化 C_4 烯烃生产丙烯,赵国良等[90]的实验结果表明,高硅 MCM-22 沸石(SiO_2/Al_2O_3 74.2)的丙烯收率和选择性低于 ZSM-5 沸石,但高硅 MCM-22 沸石却表现出优于 ZSM-5 沸石的稳定性。随着反应时间延长,ZSM-5 沸石和 MCM-22 沸石的转化率均缓慢降低,ZSM-5 沸石的转化率高于 MCM-22 沸石;反应 80h 后,ZSM-5 沸石转化率的下降速度加快,而 MCM-22 沸石变化不大;反应 105h 后,ZSM-5 沸石的转化率低于 MCM-22 沸石。笔者分析认为,由于反应 80h 后 ZSM-5 沸石上的积炭堵塞了孔口,其反应活性骤降,而 MCM-22 沸石具有 12MR 的超笼结构,积炭只是覆盖酸中心,活性缓慢降低。关于 MCM-22 沸石和 ZSM-5 沸石裂化丁烯稳定性的差异,Zhu 等[91]也进行了研究,两种分子筛反应 14h 的对比结果显示,高硅 ZSM-5 沸石(SiO_2/Al_2O_3 350)的转化率一直高于 MCM-22 沸石,这和赵国良得到的 105h 前的规律一致,同时也说明文献[92]由于考察的反应时间长,所得结论更准确。Zhu 等[81]和 Bortnovsky 等[76]分别对各种类型分子筛裂化丁烯、戊烯生产丙烯的性能进行了对比、总结,研究发现分子筛孔道结构在烯烃裂化中起关键作用,孔径越小,生成丙烯的选择性越高。研究发现,采用一步法合成得到的高硅 MCM-22 沸石,其 Si/Al 具有更大范围的可调性,同时可显著降低丙烷和芳烃的数量[93]。实际上,HMCM-22 沸石的催化性能在很大程度上取决于反应条件,合适的反应条件可以有效抑制副反应的发生,同时可提高乙烯和丙烯的选择性,但是随着反应时间的延长,其活性和稳定性明显不如 ZSM-5[91]。

Plank 等 1978 年首先合成了 ZSM-23 沸石[94],该沸石是一种十元环的中孔分子筛,孔径为 0.44~0.45nm,具有近乎平行的一维孔道结构,如图 6-9 所示。中国科学院兰州化学物理研究所[95]也研究了 ZSM-23 沸石裂化 C_4 烯烃的性能,实验结果表明,以含 90.8% 的 C_4 烯烃为原料,在 600℃ 下,采用固定床反应器,水热改性后的 ZSM-23 沸石催化剂的乙烯收率达 19.2%,丙烯收率达 40.2%,C_4 烯烃转化率达 85%。而且他们[80]还发现 ZSM-23 沸石同样具有较好的裂化丁烷生产乙烯、丙烯的性能。在 600℃、空速为 3000mL/(h·g) 时,ZSM-23 沸石裂化丁烷的转化率为 88.9%,乙烯和丙烯收率分别为 41.9% 和 14.1%。另外,他们在文献中指出,对于 2-丁烯和丁烷,低硅铝比的 ZSM-23 沸石都表现出较高的转化率及乙烯、丙烯收率[77,80]。与 ZSM-23 沸石相比,ZSM-5 沸石的酸中心数量大于 ZSM-23 沸石的,因此同条件下,ZSM-5 沸石的丁烯转化率高于 ZSM-23 沸石的[81]。然而,ZSM-23 沸石的孔径比 ZSM-5 沸石的小,在 ZSM-23 沸石孔道中正碳离子和酸性位的相互作用力大,因此 ZSM-23 具有了比 ZSM-5 沸石高很多的乙烯、丙烯选择性。然而,ZSM-23 沸石丁烯裂化的稳定性不如 ZSM-5 沸石高,这应该是由于 ZSM-23 沸石的孔径小,极易生成焦炭堵塞孔口而失活[96]。

Castaneda 等[97]采用新的合成方法得到 Al-ITQ-13,证明了直接合成的 Al-ITQ-13 比间接合成的 Al-ITQ-13 具有更好的催化活性和更高的酸量,其酸强度甚至高于常规的 ZSM-5 沸石。Liu 和 Pinnavaia[98]以淀粉作为致孔剂制备得到了纳米级铝硅酸盐,认为该催化剂具有良好催化活性和水热稳定性的原因在于催化剂具有一定厚度的孔壁,而且孔壁上存在着质子化的沸石纳米团簇。在各种合成条件对分子筛催化性能的影响因素中,Si/Al 的变化作用更为明显。Zhao 等[99]发现 Si/Al 是影响 ZSM-48 结晶度和纯度的关键因素,低 Si/Al 的 HZSM-48 沸石由于其适宜的酸量,因此可以获得更高的丙烯收率。Xu 等[100]证明了当 Y 沸

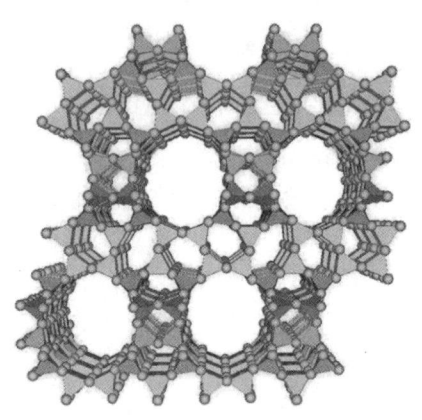 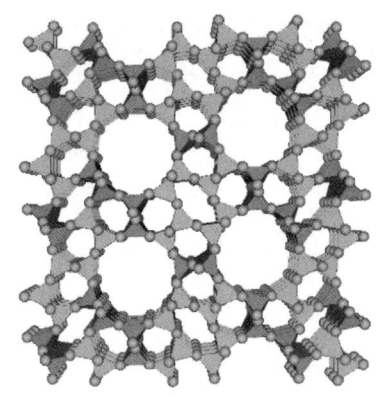

图 6-9　MCM-22 和 ZSM-23 分子筛结构

石中 Si/Al = 5 时,催化剂活性的提高是由于生成了较多的孤立 B 酸位。同 ZSM-5 沸石一样,通过对其他分子筛的修饰改性也可以提高催化剂的催化活性和稳定性。用 La^{3+} 交换修饰的 ETS210 比 ETS210 本身表现出了更好的热稳定性和水热稳定性,Li 等[101]认为这是因为镧羟基迁移进入了分子筛的孔道或者充当了有助于稳定 ETS210 结构的电荷平衡离子;与铵交换的 ETS210 相比,正十六烷转化率的增加是由于 La^{3+} 能够充分极化吸附的烃类物质。磷酸铝系列分子筛经稀土金属离子交换和水热处理后,其催化活性和稳定性也都有了提高,且更有利于丙烯选择性的提高[102,103]。此外,分子筛的孔结构和反应条件对催化剂的性能也能构成影响。孔径较小的十元环分子筛(ZSM-22、ZSM-23 和 ZSM-35)和 SAPO-34 在催化裂解 C_4 烯烃过程中表现出较高的乙烯和丙烯选择性,孔径较大的分子筛(Y 和 Beta)则表现出相当低的双烯选择性[81]。Chen 等[29]发现,当采用孔径小于 0.7nm 的高硅沸石(ZSM-21、ZSM-38 和 ZSM-48 等)作为催化剂时,产物中丙烯的选择性可超过 50%。

　　催化剂作为反应中反应物的媒介,如果能保持恒定的活性,那么将是非常理想的催化剂,但是一般非均相催化剂的工业应用都不会保持稳定的活性,都会经历活性降低。催化剂活性下降,伴随着转化率或产品分布的恶化,这种活性下降与原料性质、操作条件的苛刻度以及环境状况等因素有关,当然也和催化剂本身的活性稳定性有关。就反应动力学而言,在稳态下,即活性稳定的过程,其反应速率仅取决于操作条件;但对于活性衰退的过程,即非稳态下的动力学,反应速率则随着活性的衰退而下降。失活本身又与多种因素有关,是个复杂的物理化学过程。在研究这类反应动力学时,必须建立描述失活的动力学方程,得到活性、反应速率和时间之间的定量关系,才能合理地选用催化剂和确定操作条件,提高装置的经济效益。

　　多种因素能使催化剂失活,催化剂的烧结或水热失活是催化裂解催化剂重要的失活因素。催化剂的基质或活性组分由于温度增加而出现半熔、烧结、晶粒长大、晶体结构破坏以及活性组分丧失等情况,造成活性逐步衰退,称为固态变换。固态变换为不可逆过程。烧结和晶体结构破坏(再结晶和其他形式的结构重排)是固态变换的两个主要问题。它们导致催化剂的比表面积减小、孔隙度减小以及活性中心的数目减少。通常用载体、基质和晶体结构所能承受的温度上限来表示催化剂抗固态变换的稳定指标。早在 1923 年,Tammin 和 Masouri 就已说明了烧结作用在固体熔点的 1/2 附近开始发生。Huttig 经实验指出温度达熔点 1/3 时,表面扩散变得显著。因此,可以认为烧结起始于熔点的 1/3~1/2。当然还应指出某些气体对烧结起始温度有重要影响[104]。在许多系统中,水蒸气尤其具有不良影响,如加速了 Al_2O_3 的烧结[105],有助于 SiO_2 以氢氧化物形式升华[106]。对于无定形硅铝裂化催化剂水蒸气作用下的热失活——通称水热失活,比单纯的热失活更为严重,因而限制了再生温度不能超过 630℃。

催化裂解剂在高温水蒸气作用下,分子筛上的骨架四配位铝会水解生成 $Al(OH)_3$ 脱离骨架形成铝合物碎片[107],这些非骨架铝会覆盖分子筛内外表面部分强酸中心[108],使分子筛的酸量降低,催化性能变差。早期的工业生产实践表明,ZSM-5 沸石的水热稳定性不好,在催化裂化水热条件下容易失活。张惺等[109]对高温水热条件下 ZSM-5 沸石骨架脱铝及酸性情况进行了研究,发现随着水热处理温度升高,ZSM-5 沸石的骨架脱铝量增加,但骨架脱铝存在一极限值,而且不同硅铝比的 ZSM-5 沸石随水热处理温度升高而表现的骨架脱铝规律有所不同。另外,笔者还认为 ZSM-5 沸石上有一类骨架铝较易脱除,另一类骨架铝较稳定,只有在更高温度下处理时才开始离开骨架,可能还存在一类骨架铝,即使在苛刻的水热处理条件下也不能脱除。文献[110,111]认为,水热处理后 HZSM-5 沸石的弱酸量相对增加。然而,吴治国和张玉兰[112]以及何农跃和施其宏[113]对 Y 型沸石的研究结果表明,水热处理后强酸与总酸的比值呈上升趋势,即在总酸量中强酸所占比例增多。虽然上述文献分别针对 ZSM-5 和 Y 两种沸石,但这两类沸石都是硅铝体系分子筛,水热脱铝规律应该一致,根据 Dempsey[114]、Mikovsky 和 Marshall[115]提出的分子筛酸强度与铝原子在骨架中分布的假设,分子筛水热脱铝后硅铝比提高,强酸比例应该增加。另外,文献[112]还指出,当水热处理时间一定时,升高温度,分子筛的酸量先明显下降,当温度大于 800℃时,酸量的下降幅度有所减缓。这些规律应该对寻求改善 ZSM-5 沸石催化剂水热稳定性的方法有较大的指导意义。

由于 ZSM-5 沸石的硅铝比远高于一般的 Y 型沸石,其骨架稳定性也就较好。但是 ZSM-5 沸石催化剂在实际应用中,在再生器内的水蒸气气氛下也会发生脱铝作用。随着 ZSM-5 沸石在反应系统内停留时间的延长,它的催化作用特性逐步发生变化。在它的寿命期内,其作用大致可分为 3 个阶段,如图 6-10 所示。从图 6-10 中可以看出:(1)新鲜的 ZSM-5 沸石硅铝比低,酸中心多,裂化活性强,可以裂化 C_7 以上的烷

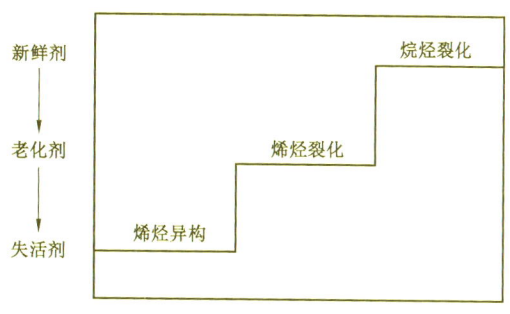

图 6-10 ZSM-5 沸石老化过程的主要反应特性[116]

烃,异构化和裂化 C_6 以上的烯烃,并具有一定的氢转移活性,生成异构烷烃和异构烯烃,液化石油气和 C_3、C_4 烯烃产率高;(2)多次循环后 ZSM-5 沸石逐步老化,酸性逐步减少,裂化烷烃的能力下降,但有足够的酸性可裂化烯烃,因为烯烃裂化速率在催化裂化条件下比烷烃的要快 2~3 个数量级,同时烯烃异构化;(3)经过几百上千个循环以后,ZSM-5 沸石硅铝比大幅提高,酸性大幅降低,其特性相当于 Octamax 含高硅铝比 ZSM-5 沸石的助剂($SiO_2/Al_2O_3 > 500$),此时 C_3、C_4 烯烃产率降低,但烯烃异构化反应仍然很强,因为烯烃异构化反应的速率又大于烯烃裂化速率几个数量级[116]。

随着水热处理温度升高,HZSM-5沸石中的非骨架铝碎片含量不是一直增加,而是存在极限值[109]。水热处理后的 HZSM-5 沸石中强酸量占总酸量的比例增加[112,113]。当水热处理时间一定时,沸石的酸量先随温度升高明显下降,温度超过 800℃ 后沸石酸量的下降幅度减缓[112]。

由此可见,高硅铝比具有较高的水热稳定性,可以减少汽油的再裂化,有利于提高汽油的辛烷值。但是不适合增产低碳烯烃。为了提高 ZSM-5 沸石的水热稳定性,研究者探索了各种稳定化处理技术,氟硅酸铵改性、磷改性和稀土金属改性等是其中的一些措施,目的是尽可能地稳定骨架铝。氟硅酸铵改性不但不会破坏 HZSM-5 沸石的骨架结构,而且能起到疏通催化剂孔道的作用,使催化剂平均孔径增大。经过氟硅酸铵处理的样品 L 酸强度降低,B 酸强度提高,相对结晶度也有了明显提高,可能是氟硅酸铵洗脱了催化剂中部分无定形物种所致,或者与沸石中原有的晶格缺陷被氟硅酸铵产生的单体硅填补有关[117]。改性分子筛孔径增大的原因主要在于氟硅酸铵可以水解生成 HF,从而溶解掉催化剂孔道间的部分无定形氧化铝[118,119]。碳四烯烃裂解反应结果表明,氟硅酸铵改性可使催化剂的催化性能得到改善,其活性稳定性、水热稳定性及丙烯收率都得到了一定程度的提高[118]。

3. 典型的催化裂解催化剂工业应用

催化裂解的主要目的是多产低碳烯烃,但是如果仅仅依靠催化剂的作用,低碳烯烃的产率提高是有限的,即使提高操作条件苛刻度,也不可能达到理想效果。如果要较大幅度增产低碳烯烃,需要有反应工艺上的创新,同时开发与其配套的催化剂。

催化裂解催化剂的技术含量高、研发费用高,具有规模化生产效益,世界上催化裂解催化剂的研发生产机构比较集中。目前,主要集中在 Davison、Engelhard、Albemarle(原 AKZO 公司)、日本触媒化成株式会社(CCIC)、中国石化和中国石油等几个主要公司。国内以中国石化石油化工科学研究院为主要的研发机构,近年围绕多产低碳烯烃,开发了具有国际影响力的 FCC 家族工艺技术和配套催化剂技术。催化剂技术主要在国内兰州石化、齐鲁石化和长岭炼化三大 FCC 催化剂厂家进行工业化开发,国内这三大 FCC 催化剂厂家各具有一定的研发能力,其中兰州石化具有较强的独立研发能力;其他研发机构包括中国石化洛阳工程公司、中国石油大学、中国科学院大连化学物理研究所、浙江大学等,从事催化裂解催化剂和催化新材料的开发。

多年来,在世界各大炼油及化工企业巨大需求的推动下,催化工作者们对催化裂解催化剂不断地推陈出新,为一系列新研发的工艺研发出配套催化剂。

日本在通产省、工业技术院和化学工业协会(JCIA)等机构的组织协调下,对催化裂解技术进行了有计划的系统研究,对不同种类催化剂上催化裂解的反应机理进行了探讨,取得了一批有意义的成果。日本旭化成工业公司开发了两种用于轻烃催化裂解的催化剂:添加有机过氧化物的中孔径硅酸铝沸石催化加载剂和含 Fe(质量分数为 0.01%~1%)的中孔径(0.5~0.65nm)硅酸铝沸石催化剂。与传统的蒸汽裂解工艺相比,旭化成工业公司的催化裂解工艺具有比传统蒸汽裂解工艺高的丙烯乙烯质量比和高的芳烃产率。日本丸善石化公司与日本产业技术综合研究所(AIST)的东北中心开发了一种反应温度约为 600℃ 的石脑油催化裂解工艺,可大幅度节省能源,可较大幅度提高丙烯收率[120]。

2003年,著名催化剂公司 Grace Davison 公司宣告已可以工业化生产多产丙烯的 FCC 催化剂。基于 IMPACTTM 技术平台[121],开发的催化剂牌号是 $AP_{PMC}-140$、$AP_{PMC}-150$ 和 $AP_{PMC}-200$。Grace Davison 公司的多产丙烯催化剂使用了该公司专有的分子筛和基质技术,不仅多产丙烯,而且有良好的焦炭选择性和塔底油裂解能力、高的抗重金属污染能力。以重油为原料,$AP_{PMC}-140$ 的丙烯产率为15%,$AP_{PMC}-150$ 的丙烯产率达18%;以轻油为原料,$AP_{PMC}-200$ 的丙烯产率达到22%(表6-3)。

表6-3 Grace Davison 公司催化裂解催化剂产物分布对比

催化剂	常规FCC	常规FCC+ZSM-5	$AP_{PMC}-140$	$AP_{PMC}-150$	$AP_{PMC}-200$
原料类型	重质	重质	重质	重质	轻质
Ni+V(μg/g)	5000	5000	5000	5000	<100
反应温度(℃)	535	535	550	565	565
转化率[%(质量分数)]	80	80	80	85	85
丙烯[%(质量分数)]	5	9	15	18	22
丁烯[%(质量分数)]	8	10	14	12	17
汽油[%(质量分数)]	52	46	36	32	28
柴油+重油[%(质量分数)]	20	20	20	15	15

除了催化裂解催化剂外,Grace Davison 公司还研发出催化裂解多产丙烯的助剂,有 OlefinsMax™[122] 和 OlefinsUltra™[123] 两个牌号。前者 ZSM-5 沸石的含量为25%,工业应用表明,与相同沸石含量的对比剂比较,它有更高的活性,这归因于 Grace Davison 公司的 ZSM-5 沸石的稳定工艺。这些助剂在欧洲及世界各大炼厂得到广泛的应用,占到这类助剂74%的市场份额。后者的活性比前者还要高。OlefinsUltra™ 特有的基质不仅确保了最高的活性,而且使助剂具有良好的抗磨性,还具有良好的抗金属性能,在欧洲的许多炼厂使用该剂,添加量降了近一半仍维持理想的丙烯产率,炼厂新鲜催化剂的消耗下降了10%以上。OlefinsUltra™ 在19个炼厂得到了应用。这类助剂在增产丙烯的同时亦增产丁烯。使用 OlefinsMax™ 和 OlefinsUltra™,FCC 装置的丙烯产率可以超过8%。

Albemarle 公司针对最大轻质烯烃产率和最小的基础催化剂的稀释度,开发的 AFX(Advanced Fuels Experimental)催化体系用来提高丙烯产率达到超过传统方法的水平,同时把对转化率和塔底物料产率的负面影响减到最小[124,125]。竞争性基础催化剂的稀释导致塔底物料转化极为不利,即使在使用 VGO 进料时也是如此,而 AFX 技术与 ZSM-5 沸石相比,它可以在保证产生与添加 ZSM-5 沸石相近的丙烯收率的同时,获得较高的塔底物料的转化率和汽油收率。专门设计 ADM 基质均含有一定裂化活性的大孔,以增加重油分子的裂化能力。这些活性基质经常是合成的氧化铝或硅铝,具有3~50nm 范围的中孔或50nm 以上的大孔,经化学或物理改性后增加了反应活性。ADM 系列基质具有很强的重油转化能力、抗金属污染能力和优异的焦炭选择性。AFX 所需要的剂油比较低,产生焦炭较少。而在恒定的重油转化率下,使用 AFX 可减少焦炭的生成,提高丙烯收率和选择性。该公司近年来 FCC 催化剂的技术关键是催化组合技术(CAT),即将其多种 ADZ 分子筛技术和选择性基质材料(ADM)与适当的黏结剂技术相结合,以控制孔径分布,并使活性中心均匀分布。"基质"设计的协同作用产生了一个独特的催化剂构架,它的开放孔结构有利于碳氢化合物迅速吸附和脱附。Albemarle 公司近年来根据催化组合技术和新开发的催化剂黏结剂技术开发了许多独特的重油催化裂化催化剂。通过开发高活性和高稳定性的 ZSM-5 沸石添加剂,与工业主剂复合使用,小型流化床的评价显示,当添加量低于 10% 时,丙烯收率可达 10% 以上。产品有 K2000 和 B.O.O.S.T。

Albemarle 公司推出"全面烯烃管理"的 TOM 技术,其原理一是增加氢转移反应使烯烃饱和,包括增加改性分子筛的稀土含量;二是汽油烯烃选择性裂化到液化石油气中,基于 ZSM-5 沸石为基础的添加剂,并弥补由于烯烃饱和而损失的辛烷值。产品包括 TOMCobra、TOM Aztec 137H、TOM OPAL878L、Resolve 等。

Engelhard 公司近年来最为突出的技术是 DMS 专利技术平台的开发。这种设计优化了基质的内孔结构,增强了原料分子向位于高分散分子筛晶体外表面的预裂化活性中心的扩散,使分子筛得到更有效的利用。因为原料预裂化发生在分子筛上,而不是在无定形的活性基质上,更利于发挥分子筛选择性裂化的优势,大大提高塔底油转化,增加轻烯烃收率,减少干气和焦炭收率,基于 DMS 基质开发了一系列重油转化、降烯烃、降硫催化裂化催化剂,Engelhard 公司基于 DMS 基质技术与 ZSM-5 沸石技术的协同,开发出最大化丙烯助剂技术 MPA。该技术可以降低焦炭,同时最大限度地避免氢转移,得到更多的丙烯。Engelhard 公司根据不同目的,分别将 NaphthaMax、Flex-Tec 和 Converter 与 ZSM-5 沸石协同,可提高丙烯产率 5 个单位以上。另外,Engelhard 公司还推出了最大化丙烯生产方案 MPS,该技术与 MPA 技术在增产丙烯方面具有同样的优势。

国内催化裂解催化剂经过几十年的发展,也取得了突飞猛进的成果。较为突出的有中国石化 MMC 系列催化剂、CEP 系列催化剂、中国石油 LCC 系列催化剂、中国石油大学(华东)LTB 系列催化剂等。

自 20 世纪 80 年代中期以来,中国石化石油化工科学研究院一直从事重质油制低碳烯烃技术的开发与研究,成功地开发和工业化了深度催化裂化技术(DCC)[126]、MGG 和 MIO 等催化裂化技术[127]。DCC 技术又称为催化裂解工艺,催化裂解工艺需要采用专用催化剂,MMC 系列高丙烯选择性催化裂解催化剂由中国石化石油化工科学研究院、安庆分公司、荆门分公司和齐鲁分公司催化剂厂等单位共同研发,是第三代催化裂解催化剂(第一代催化剂是以具有 MFI 结构的氢型沸石为主要活性组分的 CHP-1 催化剂[128],第二代催化剂是以 ZRP 沸石为活性组分的 CRP 和 CIP 系列催化剂)[50],该催化剂以具有 MFI 结构的 ZSP 沸石为活性组分,它在保持 ZRP 沸石优异的水热稳定性的同时,增强了脱氢氧化功能,达到了提高裂解气中丙烯含量的目的,具有更强的丙烯选择性。第一代催化剂是以具有 MFI 结构的氢型沸石为主要活性组分的 CHP-1 催化剂,该催化剂具有优良的低碳烯烃选择性,但水热稳定性较差,平衡活性偏低。MMC-1 催化剂和 MMC-2 催化剂分别在沈阳石蜡化工有限公司 DCC-Ⅱ 和中国石化安庆分公司 DCC-Ⅰ 装置上实现了工业应用。在原料性质和工艺操作条件基本相当的情况下,MMC 系列催化剂的丙烯收率比 CIP-2 和 CRP-1 催化剂分别高 2.16 个百分点和 1.62~3.97 个百分点,分别达到了 14.57% 和 15.39% 的水平,而且汽油质量有所改善[129]。

中国石化石油化工科学研究院和中国石化工程建设公司又在以上研究成果的基础上,开发出了以制取乙烯为主的重油催化热裂解新技术(简称 CPP 技术)[130]。CPP 技术是以重质油为原料,采用专门研制的酸性分子筛催化剂,以连续反应—再生循环操作方式输送催化剂,在比传统的蒸汽裂解制乙烯缓和的操作条件下制取乙烯和丙烯的新的工艺路线,适合直接加工常压渣油尤其是石蜡基油,还可掺炼适量的减压渣油。

CPP 技术开发出了一种专用的催化剂 CEP-1,该催化剂是一种含磷及碱土金属的五元环族高硅沸石催化热裂解催化剂,具有正碳离子反应和自由基反应双重催化活性,具有良好的裂解活性、烯烃选择性、抗金属污染性能及优良的水热稳定性[131]。该催化剂在酸性条件下既可生产丙烯又可大量生产乙烯,以重质烃为原料,在 560~650℃ 反应温度下,通过改变反应条件可调节乙烯、丙烯产率的比例,满足对乙烯、丙烯产率需求的变化。

中国石化洛阳石化工程公司于 20 世纪 80 年代末开始从事对重油直接接触裂解制乙烯工艺和催化剂的开发与研究,成功地开发出了重油直接接触裂解制乙烯工艺 HCC(Heavy-oil Contact Cracking)[132]。该工艺技术采用提升管反应器或下行管式反应器来实现高温、短接触时间的工艺要求,该工艺及与其配套开发的催化剂 LCM-5 在齐齐哈尔化工有限公司进行了工业试验,乙烯和丙烯的单程裂解质量产率分别达到了 22% 和 15.5% 左右,混合丁烯质量产率达到了 80% 左右。

LCC 系列催化剂由中国石油兰州化工研究中心开发[133,134],由中国石油兰州石化公司催化剂厂生产。该催化剂使用了单位晶体活性高的 ZSM-5 沸石。在开发催化剂的过程中,采用 Y 型沸石与 ZSM-5 沸石两者产生协同作用的专利改性技术和减缓 Y 型沸石水热失活的改性技术,Y 型沸石的孔道"清理"技术改善了催化剂的物化性能,增加了重油分子在催化剂上的裂解能力,提高了催化剂的综合反应性能。LCC-2 催化剂在大连石化公司催化装置以及大庆炼化 ARGG 装置中应用后丙烯收率分别达到 6.99% 和 9.12%,经济效益增加明显。LCC 系列催化剂中,LCC-A1 采用了填补国内空白的硅溶胶载体制备技术,使助剂具有开放式的孔结构,大幅度提高了活性组分的择形效能。采用独有的氧化物改性技术,使催化剂助剂活性提高 5 个单位以上。载体和活性组分良好的协同作用抑制了丙烯的进一步转化。液化石油气中丙烯浓度可以提高 5~10 个百分点,丙烯选择性好,研究法辛烷值提高 1 个单位以上,对重油转化能力、液化石油气和柴油收率影响小。

中国石油大学(华东)重质油国家重点实验室通过对重油、混合 C_4 和轻汽油催化裂解制丙烯的研究,在 TSRFCC 工艺原有的分段反应、催化剂接力、短反应时间和大剂油比基础上,提出了利用两段提升管催化裂解生产丙烯以及兼顾轻油收率和品质的 TMP 技术,既可以高选择性地生产丙烯,又可以生产高芳烃含量、低烯烃含量的高辛烷值汽油调和组分[34,135]。TMP 技术具有组合进料、低温大剂油比、不同原料适宜停留时间和高催化剂流化密度等全新的内涵[136]。同时为 TMP 配套研发了 LTB 系列催化剂,以 ZSM-5 沸石为活性组分和高岭土及 Al_2O_3 作为复合载体,其重油转化能力和水热稳定性都比较好[137]。在胜华炼油厂及中国石油玉门油田炼油化工总厂进行了工业应用,LTB-2 催化剂可显著提高液化石油气和丙烯收率;还可显著提高丁烯收率,使丙烯和丁烯在液化石油气中的比例大幅度增加[136,138,139]。

三、分子筛在烷基化及异构化等工艺中的应用

1. 烷基化反应

烃类裂解、重整、异构等石油炼制以及包括烯烃水合、芳烃烷基化、醇酸酯化等石油化工在内的一系列重要工艺存在着共同点，那就是酸催化反应和使用酸催化剂。

在酸催化反应中，傅—克烷基化反应（Friedel – Crafts Reactions）是其中的一类重要反应。通过醇、烯烃、卤代烷烃等烷基化试剂与异构烷烃、芳香族化合物反应所得到的含烷烃基团的产品，是一系列化工反应的基本原料或中间体。传统的催化剂主要是硫酸[140]、氢氟酸[141]和三氯化铝[142]等液体酸催化剂，二苯醚与长链烯烃烷基化反应制烷基二苯醚在工业上也主要是采用三氯化铝催化剂。这类传统的液体酸催化剂具有确定的酸强度、酸度和酸型，而且在较低温度下就有相当高的催化活性，并且廉价易得，因此一直以来均在工业烷基化反应中占据主要位置。

虽然上述硫酸、氢氟酸、三氯化铝等传统液体酸催化剂在当前的烷基化工业反应中仍占据主导地位，但它们的缺点以及对环境的危害是显而易见的。这类酸催化反应都是在均相条件下进行的，与多相反应相比，在生产中带来许多缺点，如在工艺上难以实现连续生产，催化剂不易与原料和产物分离、设备腐蚀，以及反应原料的高摩尔比导致增加回收工序而增加工业成本等。同时，有毒废物的排放则对环境造成了严重的危害。

分子筛为具有规整微孔和/或细孔结构的物质，具有较强的酸催化能力。在催化烷基化反应领域，有关分子筛类催化剂的报道也是较多的。这其中包括了 Y 沸石[143]、Beta 沸石[144-146]、酸性黏土[147,148]、酸性八面沸石[149]和丝光沸石[150,151]。

Almeida 等[152]研究发现 HY 沸石具有很高的活性和选择性，直链烷基苯（LAB）的选择性达到 97% ~ 98%，副产物支链烷基苯和二烷基苯均小于 0.3%，几乎没有检测到茚满和萘满的生成。许艺等[153]采用碱土金属稀土或混合稀土改性 Y 型沸石作为催化剂用工业原料进行评价，反应 64h，转化率由 100% 下降到 94.8%，用高压高温苯冲洗 24h，催化剂活性能够基本恢复。而 Perego 和 Ingallina[154]对 Y、Beta、ERB – 1、L、CaY、ReY 和 LaY 沸石催化烷基化反应时发现，在苯烯摩尔比为 15 时，催化反应转化率大于 93%，但在连续进料情况下催化剂的高活性并不能长时间维持（小于 240h），且产物中直链度较低（小于 95%）。

Wang 等[155]也对酸性 Y 型沸石进行了研究。催化剂包括 HY 沸石（$SiO_2/Al_2O_3 = 4.8$）、USH – Y 沸石（$SiO_2/Al_2O_3 = 80$）、DAY 沸石（$SiO_2/Al_2O_3 = 200$）以及含 Mg、Na 的 USY 沸石。在间歇式反应器内氮气保护下，压力 1.0MPa，温度 413K，苯烯摩尔比为 8.7，反应 3h，由高到低转化率依次为 USH – Y 沸石（100%）> HY 沸石（90.4%）> DAY 沸石（50.7%）> Mg – USY 沸石（38.6%），Na – USY 沸石则没有催化活性，而相对应地，2 – LAB 的选择性则颠倒过来，USH – Y 沸石（25.5%）< HY 沸石（27.4%）< DAY 沸石（32.3%）< Mg – USY 沸石（55.8%），对催化剂进行 NH_3 – TPD 测量，酸强度和酸量随含 Al 量增加而依次减少，DAY 沸石 > USH – YY 沸石 > HY 沸石；Wang 等[155]也对 H – MOR（$SiO_2/Al_2O_3 = 35$，脱铝，硝酸处理，中孔，一维）、H – Y（$SiO_2/Al_2O_3 = 4.8$）、H – ZSM – 5（$SiO_2/Al_2O_3 = 80$）、H – USY（$SiO_2/Al_2O_3 = 80$）4 种酸性沸石进行了研究，以 Mg – HMOR 沸石和 Fe – HMOR 沸石作为参

比。在150mL间歇式反应器中加入1g催化剂,413K,1.0MPa,氮气保护,苯烯摩尔比为10,反应3h,转化率分别为 H - MOR 沸石(100%)≈H - USY 沸石(100%)>H - Y 沸石(76%)>Fe - HMOR沸石(21.4%)>Mg - HMOR 沸石(4%),2 - LAB 选择性依次为 H - MOR 沸石(78.2%)>H - Y 沸石(30.7%)>H - USY 沸石(25.5%),Mg - HMOR 沸石100%,Fe - HMOR沸石90.3%。其中HZSM - 5 沸石孔道(0.53nm×0.56nm 和 0.51nm×0.55nm)太小不显活性,虽然含Mg、Fe的MOR沸石的2位异构体的选择性较高,但是转化率极低,没有实际的应用价值。Meriaudeau 等[156]对制得的 HY 型沸石(SiO_2/Al_2O_3 = 5.5,SiO_2/Al_2O_3 = 26)、HZSM - 5 沸石(SiO_2/Al_2O_3 = 15)、HZSM - 12 沸石(SiO_2/Al_2O_3 = 80)进行研究也表明,HZSM - 5 沸石和HZSM - 12 沸石不具有反应活性。HY沸石脱铝后呈中孔结构效果好,在间歇式反应器内反应,苯烯摩尔比为8,反应温度为 373 ~ 473K 时,转化率约为97%,2 - LAB选择性为20% ~ 25%,增温后扩散快,活性上升,而 Young[157]却报道他们的研究结果为HZSM - 12、HZSM - 5 和 HZSM - 38 等沸石催化剂烯烃的转化率达到了94%,直链烷基苯的选择性为73%;Young[157]还对HZSM - 12 沸石、丝光沸石、钾沸石、HZSM - 4 沸石、Beta 沸石、Linde L 沸石、HZSM - 38 沸石、REY 沸石等一系列沸石催化苯与烯烃的烷基化反应进行了研究,在苯烯摩尔比为4、液体空速为$30h^{-1}$、473 ~ 523K、1.5 ~ 4.5MPa 的条件下,转化率在38% ~ 97% 之间,直链度为47% ~ 85%,2 - LAB 选择性为25% ~ 92%,与转化率趋势相反。

Cao 等[158]对前人工作中酸性八面沸石的催化性能做了总结,认为这类催化剂具有开放的三维孔道结构,因此在催化烷基化反应时选择性较差。然后在动力学方面对 Beta 沸石骨架和组成的影响做了进一步研究。所选用的 3 种沸石硅铝比分别为 12.5、25 和 12 的 BEA - A(βA)、BEA - B(βB) 和 BT6,而 FAU - 2.5(Si/Al = 2.5)、FAU - 6(Si/Al = 6)、YA[Na^+ = 0.8% 质量分数]和结构变形的 EMT(Si/Al = 3.57)作为对照。当反应条件为苯烯摩尔比 8.75、温度 375 ~ 425K、搅拌转速 500r/min 时,反应1h 后,参比的沸石催化剂转化率为70%,2 位异构体选择性为27%,而所研究的 Beta 沸石却只达到26%。考虑酸性与硅铝比之间的关系,硅铝比高时,沸石所含的 B 酸位也较多,由此可见,催化剂的酸性并不是决定烷基化反应的唯一条件,而他们认为反应开始阶段产物的扩散亦是一个重要因素。

连丕勇[159-161]以及 Berna 和 Moreno[162] 等均对硼硅锆铝磷酸盐分子筛催化剂(BSiZrAPO - 5)烷基化性能进行了研究,但实际上对于高转化率条件下,2 - LBA 选择性以及催化剂寿命均无法得到很好的效果。

UOP 的 DETAL™ 工艺目前真正实现了苯烯烷基化反应制直链烷基苯工业化应用。根据研究资料显示[154,163-165],其所用的催化剂应为氟化处理的分子筛(SiO_2/Al_2O_3 值在 65/35 ~ 85/15 区间内),含氟量为1% ~ 6%,产品直链度在95% 以上,支链度远低于 0.5%,投产装置成本比 HF 低7%。

除了在苯/芳烃—烯烷基化反应中的应用外,分子筛材料在苯/芳烃—醇烷基化反应中的应用也是目前非常热门的研究方向。苯/芳烃与醇烷基化反应需要活性较高的催化剂,主要的活性组分包括丝光沸石(HM)、Y 沸石(HY)、BEA 沸石(Hβ)、MCM 型沸石(HMCM)、ZSM 型沸石(HZSM)、超稳沸石(USY)系列分子筛等[154],由于孔道均匀、比表面积大、酸性强、微孔择形性及水热稳定性良好等特点,被广泛应用到甲苯的烷基化反应中[166-168]。

Sebastian 等[169]考察了不同 Si/Al(20,45,90)的 HM 对烷基化反应的影响,具有较强酸性和较低酸密度的 M-90 沸石具有最好的催化活性,甲苯转化率和对叔丁基甲苯选择性最高。Selvaraj 等[170]在液相条件下研究了不同 Si/Al(21~104)的 Al-MCM-41 分子筛的催化性能。Al-MCM-41(Si/Al 为 21)催化效果最好,这是因为 B 酸量是影响反应发生的重要因素,随着 Si/Al 的增加,分子筛 B 酸含量呈线性下降趋势,催化剂活性下降。催化剂重复使用 4 次的情况下,Al-MCM-41(Si/Al 为 21)能保持稳定的活性,但在相同条件下,其他 Si/Al 的 Al-MCM-41催化活性明显降低。这是因为铝含量较低时,催化剂的 B 酸含量易随反应次数的增加而降低。

不同种类的分子筛具有不同的酸性质和孔道结构,表现出的催化活性也不同。Mravec 等[171]在液相条件下,考察 HM、HY 和 HBeta 三种大孔沸石的甲苯/叔丁醇烷基化反应催化性能,研究发现 HM 和 HBeta 具有较高的催化活性,而 HM 的对位选择性最高。当以 HM(硅铝比为 17.5)为催化剂时对叔丁基甲苯的选择性接近 90%。Paid 等[172]在气相条件下,研究了 HBeta、HY 和 HMCM-22 三种大孔沸石的催化性能,借助 NH_3-TPD 检定,三种沸石的酸性顺序为 HBeta > HMCM-22 > HY。烷基化过程中,催化剂的活性顺序为 HBeta ≈ HY > HMCM-22。对叔丁基甲苯的选择性顺序为 HMCM-22 > HY > HBeta,即 HY 沸石为最合适的催化剂。当以 Y-80 为催化剂时,对叔丁基甲苯的选择性可达 87%,反应产物中几乎无邻叔丁基甲苯。周志伟等[173]考察了 HM 沸石、USY 沸石、HBeta 沸石和 HZSM-5 沸石对甲苯与叔丁醇烷基化反应的影响,结果见表 6-4。由表 6-4 可知,催化剂活性顺序为 HBeta > USY > HM > HZSM-5;对叔丁甲苯选择性顺序为 HZSM-5 > HM > USY > HBeta。虽然 HZSM-5 沸石和 HBeta 沸石的酸量近似相等,但其催化活性差别较大,表明影响该反应的不仅仅是催化剂的酸量,催化剂的酸中心和孔结构也是影响该反应的重要因素。USY 沸石具有直径为 0.74nm 的三维开放孔道,又有直径 1.3nm 的超笼,加上以弱酸和中强酸为主的酸强度,催化效果最好。以超稳 Y 沸石作催化剂,甲苯转化率达 46.4%,对叔丁基甲苯选择性为 65.9%。在甲苯和叔丁醇烷基化反应过程中,不同 Si/Al 的同种沸石表现出的催化活性不同,B 酸含量越高,催化剂的催化活性越好。不同种类的沸石催化效果有较大差异,说明催化剂的酸量、催化剂的酸中心和孔结构都是影响该反应的重要因素。

表 6-4 不同沸石催化剂上甲苯与叔丁醇烷基化反应性能

催化剂	甲苯转化率(%)	产物(%)			叔丁基甲苯选择性(%)	对叔丁基甲苯选择性(%)
		间叔丁基甲苯	对叔丁基甲苯	其他		
USY	40.2	32.8	64.5	2.7	97.3	66.3
Hβ	42.7	26.4	46.4	27.2	72.8	63.8
HM	16.6	23.8	73.3	2.9	97.1	75.5
HZSM-5	4.4	19.3	68.1	12.6	87.4	78.0

此外,通过利用杂多酸[174,175]、金属氧化物[176-178]、金属离子[179-181]以及碱[182]改性均可改善分子筛的烷基化反应催化性能。将杂多酸负载在分子筛上,可有效地提高催化剂的比表面积,使其具有更高的催化活性和选择性;负载金属氧化物可以使分子筛产生孔径变小、强酸中心减弱、外表面酸性钝化等效果,从而达到提高催化剂选择性、抑制副反应发生的目的;负载金属离子可改变分子筛孔道尺寸,且新的阳离子可与分子筛相互作用,促进分子筛产生新的催化

性能。碱可以消除催化剂的强酸中心,增加弱酸中心,提高催化活性。

2. 异构化反应

异构化反应是石油化工生产中的一种重要有机反应。在异构化反应方面,分子筛同样发挥着不可替代的作用。传统的异构化反应采用浓硫酸、磷酸等无机液体酸或卤素型催化剂,如 HF – BF_3、$AlCl_3$ 等。这些传统催化剂腐蚀性强,环境污染严重,且再生困难。用固体酸代替均相催化体系中的液体酸作催化剂,具有活性高、选择性好、反应条件温和、产物易分离等优点。在异构化反应中,分子筛催化剂具有活性高、选择性好、与产物容易分离、可反复使用和环境友好等优点。

烷烃异构化是生产高辛烷值汽油的重要手段。在目前的石油炼制工业中,获得异构烷烃的途径主要有异丁烷与 C_3—C_5 烯烃的烷基化反应、C_5—C_7 正构烷烃的异构化反应和间接烷基化反应,而异构化是一种理想的选择,其中 C_5/C_6 混合烷烃异构化工艺是生产绿色环保汽油的重要工艺,其分子筛催化剂主要有 MOR、SAPO 和 Y 等。

目前,工业应用的烷烃异构化分子筛型催化剂主要有 UOP 公司的 HS – 10、Axens 公司的 IP – 632 和 CKS 公司的 Hysopar,国内有中国石化石油化工科学研究院的 RISO 和金陵石化公司的 NNI – 1 载钯催化剂[183,184]。分子筛型催化剂活性低于 Pt/Cl – Al_2O_3,反应温度较高,属于中温催化剂,所得产品的辛烷值也相对较低。由于温度较高,轻烃摩尔比较大,故该过程需要加热炉和循环氢系统。分子筛型异构化催化剂的最大优点是它对原料杂质的耐受程度最高,且能完全再生。由于其工艺流程与重整装置类似,因此利用闲置的加氢处理装置或重整装置改造的异构化装置,可选用分子筛型催化剂。由于这类催化剂的反应温度较高,导致其异构化产品收率较低,因此人们尝试以 Beta 沸石、Y 沸石、ZSM – 12 沸石、ZSM – 22 沸石等替代丝光沸石或者通过丝光沸石改性的方法来降低反应温度[185-187]。以 HY 沸石为载体的催化剂有如下规律:异构化活性大小依次为 Pt > Pd、Rh > Ir > Ni > Co > Ru > Fe;加氢裂解活性大小依次为:Ru > Rh > Ir > Pt > Pd、Co > Fe。

HMOR 沸石可以在较高的反应温度(250℃)下用于 C_5/C_6 烷烃活化,其催化活性可以通过脱铝和负载 Pt 或 Pd 等金属得以提高。壳牌公司的 Hysomer 工艺与 UOP 公司的 Isosiv 工艺相结合,开发了用于轻质正构烷烃异构化的 TIP 工艺[188],其催化剂为负载 Pt 的 HMOR 沸石。

铂系元素,特别是 Pt 和 Pd,虽然是烃类异构化的良好催化组分,但 Pt 系催化剂容易为 S、N 和 As 等元素中毒,而且价格昂贵,因此,研究价格便宜、寿命长的非贵重金属(Ni、Mo、Cu 等)催化剂是最近烃类异构化催化剂的研究方向。王光维等制备了催化反应活性高、选择性好和催化剂价格低廉的非贵重金属 Ni—助剂/HM 催化剂。以正戊烷为原料,在反应温度为 250℃、压力为 2.0MPa、氢烃摩尔比为 4.0、质量空速为 $1.0h^{-1}$ 的条件下,反应转化率为 69.5%,异戊烷产率为 68.5%,反应选择性为 98.6%,液体(大于 C_5)收率为 99.0%。这种 Ni—助剂/HM 催化剂与国内外非贵重金属异构化催化剂相比,在反应结果相近的条件下,反应温度降低了 50℃;与国内外贵重金属 Pt、Pd 异构化催化剂相比,在反应结果相近的条件下,反应温度下降了 10 ~ 30℃。A. Sinha 等[189]研究了不同介质中合成的 Pt/SAPO – 11 和 Pt/SAPO – 31 分子筛催化剂对正己烷加氢异构化反应的催化活性。结果表明,在乙二醇介质中合成的 SAPO 分子筛催化剂具有较高的异构化活性。J. Campelo 等[190,191]比较了正己烷、正庚烷、正十二烷在 Pt/SAPO-11 和 Pt/SAPO-5 催化剂上的加氢反应活性。当转化率很低时,在 Pt/SAPO-5 催化剂上才能发生异构化反应,其选择性为 30%~60%;而 Pt/SAPO-11 显示出高的异构化选择性,正十二烷在 Pt/SAPO-11 催化剂上的异构化过程中,在 375℃、氢分压 0.3MPa 条件下,其转化率为 70%,选择性为 87%。

黄东永等[192]以正辛烷为反应模型化合物,在连续微型反应器上考察了经 Ni 改性的 HBeta 沸石的临氢异构化反应性能。研究结果表明,Ni 的引入使 Beta 沸石表面 B 酸量减少,L 酸量增加,反应活性提高。随着 Ni 含量的增加,转化率增加,液相产物及临氢异构化选择性下降,适宜的 Ni 质量分数为 1.5%~2.0%,在此条件下转化率接近 50%,液体收率约为 20%。

烯烃的异构化反应包括双键异构化和骨架异构化。汽油中芳烃和烯烃含量减少后,其辛烷值会降低,通过汽油中烯烃加氢异构化反应能弥补辛烷值的损失。汽油中的直链烯烃发生骨架异构转化为支链烯烃,然后支链烯烃加氢饱和,从而得到高辛烷值的异构烷烃,使 FCC 汽油中的烯烃体积分数降低,提高了汽油的稳定性。

Gajda 和 Barger 等[193]以 SAPO-11 分子筛为催化剂,质量分数为 38% 的 1-戊烯为原料,在氢烯摩尔比为 8、压力为 1.8MPa、反应温度为 327~357℃ 的条件下进行 480h 的催化剂稳定性试验。烯烃的平均转化率为 70%,其主要产物分布:C_3 为 0.3%(质量分数),C_4 为 1.8%(质量分数),异构 C_5 为 93.4%(质量分数),C_{6+} 为 4.6%(质量分数)。H. Mooiweer 等[194]以 FER 沸石为催化剂,在反应温度为 350℃、质量空速为 $2h^{-1}$、烯烃分压为 0.14MPa 的条件下,反应 336h 后,异丁烯的收率保持在 41.18%。研究结果表明,异丁烯的收率随着烯烃分压的降低而提高,如烯烃的分压为 0.11MPa 时,480h 反应后异丁烯的收率可达 40.43%;当烯烃分压降到 0.03MPa 时,异丁烯的收率则高达 47.95%。α-蒎烯是松节油的主要成分,具有特殊的双环双键结构,可以发生双键异构。α-蒎烯的异构化反应可用热、酸、碱、金属及金属氧化物以及分子筛催化进行。在 α-蒎烯的异构产物中,双环萜烯和莰烯的分子有效直径比单环萜烯的分子有效直径大。利用异构产物分子大小的差异,通过选择合适的分子筛催化剂,可提高产物的选择性。采用分子筛催化剂对 α-蒎烯进行异构化来合成莰烯,是合成香料工业中的重要进展。

对二甲苯是聚酯工业的基本原料,工业上通过二甲苯异构反应生成需要的对二甲苯。二甲苯异构化反应的分子筛催化剂通常有 ZSM 系列、HM 和金属/分子筛-γ-Al_2O_3 双功能催化剂等。石油化工科学研究院研究开发了 SKI 型系列 C_8 芳烃异构化催化剂[195,196],它是以氢型丝光沸石和 ZSM-5 沸石为酸性组元、铂为加氢脱氢组元的双功能催化剂,在高空速、低氢烃比的苛刻条件下运行,表现出良好的选择性、活性和稳定性。在 C_8 芳香族化合物异构反应中,SAPO 分子筛既可作为催化剂使用,又可作为载体,负载活性组分 Pt 等金属。R. J. Pellet 等[197]采用 SAPO-11 分子筛进行间二甲苯异构化反应,其转化率为 40.2%,非 C_8 芳烃收率占 3.2%。A. Sinha 等[198]采用快速结晶法合成出大孔 SAPO-5 分子筛,用于催化间二甲苯异构化反应,在反应温度为 350℃、质量空速为 $3h^{-1}$、反应时间为 3h 的条件下,转化率为 73.29%,邻二甲苯加对二甲苯的总质量分数为 30.74%。刘国珍[199]制备了 $AlPO_4$-5、SAPO-5 和 TAPO-5 分子筛作为间二甲苯异构化反应的催化剂,其中 TAPO-5 的间二甲苯异构化活性为 54.93%,选择性为 93.41%。SAPO-5 分子筛表面的 B 酸主要是弱酸,在间二甲苯的异构化过程中,其转化率为 45.84%,选择性为 63.24%,反应中只有少量脱烷基副反应,无歧化副反应发生。

可以看出,目前对分子筛催化剂在异构化反应中的研究已取得较多的成果。在未来,随着新型分子筛的合成、改性和化学修饰,必将会有更多的分子筛催化剂应用到异构化反应中。

第二节 分子筛在煤化工领域的应用

一、甲醇制烯烃/丙烯(MTO/MTP)

随着石油资源的日益紧缺与匮乏,逐渐迫使人们寻找一种不依赖于石油资源生产制备低碳烯烃的途径。截至目前,甲醇制烯烃(MTO)反应作为最重要的 C_1 化学反应之一,被认为是最成功的采用非石油途径生产低碳烯烃的方法。它以储量丰富的煤、天然气以及可再生的生物质为原材料,以甲醇为中间体,最终生产乙烯和丙烯等低碳烯烃,这极大地缓解了石油资源的匮乏与紧缺。因而,在最近的几十年间,MTO 反应得到了国内外科学家们广泛的关注[200-202]。此外,由于我国煤炭储量丰富,煤化工产能过剩与工艺成熟等实际工业特点,MTO 反应在我国具有非常广阔的发展空间以及巨大的应用前景。

经过长期对于 MTO 催化反应催化剂的研究,人们发现具有 MFI 拓扑结构的硅铝酸盐沸石 ZSM-5 催化剂以及具有 CHA 拓扑结构的硅磷酸铝分子筛 SAPO-34 催化剂具有最高的 MTO 催化性能,尤其是 SAPO-34 分子筛催化剂在甲醇转化率为 100% 时,乙烯和丙烯的收率可以超过 80%。

SAPO-34 分子筛最早是在 1984 年由美国联合碳化物公司设计合成的,其拓扑结构为 CHA 构型,与天然矿物菱沸石具有相同的结构。SAPO-34 分子筛结晶于三方晶系,R-3m 空间群,其结构由双六元环单元按照 ABC 堆积方式进行排列,最终形成一个八元环开口的 cha 笼状结构,尺寸为 0.94nm×1.27nm,以及三维八元环交叉孔道结构,孔径约为 0.38nm×0.38nm。其结构如图 6-11 所示。

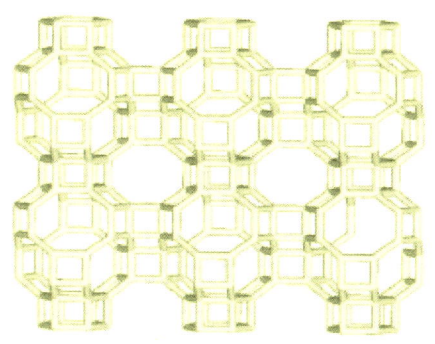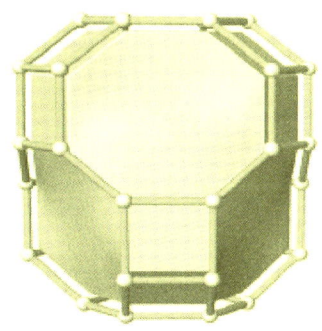

图 6-11 SAPO-34 分子筛结构示意图

中国科学院大连化学物理研究所梁娟等[203]首次报道了该类分子筛催化剂在 MTO 催化反应中的应用,结果发现,SAPO-34 分子筛具有极高的低碳烯烃选择性和再生稳定性,连续循环再生 55 次,SAPO-34 催化剂的性能依旧保持完好。这一结果为 MTO 催化反应过程带来了新的希望,同时也极大地鼓舞了国内外科研工作者的热情。在之后的研究中,SAPO-34分子筛的优化合成以及相关的MTO性能研究也得到了深入的探索与研究。同时具有中国自主知识产权的以SAPO-34分子筛为基础催化剂的DMTO工业化技术,也在30余年间从方兴未艾走向了成熟的工业化生产,并于2008年实现了分子筛催化剂工业化生产。

SAPO-34分子筛的孔径为0.45nm左右,由于孔径的限制,其只吸附伯醇、直链烃,而带支链的异构烃、环烷烃和芳烃不能被吸附。因此,在SAPO-34分子筛上甲醇转化主要产物为C_2—C_4直链烯烃,C_{6+}产物极少,在MTO反应中有很高的低碳烯烃选择性,催化剂的快速积炭使其反应周期很短,催化剂需要频繁再生[204]。

适当地降低催化剂酸性,有效减小分子筛催化剂的晶体尺寸,以及在微孔无机分子筛材料中引入介孔或者大孔形成多级孔结构可以显著地提升催化剂在MTO反应中的催化性能。刘中民及其合作者[205]以三乙胺为结构导向剂合成了一系列含有不同硅含量的SAPO-34分子筛样品,结果发现,随着硅含量的增加,其NH_3-TPD测试所对应的酸强度以及酸浓度逐渐增加,而其催化结果却恰恰相反。具有最弱酸性的SAPO-34分子筛样品展现出最长的催化寿命(384min)以及最高的低碳烯烃选择性(双烯84%)。此外,笔者发现,较低的酸性将会抑制氢转移的发生,提升其低碳烯烃的选择性。刘红星等[206]在合成SAPO-34分子筛的凝胶中引入少量的氢氟酸后,发现氟离子更加有助于Si(4Al)的形成,减少SAPO-34分子筛的酸浓度,提升SAPO-34分子筛催化剂的催化性能。此外,Inui及其合作者[207]尝试将除硅原子以外的其他金属原子掺杂到SAPO-34分子筛中,结果发现,不同的金属掺杂将会产生不同的酸性,进而展现出不同的MTO催化活性,其中Ni-SAPO-34分子筛催化剂展现出最高的乙烯选择性。可见,适当地调变催化剂的酸性将有效提升MTO催化反应性能。

SAPO-34分子筛晶体的尺寸也将直接影响到其在MTO催化反应中的催化性能。Chen等[208]通过调变合成配比,制备了0.25~2.5μm不同晶体尺寸的SAPO-34分子筛催化剂,并应用所合成的分子筛催化剂进行MTO催化反应。实验结果表明,催化剂晶体尺寸越小,其积炭的生成速率越慢,其催化寿命越长。这是由于较小的晶体尺寸将更加有利于反应物甲醇以及生成的烃类物质扩散到晶体之外,减少积炭积存于晶体内部的速率,延长催化寿命。此外,晶体的尺寸在影响积炭的生成速率及分布的同时,还影响着由于积炭引起的产物择形选择性,最终影响产物选择性分布。

另外一种提高SAPO-34分子筛MTO催化性能的方法就是在微孔分子筛结构中引入介孔或者大孔,形成多级孔道结构。多级孔一方面可以增加传质速率,使反应物、生成物以及小体积的积炭物质快速从晶体内部扩散出去,抑制体积较大的积炭物种在晶体内部生成,进而延长催化剂的催化寿命。另一方面,介孔或者大孔的引入可以在晶体内部提供更广阔的空间积存体积较大的积炭类物质,减少微孔结构的堵塞程度,保持催化剂的催化活性。此外,多级孔道结构也有利于苯和萘等小体积的积炭顺利地从晶体中逸散出去,这样也可以有效地减缓积炭的生成速率,提高催化剂的催化性能。清华大学魏飞教授课题组[209]使用层状高岭土为硅源和铝源,制备了纳米薄片状层错生长形貌的SAPO-34分子筛,由于减小了传质距离,其MTO催化反应的性能得以提升。同时,该材料展现出较好的高温水热稳定性。此外,该课题组还使用聚乙二醇聚合物为软模板,制备了十字交叉形貌的多级孔SAPO-34分子筛催化剂,多级孔的引入提升了其MTO的催化性能[210]。

除了 SAPO-34 分子筛外，HZSM-5 沸石也是 MTO/MTP 反应的重要研究对象。甲醇转化制低碳烯烃的研究早期基本是围绕 HZSM-5 沸石进行的。HZSM-5 沸石有较强的酸性，对 MTO 反应有很高的活性，但其乙烯选择性较差，而丙烯和 C_{6+} 芳烃的收率较高。HZSM-5 沸石的优点是：ZSM-5 沸石的独特孔结构阻止了焦炭前身物——缩合芳烃的形成和积累，使催化剂的失活速率比 SAPO-34 分子筛催化剂明显降低；ZSM-5 沸石具有优良的稳定性；ZSM-5 沸石合成工艺成熟，成本较低。尤其是 HZSM-5 沸石具有较高的丙烯选择性，是目前性能最好的 MTP 催化剂。

ZSM-5 沸石的晶粒大小对其催化反应性能具有重要影响。温鹏宇等[43]研究表明：甲醇分压越低，ZSM-5 沸石晶粒尺寸越小，丙烯收率和丙烯与乙烯收率比越高；在甲醇分压为 0.01MPa 和反应温度为 470℃ 条件下，采用粒径为 0.6μm 的催化剂反应，丙烯的质量收率和丙烯与乙烯质量比分别为 44.1% 和 8.8。M. Firoozi 等[211]考察了粒径大小分别为 1~2μm 和 0.15~0.2μm 的 HZSM-5 沸石的甲醇催化制丙烯反应性能，研究表明：纳米分子筛的甲醇转化率和丙烯选择性都高于微米分子筛。随着反应的进行，纳米 HZSM-5 沸石的丙烯选择性逐渐从反应开始时的 42% 上升到 63%。研究者认为，纳米 HZSM-5 沸石具有较好催化性能的原因在于其有更大的内表面积和表面上更高的强酸浓度。

MTO 反应是酸催化反应，ZSM-5 沸石的硅铝比对其酸性有着决定性的影响。研究表明，随着 HZSM-5 沸石硅铝比（考察范围为 35~220）的增加，乙烯选择性单调下降，丙烯选择性先增加，在硅铝比为 120 时达到最大值，随后下降[212]。王志彦和李金来[213]经过实验研究认为，随着 HZSM-5 沸石硅铝比（考察范围为 25~200）的增加，分子筛的稳定性和丙烯选择性增加，强酸对提高丙烯的选择性不利。

ZSM-5 沸石的形貌性质对其催化性能具有显著影响。ZSM-5/SAPO-34 复合分子筛具有较好的甲醇转化制低碳烯烃反应性能[214]。文献[215]分别在高岭土和尖晶石上原位合成了 ZSM-5 沸石，将其用于 MTP 反应发现：两种原位合成 HZSM-5 沸石的丙烯选择性要分别高于常规 HZSM-5 沸石 17.7 个百分点和 9.9 个百分点，其中高岭土上原位合成 ZSM-5 沸石的丙烯选择性可达 27.3%。这是由于原位合成分子筛具有特殊的表观形貌、大孔分布和许多中等强度的 B 酸。C. Mei 等[216]采用软模板法和碱处理改性制备高硅介孔 HZSM-5 沸石，发现可以大幅提高 HZSM-5 沸石的丙烯选择性。经过研究，笔者认为这是由于 HZSM-5 沸石具有低的 B 酸量和较多的介孔。碱处理方法效果要比软模板法好。毛东森等[217]分别采用 F^- 或 OH^- 作为矿化剂，采用常规方法或在开孔的碳化硅（SiC）上原位生长生成 ZSM-5 沸石，比较了不同合成路线 ZSM-5 沸石的 MTO 反应性能。研究认为，低的酸密度和高的结晶度有利于增加 ZSM-5 沸石的低碳烯烃选择性。Xu 等[57]将 Ga 作为杂原子在分子筛的合成过程中加入，形成 H(Ga)ZSM-5 沸石。在常压、450℃ 下，以纯甲醇为原料，保持甲醇转化率为 100%，催化剂的选择性可以达到：C_2 烯烃为 5.9%，C_3 烯烃为 49.8%，C_4 烯烃为 24%。

对 ZSM-5 沸石的改性主要是调节催化剂表面酸性和调变孔结构。常用的方法有高温水热处理、磷改性和金属改性等。毛东森等[218]研究发现，水热处理使纳米 HZSM-5 沸石的酸性明显减弱，其中 B 酸下降程度比 L 酸更为剧烈。适当的水热处理改性后，纳米 HZSM-5 沸石的丙烯选择性升高，乙烯和芳烃的选择性下降。其原因是：由于乙烯和芳烃的生成需要较强的酸性中心，而丙烯和丁烯的生成在相对较弱的酸性条件下就能够完成。研究[219]表明，

HZSM-5沸石经高温水蒸气处理及磷、镁、硼浸渍改性后其有效孔径缩小,扩散括化能降低。其孔径大小的顺序依次为 HZSM-5 > HZSM-5-400 > HZSM-5-600 > PZSM-5(2%) > PZSM-5(4%) > MgZSM-5(3%) > BZSM-5(3%) > BZSM-5(5%),其中 HZSM-5-400 和 HZSM-5-600 分别代表在 400℃ 和 600℃ 下水蒸气处理的 HZSM-5。沸石的有效孔径大小对甲醇转化反应低碳烃选择性有一定影响,但 HZSM-5 沸石表面的 B 酸量和酸强度是影响其低碳烃选择性的主要因素。有研究表明[220,221],低强酸量和富含介孔 HZSM-5 沸石的催化剂寿命将会大大延长。同时,改性可以大幅提高 ZSM-5/ZSM-11 复合分子筛的 MTP 反应低碳烯烃选择性,原因是分子筛的 B 酸量减少及酸强度降低。在适量的 P 改性和适宜的反应条件下,C_2—C_4烯烃选择性达到80%,其中丙烯选择性可达50%,丙烯乙烯比可达到8。P 改性对 HZSM-5 沸石 MTP 反应性能影响的研究得到了类似的结论[222,223]。T. S. Zhao 等[224,225]采用 ZrO_2 和 H_3PO_4 改性 HZSM-5 沸石方法,可使丙烯选择性高达45%,丙烯乙烯比为16,C_2—C_4烯烃选择性为64%。其原因是催化剂酸强度下降,同时孔径缩小,抑制了较大分子烃类的生成。

金属离子改性对 HZSM-5 沸石的性质具有重要影响。张飞等[226]研究 HZSM-5 沸石的 MTO 反应时发现,采用浸渍法在 HZSM-5 沸石上负载质量分数为 2% 的 Ca 时,与 HZSM-5 沸石催化剂相比,其酸强度降低,B 酸中心数量减少,L 酸中心数量增加,其稳定性与转化产物中低碳烯烃的总选择性均显著提高,丙烯选择性由 Ca 改性前的 30% 提高到 40%。刘克成和李玉玲[227]研究表明,硝酸镁浸渍改性能够在 HZSM-5 沸石的表面形成 MgO 晶粒,起到窄化沸石孔道的作用,增加了 HZSM-5 沸石的择形催化性能,并降低了沸石表面的酸性,从而显著提高了 HZSM-5 沸石对低碳烯烃的选择性。研究[228]发现,Ca 浸渍改性会使 HZSM-5 沸石的酸量显著减少,其中强酸减少得更快。MTO 反应结果显示:Ca 改性可显著提高 HZSM-5 沸石的低碳烯烃尤其是丙烯选择性,稳定性最好和丙烯选择性最高的 Ca/HZSM-5 沸石的 B 酸量很少。反应最佳结果为:C_2—C_4 烯烃选择性达到 83%,其中丙烯选择性达到 50%。文献[229]采用 La、Ba、Ag、Cu、Ca、Sr、Ga、Cd 和 In 金属的硝酸盐浸渍 HZSM-5 沸石,发现 La 和 Ag 可以把 HZSM-5 沸石转化甲醇制低碳烯烃的选择性分别提高 18% 和 14%。原因是浸渍的金属氧化物缩小了分子筛的孔道大小,从而提高了分子筛的择形性。

郭强胜等[230]研究发现:氟改性可以显著降低纳米 HZSM-5 沸石酸中心的强度和数量,抑制高碳烯烃和芳烃的生成和裂解反应,使乙烯、甲烷和芳烃选择性不断降低,丙烯选择性明显升高。同时,由于生成的芳烃和积炭物种减少,使催化剂的稳定性得到明显改善。

二、甲醇制芳烃(MTA)

甲醇芳构化技术(MTA)是指甲醇作为原料,在酸性催化剂的作用下,经过脱水、聚合、环化以及氢转移等多步反应最终转化为芳烃产品的过程。在 20 世纪 70 年代,Mobil 公司 Chang 和 Silvestri[231]最先发现以 ZSM-5 沸石为催化剂,可将甲醇催化转化为芳烃,从而开创了 MTA 反应的先河。由于能源短缺,开发非石油路线制备芳烃具有重要意义。中国科学院山西煤炭化学研究所(以下简称山西煤化所)、清华大学、中国科学院大连化学物理研究所、上海中科高等研究院等的研究人员都得到了一定的研究成果[232]。山西煤化所采用的 La、Ga 浸渍改性的小晶粒 ZSM-5 沸石催化剂,采用固定床两段法工艺,芳烃收率为 33.8%。清华大学的 FMTA 工艺采用流化床,选用 Ag 改性硅铝比为 25 的 ZSM-5 沸石催化剂,产物芳烃单程选择性达到 64.7%。

优良的甲醇制芳烃催化剂需要具备以下几点:高甲醇转化率,较长的催化剂寿命,优异的水热稳定性及热稳定性,适宜的芳烃收率以及所需的不同芳烃(如苯、甲苯、二甲苯)的选择性等。

对 MTA/MTG 反应过程所需母体分子筛的选择,国内外学者有大量的文献报道。如埃克森美孚公司报道的 ZSM-5 沸石,挪威 Oslo 大学[233]报道的 ZSM-22 沸石,Lacarriere 等[234]报道的 MCM-22 和 MCM-36 沸石,Mikkelsen[235]等报道的 H-Beta 沸石,Di 等[236]报道的 ZSM-5/MCM-48 复合分子筛等。表 6-5 列出了甲醇制芳烃反应中所尝试过的部分催化剂及其芳烃选择性[237]。

表 6-5　甲醇制芳烃反应催化剂及其芳烃选择性

催化剂	原料	$\theta(°)$	MHSV(h^{-1})	转化率(%)	选择性[1](%)
HZSM-5	甲醇/二甲醚	382	—	100.00	37.02
Al_2O_3-HZSM-5	甲醇	316	1.22	97.20	45.50
H-MOR	MeOH 甲醇	331	2.40	—	17.10
改性 ZSM-5	甲醇	340-410	1.30	97.00	20.20
KZ-1	甲醇/二甲醚	370	1.00		
ZBH(硼硅酸盐)	甲醇	500	1.70		58.10
杂多酸	甲醇	300	0.16	13.10-71.60[2]	2.8-6.2[3]
ERI-OFF	甲醇	400	1.00	100.00	
HM/HY	甲醇	425	—	100.00	14.5/5.1
Al 改性 SiO_2-B_2O_3-Na_2O glass	甲醇	450	0.10	98.20	43.10
A 分子筛-Al_2O_3	甲醇/烃类	650	—		12.90
SAPO-34	甲醇/水	400	3.00		
MCM-22	甲醇	400	1.00	92.72	10.07
H-Beta	甲醇	400	0.80	100.00	35.00

① $s = y(芳烃)/y(碳氢化合物) \times 100\%$。
② 3h 后反应。
③ C_6 的选择性。

研究认为最适宜 MTG 反应的为 ZSM-5 沸石,其中 Ali A. Rownaghi 等[238]研究了 ZSM-5 沸石晶粒度对 MTG 反应的影响。研究发现对于 MTG 反应,小晶粒纳米 ZSM-5 沸石具有更长的催化寿命。胡津仙等[239]研究了不同硅铝比和酸性分布的 ZSM-5 沸石 MTA 反应性能,结果表明芳烃产物的选择性与分子筛的中强酸数量成正比。刘于英[240]等研究了 ZSM-5 沸石的硅铝比对 MTA 反应的影响,结果表明催化剂的 MTA 反应活性随硅铝比降低而增加。因此,MTA 反应母体主要集中在低硅铝比、强酸性的小晶粒纳米 ZSM-5 沸石,研究焦点是如何对 ZSM-5 沸石进行改性,提高芳烃的选择性。

对于 ZSM-5 沸石在 MTA 中特殊的催化性能有以下几点[240,241]:

(1)优良的择形功能。ZSM-5 沸石特定的孔道尺寸具有限制功能,当某油品分子的临界尺寸大于均四甲苯的分子尺寸时,将很难通过分子筛孔道。也就是说,在 ZSM-5 沸石上进行的反应,涉及物质的分子尺寸均以 10 个碳原子终止,几乎没有 C_{11} 以上的烃类参与反应,因而选择 ZSM-5 沸石进行 MTA 反应,芳烃的选择性高,而限制焦炭的收率。

(2) 较高的反应活性。与其他类型的分子筛相比,ZSM-5 沸石具有更高的活性和芳构化能力。在众多家族的分子筛中,Y 型沸石不能产生芳烃,使用 MOR 沸石时在 300℃ 左右只有少量芳烃生成,但是采用 ZSM-5 沸石,300℃ 已经明显发生芳构化反应,在 380℃ 时芳构化能力已经很高。

利用金属改性,改善 ZSM-5 沸石的芳构化能力是最常用的改性方法。通过分子筛金属改性可以增加甲醇制芳烃过程中的选择性,表 6-6 列出了不同金属改性的催化剂催化甲醇转化反应的芳烃选择性[237],常见的是 ⅠB、ⅡB 族金属元素。改性金属在催化反应中主要有两个作用:一是提供一个 L 酸中心或者类似于 $M^{2/n+}O-Z$ 的活性中心[242],L 酸中心脱氢活性与烯烃生成有关,环烷烃中间体通过在 L 酸中心脱氢生成芳烃,甲醇转化为芳烃的过程是在 L 酸中心和 B 酸中心协同作用下完成的;二是提供了一个烯烃的脱氢中心,促进中间产物在 ZSM-5 沸石酸性位上芳构化,如 Mo_2C[243] 和 $\beta\text{-}Ga_2O_3$。

表 6-6 改性金属对芳烃选择性的影响

分子筛	改性剂		制备方法	$\theta(℃)$	空速 (h^{-1})	选择性(%)		选择性增加量(%)
	成分	含量 [%(质量分数)]				改性前	改性后	
$ZSM-5/Al_2O_3$	Se_2O_3	3.3	浸渍法	462	5.7	18.4	25.4	38.0
ZSM-5	MgO	11.4	浸渍法	400	3.1	—	14.1	—
ZSM-5	Zn	2	离子交换法	427	9.0①	40.3	67.4	67.2
	Ga	1.9				40.3	48.2	19.6
[Si,Ga]/ZSM-5	Ga,Si	0.054②	水热晶化合成法	450	脉冲	0	11.0	—
ZSM-5	Cd	0.9	离子交换法	450	—	30.9	51.2	65.7
	Mn	0.2				30.9	26.9	-12.9
	Cu	1.4				30.9	25	-19.1
	Ga	0.7				30.9	44.7	44.7
	Zn	2				30.9	52.3	69.3
ZSM-5	Ag	2.8	离子交换法	427	9	40.0	72.6	81.5
ZSM-5	$\beta\text{-}Ga_2O_3$	50	物理混合法	400	0.7	10.4	51.4	394.2
ZSM-5	ZnO	7	浸渍法	400	4.1	20.0	66.9	234.5
	CuO	7				20.0	76.5	283.5
	CuO,ZnO	7.0,0.5				20.0	69.4	247.00
ZSM-5	Mo_2C	5	浸渍法	500	1	20.3	62.8	209.4
ZSM-5	Zn,硅烷	2.9,4.3	浸渍法	450	2	—	63.7	—
	Fe,硅烷	4.8,4.6				—	65.5	—

① 单位流量下的催化剂质量(mol/h)
② $n(Ga)/n(Ga+Si)$。

田涛等[244,245]采用超声分散的方法制备了 Ag-ZSM-5 沸石催化剂。研究发现载入 Ag 可以明显提高芳烃的选择性,当 Ag 元素含量达到 1% 时,芳烃选择性最高。Danlin Zeng[246] 等采用 NMR 的方法研究了 Ag-ZSM-5 沸石催化剂上的 MTA 反应过程,研究发现对 Ag-ZSM-5 沸石催化剂来讲,关键的催化物种是 AgO 并不是 Ag^+;Ag-ZSM-5 沸石催化剂失活,是由于在反应进行中 AgO 逐步被还原成金属 Ag,因此催化剂再生时,空气氛围焙烧的效果优于真空焙烧的效果。

Conte 等[247]考察了一系列金属改性对 ZSM-5 沸石催化剂在 MTA 反应中活性的影响,采用浸渍法比较了 Ag、Cu、Ni、Pd、Ir 和 Ru 的改性效果,其中 Ag、Cu 和 Ni 提高了 C_6—C_{11} 芳烃的选择性,认为丙烯是芳烃形成的中间体,而 Ag^+、Cu^{2+} 和 Ni^{2+} 具有与烯烃配位的能力。Niu 等[248]研究了浸渍法、离子交换法、物理混合法和水热晶化合成法在 ZSM-5 沸石中引入 Zn,通过表征证明 Zn 改性后对总酸量影响不大,对酸性位分布和酸强度有一定的影响,中强酸增多,强酸和弱酸减少,而且生成了 Zn-L 酸。从催化剂寿命角度来看,直接合成法改性的 Zn-ZSM-5 沸石寿命最长,而浸渍法改性的寿命最短。离子交换法制备的催化剂芳烃选择性最高,经过分析认为,芳烃选择性与催化剂表面 $ZnOH^+$ 的量成正比。

Robert Barthos[243] 以及朱建华[249]等采用浸渍法制备 Mo_2C-HZSM-5 沸石催化剂,研究发现负载 Mo_2C 会增加甲烷和烯烃的选择性,提高芳烃的选择性;当 Mo_2C 含量达到 5%(质量分数)时,催化剂的芳构化效果最好。侯玉翠和王定珠[250]采用离子交换、浸渍和物理混合 3 种方法制备 Cd-ZSM-5 沸石催化剂。研究发现,在 ZSM-5 沸石上引入 Cd 降低了催化剂 B 酸中心的数量,Cd^{2+} 与沸石形成新的 L 酸中心,可以有效地提高催化剂的芳构化活性,其中离子交换的改性方法最佳。Alyea 和 Bhat[251]采用金属氧化物气相合成法制备了 WO_3-ZSM-5 沸石催化剂,研究发现 WO_3 可以提高烯烃的选择性,对芳烃选择性没有明显的影响。

第三节 分子筛在大气污染治理方面的应用

近几十年来,伴随着世界经济的高速发展,对大量能源以及资源的消耗,使地球生态环境面临着巨大压力,尤其是人类赖以生存的大气圈,污染尤为严重。氮氧化物(NO_x)是大气的主要污染物之一。NO_x 有多种不同的形式,如 N_2O、NO、NO_2、N_2O_3、N_2O_4 和 N_2O_5 等,其中 NO 和 NO_2 所占的比例最大。通常所说的 NO_x 就是指 NO 和 NO_2 的总称。目前,治理氮氧化物所采用的催化方法主要为直接催化分解法和选择性催化还原法(SCR)。

一、分子筛在 NO_x 直接催化分解法中的应用

直接催化分解法是在催化剂的作用下,实现较低温度下(300~700℃)氮氧化物(主要是 NO 与 NO_2)直接催化分解为 N_2 和 O_2 的方法。该方法工艺路线简单,操作成本低,氮氧化物转化率高(大于 99%),且无二次污染问题。其中,催化剂的选择与制备是该处理工艺的核心技术,也是广泛研究的焦点。目前,已经实现工业应用的催化剂有 UOP 公司开发的双金属负载催化剂(Co/NiO 负载 ZrO_2 等)[252]、BASF 公司开发的金属氧化物催化剂,以及 Air Product 公司开发的系列 Co-ZSM-5 分子筛系催化剂[253]。

对于NO_x催化分解而言,分子筛的构型(孔道结构)、比表面积,以及交换至分子筛上的活性组分(金属离子)的性质及存在状态,这些因素都将对其NO_x催化分解活性产生影响。

1. ZSM-5系列分子筛

经过过渡金属离子改性,尤其是经过Fe、Co和Cu改性ZSM-5沸石(Fe-ZSM-5、Co-ZSM-5和Cu-ZSM-5)具有优异的催化分解氮氧化物活性。

与Cu-ZSM-5相比,Fe-ZSM-5由于具有较高的抗水性和抗硫性。Fe-ZSM-5可采用多种方法制备,包括液相离子交换法、固相离子交换法、化学气相沉积法和分子筛骨架原子同晶置换法等[254-257]。然而,不同方法制备的Fe-ZSM-5对NO催化分解活性不同,其主要原因在于不同制备方法将导致活性组分Fe在分子筛上的存在状态不同,进而使得其NO催化分解活性不同。鉴于此,Pirngruber等[258]采用液相离子交换法、气相化学沉积法、水热晶化合成法制备了系列Fe-ZSM-5,并考察其催化分解的活性差异。研究结果表明,活性组分Fe分别主要以单核离子态铁(Fe^{3+})、含2~4个铁的氧化铁以及大颗粒氧化铁的形式存在于上述几种方法制备的Fe-ZSM-5上,其中以单核离子态存在的铁离子(Fe^{3+})具有最高的催化分解活性,且被认为是催化分解的活性中心。Rivallan等[259]研究了液相离子交换法制备Fe-ZSM-5催化分解N_2O,同样发现单核离子态的铁(Fe^{3+})为NO_x催化分解的活性中心。

与此同时,Co-ZSM-5和Cu-ZSM-5对NO_x催化分解也具有较高的催化活性。Rakic等[260]研究了Fe、Co和Cu改性ZSM-5沸石N_2O催化分解,发现Co-ZSM-5和Cu-ZSM-5活性最优。Cruz等[261]采用固相离子交换法及液相离子交换法分别制备了两种Co-ZSM-5,并用于N_2O催化分解的研究,通过TPR、XRD、XPS和UV-vis等表征手段发现,Co-ZSM-5的活性组分Co主要以分散性较好的单核Co^{2+}存在于采用液相离子交换法制备的Co-ZSM-5上,而对于固相离子交换法制备的Co-ZSM-5,除单核Co^{2+}以外,同时还发现部分钴的氧化物(CoO_x)。活性评价结果表明,采用液相离子交换法制备的Co-ZSM-5活性最优,表明Co^{2+}为N_2O催化反应活性中心。

Moretti等[262]比较了Cu-ZSM-5、Cu-S-1和Cu-MSA 3种不同催化剂的脱硝活性,发现分子筛中的AlO_4^-对产生具有催化分解NO的活性铜物种有很大的影响。与贵金属催化剂和氧化物相比,Cu-ZSM-5在较低的温度下就有相当高的活性,在773K时的活性是所有催化剂中最高的,且它的活性受氧的影响最小。NO在Cu-ZSM-5上的分解随着反应温度的升高,通常在773~873K范围内反应活性达到最大;氧对反应有抑制作用,但这种抑制作用随着反应温度的升高而降低;分子筛中过量铜的存在有利于反应活性的提高;分子筛骨架上铝含量越低,催化活性越好;硫化物的存在会使催化剂中毒,使NO分解活性大大降低。

2. 其他分子筛

除了Cu-ZSM-5分子筛外,研究者也发现Cu-ZSM-11分子筛和Cu-ZSM-12分子筛具有良好的分解NO_x的活性,且分解活性高于Cu-ZSM-5分子筛[263,264]。

BEA沸石对于NO_x分解是非常理想的催化剂,其三维十二环孔道可以提供大量的活性组分附着位点,并且有利于活性组分(过渡金属离子)的均匀分布及NO_x分子在其骨架内部的扩散(图6-12)。Perezramirez等[265]采用同晶取代法制备了Fe-ZSM-5和Fe-BEA(具有相同的

Si/Al=36 及 Si/Fe=152)分子筛催化剂。结果表明,Fe-BEA 具备类似的 NO_x 催化分解性能。

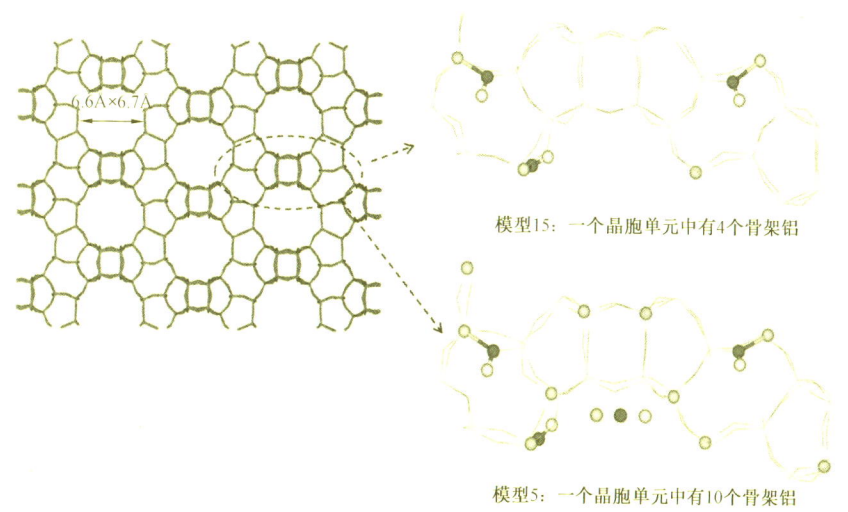

图 6-12　一个晶胞中含有 4 个 Al 原子(Si/Al=15)和 10 个 Al 原子(Si/Al=5.4)的 BEA 分子筛[266]

Oygarden 和 Pereramirez[267] 研究了多种不同构型的商业分子筛(MFI、FER、BEA、MOR、FAU) N_2O 催化分解,其研究结果表明 Fe-BEA 催化活性最优。除了将 BEA 沸石用于 N_2O 直接催化分解以外,一些学者也研究了 BEA 沸石用于 N_2O 选择性催化还原,发现 Fe-BEA 具有最优的催化活性[268,269]。Mauvezin 等[268] 采用液相离子交换法制备了多种 Fe 改性的不同构型分子筛(MOR、MFI、BEA、FER、FAU、BEA、MAZ、OFF),并研究了其以 NH_3 为还原剂的 N_2O 选择性催化分解活性。实验结果表明,Fe-BEA 的催化活性明显高于其他构型分子筛,这归因于 BEA 分子筛特殊的孔道结构。

近些年来研究发现,Fe-FER(碱镁沸石)对 NO_x 催化分解具有较高的催化活性[270-272],逐渐引起了人们的关注。Meliancabrera 等[270] 采用液相离子交换法制备 Fe-ZSM-5、Fe-BEA 和 Fe-FER 分子筛用于 N_2O 分解,实验结果表明 Fe-FER 的催化活性最优,且具有较好的水热稳定性,其原因在于活性组分 Fe 在 FER 中非常稳定,不易受到 H_2O 的影响。Guzmán-Vargas 等[272] 分析比较了采用液相离子交换法制备的 Fe-BEA、Fe-ZSM-5 和 Fe-FER 上 N_2O 直接分解,研究结果表明,Fe-FER 的 N_2O 直接分解催化活性较优,通过程序升温还原(TPR)等表征手段进一步分析表明,Fe-FER 在 N_2O 催化分解中形成的 $\alpha O(O-Fe^{II}-zeolite)$ 在较低温度易于生成 O_2,因此 Fe-FER 催化活性最好。

近些年来研究发现,MOR 沸石对于 NO 催化分解也具有较高的催化活性,尤其是经 Co、Fe 改性的 MOR 沸石。其中,Campa 课题组在 MOR 沸石 N_2O 催化分解方面做了大量的工作。Campa 等[273] 首先研究了不同离子交换水平 Co、Cu 改性 MOR 沸石的 N_2O 催化性能,发现当 Co^{2+} 交换水平大于 61% 时,其 N_2O 转换频率(TOF)将不随 Co 交换量的增加而增加,该结果表明位于离子交换位的 Co^{2+} 为 Co-MOR 的活性中心。然而对于 Cu-MOR,研究结果则表明 Cu^{2+} 不是 NO 催化分解的活性中心。

二、分子筛在 NO_x 选择性催化还原法中的应用

分子筛类 SCR 催化剂通常具有较宽的活性温度区间和较好的热稳定性,因而吸引了很多研究者的关注。目前,研究较多的分子筛主要包括 ZSM-5、FAU、SAPO-34、HBEA 以及 SSZ-13,活性组分则以 Cu、Fe 等过渡金属的应用最为广泛。

1. ZSM-5 系列分子筛

Baik 等[274]以 ZSM-5、HY、HM、FER 及 USY 等不同类型沸石为载体,采用离子交换法制备了一系列负载 Cu 的分子筛催化剂。通过比较不同催化剂的反应性能发现,Cu-ZSM-5 有着最好的 NH_3-SCR 活性,尤其是 250℃ 以下的活性最为优异,同时体现出较宽的活性温窗。Sjovall 等[275]采用离子交换法制备了一系列不同 Si/Al 及不同 Cu 含量的 Cu-ZSM-5 催化剂,分别对其进行 SCR 活性测试,发现较低的 Si/Al 及较高的 Cu 含量能够促进该催化剂活性的提高。Komatsu 等[276]通过调变 Cu-ZSM-5 催化剂的交换度、ZSM-5 的 Si/Al 乃至分子筛的类型,并分别考察其反应活性后提出二聚的 Cu^{2+} 物种是铜基分子筛催化剂上 NH_3-SCR 反应的活性中心。Li 等[277]用 Mo 对 Cu-ZSM-5 催化剂进行改性,铜物种得到最大分散,Cu 与 Mo 和分子筛之间形成了特殊的晶体结构,提高了高温活性。Ma 等[278]以 Raney-Ni 为支撑体制备了 Cu-ZSM-5/Raney-Ni 催化剂,进料气中加入 $200\mu g/gSO_2$,低温时对催化剂有毒化作用,温度高于 700K 时却提高了催化剂活性。同时,高温时 Ni 离子迁移到分子筛内部,提高了催化剂热稳定性。Wang 等[279]采用原位水热晶化合成法将 Cu-ZSM-5 分子筛直接合成于蜂窝状堇青石支撑体的表面,该催化剂有较宽的温度范围(240~540℃)和较好的水热稳定性。张秋林等[280]将 Cu-ZSM-5 催化剂粉末与水制成浆液,涂覆在堇青石蜂窝陶瓷基体上得到整体式 Cu-ZSM-5 催化剂,将其在 670℃ 和 5% H_2O 条件下老化 64h,仍然具有较好的 SCR 活性和低温起燃性,抗高温水热老化性能明显优于商用钒基催化剂。Metkar 等[281]将 Cu-ZSM-5 和 Fe-ZSM-5 分子筛涂覆在堇青石表面得到整体式双涂层催化剂,其可以在很宽的温度范围达到高的氮氧化物脱除活性,低温时铜基催化剂具有高的氮氧化物脱除活性,而铁基催化剂则活性较低且作为惰性扩散隔膜;相反,高温时,铜基催化剂可促进氨氧化反应,而铁基催化剂则可促进氮氧化物脱除反应,大多数的反应只发生在表面铁基催化剂上,而下层铜基催化剂则不起作用,即促进了氮氧化物脱除反应,而抑制了氨氧化反应。

尽管 Cu-ZSM-5 分子筛催化脱除 NO 的研究和应用已广泛展开,但实际应用中仍存在一些问题。SCR 反应过程中产生的 H_2O 会引起 Cu-ZSM-5 分子筛骨架脱铝从而降低其活性,尾气中存在的 SO_2 也会加速催化剂中毒。针对这些问题对催化剂进行改进是解决 Cu-ZSM-5 分子筛工业应用瓶颈的关键。但目前传统的催化剂改进模式并未取得突破性进展。参考其他反应体系的催化剂构造方法和将一些新的概念应用到催化剂制备过程中,对催化剂改进具有指导意义。

除了用 Cu 对分子筛进行处理外,Fe 也是目前 SCR 分子活性组分的研究热点。Long 和 Yang[282]以 $FeCl_2$ 为前驱体,采用离子交换法制备了 Fe-ZSM-5 催化剂,并对其进行 NH_3-SCR 活性测试。结果表明,该催化剂在 350~600℃ 的较宽温度区间内均有着 80% 以上的 NO 转化率。在后续工作中,他们较为系统地研究了 Fe-ZSM-5 催化剂的制备方法、Fe 的交换度

以及 ZSM-5 的硅铝比等因素对活性的影响。同时结合 ESR 表征的结果得出结论,四面体配位的孤立 Fe^{3+} 是 Fe-ZSM-5 催化剂表面 NH_3-SCR 反应的活性中心[283]。Schwidde 等[284]通过将 UV-Vis 光谱和 EPR 表征相结合的方法对 Fe-ZSM-5 催化剂表面分布的孤立 Fe^{3+}、低聚 Fe^{3+} 以及严重聚集的 FeO_x 物种的含量进行了定量研究,并将其结果与活性相关联后得出结论:孤立的 Fe^{3+} 物种是该催化剂表面 NH_3-SCR 反应的主要活性中心。

2. SSZ-13 系列分子筛

经离子交换而得到的 Cu-SSZ-13 催化材料体系具有优异的催化活性和水热稳定性,主要应用于 NH_3-SCR 领域。近期的研究热点主要包括金属活性组分 Cu 含量和形态对其催化活性的影响以及水热稳定性机理的研究。在 NH_3-SCR 的反应中,含 Cu 物种的 Cu-SSZ-13 分子筛显示出比 Cu-ZSM-5 和 Cu-Beta 等分子筛更为优异的催化活性和选择性。

最近,Kwak 等[285]以 SSZ-13 分子筛为载体,采用离子交换法制备了 Cu-SSZ-13 催化剂,对其进行 NH_3-SCR 活性测试,并与相应 Cu-ZSM-5 以及 Cu-Beta 催化剂进行比较。结果发现,Cu 离子交换的 SSZ-13 分子筛在 3 种催化剂中有着最好的催化性能,在 200~550℃ 的较宽温度区间内有着 80% 以上的 NO 转化率。相比其他两种催化剂,Cu-SSZ-13 高温活性更稳定,且有着更高的 N_2 选择性,生成了更少的副产物(包括 NO_2 和 N_2O)。在后续工作中,他们制备了一系列不同交换度的 Cu-SSZ-13 催化剂,并对其进行 H_2-TPR 和 FTIR 测试以表征相应 Cu 离子的存在状态[286]。结果表明,在 SSZ-13 分子筛骨架内存在两种不同的离子交换位,当交换度较低时 Cu 离子主要进入六元环中,交换度较高时 Cu 离子大部分处于 CHA 结构的大笼中。通过考察 Cu-SSZ-13、Cu-ZSM-5、Cu-Beta 以及 Cu-Y 等不同分子筛经 800℃、10% H_2O 水热处理 16h 后的催化活性发现,Cu-SSZ-13 有着最好的抗水热老化能力[287]。Fickel 等[288]采用离子交换法制备了 Cu 离子交换的小孔分子筛催化剂,如 Cu-SSZ-13、Cu-SSZ-16 以及 Cu-SAPO-34 等。活性测试结果表明,在 150~500℃ 区间内此类催化剂有着较高的反应性能。尤其是 Cu-SSZ-13 和 Cu-SAPO-34,新鲜样品和水热处理后的样品均有着非常优异的 NH_3-SCR 活性,相比相应中孔分子筛(如 Cu-ZSM-5)体现出更优越的性能。

3. 其他分子筛

除了 ZSM-5 与 SSZ-13 分子筛外,改性的 SAPO-34 以及 Beta 沸石也是常用的 SCR 催化剂。Wang 等[289]分别采用离子交换法和沉淀法制备了不同的 Cu-SAPO-34 催化剂,并通过各种表征手段对其表面活性组分的存在状态进行了研究。将表征结果与其活性相关联发现,处于离子交换位上的孤立的 Cu^{2+} 是 Cu-SAPO-34 催化剂的活性位。

Balle 等[290,291]以 BEA 型沸石为载体,采用离子交换法制备 Fe-HBEA 催化剂。在 50000h^{-1} 的高空速下,该催化剂在 250℃ 时可实现 NO 的有效转化。Kim 等[292]通过 UV-Vis 光谱和 CO-FTIR 表征研究了 Fe-BEA 催化剂表面的 NH_3-SCR 反应,提出反应过程中活性物种的结构变化遵循如下过程:低温时(如 150℃),二聚的 Fe^{2+} 转化形成两个孤立的八面体配位 Fe^{3+},促进低温 SCR 活性;较高温度时(大于 250℃),该二聚的 Fe^{2+} 被氧化为活性的 Fe^{3+} 二聚体参与到反应中。由此,在同一个六元环中两个邻近的 Fe^{3+} 位是该反应的活性中心。

徐力等[293]基于无有机模板剂法合成的富铝 Beta 沸石(Si/Al=4)构建了 Cu-Beta-4、Fe-Beta-4 和 Cu-Fe-Beta-4 分子筛催化剂,同时基于 Mn 物种可变价态丰富的特点构建了负载型 MnO_x 催化剂。虽然 20%(质量分数)MnO_x/CeO_2 催化剂的低温活性更为优异,但极易硫中毒失活,抗硫性能有待提高。相比之下,分子筛催化剂有着较好的抗硫性能,而低温性能仅略低于 20%(质量分数)MnO_x/CeO_2。其中,Cu-Beta-4 系列催化剂低温活性较好,而 Fe-Beta-4 高温活性较稳定,Cu(质量分数为 3.0%)-Fe(质量分数为 1.3%)-Beta-4 催化剂则具有更好的低温活性和更宽的活性温窗,体现出 Cu-Fe 之间的协同作用。

参 考 文 献

[1] Tamele M. Chemistry of the surface and the activity of alumina-silica cracking catalyst[J]. Discussions of the Faraday Society,1950,8:270-279.

[2] Benesi H. Acidity of catalyst surfaces. I. Acid strength from colors of adsorbed indicators[J]. Journal of the American Chemical Society,1956,78(21):5490-5494.

[3] Weisz P,Frilette V. Intracrystalline and molecular-shape-selective catalysis by zeolite salts[J]. The Journal of Physical Chemistry,1960,64(3):382-382.

[4] Degnan T F. The implications of the fundamentals of shape selectivity for the development of catalysts for the petroleum and petrochemical industries[J]. Journal of Catalysis,2003,216(1):32-46.

[5] Corma A. State of the art and future challenges of zeolites as catalysts[J]. Journal of Catalysis,2003,216(1):298-312.

[6] Tao Y,Kanoh H,Abrams L,et al. Mesopore-modified zeolites:preparation,characterization,and applications[J]. Chemical reviews,2006,106(3):896-910.

[7] Corma A,Nemeth L T,Renz M,et al. Sn-zeolite beta as a heterogeneous chemoselective catalyst for Baeyer-Villiger oxidations[J]. Nature,2001,412(6845):423-425.

[8] Avidan A A,Edwards M,Owen H. Innovative improvements[J]. Oil and Gas Journal,1990,88:2.

[9] Ward J W. Hydroxyl groups on hydrogen Y zeolite[J]. The Journal of Physical Chemistry,1969,73(6):2086-2088.

[10] Hickson D,Csicsery S. The thermal behavior of crystalline aluminosilicate catalysts[J]. Journal of Catalysis,1968,10(1):27-33.

[11] Sherry H S. The ion-exchange properties of zeolites. I. Univalent ion exchange in synthetic faujasite[J]. The Journal of Physical Chemistry,1966,70(4):1158-1168.

[12] Haynes Jr H W. Chemical,physical,and catalytic properties of large pore acidic zeolites[J]. Catalysis Reviews Science and Engineering,1978,17(1):273-336.

[13] Richardson J T. The effect of faujasite cations on acid sites[J]. Journal of catalysis,1967,9(2):182-194.

[14] Venuto P,Hamilton L,Landis P. Organic reactions catalyzed by crystalline aluminosilicates:Ⅱ. Alkylation reactions:Mechanistic and aging considerations[J]. Journal of Catalysis,1966,5(3):484-493.

[15] Ward J W. The nature of active sites on zeolites:Ⅷ. Rare earth Y zeolite[J]. Journal of Catalysis,1969,13(3):321-327.

[16] Charles J Plank,Woodbnry,Edward J Rosinski,et al. Catalytic hydro carbon conversion with a crystalline zeolite composite catalyst:US,3140253A[P]. 1964-07-07.

[17] Plank C,Rosinski E,Hawthorne W. Acidic crystalline aluminosilicates. New superactive,superselective cracking catalysts[J]. Industrial & Engineering Chemistry Product Research and Development,1964,3(3):165-169.

[18] 徐如人,庞文琴,于吉红. 分子筛与多孔材料化学[M]. 北京:科学出版社,2004:437-238.

[19] Scherzer J. The preparation and characterization of aluminium-deficient zeolites[A]//ACS symposium series

[C]. Oxford University Press,1984:157-200.
[20] Kerr G T,Shipman G F. Reaction of hydrogen Zeolite Y with ammonia at elevated temperatures[J]. The Journal of Physical Chemistry,1968,72(8):3071-3072.
[21] Engelhardt G,Lohse U,Patzelova V,et al. High resolution 29 Si nmr of dealuminated Y-zeolites 1. The dependence of the extent of dealumination on the degree of ammonium exchange and the temperature and water vapour pressure of the thermochemical treatment[J]. Zeolites,1983,3(3):233-238.
[22] Engelhardt G,Lohse U,Patzelova V,et al. High resolution 29 Si nmr of dealuminated Y-zeolites. 2. Silicon,aluminium ordering in the tetrahedral zeolite lattice[J]. Zeolites,1983,3(3):239-243.
[23] Sang S,Chang F,Liu Z,et al. Difference of ZSM-5 zeolites synthesized with various templates[J]. Catalysis Today,2004,93:729-734.
[24] Abrevaya H,Abdo S F,Patton R L. Catalytic naphtha cracking catalyst and process:US,6867341[P]. 2005-03-15.
[25] Meng X,Xu C,Gao J,et al. Effect of catalyst to oil weight ratio on gaseous product distribution during heavy oil catalytic pyrolysis[J]. Chemical Engineering and Processing:Process Intensification,2004,43(8):965-970.
[26] Abrevaya H,Abdo S F,Patton R L. Catalytic naphtha cracking catalyst and process:US,7314964[P]. 2008-01-01.
[27] Den Hollander M,Wissink M,Makkee M,et al. Gasoline conversion:reactivity towards cracking with equilibrated FCC and ZSM-5 catalysts[J]. Applied Catalysis A:General,2002,223(1):85-102.
[28] 张瑞驰. 催化裂化多产气体烯烃催化剂[J]. 石油化工,1994,23(6):406-412.
[29] Chen T J,Martens L R M,Mertens M M,et al. Hydrocarbon conversion to propylene with high silica medium pore zeolite catalysts:US,6656345 B1[P]. 2003-12-03.
[30] Adewuyi Y G,Klocke D,Buchanan J. Effects of high-level additions of ZSM-5 to a fluid catalytic cracking (FCC) RE-USY catalyst[J]. Applied Catalysis A:General,1995,131(1):121-133.
[31] Miller R B,Niccum P K,Claude A. MAXOFIN™:A novel FCC process for maximizing light olefins using a new genration of ZSM-5 additive[C]. NPRA Annual Meeting:San Francisco,California,1998:467-470.
[32] Lu J,Zhao Z,Xu C,et al. Effects of calcination temperature on the acidity and catalytic performances of HZSM-5 zeolite catalysts for the catalytic cracking of n-Butane[J]. Journal of Natural Gas Chemistry,2005,14(4):213-220.
[33] Lu J,Zhao Z,Xu C,et al. Catalytic cracking of isobutane over HZSM-5,FeHZSM-5 and CrHZSM-5 catalysts with different SiO_2/Al_2O_3 ratios[J]. Journal of Porous Materials,2008,15(2):213-220.
[34] 李晓红. 两段提升管催化裂化多产丙烯(TMP)技术应用基础研究[D]. 东营:中国石油大学(华东),2007.
[35] 金文清,滕加伟,赵国良,等. PZSM-5分子筛催化剂用于烯烃催化裂解的研究[J]. 工业催化,2004,12(10):5-7.
[36] Blasco T,Corma A,Martínez-Triguero J. Hydrothermal stabilization of ZSM-5 catalytic-cracking additives by phosphorus addition[J]. Journal of catalysis,2006,237(2):267-277.
[37] Jiang G,Zhang L,Zhao Z,et al. Highly effective P-modified HZSM-5 catalyst for the cracking of C_4 alkanes to produce light olefins[J]. Applied Catalysis A:General,2008,340(2):176-182.
[38] Lercher J,Rumplmayr G. Controlled decrease of acid strength by orthophosphoric acid on ZSM-5[J]. Applied catalysis,1986,25(1):215-222.
[39] Xue N,Chen X,Nie L,et al. Understanding the enhancement of catalytic performance for olefin cracking:Hydrothermally stable acids in P/HZSM-5[J]. Journal of catalysis,2007,248(1):20-28.
[40] 龙立华,万焱波,伏再辉,等. 磷改性ZSM-5沸石的催化裂化性能[J]. 工业催化,2004,12(5):11-15.
[41] 杨小明,罗京娥. 磷氧化物改性对ZSM-5沸石物化性质及择形催化性能的影响[J]. 石油炼制与化工,

2001,32(11):48-51.

[42] Johnson D L, Nariman K E, Ware R A. Catalytic production of light olefins rich in propylene: WO2001004237 A2[P]. 2001-01-18.

[43] 温鹏宇,梅长松,刘红星,等. 甲醇分压和ZSM-5晶粒大小对甲醇制丙烯的影响[J]. 化学反应工程与工艺,2007,23(6):481-486.

[44] 柯明,汪燮卿,张凤美. 磷改性ZSM-5分子筛催化裂解制乙烯性能的研究[J]. 石油学报（石油加工）,2003,19(4):28-35.

[45] 张晓华,施岩. 磷改性ZSM-5分子筛催化裂解石脑油制丙烯的性能研究[J]. 化学与粘合,2010(4):33-35.

[46] 谢有畅,唐有祺. 氧化物和盐类在分子筛内外表面及空穴中的自发分散及其应用[J]. 北京大学学报:自然科学版,1998,34(2-3):302-308.

[47] Xiaoning W, Zhen Z, Chunming X, et al. Effects of light rare earth on acidity and catalytic performance of HZSM-5 zeolite for catalytic cracking of butane to light olefins[J]. Journal of rare earths,2007,25(3):321-328.

[48] Zhu X, Liu S, Song Y, et al. Butene catalytic cracking to propene and ethene over potassium modified ZSM-5 catalysts[J]. Catalysis letters,2005,103(3-4):201-210.

[49] 佟惠娟,李工. 含铁和钒的ZSM-5型分子筛的合成表征及催化性能[J]. 石油化工高等学校学报,2002,15(2):33-36.

[50] 龙军. 中孔择形沸石与烃类催化裂化[J]. 石油炼制与化工,1997,28(7):24-28.

[51] 张进,肖国民. ZSM-5型分子筛的表面酸性与催化活性[J]. 分子催化,2002,16(4):307-311.

[52] 徐虹,贾修伟. 综合改性对HZSM-5沸石催化性能影响研究[J]. 郑州大学学报:自然科学版,2000,32(3):78-81.

[53] Yoshimura Y, Kijima N, Hayakawa T, et al. Catalytic cracking of naphtha to light olefins[J]. Catalysis Surveys from Japan,2001,4(2):157-167.

[54] 任丽萍,赵国良,滕加伟,等. La修饰ZSM-5分子筛催化剂用于C_4烯烃催化裂解制丙烯[J]. 工业催化,2007,15(3):30-34.

[55] 李成霞,高永地,李春义,等. 重油催化裂解多产乙烯丙烯催化剂的研究[J]. 燃料化学学报,2006,34(1):47-50.

[56] 朱玉霞,汪燮卿. 镧、磷复合添加组分对催化裂化催化剂物化性能的影响[J]. 石油学报（石油加工）,2003,19(4):8-14.

[57] Xu T, White J L, Feng X, et, al. Production of light olefins from oxygenate using framework gallium-containing medium pore molecular sieve:US,7393990[P]. 2008-01-07.

[58] Xue N, Nie L, Fang D, et al. Synergistic effects of tungsten and phosphorus on catalytic cracking of butene to propene over HZSM-5[J]. Applied Catalysis A:General,2009,352(1):87-94.

[59] Wakui K, Satoh K, Sawada G, et al. Dehydrogenative cracking of n-butane over modified HZSM-5 catalysts[J]. Catalysis Letters,2002,81(1-2):83-88.

[60] Wakui K, Satoh K, Sawada G, et al. Cracking of n-butane over alkaline earth-containing HZSM-5 catalysts[J]. Catalysis Letters,2002,84(3-4):259-264.

[61] 刘鸿洲,汪燮卿. ZSM-5分子筛中引入过渡金属对催化热裂解反应的影响[J]. 石油炼制与化工,2001,32(2):48-51.

[62] Tsunoda T, Sekiguchi M. Method for producing ethylene and propylene:US,6307117 B1,2001-10-23.

[63] 李明慧,杨毅,王井. 碱土和稀土金属化合物对H-ZSM-5沸石催化剂改性的反应性能[J]. 大连轻工业学院学报,2004,23(1):11-14.

[64] 郭耘,卢冠忠. 稀土催化材料的应用及研究进展[J]. 中国科技信息,2008(1):287-287.

[65] Zhicheng S, Wenyuan S, Yifang Y, et al. Cracking catalyst for the production of light olefins: US, 5380690 A [P]. 1995-01-10.

[66] 王林胜,徐奕德. 轻烃在改性 ZSM-5 催化剂上转化成芳烃与低碳烯烃的选择性控制[J]. 催化学报, 1996, 17(6):525-529.

[67] 王林胜,徐奕德. 临氧条件下的轻烃催化裂化反应研究[J]. 石油与天然气化工, 1996, 25(4):188-189.

[68] Lu J, Zhao Z, Xu C, et al. FeHZSM-5 molecular sieves – Highly active catalysts for catalytic cracking of isobutane to produce ethylene and propylene[J]. Catalysis Communications, 2006, 7(4):199-203.

[69] Lu J, Zhao Z, Xu C, et al. CrHZSM-5 zeolites – Highly efficient catalysts for catalytic cracking of isobutane to produce light olefins[J]. Catalysis letters, 2006, 109(1-2):65-70.

[70] 赵震,徐春明,段爱军. 混合碳四烃催化裂解制低碳烯烃催化剂的研究[C]. 青岛中国石油催化裂解生产低碳烯烃技术研讨会, 2005:188-208.

[71] 田丙伦,刘红梅. Co 改性 Mo/HZSM-5 催化剂上甲烷无氧芳构化反应研究[J]. 分子催化, 2000, 14(3):200-204.

[72] 余励勤,朱高忠. 镓改性 ZSM-5 沸石中镓活性中心的形成与表征[J]. 物理化学学报, 1994, 10(7):628-634.

[73] Li X, Shen B, Guo Q, et al. Effects of large pore zeolite additions in the catalytic pyrolysis catalyst on the light olefins production[J]. Catalysis Today, 2007, 125(3):270-277.

[74] 张强,陈艳红,李春义,等. 双活性组分增产丙烯催化剂的实验研究[J]. 石油学报(石油加工), 2007, 23(3):101-106.

[75] Zhao G L, Teng J W, Xie Z K, et al. Catalytic cracking reactions of C_4 olefin over zeolites H-ZSM-5, H-mordenite and H-SAPO-34[J]. Studies in Surface Science and Catalysis, 2007, 170:1307-1312.

[76] Bortnovsky O, Sazama P, Wichterlova B. Cracking of pentenes to C_2-C_4 light olefins over zeolites and zeotypes: Role of topology and acid site strength and concentration[J]. Applied Catalysis A: General, 2005, 287(2):203-213.

[77] Wang B, Gao Q, Gao J, et al. Synthesis, characterization and catalytic C_4 alkene cracking properties of zeolite ZSM-23[J]. Applied Catalysis A: General, 2004, 274(1):167-172.

[78] Araujo A S Catalytic properties of HZSM-12 zeolite in the n-heptane catalytic cracking[J]. Reaction Kinetics and Catalysis Letters, 2005, 84(2):287-293.

[79] Komatsu T, Ishihara H, Fukui Y, et al. Selective formation of alkenes through the cracking of n-heptane on Ca^{2+}-exchanged ferrierite[J]. Applied Catalysis A: General, 2001, 214(1):103-109.

[80] Ji D, Wang B, Qian G, et al. A highly efficient catalytic C4 alkane cracking over zeolite ZSM-23[J]. Catalysis Communications, 2005, 6(4):297-300.

[81] Zhu X, Liu S, Song Y, et al. Catalytic cracking of C_4 alkenes to propene and ethene: influences of zeolites pore structures and Si/Al_2 ratios[J]. Applied Catalysis A: General, 2005, 288(1):134-142.

[82] Yu Q, Li C, Tang X, et al. One-step synthesis, characterization and catalytic performance of hierarchical Zn-ZSM-11 via facile ZnO routes[J]. RSC Advances, 2015, 5(5):8152-8162.

[83] 于庆君. 纳米棒插接形貌 ZSM-11 基多级孔分子筛材料的合成与应用研究[D]. 青岛:中国石油大学(华东), 2014.

[84] Yu Q, Cui C, Zhang Q, et al. Hierarchical ZSM-11 with intergrowth structures: Synthesis, characterization and catalytic properties[J]. Journal of Energy Chemistry, 2013, 22(5):761-768.

[85] Rubin M K, Chu P. Composition of synthetic porous crystalline material, its synthesis and use: US 4954325 A [P]. 1990-09-04.

[86] Corma A, Gonzùlez Alfaro V, Orchilles A. Catalytic cracking of alkanes on MCM-22 zeolite. Comparison with ZSM-5 and beta zeolite and its possibility as an FCC cracking additive[J]. Applied Catalysis A: General,

1995,129(2):203-215.

[87] 马广印,刘中清,傅军,等.含MCM-22分子筛催化剂的裂化反应性能研究[J].石油炼制与化工,2005,36(11):11-15.

[88] 朱华元,何鸣元,张信,等.正己烷在几种不同分子筛上的氢转移反应[J].石油炼制与化工,2001,32(9):39-42.

[89] 刘盛林,陈福存,安杰,等.MCM-22/REHY催化剂上的FCC汽油改质[J].工业催化,2005,13(7):16-20.

[90] 赵国良,滕加伟,许宁,等.高硅MCM-22分子筛的合成及其C_4烯烃裂解性能[J].高等学校化学学报,2005,26(6):1140-1142.

[91] Zhu X,Liu S,Song Y,et al. Catalytic cracking of 1-butene to propene and ethene on MCM-22 zeolite[J]. Applied Catalysis A:General,2005,290(1):191-199.

[92] 许友好.氢转移反应在烯烃转化中的作用探讨[J].石油炼制与化工,2002,33(1):38-41.

[93] Xu G,Zhu X,Niu X,et al. One-pot synthesis of high silica MCM-22 zeolites and their performances in catalytic cracking of 1-butene to propene[J]. Microporous and Mesoporous Materials,2009,118(1):44-51.

[94] Plank C J,Rosinski E J,Rubin M K. Crystalline zeolite ZSM-23 and synthesis thereof:US,4076842 A[P]. 1978-02-28.

[95] 王滨,高强,索继栓.C_4,C_5烯烃制乙烯丙烯催化技术进展[J].分子催化,2006,20(2):188-192.

[96] Guisnet M,Magnoux P. Deactivation by coking of zeolite catalysts. Prevention of deactivation. Optimal conditions for regeneration[J]. Catalysis Today,1997,36(4):477-483.

[97] Castaneda R,Corma A,Fornes V,et al. Direct synthesis of a 9×10 member ring zeolite(Al-ITQ-13):A highly shape-selective catalyst for catalytic cracking[J]. Journal of Catalysis,2006,238(1):79-87.

[98] Liu Y,Pinnavaia T J. Aluminosilicate nanoparticles for catalytic hydrocarbon cracking[J]. Journal of the American Chemical Society,2003,125(9):2376-2377.

[99] Zhao G,Teng J,Zhang Y,et al. Synthesis of ZSM-48 zeolites and their catalytic performance in C_4 olefin cracking reactions[J]. Applied Catalysis A:General,2006,299:167-174.

[100] Xu B,Bordiga S,Prins R,et al. Effect of framework Si/Al ratio and extra-framework aluminum on the catalytic activity of Y zeolite[J]. Applied Catalysis A:General,2007,333(2):245-253.

[101] Li H,Shen B,Wang X,et al. Thermal and hydrothermal stability of La-modified ETS-10 and its cracking ability[J]. Catalysis letters,2005,99(3-4):165-169.

[102] Chen T J,Davis S,Martens L,et al. Method for selectively producing propylene by catalytically cracking an olefinic hydrocarbon feedstock:US,6429348 B1[P]. 2002-08-06.

[103] Chen T J,Davis S,Martens L,et al. Method for selectively producing propylene by catalytic cracking an olefinic hydrocarbon feedstock:US,20030139636 A1[P]. 2003-07-24.

[104] Presland A,Price G,Trimm D. Kinetics of hillock and island formation during annealing of thin silver films[J]. Progress in Surface Science,1972,3:63-96.

[105] Bond G C. Catalysis by metals[M]. Academic Press,1962:88-90.

[106] Schlosser E G. Catalyst hand book wolfe scientific books[M]. 2th edition. London:WC,1970:111.

[107] 吕仁庆,王秋英,项寿鹤.碱性水蒸气处理对ZSM-5沸石酸性质及孔结构的影响[J].催化学报,2002,23(5):421-424.

[108] 胡颖,舒兴田.ZSM-5沸石中非骨架铝对沸石裂化性能影响的初步探讨[J].石油学报(石油加工),1998,14(3):85-88.

[109] 张恒,项寿鹤,刘上垣,等.直接法ZSM-5沸石分子筛骨架铝的迁脱规律[J].催化学报,1996,17(4):340-342.

[110] 吕仁庆,罗立文,项寿鹤,等.水热处理的HZSM-5分子筛的孔结构及活性研究[J].石油大学学报:

自然科学版,2002,26(3):97-100.
[111] Lu L,Lü R. Impact of steam treatment on acidity and pore texture of HZSM-5[J]. Journal of fuel chemistry and technology,2004,32(5):606-610.
[112] 吴治国,张玉兰. 一种FCC催化剂水热稳定性的研究[J]. 华东理工大学学报:自然科学版,1999,25(4):353-356.
[113] 何农跃,施其宏. 超稳Y沸石酸性和活性研究[J]. 石油化工,1994,23(8):498-501.
[114] Dempsey E. A tentative model of Y zeolites to explain their acid behavior[J]. Journal of Catalysis,1975,39(1):155-157.
[115] Mikovsky R,Marshall J. Random aluminum-ion siting in the faujasite lattice[J]. Journal of Catalysis,1976,44(1):170-173.
[116] 耿姗. 催化裂解多产丙烯催化剂研究[D]. 青岛:中国石油大学(华东),2010.
[117] Zi G,Yi T. Influence of Si/Al ratio on the properties of faujasites enriched in silicon[J]. Zeolites,1988,8(3):232-237.
[118] 赵国良,滕加伟,谢在库,等. 氟硅酸铵改性的HZSM-5催化剂的表征及其碳四烯烃裂解催化性能[J]. 催化学报,2005,26(12):1083-1087.
[119] Becker K A,Kowalak S. Zeolite Catalysts Modified with Fluorine[J]. Studies in Surface Science and Catalysis,1989,52:123-132.
[120] 李小明,宋芙蓉. 催化裂解制烯烃的技术进展[J]. 石油化工,2002,31(7):569-573.
[121] Nee J. Maximizing Refinery Profitability with Next Generation Alumina-Sol FCC Catalyst Technologies:IMPACT™,LIBRA™,POLARIS™ and PINNACLE™[A]. NPRA AM-05-68,2005.
[122] Nee J,Lesemann M. Propylene Production In the FCC Unit:An opportunity to increase refinery profitability[A]. Davison Catalagram,USA,2004:94.
[123] Cheng W C,Kumar R,Krishnamoorthy M S,et al. Pentasil Catalyst for Light Olefins in Fluidized Catalytic Units:WO/2007/005075[P]. 2007-01-11.
[124] 彭琳,宋芙蓉. 丙烯产率最大化[J]. 国内外石油化工快报,2005,35(12):12-13.
[125] Ng S,Nakajima N,Fairbridge C,et al. Production of light olefins through gas oil cracking[A]. The 2006 Annual Meeting,2006.
[126] Li Z,Shi W,Wang X,et al. Deep catalytic cracking process for light-olefins production[J]. Fluid Catalytic Cracking Ⅲ,1994,571:33-42.
[127] Meng X,Gao J,Li L,et al. Advances in catalytic pyrolysis of hydrocarbons[J]. Petroleum Science and Technology,2004,22(9-10):1327-1341.
[128] 谢朝钢. 制取低碳烯烃的催化裂解催化剂及其工业应用[J]. 石油化工,1997,26(12):825-829.
[129] 王立华,赵留周,谢朝钢,等. 高丙烯选择性催化裂解MMC系列催化剂的工业生产与应用[J]. 石油化工,2008,37(4):378-382.
[130] 谢朝钢,汪燮卿,郭志雄,等. 催化热裂解(CPP)制取烯烃技术的开发及其工业试验[J]. 石油炼制与化工,2001,32(12):7-10.
[131] 伊红亮,施至诚,李才英,等. 催化热裂解工艺专用催化剂CEP-1的研制开发及工业应用[J]. 石油炼制与化工,2002,33(3):38-42.
[132] 沙颖逊,崔中强. 重质油裂解制烯烃的HCC工艺[J]. 石油化工,1999,28(9):618-621.
[133] 唐家俊,吴隆庆,李峰. LCC-2催化剂在重油催化裂化装置的应用[J]. 石化技术与应用,2008,26(4):336-339.
[134] 秦松,邹旭彪,张忠东. 多产丙烯催化裂化催化剂LCC-2的工业应用[J]. 工业催化,2008,16(1):32-33.
[135] Li C,Yang C,Shan H. Maximizing propylene yield by two-stage riser catalytic cracking of heavy oil[J].

Industrial & engineering chemistry research,2007,46(14):4914-4920.

[136] 李春义,袁起民,陈小博,等. 两段提升管催化裂解多产丙烯研究[J]. 中国石油大学学报:自然科学版,2007,31(1):118-121.

[137] 孙武,李晓红,常增明,等. 两段提升管催化裂化多产丙烯催化剂LTB-2的应用[J]. 炼油技术与工程,2006,36(9):5-7.

[138] 李春义,徐占武,姜国骓,等. 两段提升管催化裂解多产丙烯技术的工业试验[J]. 石化技术与应用,2008,26(5):436-441.

[139] 尤兴华,桑运超,刘永红,等. 两段提升管催化裂化技术在玉门炼油化工总厂的应用[J]. 中国石油大学学报:自然科学版,2007,31(1):132-138.

[140] Lenneman W,Hites R,Komarewsky V. Sulfuric acid-catalyzed alkylation of benzene with high molecular weight 1-alkenes[J]. The Journal of Organic Chemistry,1954,19(3):463-468.

[141] Alul H R,McEwan G J. Solvent effects in the alkylation of benzene with 1-dodecene and trans-6-dodecene in the presence of hydrogen fluoride[J]. The Journal of Organic Chemistry,1967,32(11):3365-3369.

[142] Alul H R. Solvent effects in the alkylation of benzene with 1-dodecene and trans-6-dodecene in the presence of aluminum chloride[J]. The Journal of Organic Chemistry,1968,33(4):1522-1527.

[143] 朱海欧,王军,曾崇余. 脱铝Y沸石酸性和孔结构对苯和1-十二烯烷基化的影响[J]. 精细石油化工,2002(4):17-20.

[144] 朱海欧,王军,张伟军,等. 不同沸石催化剂上苯与1-十二烯烷基化[J]. 南京工业大学学报:自然科学版,2002(2):20-23.

[145] 许艺,吴沛成. 合成长直链烷基苯的固体酸烷基化催化剂的研究[J]. 日用化学工业,1998(5):15-18.

[146] 许艺,吴沛成,王志斌,等. 改性分子筛的表面酸性与苯烷基化反应活性的关系研究[J]. 无机化学学报,1998,14(3):298-302.

[147] Ming-Yuan H,Zhonghui L,Enze M. Acidic and hydrocarbon catalytic properties of pillared clay[J]. Catalysis today,1988,2(2-3):321-338.

[148] Juguin B,Raatz F,Travers C,et al. Method for producing olefin oligomers using a modified mordenite based catalyst:US,4902847[P]. 1990-02-20.

[149] Sivasanker S,Thangaraj A. Distribution of isomers in the alkylation of benzene with long-chain olefins over solid acid catalysts[J]. Journal of catalysis,1992,138(1):386-390.

[150] Stridde G E. Catalyst for alkylating aromatic hydrocarbons:US,3979331[P]. 1976-09-07.

[151] Stridde G E. Catalyst for alkylating aromatic hydrocarbons therefor:US,3965043[P]. 1976-06-22.

[152] Almeida J G D,Dufaux M,Taarit Y B,et al. Effect of pore size and aluminium content on the production of linear alkylbenzenes over HY,H-ZSM-5 and H-ZSM-12 zeolites:Alkylation of benzene with 1-dodecene[J]. Applied Catalysis A:General,1994,114(1):141-15.

[153] 许艺,黄日信,吴沛成. 烯烃与苯烷基化用固体酸催化剂:中国,CN1072353[P]. 1993-05-26.

[154] Perego C,Ingallina P. Recent advances in the industrial alkylation of aromatics:new catalysts and new processes[J]. Catalysis today,2002,73(1):3-22.

[155] Wang B,Lee C W,Cai T. X,et al. Benzene alkylation with 1-dodecene over Y zeolite[J]. Bulletin-Korean Chemical Society,2001,22(9):1056-1058.

[156] Meriaudeau P,Taarit Y B,Thangaraj A,et al. Zeolite based catalysts for linear alkylbenzene production:Dehydrogenation of long chain alkanes and benzene alkylation[J]. Catalysis Today,1997,38(2):243-247.

[157] Young L B. Preparation of 2-phenylalkanes:US,4301317[P]. 1981-11-17.

[158] Cao Y,Kessas R,Naccache C,et al. Alkylation of benzene with dodecene. The activity and selectivity of zeolite type catalysts as a function of the porous structure[J]. Applied Catalysis A:General,1999,184(2):231-238.

[159] 高文艺,樊丽荣,侯美丽,等. 长链烯烃-苯烷基化反应性能影响因素的研究[J]. 抚顺石油学院学报,

2000,20(3):38-40.

[160] 孙桂大,连丕勇,高文艺,等. 合成直链烷基苯的锆磷铝固体酸催化剂Ⅰ. 催化剂合成及其影响因素[J]. 石油学报(石油加工),2002,18(6):31-37.

[161] Lian P,Gao W,Yan F,et al. Study on physico-chemical properties and catalytic activity of BSiZrAPO-5 catalysts in linear alkylbenzene synthesis[J]. Catalysis Today,2002,74(1):137-143.

[162] Berna Tejero Jose Luis,Moreno Danvila Alfonso. Alkylation of aromatic hydrocarbons in a fixed bed catalytic process:US,5146026[P]. 1992-09-08.

[163] Kocal J A,Vora B V,Imai T. Production of linear alkylbenzenes[J]. Applied Catalysis A:General,2001,221(1):295-301.

[164] Kocal J A. Detergent alkylation process using a fluorided silica-alumina:US,5196574[P]. 1993-03-23.

[165] De Almeida J,Dufaux M,Taarit Y B,et al. Linear alkylbenzene[J]. Journal of the American Oil Chemists' Society,1994,71(7):675-694.

[166] Tope B B,Alabi W O,Aitani A M,et al. Side-chain alkylation of toluene with methanol to styrene over cesium ion-exchanged zeolite X modified with metal borates[J]. Applied Catalysis A:General,2012,443:214-220.

[167] Alabi W,Atanda L,Jermy R,et al. Kinetics of toluene alkylation with methanol catalyzed by pure and hybridized HZSM-5 catalysts[J]. Chemical Engineering Journal,2012,195:276-288.

[168] Candu N,Florea M,Coman S,et al. Benzylation of benzene with benzyl alcohol on zeolite catalysts[J]. Applied Catalysis A:General,2011,393(1):206-214.

[169] Sebastian C,Pai S,Sharanappa N,et al. Regio selective butylation of toluene on mordenite catalysts:influence of acidity[J]. Journal of Molecular Catalysis A:Chemical,2004,223(1):305-311.

[170] Selvaraj M,Jeon S,Han J,et al. A novel route to produce 4-t-butyltoluene by t-butylation of toluene with t-butylalcohol over mesoporous Al-MCM-41 molecular sieves[J]. Applied Catalysis A:General,2005,286(1):44-51.

[171] Mravec D,Zavadan P,Kaszonyi A,et al. Tert-butylation of toluene over zeolite catalysts[J]. Applied Catalysis A:General,2004,257(1):49-55.

[172] Paid S,Gupta U,Chilukuri S. Butylation of toluene:Influence of zeolite structure and acidity on 4-tert-butyltoluene selectivity[J]. Journal of Molecular Catalysis A:Chemical,2007,265(1):109-116.

[173] 周志伟,武文良,余丽品,等. 甲苯与叔丁醇在超稳Y沸石上的烷基化反应研究[J]. 高校化学工程学报,2006,20(6):904-908.

[174] Bokade V V,Yadav G D. Heteropolyacid supported on acidic clay:A novel efficient catalyst for alkylation of ethylbenzene with dilute ethanol to diethylbenzene in presence of C 8 aromatics[J]. Journal of Molecular Catalysis A:Chemical,2008,285(1):155-161.

[175] 徐卫敏,周志伟,张扬,等. SiW/Al-HMS上的甲苯与叔丁醇的烷基化反应[J]. 现代化工,2011(S1):309-312.

[176] 丁春华,王祥生,郭新闻. 氧化物改性MCM-22上甲苯与甲醇的烷基化性能研究[J]. 石油学报(石油加工),2007,23(5):38-42.

[177] Xue B,Li Y,Deng L. Selective synthesis of p-xylene by alkylation of toluene with dimethyl carbonate over MgO-modified MCM-22[J]. Catalysis Communications,2009,10(12):1609-1614.

[178] 邹薇,杨德琴,朱志荣,等. 金属氧化物改性的HZSM-5上甲苯与甲醇的烷基化反应[J]. 催化学报,2005,26(6):470-474.

[179] Jiang J,Lu G,Miao C,et al. Catalytic performance of X molecular sieve modified by alkali metal ions for the side-chain alkylation of toluene with methanol[J]. Microporous and Mesoporous Materials,2013,167:213-220.

［180］Song L,Li Z,Zhang R,et al. Alkylation of toluene with methanol:The effect of K exchange degree on the direction to ring or side-chain alkylation[J]. Catalysis Communications,2012,19:90-95.

［181］Kostrab G,Mravec D,Bajus M,et al. tert-Butylation of toluene over mordenite and cerium-modified mordenite catalysts[J]. Applied Catalysis A:General,2006,299:122-130.

［182］王超凡,樊丽辉,申延明,等. 丝光沸石分子筛催化甲苯与叔丁醇气相合成对叔丁基甲苯[J]. 化学反应工程与工艺,2012(1):50-56.

［183］温天红,郑晓军,张秋平,等. RISO异构化技术在新疆泽普石化厂的应用[J]. 石油炼制与化工,2007,38(2):30-33.

［184］胡尧良,韩松,吴正太. 载钯分子筛 C_5/C_6 异构化催化剂工业应用[J]. 催化重整通讯,2004(4):64-65.

［185］Ramos M J,de Lucas A,Jiménez V,et al. Hydroisomerization of different refinery naphtha streams by using a beta zeolite catalyst[J]. Fuel Processing Technology,2008,89(8):721-727.

［186］Chi K,Zhao Z,Tian Z,et al. Hydroisomerization performance of platinum supported on ZSM-22/ZSM-23 intergrowth zeolite catalyst[J]. Petroleum Science,2013,10(2):242-250.

［187］Gopal S,Smirniotis P G. Pt/H-ZSM-12 as a catalyst for the hydroisomerization of C_5-C_7 n-alkanes and simultaneous saturation of benzene[J]. Applied Catalysis A:General,2003,247(1):113-123.

［188］Chica A,Corma A. Hydroisomerization of pentane,hexane,and heptane for improving the octane number of gasoline[J]. Journal of Catalysis,1999,187(1):167-176.

［189］Sinha A,Sivasanker S. Hydroisomerization of n-hexane over Pt/SAPO-11 and Pt-SAPO-31 molecular sieves[J]. Catalysis Today,1999,49(1):293-302.

［190］Campelo J,Lafont F,Marinas J. Comparison of the activity and selectivity of Pt/SAPO-5 and Pt/SAPO-11 in n-hexane and n-heptane hydroconversion[J]. Applied Catalysis A:General,1997,152(1):53-62.

［191］Campelo J,Lafont F,Marinas J. Hydroconversion of n-dodecane over Pt/SAPO-11 catalyst[J]. Applied Catalysis A:General,1998,170(1):139-144.

［192］黄东永,柯明,范志明,等. NiP改性Hβ分子筛的正辛烷临氢异构化和芳构化性能[J]. 石油化工,2003,32(2):100-103.

［193］Gajda G J,Barger P T. Pentene isomerization and etherification:US,5292984[P]. 1994-03-08.

［194］Mooiweer H,Suurd J,De Jong K. Process for the conversion of a feedstock comprising linear olefins:EP,0574994[P]. 1993-12-23.

［195］Gui S,Hao Y,Zhou L,et al. Catalyst supported with noble metal(s) for the isomerization of alkylaromatics:US,5759950A[P]. 1998-06-02.

［196］侯章贵. SKI-400C C_8 芳烃异构化催化剂的工业应用[J]. 当代石油石化,2002,10(3):42-45.

［197］Pellet R J,Long G N,Rabo J A,et al. Xylene isomerization:US,4740650[P]. 1988-04-26.

［198］Sinha A,Sainkar S,Sivasanker S. An improved method for the synthesis of the silicoaluminophosphate molecular sieves,SAPO-5,SAPO-11 and SAPO-31[J]. Microporous and Mesoporous Materials,1999,31(3):321-331.

［199］刘国珍. 杂原子AlPO4-5分子筛的酸性及异构化性能[J]. 太原理工大学学报,1998,29(5):533-536.

［200］Chen D,Moljord K,Holmen A. A methanol to olefins review:Diffusion,coke formation and deactivation on SAPO type catalysts[J]. Microporous and Mesoporous Materials,2012,164:239-250.

［201］Olsbye U,Svelle S,Bjørgen M,et al. Conversion of methanol to hydrocarbons:how zeolite cavity and pore size controls product selectivity[J]. Angewandte Chemie International Edition,2012,51(24):5810-5831.

［202］Tian P,Wei Y,Ye M,et al. Methanol to olefins(MTO):from fundamentals to commercialization[J]. Acs Catalysis,2015,5(3):1922-1938.

[203] Liang J, Li H, Zhao S, et al. Characteristics and performance of SAPO-34 catalyst for methanol-to-olefin conversion[J]. Applied Catalysis, 1990, 64:31-40.

[204] Travalloni L, Gomes A C, Gaspar A B, et al. Methanol conversion over acid solid catalysts[J]. Catalysis Today, 2008, 133:406-412.

[205] 何长春,刘中民,杨立新,等. 三乙胺法合成磷硅铝分子筛SAPO-34的研究[J]. 天然气化工,1993,18(6):14-17.

[206] 刘红星,谢在库,张成芳,等. 用氟化氢—三乙胺复合模板剂合成SAPO-34分子筛[J]. 催化学报,2003,24(4):279-283.

[207] Kang M, Inui T. Effects of decrease in number of acid sites located on the external surface of Ni-SAPO-34 crystalline catalyst by the mechanochemical method[J]. Catalysis Letters, 1998, 53(3-4):171-176.

[208] Chen D, Moljord K, Fuglerud T, et al. The effect of crystal size of SAPO-34 on the selectivity and deactivation of the MTO reaction[J]. Microporous and Mesoporous Materials, 1999, 29(1):191-203.

[209] Zhu J, Cui Y, Wang Y, et al. Direct synthesis of hierarchical zeolite from a natural layered material[J]. Chemical Communications, 2009(22):3282-3284.

[210] Cui Y, Zhang Q, He J, et al. Pore-structure-mediated hierarchical SAPO-34: Facile synthesis, tunable nanostructure, and catalysis applications for the conversion of dimethyl ether into olefins[J]. Particuology, 2013, 11(4):468-474.

[211] Firoozi M, Baghalha M, Asadi M. The effect of micro and nano particle sizes of H-ZSM-5 on the selectivity of MTP reaction[J]. Catalysis Communications, 2009, 10(12):1582-1585.

[212] 温鹏宇,梅长松,刘红星,等. ZSM-5硅铝比对甲醇制丙烯反应产物的影响[J]. 化学反应工程与工艺,2007,23(5):385-390.

[213] 王志彦,李金来. 不同硅铝比HZSM-5分子筛催化剂上甲醇制丙烯反应催化性能[J]. 化学反应工程与工艺,2008,24(5):440-444.

[214] Chae H J, Song Y H, Jeong K E, et al. Physicochemical characteristics of ZSM-5/SAPO-34 composite catalyst for MTO reaction[J]. Journal of Physics and Chemistry of Solids, 2010, 71(4):600-603.

[215] Ye L, Xianbo Y, Lei Q, et al. In-situ synthesis of ZSM-5 zeolite from metakaolin/spinel and its catalytic performance on methanol conversion[J]. China Petroleum Processine & Petrochemical Technology, 2010, 12(1):23-28.

[216] Mei C, Wen P, Liu Z, et al. Selective production of propylene from methanol: Mesoporosity development in high silica HZSM-5[J]. Journal of Catalysis, 2008, 258(1):243-249.

[217] Ivanova S, Lebrun C, Vanhaecke E, et al. Influence of the zeolite synthesis route on its catalytic properties in the methanol to olefin reaction[J]. Journal of Catalysis, 2009, 265(1):1-7.

[218] 毛东森,郭强胜,孟涛,等. 水热处理对纳米HZSM-5分子筛酸性及催化甲醇制丙烯反应性能的影响[J]. 物理化学学报,2010,26(2):338-344.

[219] 武传昌,李汉坤,顾良澄. ZSM-5沸石的有效孔径对甲醇转化反应中低碳烯烃选择性的影响[J]. 南京大学学报,1990,26(1):70-76.

[220] Kim J, Choi M, Ryoo R. Effect of mesoporosity against the deactivation of MFI zeolite catalyst during the methanol-to-hydrocarbon conversion process[J]. Journal of Catalysis, 2010, 269(1):219-228.

[221] Li P, Zhang W, Han X, et al. Conversion of methanol to hydrocarbons over phosphorus-modified ZSM-5/ZSM-11 intergrowth zeolites[J]. Catalysis Letters, 2010, 134(1-2):124-130.

[222] Lee Y J, Kim Y W, Viswanadham N, et al. Novel aluminophosphate (AlPO) bound ZSM-5 extrudates with improved catalytic properties for methanol to propylene (MTP) reaction[J]. Applied Catalysis A: General, 2010, 374(1):18-25.

[223] Liu J, Zhang C, Shen Z, et al. Methanol to propylene: Effect of phosphorus on a high silica HZSM-5 catalyst

[J]. Catalysis Communications,2009,10(11):1506-1509.

[224] Zhao T S,Takemoto T,Tsubaki N. Direct synthesis of propylene and light olefins from dimethyl ether catalyzed by modified H-ZSM-5[J]. Catalysis Communications,2006,7(9):647-650.

[225] Zhao T S,Takemoto T,Yoneyama Y,et al. Selective conversion of dimethyl ether to propylene and light olefins over modified H-ZSM-5[J]. Chemistry Letters,2005,34(7):970-971.

[226] 张飞,姜健准,张明森,等. 甲醇制低碳烯烃催化剂的制备与改性[J]. 石油化工,2006,35(10):919-923.

[227] 刘克成,李玉玲. MgO改性HZSM-5催化剂上甲醇制烯烃反应性能研究[J]. 南阳师范学院学报,2007,6(3):33-34.

[228] Zhang S,Zhang B,Gao Z,et al. Ca modified ZSM-5 for high propylene selectivity from methanol[J]. Reaction Kinetics,Mechanisms and Catalysis,2010,99(2):447-453.

[229] Al-Jarallah A M,El-Nafaty U A,Abdillahi M M. Effects of metal impregnation on the activity,selectivity and deactivation of a high silica MFI zeolite when converting methanol to light alkenes[J]. Applied Catalysis A:General,1997,154(1):117-127.

[230] 郭强胜,毛东森,劳嫣萍,等. 氟改性对纳米HZSM-5分子筛催化甲醇制丙烯的影响[J]. 催化学报,2009,30(12):1248-1254.

[231] Chang C D,Silvestri A J. The conversion of methanol and other O-compounds to hydrocarbons over zeolite catalysts[J]. Journal of Catalysis,1977,47(2):249-259.

[232] 朱伟平,李飞,薛云鹏,等. 甲醇制芳烃技术研究进展[J]. 现代化工,2014(7):36-40.

[233] 章文. 沸石催化剂ZSM-22可使甲醇转化成烃类[J]. 石油炼制与化工,2009(12):12.

[234] Lacarriere A,Luck F,Świerczyński D,et al. Methanol to hydrocarbons over zeolites with MWW topology:Effect of zeolite texture and acidity[J]. Applied Catalysis A:General,2011,402(1):208-217.

[235] Mikkelsen Ø,Kolboe S. The conversion of methanol to hydrocarbons over zeolite H-beta[J]. Microporous and Mesoporous Materials,1999,29(1):173-184.

[236] Di Z,Yang C,Jiao X,et al. A ZSM-5/MCM-48 based catalyst for methanol to gasoline conversion[J]. Fuel,2013,104:878-881.

[237] 邹琥,吴巍,蒽雷,等. 甲醇制芳烃研究进展[J]. 石油学报(石油加工),2013,29(3):539-547.

[238] Rownaghi A A,Rezaei F,Hedlund J. Yield of gasoline-range hydrocarbons as a function of uniform ZSM-5 crystal size[J]. Catalysis Communications,2011,14(1):37-41.

[239] 胡津仙,胡靖文,王俊杰,等. 甲醇在不同酸性ZSM-5上转化为汽油(MTG)的研究[J]. 天然气化工,2001,26(6):1-3.

[240] 刘于英,原靖鑫,王芙蓉,等. 不同硅铝比HZSM-5甲醇制汽油性能比较[J]. 山西化工,2011,31(6):9-10.

[241] 倪友明. 分级孔道和金属改性ZSM-5分子筛制备、表征及催化甲醇制烃研究[D]. 武汉:华中科技大学,2011.

[242] Ono Y,Adachi H,Senoda Y. Selective conversion of methanol into aromatic hydrocarbons over zinc-exchanged ZSM-5 zeolites[J]. Journal of the Chemical Society,Faraday Transactions 1:Physical Chemistry in Condensed Phases,1988,84(4):1091-1099.

[243] Barthos R,Bansagi T,Zakar T S,et al. Aromatization of methanol and methylation of benzene over Mo 2 C/ZSM-5 catalysts[J]. Journal of Catalysis,2007,247(2):368-378.

[244] 田涛,骞伟中,孙玉建,等. Ag/ZSM-5催化剂上甲醇芳构化过程[J]. 现代化工,2009(1):55-58.

[245] 田涛,骞伟中,汤效平,等. 甲醇芳构化反应中Ag/ZSM-5催化剂的失活特性[J]. 物理化学学报,2010,26(12):3305-3309.

[246] Zeng Danlin,Yang Jun,Wang Jiqing,et al. Solid-state NMR studies of methanol-to-aromatics reaction over

silver exchanged HZSM – 5 zeolite[J]. Microporous and Mesoporous Materials,2007,98(1):214 – 219.

[247] Conte M,Lopez – Sanchez J A,He Q,et al. Modified zeolite ZSM – 5 for the methanol to aromatics reaction[J]. Catalysis Science & Technology,2012,2(1):105 – 112.

[248] Niu X,Gao J,Miao Q,et al. Influence of preparation method on the performance of Zn – containing HZSM – 5 catalysts in methanol – to – aromatics[J]. Microporous & Mesoporous Materials,2014,197:252 – 261.

[249] 朱建华. HZSM – 5 沸石上的 MoCl5 负载及催化甲醇制汽油反应[J]. 石油学报(石油加工),1998(1):46 – 51.

[250] 侯玉翠,王定珠. Cd – ZSM – 5 沸石催化剂的制备、表征和芳构化催化性能[J]. 石油化工,1993(7):431 – 436.

[251] Alyea E C,Bhat R N. Methanol conversion to hydrocarbons over WO_3/HZSM – 5 catalysts prepared by metal oxide vapor synthesis[J]. Zeolites,1995,15(4):318 – 323.

[252] Reimer R A,Slaten C S,Seapan M,et al. Abatement of N_2O emissions produced in the adipic acid industry[J]. Environmental Progress,1994,13(2):134 – 137.

[253] Armor J N,Braymer T A,Farris T S,et al. Calcined hydrotalcites for the catalytic decomposition of N_2O in simulated process streams[J]. Applied Catalysis B – environmental,1996,7(3):397 – 406.

[254] Xia H,Sun K,Feng Z,et al. Effect of water on active iron sites for N_2O decomposition over Fe/ZSM – 5 catalyst[J]. Journal of Physical Chemistry C,2011,115(2):542 – 548.

[255] Nechita M,Berlier G,Ricchiardi G,et al. New precursor for the post – synthesis preparation of Fe – ZSM – 5 zeolites with low iron content[J]. Catalysis Letters,2005,103:33 – 41.

[256] Lobree L J,Hwang I C,Reimer J A,et al. Investigations of the state of Fe in H – ZSM – 5[J]. Journal of Catalysis,1999,186(2):242 – 253.

[257] Chen H,Sachtler W M H. Activity and durability of Fe/ZSM – 5 catalysts for lean burn NOx reduction in the presence of water vapor[J]. Catalysis Today,1998,42(1):73 – 83.

[258] Pirngruber G D,Luechinger M,Roy P K,et al. N_2O decomposition over iron – containing zeolites prepared by different methods:a comparison of the reaction mechanism[J]. Journal of Catalysis,2004,224(2):429 – 440.

[259] Rivallan M,Ricchiardi G,Bordiga S,et al. Adsorption and reactivity of nitrogen oxides (NO_2,NO,N_2O) on Fe – zeolites[J]. Journal of Catalysis,2009,264(2):104 – 116.

[260] Rakic V,Rac V,Dondur V,et al. Competitive adsorption of N_2O and CO on CuZSM – 5,FeZSM – 5,CoZSM – 5 and bimetallic forms of ZSM – 5 zeolite[J]. Catalysis Today,2005,110(3):272 – 280.

[261] Cruz R S D,Mascarenhas A J S,Andrade H M C. Co – ZSM – 5 catalysts for N_2O decomposition[J]. Applied Catalysis B – environmental,1998,18(3):223 – 231.

[262] Moretti G,Dossi C,Fusi A,et al. A comparison between Cu – ZSM – 5,Cu – S – 1 and Cu – mesoporous – silica – alumina as catalysts for NO decomposition[J]. Applied Catalysis B – environmental,1999,20(1):67 – 73.

[263] Kustova M Y,Rasmussen S B,Kustov A,et al. Direct NO decomposition over conventional and mesoporous Cu – ZSM – 5 and Cu – ZSM – 11 catalysts:Improved performance with hierarchical zeolites[J]. Applied Catalysis B – environmental,2006,67(1):60 – 67.

[264] Kustova M,Kustov A,Christiansen S,et al. Cu – ZSM – 5,Cu – ZSM – 11,and Cu – ZSM – 12 catalysts for direct NO decomposition[J]. Catalysis Communications,2006,7(9):705 – 708.

[265] Perezramirez J,Groen J C,Bruckner A,et al. Evolution of isomorphously substituted iron zeolites during activation:comparison of Fe – beta and Fe – ZSM – 5[J]. Journal of Catalysis,2005,232(2):318 – 334.

[266] Sazama P,Wichterlova B,Sklenak S,et al. Acid and redox activity of template – free Al – rich H – BEA * and Fe – BEA * zeolites[J]. Journal of Catalysis,2014,318:22 – 33.

[267] Oygarden A H,Perezramirez J. Activity of commercial zeolites with iron impurities in direct N_2O decomposition

[J]. Applied Catalysis B - environmental, 2006, 65(1): 163 - 167.

[268] Mauvezin M, Delahay G, Kisslich F, et al. Catalytic reduction of N_2O by NH_3 in presence of oxygen using Fe - exchanged zeolites[J]. Catalysis Letters, 1999, 62(1): 41 - 44.

[269] Kameoka S, Suzuki T, Yuzaki K, et al. Selective catalytic reduction of N_2O with methane in the presence of excess oxygen over Fe - BEA zeolite[J]. Chemical Communications, 2000(9): 745 - 746.

[270] Meliancabrera I, Mentruit C, Pieterse J A Z, et al. Highly active and stable ion - exchanged Fe - Ferrierite catalyst for N_2O decomposition under nitric acid tail gas conditions[J]. Catalysis Communications, 2005, 6(4): 301 - 305.

[271] Jisa K, Novakova J, Schwarze M, et al. Role of the Fe - zeolite structure and iron state in the N_2O decomposition: Comparison of Fe - FER, Fe - BEA, and Fe - MFI catalysts[J]. Journal of Catalysis, 2009, 262(1): 27 - 34.

[272] Guzman - Vargas A. Catalytic decomposition of N_2O and catalytic reduction of N_2O and N_2O + NO by NH_3 in the presence of O_2 over Fe - zeolite[J]. Applied Catalysis B - environmental, 2003, 42(4): 369 - 379.

[273] Campa M C, Indovina V, Pietrogiacomi D. The dependence of catalytic activity for N_2O decomposition on the exchange extent of cobalt or copper in Na - MOR, H - MOR and Na - MFI[J]. Applied Catalysis B - environmental, 2009, 91(1): 347 - 354.

[274] Baik J H, Yim S D, Nam I - S, et al. Control of NO_x emissions from diesel engine by selective catalytic reduction (SCR) with urea[J]. Topics in Catalysis, 2004, 30(1): 37 - 41.

[275] Sjovall H, Olsson L, Fridell E, et al. Selective catalytic reduction of NO_x with NH_3 over Cu - ZSM - 5 - The effect of changing the gas composition[J]. Applied Catalysis B - environmental, 2006, 64(3): 180 - 188.

[276] Komatsu T, Nunokawa M, Moon I S, et al. Kinetic studies of reduction of nitric oxide with ammonia on Cu^{2+} - exchanged zeolites[J]. Journal of Catalysis, 1994, 148(2): 427 - 437.

[277] Li Zhe, Li Dang, Huang Wei, et al. A novel Cu - Mo/ZSM - 5 catalyst for NO_x catalytic reduction with ammonia[J]. Journal of Natural Gas Chemistry, 2005, 14(2): 115 - 118.

[278] Ma A Z, Muhler M, Grünert W. Selective catalytic reduction of NO by ammonia over Raney - Ni supported Cu - ZSM - 5: II. Interactions between support and supported Cu - ZSM - 5[J]. Applied Catalysis B: Environmental, 2000, 27(1): 37 - 47.

[279] Wang J C, Dong T, Han L N, et al. In situ synthesized Cu - ZSM - 5/cordierite for reduction of NO [J]. Transactions of Nonferrous Metals Society of China, 2011, 21(2): 353 - 358.

[280] Zhang Q L, Xu H D, Qiu C T, et al. Catalytic performance and steady - state kinetics of Cu - ZSM - 5 for selective catalytic reduction of NO with NH_3[J]. Acta Physico - Chimica Sinica, 2012, 28(5): 1230 - 1236.

[281] Metkar P S, Balakotaiah V, Harold M P. Experimental study of mass transfer limitations in Fe - and Cu - zeolite - based NH_3 - SCR monolithic catalysts[J]. Chemical Engineering Science, 2011, 66(21): 5192 - 5203.

[282] Long R Q, Yang R T. Superior Fe - ZSM - 5 catalyst for selective catalytic reduction of nitric oxide by ammonia[J]. Journal of the American Chemical Society, 1999, 121(23): 5595 - 5596.

[283] Long R, Yang R. Fe - ZSM - 5 for selective catalytic reduction of NO with NH_3: a comparative study of different preparation techniques[J]. Catalysis Letters, 2001, 74(3 - 4): 201 - 205.

[284] Schwidder M, Kumar M S, Brückner A, et al. Active sites for NO reduction over Fe - ZSM - 5 catalysts [J]. Chemical Communications, 2005(6): 805 - 807.

[285] Kwak J H, Tonkyn R G, Kim D H, et al. Excellent activity and selectivity of Cu - SSZ - 13 in the selective catalytic reduction of NO_x with NH_3[J]. Journal of Catalysis, 2010, 275(2): 187 - 190.

[286] Kwak J H, Zhu H, Lee J H, et al. Two different cationic positions in Cu - SSZ - 13[J]. Chemical Communications, 2012, 48(39): 4758 - 4760.

[287] Kwak J H, Tran D, Burton S D, et al. Effects of hydrothermal aging on NH_3-SCR reaction over Cu/zeolites [J]. Journal of Catalysis, 2012, 287: 203-209.

[288] Fickel D W, D'Addio E, Lauterbach J A, et al. The ammonia selective catalytic reduction activity of copper-exchanged small-pore zeolites [J]. Applied Catalysis B Environmental, 2011, 102(3-4): 441-448.

[289] Wang L, Li W, Qi G, et al. Location and nature of Cu species in Cu/SAPO-34 for selective catalytic reduction of NO with NH_3 [J]. Journal of Catalysis, 2012, 289: 21-29.

[290] Balle P, Geiger B, Klukowski D, et al. Study of the selective catalytic reduction of NO_x on an efficient Fe/HBEA zeolite catalyst for heavy duty diesel engines [J]. Applied Catalysis B: Environmental, 2009, 91(3): 587-595.

[291] Balle P, Geiger B, Kureti S. Selective catalytic reduction of NO_x by NH_3 on Fe/HBEA zeolite catalysts in oxygen-rich exhaust [J]. Applied Catalysis B: Environmental, 2009, 85(3): 109-119.

[292] Kim J, Jentys A, Maier S M, et al. Characterization of Fe-Exchanged BEA zeolite under NH_3 selective catalytic reduction conditions [J]. The Journal of Physical Chemistry C, 2013, 117(2): 986-993.

[293] 徐力. 低温 NH_3 选择还原 NO 催化剂及催化作用机制研究 [D]. 大连: 大连理工大学, 2014.

第七章 介孔分子筛材料的合成及应用

多孔材料由于具有较高的比表面积,长期以来广泛应用于吸附、催化和分离等领域。国际纯粹与应用化学协会(IUPAC)按照孔径大小,将多孔材料做了分类:微孔(小于2nm)、介孔(2~50nm)和大孔(大于50nm)。作为重要的催化和吸附材料的传统沸石分子筛属于微孔材料,由于微孔分子筛不管是怎样的结构和组成,其孔径都小于1.3nm,从而限制了在大分子催化和吸附方面的应用。介孔分子筛通常是指以表面活性剂为模板剂,利用溶胶—凝胶、乳化或微乳等化学过程,通过有机物和无机物之间的界面作用组装生成的一类孔径在1.5~30nm之间、孔分布窄且具有规则孔道结构的无机多孔材料。介孔材料的发现,不仅将分子筛范围由微孔范围扩展到介孔范围,同时在微孔沸石和大孔材料之间架起了一座桥梁。

有序介孔材料的合成早在20世纪70年代就已经开始,日本的科学家也在1990年报道了他们的合成工作,然而当时未能引起人们的广泛注意[1]。到了1992年,Mobil公司的研究人员首次使用烷基季铵盐型阳离子表面活性剂为模板剂成功地合成出M41S型介孔分子筛,并引起人们的广泛关注[2,3]。M41S家族包括六方晶系MCM-41、立方晶系MCM-48和层状结构MCM-50,分子筛孔道呈规则排列,孔径在1.5~10nm范围内可连续调节,具有巨大的比表面积(大于1000cm^2/g)和良好的热稳定性,被认为是分子筛发展史上的又一个里程碑。这种材料为合成具有均匀孔道、介孔尺寸的催化剂提供了可能性,由于在重油催化和大分子分离等领域的广阔应用前景,介孔材料成为人们的研究热点之一。随后人们又开发出一系列的介孔材料,如SBA系列、MSU系列、CMK系列、HMS、KIT以及金属和金属氧化物系列等。

介孔分子筛的迅速发展和不断改进为它应用提供了广阔的天地。有关介孔分子筛的合成、改性及应用已在大量的文献中进行了报道。本章主要介绍介孔分子筛的合成策略、合成机理和合成中的关键因素包括表面活性剂的选择、孔径尺寸的调节等和介孔材料的主要应用。

第一节 介孔分子筛材料的合成

一、水热晶化合成

介孔分子筛和微孔分子筛材料一样通常采用水热晶化合成法,合成体系可以在碱性或酸性环境下,温度通常较低,范围在室温到150℃之间。介孔分子筛合成的一般过程是将一定量的表面活性剂、酸或碱加入水中组成混合溶液,再向其中加入无机源形成水凝胶,然后在高压釜中升高至一定温度,通过自生压力晶化处理,经过过滤、洗涤、干燥、焙烧或萃取以除去模板剂,最后得到有序的介孔材料。

1. 表面活性剂

在介孔分子筛的合成过程中,表面活性剂的选择是一个至关重要的因素,表面活性剂的性质和结构决定了介孔分子筛的介孔结构、介孔尺寸以及比表面积等物理性质。常用表面活性剂一般分成阳离子表面活性剂、阴离子表面活性剂和非离子表面活性剂三大类。除此以外,目前介孔分子筛材料的合成中还会用到少量的两性表面活性剂。

1) 阳离子表面活性剂

具有低相对分子质量的长链烷基季铵盐型阳离子表面活性剂 $C_nH_{2n+1}N(CH_3)_3Br(n=8\sim22)$ 是最常用的模板剂,例如表面活性剂十六烷基三甲基溴化铵(CTAB)。用长链烷基季铵盐类阳离子表面活性剂作模板剂合成的介孔分子筛孔壁较薄,且结构单一,去除表面活性剂后分子筛结构容易坍塌,限制了进一步应用。另外,双子型(Gemini)表面活性剂、Bola型表面活性剂、multi-head group 表面活性剂以及近年来报道的阳离子氟表面活性剂都可以作为模板剂来合成不同结构的介孔分子筛[4-6],常用季铵盐型阳离子表面活性剂见表7-1。阳离子表面活性剂由于具有较好的溶解度和较高的临界胶束温度(CMT),因此被广泛用于碱性或酸性介质中,然而阳离子表面活性剂通常具有毒性且价格较高。

表7-1 常用季铵盐型阳离子表面活性剂分子式结构[10]

名称	分子式
长链烷基季铵盐类表面活性剂	$H_3C-(CH_2)_{n-1}-\overset{R_1}{\underset{R_3}{N^+}}-R_2[Br^-]$ $R_1,R_2,R_3=CH_3,C_2H_5,C_3H_7;n=8\sim12$ $H_3C-(CH_2)_{n-1}-\overset{CH_3}{\underset{CH_3}{N^+}}-(CH_2)_{m-1}-CH_3[Br^-]$ $n=8\sim12,m=8\sim22$ $H_3C-(CH_2)_{n-1}-\overset{CH_3}{\underset{CH_3}{N^+}}-(CH_2)_m-R[Br^-]$ $R=-\bigcirc\!\!\!-,-\bigcirc\!\!\!-N,-OH$ 等 $n=8\sim22,m=0\sim3$
Gemini表面活性剂	$H_3C-(CH_2)_{n-1}-\overset{H_3C}{\underset{H_3C}{N^+}}-(CH_2)_s-\overset{CH_3}{\underset{CH_3}{N^+}}-(CH_2)_{m-1}-CH_3[2Br^-]$ $n=8\sim22,s=2\sim6,m=1\sim22$ $H_3C-(CH_2)_{n-1}-\overset{H_3C}{\underset{H_3C}{N^+}}-(CH_2)_s-\overset{CH_3}{\underset{CH_3}{N^+}}-CH_3[2Br^-]$ $n=8\sim22,s=2\sim6$ $H_3C-(CH_2)_{17}-\bigcirc-(CH_2)_4-\overset{CH_3}{\underset{CH_3}{N^+}}-(CH_2)_3-\overset{CH_3}{\underset{CH_3}{N^+}}-CH_3[2Br^-]$

续表

名称	分子式
Bola 型表面活性剂	$H_3C-\overset{\overset{CH_3}{\mid}}{\underset{\underset{CH_3}{\mid}}{N^+}}-(CH_2)_n-\bigcirc-\bigcirc-\bigcirc-\bigcirc-(CH_2)_n-\overset{\overset{CH_3}{\mid}}{\underset{\underset{CH_3}{\mid}}{N^+}}-CH_3 [2Br^-]$ $n=4,6,8,10,12$
multi-head group 表面活性剂	$H_3C-(CH_2)_m-\overset{\overset{CH_3}{\mid}}{\underset{\underset{CH_3}{\mid}}{N^+}}-(CH_2)_s-\overset{\overset{CH_3}{\mid}}{\underset{\underset{CH_3}{\mid}}{N^+}}-(CH_2)_p-\overset{\overset{CH_3}{\mid}}{\underset{\underset{CH_3}{\mid}}{N^+}}-CH_3 [3Br^-]$ $m=14,16,18;s=2;p=3$

2) 阴离子表面活性剂

阴离子表面活性剂主要包括长链烷基硫酸盐、长链烷基磷酸盐等,与阳离子表面活性剂相比,由于阴离子表面活性剂和硅物种的相互排斥,因此一般情况下得不到有序的介孔结构。根据静电匹配的原则,阴离子表面活性剂可用于合成具有阳离子聚合过程的无机材料,如金属氧化物介孔材料的制备。Holland 等[7]以十二烷基硫酸钠(SDS)作模板剂采用两步法合成磷酸铝、磷酸镓铝介孔材料。车顺爱等[8]从阴离子表面活性剂和无机物种之间的电荷匹配问题进行深入的研究和创新,利用带有氨基酸亲水性的阴离子表面活性剂为导向剂,并通过引入含氨基的硅源和含季铵盐的硅源作为共同结构导向剂(Co-SDA)在碱性条件下成功制备了一系列高度有序的介孔二氧化硅 AMS-n 材料。

3) 非离子表面活性剂

非离子表面活性剂主要包括长链有机胺、长链烷烃聚氧乙烯醚、Gemini 表面活性剂、带多官能团的非离子表面活性剂[如 $NH_2(CH_2)_nNH_2, n=12\sim22$]和嵌段醚共聚物(PEO-PPO-PEO)等。非离子表面活性剂具有无毒性、成本低和可生物降解等优点,因此在介孔材料的合成中越来越受到关注,以其为模板可以合成出介孔硅基分子筛和不同的介孔金属氧化物分子筛。其中,采用嵌段共聚物作为模板剂合成介孔材料的报道很多,赵东元等[9]用 PEO-PPO-PEO 三嵌段共聚物直接导向硅物种聚合,合成了有序的六方相介孔分子筛(SBA-15),同时产物孔径和壁厚大大增加,从而提高了合成介孔材料的水热稳定性。非离子表面活性剂主要是以氢键和无机物前驱体发生作用,因此相对于阳离子表面活性剂作模板剂来说,具有反应条件比较温和、有机模板剂容易除去、不易引起结构缺陷、可以形成较厚的孔壁等优点。

4) 表面活性剂的选用原则

表面活性剂在水溶液中的聚集行为,对于人们理解表面活性剂和无机前驱体之间的相互作用是非常有用的。低浓度下,表面活性剂在水溶液中以分子或离子的形式存在;随着浓度的增大,开始形成胶团,此时的浓度定义为临界胶束浓度(CMC)。在介孔分子筛的合成过程中,表面活性剂具有较低的 CMC 值是得到有序介孔的关键[11]。当表面活性剂的 CMC 值为 0~

20mg/L 时,此时容易制备得到有序的介孔材料;而当表面活性剂的 CMC 值在 20～300mg/L 之间时,则需要采取一定的方法减小 CMC 值才可以得到有序的介孔相。另外,当表面活性剂的 CMC 值较大时,合成介孔材料多为立方相,当 CMC 值继续增大时,则不易生成有序的介孔相。

表面活性剂分子中亲水基和亲油基之间的大小和力量平衡程度的量,定义为表面活性剂的亲水亲油平衡值,即 HLB 值,HLB 值越大代表亲水性越强。其中,非离子表面活性剂的 HLB 值范围定为 0～20,当表面活性剂 HLB 值为 4～12 时,有利于形成有序的介孔相;当表面活性剂 HLB 值超过 12 时,可能会形成立方相无序的介孔材料,同时合成条件不易控制;而当表面活性剂的 HLB 值小于 4 时,则容易形成层状的介孔结构[9]。

在介孔分子筛的合成过程中,降低合成体系中表面活性剂的浓度可以提高介孔结构的有序度[4]。然而,通常所需表面活性剂的浓度要高于表面活性剂的 CMC 值,同时表面活性剂的浓度也影响最终形成的介孔结构。例如,当在碱性条件下以十六烷基三甲基溴化铵(CTAB)为模板剂的合成体系中,如果 CTAB 与 TEOS 的摩尔比较低,在 0.11～0.5 之间时,往往得到的是二维六方结构的 MCM-41 相;而当 CTAB 与 TEOS 的摩尔比提高到 0.5～0.8 时,在 100℃ 水热晶化下形成的则是三维立方相的 MCM-48 分子筛;当进一步提高表面活性剂的浓度时,则产物变成不稳定的层状介孔相。很显然,该现象在一定程度上与表面活性剂的晶相行为有密切关系,因此表面活性剂在水溶液中形成溶致液晶相的相图对介孔分子筛的合成具有重要的指导作用。然而,由于在体系硅物种的聚合过程中体系的疏水亲水性不断发生改变,因此在合成过程中介孔相的形成与相图并不是完全一致,同时其他一些参数,例如温度、无机物种的溶解度以及体系的碱度等都会影响到硅物种的水解及聚合程度,从而影响最终形成的介孔相。

在介孔分子筛材料的制备过程中,体系最终形成的介孔晶相主要取决于表面活性剂的液晶相,因此表面活性剂的类型和分子结构对介孔结构的形成有较大的影响。其中,表面活性剂的分子堆积参数 $g[g = V/(a_0 l)$,V 为表面活性剂分子的链及链间助溶剂所占的总体积,a_0 为胶团表面极性头所占的有效面积,l 为表面活性剂长链的有效链长]常常用于解释和预期最终自组装的结构[12]。该模型虽然简单,但是能够很好地描述在特定条件下生成哪种液晶相,从而通过控制合成条件和参数得到目的产物。当 g 小于 1/3 时,生成介孔相通常为立方相(Pm3n)和三维六方相($P6_3/mmc$)结构,当 g 在 1/3～1/2 之间时,生成介孔相为二维六方相(p6mm)结构,当 g 在 1/2～2/3 之间时,生成介孔相为立方相(Ia3d)结构,而当 g 约等于 1 时,生成层状介孔相结构,不同 g 下形成的介孔结构见表 7-2。例如,当以阳离子表面活性剂三甲基烷基溴化铵 $C_nH_{2n+1}N(CH_3)_3Br$($n = 10～18$)为模板剂时,在典型的合成条件下得到的是二维六方相的 MCM-41 结构;然而,在合成中如果采用大极性头表面活性剂三乙基烷基溴化铵为模板剂,由于亲水极性头增大导致 g 值减小,从而生成三维笼状立方结构(如 SBA-1)。双尾表面活性剂由于它的巨大输水部分,因此 V 的增大导致较大的 g 值,通常生成介孔相为层状结构。对于 Gemini 表面活性剂(C_{m-s-m}),由于每个亲水基团通过碳氢链连接,表面活性剂头的面积可以通过碳氢链的长度进行调节,例如当 s 从 2 变到 12 时,在碱性条件下合成产物从层状变成六方 MCM-41,最后变成立方相 MCM-48。其他很多实验现象都可以用 g 值的变化来解释,包括有机添加剂对合成的影响、各相之间的转化等。

表 7-2　不同 g 下胶束几何结构和介孔相

$g = V/(a_0 l)$	胶束几何形状	表面活性剂类型	介孔相实例
<1/3	球形胶束	较大极性头的单链结构,例如 $C_nH_{2n+1}N(C_2H_5)_3X, n = 12 \sim 18$	SBA-6(立方相,Pm3n) SBA-1(立方相,Pm3n) SBA-7(三维六方相,P6$_3$/mmc) SBA-2(三维六方相,P6$_3$/mmc)
1/3 < g < 1/2	圆柱形胶束	较小极性头的单链结构,例如 $C_nH_{2n+1}N(CH_3)_3X, n = 8 \sim 18$	MCM-41(二维六方相,p6mm) SBA-3(二维六方相,p6mm)
1/2 < g < 2/3	三维圆柱形胶束	较小极性头的单链结构,大疏水极性头结构及较大极性头双链结构,例如 $C_{16}H_{33}(CH_3)_2N(CH_2)-(C_6H_5)$, Gemini 表面活性剂 C_{m-12-m}	MCM-48(立方相,Ia3d)
$g = 1$	层状胶束	小极性头双链结构,例如 $C_nH_{2n+1}N(CH_3)_3X, n = 20, 22$	MCM-50(层状相) SBA-4(层状相)
$g > 1$	反向胶束	小极性头双链结构	

2. 添加剂

1) 混合表面活性剂

与单一表面活性剂相比,混合表面活性剂由于其独特的聚集行为,因此具有许多优势,例如变化的 CMT 值和 CMC 值,可以调节无机硅物种间的相互作用,引起相转移、调节孔尺寸以及得到多级孔结构等。表面活性剂与生成的介孔结构应该是匹配的,在水热晶化合成过程中,均匀的胶束对于控制生成均匀的表面曲率是至关重要的[13]。三嵌段共聚物和烷基聚氧乙烯共同作为模板剂可以有效地提高无机物种和有机物种之间的协同组装,从而有利于生成高度有序的介孔硅结构[14]。

通过调节混合模板剂的堆积参数或亲水疏水体积比,可以设计和制备具有不同对称结构的介孔材料。具有负电荷的表面活性剂(例如,$C_nH_{2n+1}COOH$ 和 $C_nH_{2n+1}SO_3H$)可以和少量阳离子表面活性剂相互作用形成离子对。混合体系具有较低的亲水性,提高了 g 值,从而有利于发生由 p6mm 到 Ia3d 的相转移[15,16]。此外,采用混合表面活性剂,例如 CTAB 和 Gemini 表面活性剂,阳离子表面活性剂和非离子表面活性剂烷基聚氧乙烯以及三嵌段共聚物 P123 和阴离子表面活性剂 SDS 都能导向立方双连续介孔结构(Ia3d)的生成[12,17,18]。有趣的是,当向三嵌段共聚物 F127 的组装体系中加入阴离子表面活性剂,例如丁二酸二辛酯磺酸钠(AOT)和有机膨胀试剂三甲基苯(TMB)时,由于疏水体积的膨胀,因此会发生连续相转移现象,即由面心立方相 Fm3m 转化成体心 Im3m 相,再到二维六方相 p6mm,最终生成立方双连续 Ia3d 结构[19]。两种具有不同碳链长度的季铵盐型阳离子表面活性剂混合(例如,C_{12}TAB 和 C_{16}TAB,C_{16}TAB 和 C_{22}TAB)作为模板剂可以调变生成的 MCM-41 介孔分子筛的孔径,使其尺寸介于单一模板剂合成的介孔尺寸之间[20]。

2）无机添加剂

在合成介孔分子筛体系中加入无机盐类（电解质）能够有效地影响非离子表面活性剂的 CMC 值。在电解质溶液中，由于"盐溶"或"盐析"效应的影响会改变胶束颗粒聚集所需要的能量壁垒，进而改变出现相分离的时间，以及溶液中自组装能量和表面自由能的相对大小，最终对介孔材料的形貌产生巨大影响[21]。

Ryoo 和 Jun[22] 发现无机盐可以提高 MCM-41 的水热稳定性，并认为这与无机盐能够提高硅物种的缩聚程度有关。Yu 等[23] 考察了 NaCl 和 NH_4Cl 对合成介孔分子筛材料的影响，他们认为除了要考虑离子强度对硅物种缩聚程度的影响外，还需要考虑阴离子的屏蔽效应，以及离子强度对双电层的影响。在此基础上，他们观察到随着 NaCl 与 CTAB 摩尔比的增加，出现 MCM-41→KIT-1→无定形的相转变。对于具有较高亲水性的嵌段共聚物（例如 F127、F108 和 F98 等），从它内部堆积整齐度来看，是合成具有笼结构介孔材料的理想导向剂，然而研究发现，实际合成中往往不易得到有序的介孔材料。而在合成体系中引入无机盐（例如 NaCl、KCl、K_2SO_4 和 Na_2SO_4）能够有效地放宽合成范围，同时还可以降低嵌段共聚物的 CMC 值和 CMT 值，提高合成的速率。例如，以 P123（$EO_{20}PO_{70}EO_{20}$）导向合成 SBA-15，无机盐的引入可以使合成体系在很低的嵌段共聚物浓度下合成高度有序的介孔分子筛材料[24]。

3）有机添加剂

有机物种可以促进或阻碍胶束的形成，许多有机添加剂能够在胶束内发生增溶作用，从而减小了 CMC 值。小分子有机物通常集中在胶束和水的界面周围，而大分子则可以进入胶束的中心，造成形成的胶束具有不同的形状，从而引起了相转移或介孔径增加等现象，最终影响到生成产物的拓扑结构。这些有机添加剂的影响通常在低浓度条件下是非常有效的，当在高浓度下有机添加剂，例如二氧六环、短链醇类和乙二醇等可以增加单体表面活性剂的溶解度，从而阻碍了胶束的形成，提高了非离子表面活性剂的 CMC 值。

采用水热晶化合成或非水体系合成，以三嵌段共聚物 P123 作为导向剂，在引入有机添加剂巯丙基三甲氧基硅烷（MPTMS）或乙烯基三乙氧基硅烷（VTES）同时添加无机盐的合成体系中可以导向制备得到具有大孔径的立方双连续 Ia3d 介孔硅结构[25-27]。减小的亲水疏水体积比（V_H/V_L）导致了介孔相从六方相 p6mm 向立方双连续相 Ia3d 的转变。当疏水性的有机物种在表面活性剂胶束的输水区内溶解时，会引起胶束的膨胀，从而造成孔径增大。在扩孔中，有机添加剂在表面活性剂胶束中的溶解度是一个重要因素，大分子烃类，例如癸烷、异丙苯和三甲苯都是有效的扩孔剂[28-30]。在酸性介质三嵌段共聚物体系中引入三甲苯，介孔尺寸可扩展到 40nm 左右，然而通常得到的介孔材料是无序的。对于 SBA-15 和 MCM-41 有序介孔材料，通过加入三甲苯膨胀剂可以使孔径分别扩大到 13nm 和 6nm。而合成体系中如果大量引入三甲苯，最后会生成介孔蜂窝状泡沫结构（MCF）[30]。

3. 无机物种

无机物种的凝胶—溶胶过程、配位化学、缩聚反应动力学等都会对介孔相的生成产生影响。不同的无机物种与表面活性剂之间的作用力大小不同，甚至作用方式也不同。低聚态的无机前驱物有利于形成高度有序的介孔材料，例如硅酸乙酯（TEOS）是实验室合成有序介孔材料最常用的硅物种。

4. 合成温度

在介孔材料的制备过程中，合成温度对介孔的结构、孔径、孔体积和水热稳定性等方面都有很大的影响[31]。介孔材料的合成温度范围在 -10~130℃ 之间，其中在室温下合成是最为方便的合成条件。在选择合成温度时，临界胶束温度(CMT)和浊点(CP)是两个重要的因素。合成温度通常要高于 CMT 值，一般来说，阳离子表面活性剂具有相对较低的 CMT 值。随着合成温度的降低，阳离子表面活性剂组装速率也相应变慢，从而有利于得到高质量的介孔硅材料，因此合成中无须加热，室温下合成是最可行的。当采用非离子表面活性剂作为模板剂时，由于非离子表面活性剂具有较高的 CMT 值，因此合成温度通常要高于室温。另外，对于许多非离子表面活性剂来说，随着温度的提高，在水溶液中会出现不溶的现象，此时对应的温度称为浊点。在该温度下，由于表面活性剂发生沉淀出现相分离，溶液变得浑浊，因此合成时的温度要低于表面活性剂的浊点。

一般认为，随着合成温度的降低，反应速率也会随之减小，从而有利于生成规则的晶体相。例如，在采用三嵌段共聚物 P123 为模板剂合成 SBA-15 时，考虑溶解度和 CMT 值的限制，合成温度范围在 35~40℃ 之间[32]。无机物种前驱物的性质对合成温度的选择没有关键性的影响，然而，在高温条件下，无机物种具有较高的聚合程度。当选用二氧化硅凝胶或水玻璃作为硅源时，高于 100℃ 的合成温度有利于硅物种的水解、交联和均匀分布，从而有利于生成稳定有序的介孔硅材料。

5. 合成介质

介孔材料的合成通常是在溶液体系中进行的，其中水是最常用的溶剂和介质。另外，与水具有相似强极性的其他溶剂，例如甲酰胺和二甲基甲酰胺(DMF)也可以作为合成介质。在甲酰胺合成体系中，采用阴离子簇化合物，如 $[Ge_4S_{10}]^{4-}$ 和 $[Sn_4S_{10}]^{4-}$ 作为无机前驱物可以合成介孔氟化物[33]。另外，溶液的 pH 值也是制备介孔材料的一个关键因素，对介孔材料的孔道形状、排列特征等有较大影响。介孔材料通常在酸性或碱性条件下合成，而在中性条件下通常得不到有序的介孔材料。

6. 水热处理

水热处理是提高介孔材料有序度的有效方法之一，通常用于碱性条件下介孔硅的合成。经过溶液反应后，在水热条件下经过重新组合、生长和晶化最终得到介孔结构。水热处理温度通常较低，温度范围为 80~150℃，其中最常用的温度范围在 95~100℃ 之间。太高的晶化温度会造成介孔结构的破坏，同时表面活性剂分解会导致直接生成微孔沸石分子筛。通常，与非离子表面活性剂相比，采用季铵盐型阳离子表面活性剂作为模板剂水热温度要高，其原因主要与表面活性剂在水溶液中的液晶相特点以及表面活性剂和硅物种间的相互作用有关。阳离子表面活性剂(S^+)和具有负电荷的硅物种(I^-)之间具有相对较强的库仑作用力；而非离子表面活性剂和硅物种间为较弱的氢键。

在水热处理前介孔结构组装过程已开始进行，水热过程提高了介孔材料的有序度，通常 1~7d 的水热处理过程对合成介孔材料是必需的过程。在水热过程中，无机物种水解、交联并进一步自组装,通过改变水热处理时间和温度在一定程度上可以调变介孔结构的吸附和结构性质。例如,在较高的水热处理温度或较长的水热处理时间下制备得到的 SBA-15 材料具有更大的介孔孔径和更薄的孔壁[34]。在高温水热处理条件下,PEO 嵌段物表现为疏水性并从硅孔壁中撤出,增大的表面活性剂胶束导致生成具有大孔径的 SBA-15 介孔材料[35]。

许多介孔材料只有在水热条件下才可以制备得到。例如,以 CTAB 为表面活性剂、$ZrOSO_4$ 作为无机物种制备介孔氧化锆,在水热条件下处理 3d 后得到立方相或六方相的介孔结构[36]。水热处理促使锆物种水解,从而避免了体系中引入另外的水解试剂。当进一步采用磷酸处理后,可以制备得到高度有序稳定的 ZrP_2O_7 物质。然而,并不是所有的介孔材料都需要水热处理过程,有时水热处理过程会降低介孔结构的规则度或是造成介孔相的相转移。例如,在以 CTAB 为模板剂的酸性合成体系中,室温下反应 3h 替代水热处理过程可以得到介孔相 SBA-3 结构,而水热处理则会降低介孔结构的有序度。室温下以 CTAB 为模板剂在碱性条件下可以得到二维六方相 MCM-41 介孔相,而在 110℃ 下水热处理 3d 则会造成介孔相转移生成立方相 MCM-48 结构,该路径是在少量模板剂条件下合成 MCM-48 分子筛的最有效简单的方法,其中较窄的原料配比范围和碱度是合成的关键[37]。

7. 介孔材料形成速率

介孔硅材料的形成速率非常快,在阳离子表面活性剂合成体系中只需 3~5min 就有介孔硅材料沉淀形成。采用原位 XRD 技术观察介孔材料的形成过程,结果表明在形成凝胶前为不规则的 MCM-41 产物,经过 3~5min 后一旦产生沉淀,则检测到具有有序结构的介孔相。如果采用非离子表面活性剂作为模板剂,此时介孔结构的形成速率要慢一些,通常需要 30min 甚至更长时间。介孔的形成速率同时还受合成体系 pH 值、添加剂以及无机前驱物的影响。在酸性条件下合成介孔硅材料随着 pH 值的降低形成速率加快。当合成体系采用强酸 HCl 来作为催化剂时,体系最佳 pH 值应该小于 1,较高的酸浓度导致较快的沉淀速率;而当酸浓度较低时,则会造成硅物种具有较低的聚合速率。例如酸性条件下合成 MCM-41,研究发现 pH 值在 0.5~2 之间时,pH 值越小越有利于介孔生成六方相结构,当 pH 值增加到 2 以上时则得不到 MCM-41 介孔相[38]。Ryoo 等[42]报道,在 $EO_{106}PO_{70}EO_{106}$-丙醇-H_2O 合成体系中,在低酸浓度下(0.5mol/L HCl)可以制备得到高度有序的三维立方 Im3m 结构 SBA-16,而当溶液中 HCl 浓度为 2mol/L 时,则很难得到该立方相介孔材料。当体系 pH 值由 1 到 2 时,由于此时在硅物种的等电点附近,因此介孔硅形成的沉淀速率非常慢。在合成体系中引入无机盐,例如 KCl、NaCl、Na_2SO_4 和 K_2SO_4 等也可促进介孔相生成,而在酸性非离子表面活性剂为模板剂体系中加入有机添加剂则有可能降低介孔的形成速率[23,40]。与硅酸乙酯(TEOS)相比,无机硅物种正硅酸甲酯(TMOS)对于介孔结构的形成具有更快的合成速率,而四丁氧基硅烷(TBOS)与前两种硅物种相比其合成速率最慢,该现象可能与它们不同的水解速率有关。

8. 分离和干燥

合成后的介孔材料从母液中分离,最后经过洗涤干燥得到介孔材料干粉。具有较高结晶度的介孔材料通常晶粒较大,约为 0.1mm,因此容易从母液中分离得到。洗涤过程通常采用去离子水洗涤,有时也可以加入一定量乙醇。对于碱性条件下合成的介孔分子筛,为了避免在焙烧过程中 NaOH 对介孔结构的破坏,充分洗涤到中性是必要的;而对于在酸性条件下合成的介孔分子筛来说,由于可挥发性的 HCl 对介孔结构没有影响,因此可以省略洗涤步骤,残余的 HCl 可以和表面活性剂在焙烧过程中脱除。另外,需要注意的是,在低温如室温酸性条件下合成的介孔结构洗涤过程可能会造成介孔结构部分被破坏的现象。由于加热会造成介孔结构的有序度降低,因此介孔分子筛的干燥过程通常在室温下进行。

9. 模板剂的脱除

只有将合成产物中的模板剂脱除才能够得到多孔结构。脱除模板剂的方法主要有高温焙烧、萃取、微波和高能量紫外辐射等,不同的脱除方法在一定程度上影响介孔材料的物理化学性质。高温焙烧是脱除模板剂最简单彻底的方法,焙烧过程中表面活性剂能够完全分解,因此也是介孔材料脱除模板剂应用最多的方法。为了避免局部受热造成的结构塌陷,因此程序升温过程应尽可能慢,并且焙烧温度应该低于介孔材料能够稳定存在的温度,一般超过 350℃ 就可以完全脱除 PEO-PPO-PEO 型表面活性剂,550℃ 下可以脱除烷基长链表面活性剂。高温焙烧会导致介孔材料比表面积、孔体积和表面羟基官能团数都较低,同时会造成介孔材料高程度交联,从而使介孔材料具有较高的水热稳定性[41]。然而该方法的主要缺点是:由于表面活性剂在焙烧过程中被破坏,因此不能重复利用;介孔表面羟基官能团很少;对于热稳定性差的材料该方法不适用。

萃取方法是一种较为缓和、有效地去除模板剂得到多孔结构的方法,该方法对介孔结构性质没有明显的影响。乙醇和四氢呋喃(THF)是常用到的萃取剂,为了提高骨架的交联程度并最大限度地减小对介孔结构的影响,通常在萃取剂中加入少量盐酸[42]。例如,用三嵌段共聚物 P123 合成的 SBA-15 介孔材料通过萃取方法脱除模板剂,脱除率可达 90%,在萃取剂中引入硫酸可以脱除介孔结构 SBA-15 和 SBA-16 中的三嵌段共聚物[43-45]。与高温焙烧相比,萃取法得到的介孔材料具有更大的微孔体积和孔道尺寸,同时介孔材料表面具有更多的羟基基团,从而使得介孔材料的亲水性能提高,改变了孔道内的反应性能[46]。然而萃取法由于不能 100% 地脱除模板剂,因而限制了它的进一步应用。

采用微波加热法也可以脱除介孔材料内的模板剂,与常规焙烧法脱除模板剂相比,该方法时间短,仅需 3~10min,同时得到的产物收缩率较小并能够使孔道内表面保留较多的羟基。赵东元等[47]报道,将合成的 SBA-15 分子筛与适量 HNO_3 和 H_2O_2 置于反应器内,通过微波辐射的方法促使表面活性剂与 HNO_3 和 H_2O_2 发生氧化反应,介孔内的表面活性剂能够完全脱除,同时无机介孔结构的破坏率仅为 0.05%(质量分数)。

二、碱性条件下合成介孔硅材料

碱性条件下合成,合成体系 pH 值一般在 9.5~12.5 之间,在该条件下硅物种的聚合和交联过程是可逆的,因此可用于制备介孔硅材料的硅源有很多,例如,硅胶、硅溶胶、水玻璃、硅气凝胶或硅酸乙酯(TEOS)。除了 TEOS 外,其他硅源都具有高聚合态,因此当使用这些硅源合成介孔材料时水热处理过程是必不可少的。

碱性条件下合成介孔硅材料常用到的碱源有 NaOH、KOH、$NH_3 \cdot H_2O$、四甲基氢氧化铵(TMAOH)和四乙基氢氧化铵(TEAOH)。其中,后两种季铵碱价格昂贵,多用于合成氢型介孔硅铝材料,由于 $NH_3 \cdot H_2O$ 碱性较弱,因此以它为碱源得到的介孔材料通常是无序的。合成介质的 pH 值随着合成时间而发生变化,在反应的初阶段由于硅物种的水解反应 pH 值显著减小,随后由于硅物种的交联作用 pH 值会慢慢增加。通常,介孔 MCM – 41 分子筛合成体系 pH 值在 11~11.5 之间,可以通过向体系中加入硫酸或醋酸进行调节。

三、酸性条件下合成介孔分子筛

酸性条件下合成有序的介孔材料最早是由 Huo 等在 1994 年报道的,合成体系在以表面活性剂 CTAB 作为模板剂,TEOS 为硅源同时 HCl 作为酸催化剂下合成,合成产物不同于 MCM – 41,命名为 SBA – 3 介孔分子筛[4]。随后,研究者采用非离子表面活性剂作为导向剂在酸性条件下合成了一系列有序的介孔硅材料,命名为 SBA – 11、SBA – 12、SBA – 13、SBA – 15 和 SBA – 16 等,其中二维六方相的 SBA – 15 尤为受到人们的关注。酸性条件下合成介孔分子筛具有以下特点。

(1)酸性条件下合成和 pH 值有关:如前面提到,随着溶液 pH 值的减小合成速率加快。H^+ 的浓度越高,嵌段共聚物的亲水性越强,这是嵌段共聚物中的 EO 部分在强酸条件下质子化的结果。在高酸浓度(HCl>4mol/L)下由于合成产物质量较差,因此很少采用;相反,低浓度下(0.5mol/L HCl)在正丙醇合成体系中无机物种的聚合速度减慢,因此容易制备得到高度有序的三维立方结构 SBA – 16 介孔材料[39]。

(2)可控制的拓扑结构:在酸性条件下可以合成不同形态的介孔分子筛,例如单晶相、分子筛膜、纤维状、球形等。其主要原因可能与硅物种的溶胶—凝胶化学有关。酸性条件下硅物种水解的主要产物为线性的低聚态硅物种,这些低聚态的硅物种有利于各种形态的形成;而在碱性条件下合成则容易导致硅物种的聚合反应,易生成三维网状结构,因此对于产物的形貌结构难以控制。

(3)不可逆反应:一旦凝胶形成,硅物种的不可逆聚合反应容易导致合成的失败,因此在酸性条件下合成时在加入硅源后必须要充分搅拌。相反,在碱性条件下合成硅物种的水解是可逆的,因此即使出现凝胶相,仍然可以合成出有序的介孔结构。

(4)简单硅源:由于在酸性介质中合成硅物种的聚合反应是不可逆的,因此低聚态和单体硅是适合的硅源。其中,TEOS 是最佳硅源;其次,硅酸钠(Na_2SiO_3)在快速酸化过程也可以产生少量低聚态硅,因此也可以作为在酸性介质下合成的硅源,同时相应产生的钠盐有利于介孔相的生成。

(5)低合成温度:在酸性条件下合成温度通常较低。例如,采用阳离子表面活性剂为模板剂在室温下就可以制备得到介孔相 SBA – 3。

(6)很少出现相转移现象:通常一种表面活性剂导向生成一种介孔相,例如 CTAB 导向生成二维六方相 SBA – 3 介孔相,CTEABr 导向生成三维立方相 SBA – 1 介孔相。与碱性条件下合成相比,仅仅通过调节合成体系的浓度、温度等条件很难合成不同的介孔相。

(7)酸性条件下合成可以省略水洗步骤。

四、非水体系合成介孔材料

非水体系合成有序介孔分子筛是一种非常有效的合成方法,特别适用于制备介孔分子筛薄膜、单块、球形等特殊形貌。大多数非水体系合成采用挥发诱导自组装(EISA)工艺,该工艺最早由 Brinker 提出,用于制备高质量的氧化硅介孔薄膜[48]。非水体系合成技术充分将经典的溶胶—凝胶化学和表面活性剂的自组装相结合。利用挥发诱导自组装(EISA)工艺制备介孔硅薄膜,其一般步骤为:将表面活性剂溶解到有机溶剂,例如乙醇、四氢呋喃(THF)或乙腈和计量水的(通常采用酸催化,如加入HCl)溶剂中,充分搅拌溶解后将TEOS滴加到上述溶液中,温度控制在25~70℃之间。此时低聚态的硅物种和表面活性剂随机进行组装,随着溶剂的挥发,硅物种在表面活性剂周围进一步聚合。在挥发过程中由于酸浓度增加,聚合速率逐渐增加,同时随着溶剂的挥发,表面活性剂浓度增大,在液晶模板形成的同时,无机物种在有机胶束周围聚合,从而形成有序的介孔结构。该过程非常快,一般仅需几秒,因此一般不会观测到介孔相转移现象[49,50]。

该工艺过程通常选择具有较弱极性的溶剂,因此表面活性剂在弱极性溶剂中不具备疏水/亲水性质,而是表面活性剂的疏水和亲水部分都和溶剂相互作用,从而抑制了表面活性剂的自组装,溶剂挥发促进组装过程的进行。挥发诱导自组装(EISA)工艺的一个重要特点就是结构导向剂的范围大幅度拓宽。例如,在水溶液条件下使用三嵌段共聚物F108和F98很难制备介孔相,然而在挥发诱导自组装过程中却是很好的模板剂。采用具有大EO段的嵌段共聚物,如F127、F108、F98和混合表面活性剂能够非常容易地制备得到立方形SBA-16介孔相。与水热晶化合成相比,采用挥发诱导自组装(EISA)工艺制备得到的介孔材料通常比表面积较低,同时具有更大的孔径尺寸。该方法除了可以制备二氧化硅介孔材料外,还可以用于制备金属氧化物、金属磷酸盐、金属硼酸盐以及介孔炭材料等[51-53]。

五、后处理

1. 二次合成(合成后处理)

通过移植或重结晶的方法可以提高介孔材料的孔壁厚度或是增加局部的有序度,从而提高介孔材料的稳定性。例如,采用$AlCl_3$蒸汽处理MCM-41介孔分子筛或者与$AlCl_3$溶液反应,可以提高介孔材料的机械强度和水热稳定性。其原因可能为增加了孔壁厚度和弥补了结构缺陷,从而保护了孔壁中的氧化硅不被水解。另外,二次合成中也可以采用TEOS进行处理。值得注意的是,二次合成法对于未脱模板剂的样品比焙烧后样品更有效。

2. 重结晶

重结晶过程是一种提高介孔材料规则度的有效方法,然而该方法最初很少引起研究者的重视,而只是单纯地认为是简单的水热处理过程。重结晶步骤具体为:将合成的未经洗涤的介孔材料粉末置于去离子水中在100~150℃下放置几天,多数产品经过重结晶处理后其质量(有序度、热稳定性等)有明显的提高,有时还会伴随着孔径变大[12]。其主要原因可能是,在该过程中孔壁中不稳定的部分会进一步调整,硅物种进一步聚合。重结晶过程中,通常选择未经洗涤的样品,因为残余的酸或碱、硅低聚物种和表面活性剂有利于介孔结构的重组装。Huo等[12]对在碱性条件下采用CTAB表面活性剂合成的MCM-41介孔分子筛重结晶,研究发现XRD谱图中出现7个以上的峰。采用挥发诱导自组装(EISA)工艺以P123作为导向剂合成的介孔硅分子筛薄膜在100℃、3d的条件下重结晶,介孔结构的规整度显著提高,得到的产物具有高度有序的二维六方结构,其中比表面积高达840m^2/g,孔径为9.0nm,同时孔体积为1.12cm^3/g。

六、介孔孔径的大小和孔径调节

介孔分子筛在孔径拓展方面也取得了很大的成就。早期报道的 M41S 型介孔分子筛以 C_nTMA 为模板剂,合成介孔孔径通常在 3~4nm 之间;赵东元等[9]采用嵌段共聚物 PEO – PPO – PEO 为结构导向剂将孔径扩大到 30nm,同时壁厚也增加到 6nm;Sun 等[54]采用烷基二胺作有机相将产物孔径(Nb – TMS – 6)减小至微孔范围。由此可见,使用不同类型的表面活性剂作结构导向剂是控制产物孔径的主要因素。此外,介孔分子筛的孔径大小在一定范围内也可以用其他方法进行调变,早期调变介孔分子筛孔径的主要方法有 3 种:(1)加入非极性的有机助剂(如 TMB)[28,29];(2)重结晶[12];(3)孔道内表面修饰(如硅烷化)[55]。其中,前两种方法有利于扩大孔径,而第 3 种方法可改变内表面的极性,提高产物的水热稳定性,但孔径减小。Corma 等[56]在不加有机添加剂的情况下,通过直接改变水热晶化合成时的操作参数(如表面活性剂浓度、合成温度和反应时间等)也成功地制备了不同孔径的介孔分子筛。现在已经有多种调变介孔分子筛孔径的方法,但其原理都是一样的,即通过缩小或扩大胶束的尺寸和体积,从而得到不同孔径大小的介孔材料。不同扩径法及对应孔径尺寸见表 7 – 3。

表 7 – 3 不同扩径方法对应的孔径尺寸

孔径尺寸(nm)	调节孔径方法
2 ~ 5	采用不同链长的表面活性剂,包括长链季铵盐和中性有机胺
4 ~ 7	长链季铵盐阳离子表面活性剂高温水热处理
5 ~ 8	带电荷的表面活性剂并添加有机添加剂,如 TMA 和中长链胺
2 ~ 8	非离子表面活性剂
4 ~ 20	三嵌段共聚物为模板剂
4 ~ 11	二次合成,例如水—胺后处理法
10 ~ 27	大相对分子质量嵌段共聚物,如 PI – b – PEO、PIB – b – PEO 和 PS – b – PEO[57,58];三嵌段共聚物并加入膨胀剂 TMA 和无机盐在低温下合成

七、介孔分子筛的稳定性

1. 热稳定性

介孔材料的热稳定性很大程度上是由构成介孔分子筛的组成决定的,因此介孔材料的热稳定性将分别按照硅(铝)介孔材料、炭材料和金属氧化物(磷化物)分别进行讨论。

具有无定形孔壁结构的介孔硅(铝)分子筛具有较好的热稳定性。例如,SAB – 15 在 1000℃的高温下仍能保持较好的稳定性。Cassiers 等[59]曾系统地研究了各种不同结构的介孔硅材料的热稳定性,如 MCM – 41、MCM – 48、KIT – 1、FSM – 16、HMS、SBA – 15 和 PCH 等,研究发现,介孔的壁厚显著地影响介孔硅材料的热稳定性,孔壁越厚意味着热稳定性越好。对于上述介孔硅材料,它们的热稳定性排布顺序为 KIT – 1 > SBA – 15 > FSM – 16、PCH > MCM – 41、MCM – 48、HMS。此外,孔壁中硅铝物种的浓度也影响介孔材料的热稳定性。因此要得到具有高热稳定性的介孔材料,后处理过程是必不可少的。

与硅基介孔分子筛相比,介孔材料金属氧化物则具有较差的热稳定性。在大多数情况下,当温度为600℃时,金属氧化物的介孔结构就会被破坏。介孔材料的热稳定性不仅仅取决于材料的熔点,如金属氧化物 Fe_2O_3、Al_2O_3 和 TiO_2 对应的熔点分别为1560℃、2050℃和1600℃,然而它们的介孔结构在600℃下已经破坏。实际上,材料的玻璃化转变温度(T_g)和重结晶温度(T_x)决定了介孔材料的热稳定性。无定形材料在加热过程中可能出现两种变化:一种是玻璃化转变现象首先出现形成流态金属,或是直接跳过玻璃转化步骤直接晶化,此时随着温度的提高,晶化微粒逐渐变大。当介孔材料加热温度达到上述两种情况时,意味着微观领域内原子具有移动的能力,当温度继续升高时,骨架中的原子运动会更剧烈、更频繁。对于经历了玻璃转变现象的介孔材料来说,分离出来的金属原子会熔融在一起形成更大的颗粒,从而有利于减小表面势能,最终导致介孔结构塌陷。另外,随着温度的升高,当介孔材料首先出现结晶现象时,结晶微粒的尺寸会逐渐长大,当微粒尺寸增长超过介孔壁厚时,此时介孔结构将不能存在。

炭材料的最低晶化温度为2000℃,同时没有出现明显的玻璃转化现象,因此介孔炭材料具有很高的热稳定性。介孔炭材料可以在1900℃的高温下保持其介孔结构。然而炭材料的化学稳定性较差,如在室温下其介孔结构就会被 H_2O_2 氧化破坏[60]。

2. 水热稳定性

水热稳定性是限制介孔分子筛实际应用的关键因素,因此大量的研究者致力于此方面的研究。然而,大多数研究者测试介孔材料的水热稳定性是将介孔材料置于沸水一定时间,然后再测其介孔结构和比表面积等参数。例如,将焙烧后的 MCM-41 介孔分子筛在沸水中后处理6h后,其介孔结构已经完全破坏。然而需要指出的是,该种测试方法仅仅限于介孔材料在沸水中的稳定性,并非石油化工过程中真正的"水热稳定性"。纯硅介孔材料在沸水中的稳定性较差,主要受其孔壁厚度和聚合程度的影响。例如,采用阳离子表面活性剂制备的介孔分子筛 MCM-41 和 MCM-48 由于孔壁较薄,因此在沸水中的稳定性较差;相反,由非离子表面活性剂制备的纯硅介孔相,如 SBA-15、SBA-16、SBA-11、SBA-12 和 FDU-1 由于具有相对较厚的孔壁,因此这些材料在沸水中具有较好的稳定性。一般研究报道这些材料在沸水中处理1周甚至10天以上,仍能保持其有序的介孔结构和较高的比表面积,因此这些材料可应用于一些液相反应中,如离子交换等过程。综上所述,介孔材料在沸水中的稳定性可以通过改变制备过程在一定程度上进行调变。

需要特别强调的是,真正的水热稳定性是指介孔材料在温度为 600～800℃、100% 的水蒸气下处理后的介孔稳定性和表面酸性,这是因为在实际工业中,通常需要对活性催化剂在100% 水蒸气下进行处理。然而直到目前为止,在该方面取得的研究进展依然很少。通常情况下,经过800℃、3h 的水热处理,介孔材料的骨架结构就会塌陷。赵东元等[40]系统考察了在600～800℃、100% 的水蒸气下处理后 SBA-15 的水热稳定性。研究发现,该介孔材料的水热稳定性与介孔孔壁中的微孔及焙烧温度有关。丰富的微孔和高温焙烧可以提高材料的水热稳定性,这可能是水热处理过程中,骨架的水解和聚合主要在发生在微孔周围,因为此处具有大量的硅羟基,提高焙烧温度可以促进 Si=O=Si 聚合,从而使得介孔材料的骨架结构更稳定。例如,在800℃下焙烧后的 SBA-15,在 600～700℃、100% 水蒸气下处理12h 后仍能保持其高度有序的六方结构,然而其比表面积减小到了60%,进一步提高水热处理温度到800℃,

SBA-15介孔材料仅能在2h内保持其结构稳定性,超过3h后介孔结构完全塌陷。

为了提高介孔材料的水热稳定性,研究者提出了许多方法措施,主要包括:在合成过程中加入无机盐[22-24],进行后水热处理[12]或疏水处理[61]以及介孔孔壁中引入Al原子等[62]。所有这些处理方法都能够显著提高介孔材料在沸水中的稳定性。另外,许多报道指出高温焙烧也能够提高介孔材料的水热稳定性,在焙烧过程中大量硅羟基减少,由于硅羟基易发生水解,因此焙烧后的介孔材料由于表面硅羟基的减少提高了其水热稳定性。例如,在900℃的高温下焙烧,焙烧处理后的SBA-15介孔相在800℃、100%水蒸气下处理12h后仍能保持其介孔相;然而,大多数焙烧后的介孔材料比表面积和孔体积都减小并伴有骨架收缩现象。提高水热稳定性的另外一种方法就是向硅基介孔材料中引入金属离子(如Al、Ti、V和Zr等),金属离子的引入改变了介孔表面的电荷性质,从而有效抑制了水分子和硅物种之间的相互作用,最终提高了介孔材料的水热稳定性。例如,Li等[63]制备了Al-SBA-15介孔分子筛,研究报道含铝的SAB-15介孔材料在沸水和饱和N_2蒸汽中具有很高的水热稳定性;Bhatia等[64]研究发现,Al-SBA-15介孔分子筛在600~800℃、100%水蒸气下处理仅能在1h内保持其介孔结构,不足以工业应用;赵东元等[65]系统地考察了Al-SBA-15介孔分子筛的水热稳定性,研究发现骨架中引入少量Al后,不仅提高了分子筛的水热稳定性,同时还引入了大量的酸性位。

由于微孔沸石分子筛材料比介孔硅材料水热稳定性要好得多,因此许多研究者以沸石的初级和次级结构单元或者纳米沸石的前驱物与表面活性剂胶束自组装来合成介孔分子筛。该方法最早由Pinnavaia等[66]提出。他们以Y沸石晶种作为前驱体加入表面活性剂十六烷基三甲基溴化铵(CTAB)在碱性条件下得到了介孔材料MSU-S。随后,Pinnavaia等[67]以ZSM-5等不同结构的沸石晶种作为前驱体在酸性和碱性条件下合成出一系列介孔材料Al-MSU-S。利用该方法肖丰收课题组[68]以ZSM-5等沸石的纳米簇为前驱体也得到了一系列具有六方相的介孔分子筛,这些介孔分子筛都表现出较强的酸性和水热稳定性。

第二节 介孔分子筛的合成过程及形成机理

一、介孔结构的生成机理

介孔分子筛的合成过程中涉及众多的物理化学过程,从表面活性剂的角度看,涉及胶束、液晶、乳状液、微乳或囊胞等不同相态的形成过程;从无机物种考虑,涉及溶胶—凝胶过程、配位化学、无机物种的不同化学状态的热力学分布和无机物种的缩聚动力学等;而界面组装过程,则涉及两相在界面的组装作用力(如静电作用、氢键或范德华力、配位键等),且最终的两相组装结构将是热力学和几何因素均有利的结果。上述各种因素彼此关联,使得合成过程中的每一个步骤都可能对产物的结构和性能产生影响,例如,起始凝胶中表面活性剂和硅物种之间的摩尔比,水热反应过程中的参数(碱度、温度和时间等),模板剂的不同去除方式等,从而使得介孔分子筛的合成规律复杂,增加了对其合成机理研究的难度。不同研究人员针对各自特定的反应体系,运用^{14}N(或^1H、^{29}Si、^{27}Al等)MAS NMR、EPR、原位XRD、TEM、SEM、TG/DTA、偏光显微镜、FTIR、N_2吸附—脱附等温线等表征手段,研究了介孔材料的合成过程,并提出不同的合成机理。其中,最具有代表性的机理是液晶模板机理和协同作用机理。

1. 液晶模板机理

液晶模板机理(Liquid Templating Mechanism 或 Liquid Crystal Phase Initiated,简记为 LCT)是由 Mobil 公司的科学家最早提出的,最初是为了解释 MCM-41 的合成过程,如图 7-1 所示[2,69]。他们是根据高分辨率电子显微镜成像和 X 射线衍射结果与表面活性剂在水中生成的溶致液晶的相应实验结果非常相似,即合成产物和表面活性剂溶致液晶相之间具有相似的空间对称性而提出的,因此认为介孔分子筛的合成是以表面活性剂的不同溶致液晶相为模板,有序介孔材料的结构取决于表面活性剂疏水链的长度以及不同表面活性剂的浓度等。表面活性剂液晶相的形成有两种观点:在加入无机反应物前,或是在加入无机反应物之后形成的。液晶模板机理可以解释表面活性剂浓度及反应温度等因素对产物结构的相转变规律,可利用表面活性剂胶束的有效堆积参数 g 与不同溶致液晶相结构之间的关系来指导如何利用不同结构的表面活性剂或加入助剂来设计合成不同结构的介孔分子筛等。但是随着对介孔分子筛研究的深入,LCT 机理的适用性受到限制。

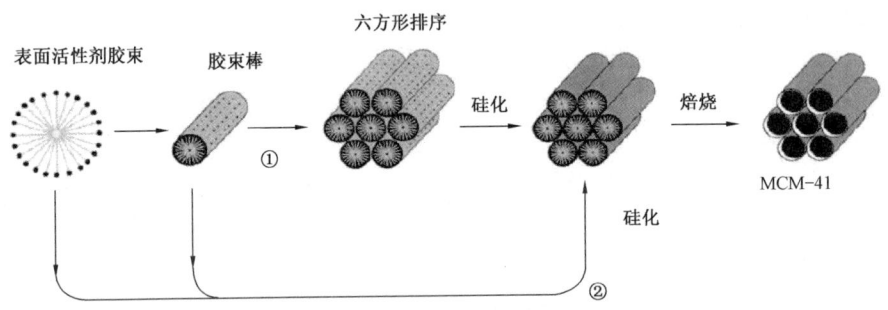

图 7-1 LCT 机理的两种途径

表面活性剂的液晶相最早观点认为是在加入无机物种之前就形成了(图 7-1 路径①),具有亲水—疏水基团的表面活性剂在水体系中首先形成球形胶束,再形成棒状胶束,胶束的外表面由表面活性剂的亲水端构成,当表面活性剂浓度较大时,生成六方有序的液晶结构,无机前驱物由于与亲水端存在引力,因此在胶束棒间的缝隙间沉淀聚合形成介孔孔壁。随着对介孔材料研究的深入,研究者发现该观点在解释一些实验现象中出现很多矛盾。例如,由于在水溶液中生成液晶相需要较高的表面活性剂浓度[例如,十六烷基三甲基溴化铵(CTAB)在 28%(质量分数)以上时可以生成六方相,生成立方相则需要在 60%(质量分数)以上],而实际上在很低的表面活性剂浓度下就能得到 MCM-41[如 2%(质量分数)的 CTAB],即使合成立方相 MCM-48,也无须非常高的表面活性剂浓度[如低于 10%(质量分数)的 CTAB]。另外,MCM-41 分子筛可在模板剂胶束不能稳定存在的温度(大于 170℃)下合成,同时在水溶液中不能形成胶束的短碳链表面活性剂作为模板剂仍可合成 MCM-41 或类 MCM-41 材料[70]。因此,在加入无机反应物之前就生成表面活性剂的液晶相的机理很快就被否定了。随后,Mobil 公司的研究人员提出机理的另一部分:认为表面活性剂的液晶相是在加入无机反应物之后形成的(图 7-1 路径②),无机物种的加入与表面活性剂相互作用,按照自组装方式排列成六方有序的液晶结构。

对于加入无机反应物之后形成液晶相过程的具体描述,则有一些不同的机理,具有代表性的则是 Davis[71] 和 Stucky[72] 所提出的两个机理。Davis 等通过 ^{14}N NMR 发现在 MCM-41 介孔分子筛形成过程中,六方液晶相并未出现,因而他们认为首先是无序的棒状胶束与硅酸盐物种发生相互作用(图 7-2 路径①),即硅酸盐物种与随机排列的模板胶束通过库仑力相互作用,在胶束的外表面包覆二至三层硅酸盐,形成的随机排列的复合物种经过一定时间之后,自发堆积成能量有利、呈六方排列、高度有序的介孔结构,并伴随着硅酸盐的进一步缩聚;Stucky 等则提出了电荷匹配作用机理(图 7-2 路径②),他们指出,随着硅物种的水解、缩聚过程,电荷密度减小,由于有机—无机的电荷匹配相互作用,有机—无机界面曲率就会做相应的调整,最终实现从层状到六角的相转变过程。

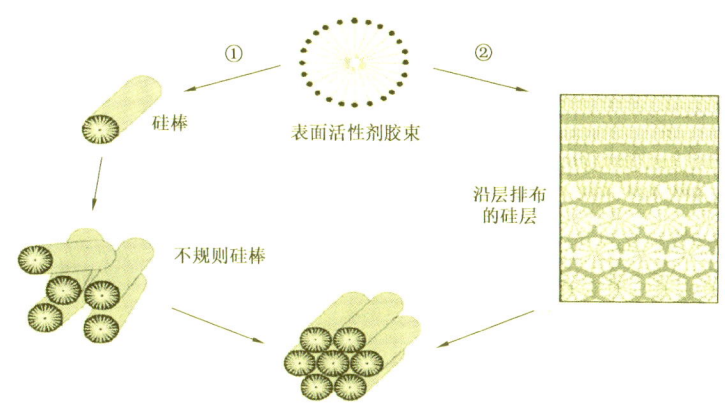

图 7-2 Davis 和 Stucky 分别提出的 MCM-41 生成机理

2. 协同作用机理

随后 Stucky 小组提出了关于介孔分子筛合成机理的第二种观点,即协同作用机理(Cooperative Formation Mechanism 或 Silicate Anion Iniated,简记为 CFM)[73]。CFM 认为无机和有机分子间物种之间的协同合作,共组生成有序排列结构。多聚的硅酸盐阴离子与表面活性剂阳离子发生相互作用,在界面区域的硅酸根聚合改变了无机层的电荷密度,这使得表面活性剂的疏水长链相互接近,无机物种和有机物种之间的电荷匹配控制表面活性剂的排列方式。这种相互作用能够促使胶束加速无机物种的缩聚过程,同时无机物种的缩聚反应对胶束形成类液晶相有序结构具有促进作用。胶束加速无机物种的缩聚过程主要受两相界面之间的相互作用(如静电吸引力、氢键作用或配位键等)影响,从而导致无机物种在界面的缩聚而产生。反应的进行将改变无机层的电荷密度,整个无机和有机组成的复合相也随之改变,最终的物相则由反应进行的程度(无机部分的聚合程度)和表面活性剂的排布情况而定(图 7-3)。CFM 有助于解释介孔分子筛合成中的诸多实验现象,具有一定的普遍性,特别适用于一些非硅介孔材料的合成。另外值得注意的是,利用该机理,他们首次在酸性条件下实现了氧化硅介孔分子筛的合成,SBA-1、SBA-3、SBA-15 和 SBA-16 等都是 APM(Acid-Prepared Mesostructures)的成员。

3. 介孔结构组装的热力学和动力学

从热力学和动力学的角度可以进一步认识介孔分子筛的形成过程,理解 LCT 和 CFM 两

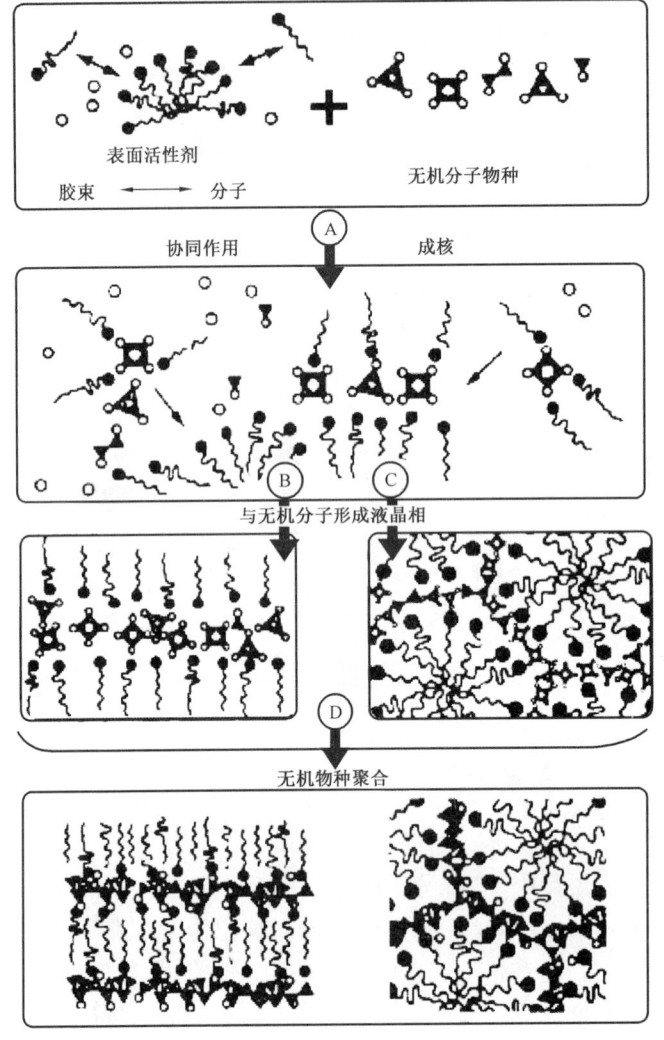

图 7-3　CFM 示意图

种机理存在的区别。首先从热力学的观点来看,在合成介孔分子筛的体系中,最终形成的产物结构从理论上来说应使体系的 Gibbs 自由能降至最低。以典型的表面活性剂—硅溶胶—水三元合成体系为例,在一定组成、温度和自身压力下,体系的总 Gibbs 自由焓为界面面积 A 的函数,即:

$$\Delta G = \Delta G(A) \tag{7-1}$$

Monnier 等[72]提出体系的总 Gibbs 自由焓由无机和胶束之间的界面能 ΔG_{inter},形成无机孔壁的结构自由能 ΔG_{wall},表面活性剂的组装能和范德华力 ΔG_{intra},溶剂相中物种的化学能 ΔG_{sol} 四部分构成,表达式如下:

$$\Delta G = \Delta G_{inter}(A,P) + \Delta G_{wall}(A,P) + \Delta G_{intra}(A) + \Delta G_{sol}(P) \tag{7-2}$$

式中，A 表示界面面积；P 表示孔壁内的物种类型及浓度。

分析式(7-2)中右边各能量函数的物理意义有利于理解介孔分子筛合成过程中各变量的影响规律及相转变的原因。在式(7-2)中，$\Delta G_{inter}(A,P)$ 表明了胶团之间相互作用的大小；$\Delta G_{intra}(A)$ 的大小表明了胶团形成的难易程度；$\Delta G_{wall}(A,P)$ 表明了无机离子吸附于界面并发生缩聚反应的难易程度；$\Delta G_{solute}(P)$ 为分散介质的化学位，其物理意义在于可借此确定孔壁中各物种的化学势。改变合成过程中的任一变量将影响上述 4 项 Gibbs 函数的相对大小，从而改变各 Gibbs 函数对体系相结构及相转变贡献的大小，因此在不同合成条件下影响产物相结构和相转变的主要因素不同，其合成路线和机理也将有所差异。如果体系 ΔG 值降低主要是由 $\Delta G_{intra}(A)$ 引起的，则可认为反应按液晶模板机理(LCT)进行；如果体系 ΔG 值降低主要是由 $\Delta G_{inter}(A,P)$ 引起的，则须考虑无机物种对产物相结构和相转变的影响，此时可认为反应按协同作用机理(CFM)进行；如果需考虑体系中无机骨架的组成和厚度及合成产物的热稳定性，则应从 $\Delta G_{wall}(A,P)$ 值出发进行分析和考虑。

从动力学的角度来看，液晶模板机理和协同作用机理也有本质的区别。分别以 OO 表示表面活性剂碳氢链之间的相互作用，以 OI 表示表面活性剂的极性头与无机物种之间的相互作用，以 II 表示无机物种之间的相互作用，比较界面上及其两侧体相中各物种相互作用的相对大小也有助于判断合成反应进行的方向，预测反应产物的结构和理解表面活性剂—无机物种复合材料形成的机理[74]。

(1) 当 OO > OI、II 时，有机相(如表面活性剂的不同相态)在复合材料的组装过程中结构稳定，无机物种通过界面作用力聚集在有机相上并逐渐缩聚形成表面活性剂—无机物的复合材料，此过程产物结构可以看作有机相的复制。LCT 机理即相当于这一个动力学过程。

(2) 当 OI > OO 时，引入无机物种会破坏原有的有机相结构，组装表面活性剂—无机物种复合材料的过程受两相界面作用力和表面活性剂堆积的空间因素等参数的影响。具体可分为有如下 3 种情况：

① 当 OO > II 时，此时先形成有机物—无机物复合物的小单元体(如硅致胶束)，然后通过无机物种在界面上的缩聚反应键联这些小单元并形成具有规则结构的复合材料，此过程即为协同作用机理。

② 当 II > OO 时，此时通过控制反应温度、缩短反应时间等使无机物种的缩聚反应处于动力学不利的状态下进行，从而减小无机物种对产物结构的影响，使 OI 界面作用控制整个合成过程中的相变化，产物中的有机物依靠范德华力结合后被包藏在产物的笼或孔道结构中，此过程即为微孔分子筛的合成过程。

③ 当 OI > OO、II 时，此时可生成单层有机物和无机离子交替排列的层状膜结构。

总之，介孔材料的形成主要是以不同表面活性剂相为模板的界面组装过程，该过程受无机物种的缩聚动力学过程、不同缩聚单元的热力学分布以及有机相的堆积几何因素等方面的影响，产物所具有的最终结构是朝着热力学有利的方向进行的。

二、介孔分子筛材料的组装路线

介孔分子筛的合成过程实际上就是有机表面活性剂和低聚的无机物种自组装的过程，因此，有机模板剂和无机物种之间的相互作用(如电荷匹配)是形成有序介孔材料的关键。由式

(7-2)可知,ΔG_{inter}是关键项,有机—无机物种之间的有效相互作用可以得到一个具有负值的ΔG_{inter},从而有利于组装过程的进行。表7-4给出了合成的主要路线和对应的表面活性剂以及典型产物。

表7-4 有机表面活性剂和无机物种的相互作用方式

合成路线及相互作用力类型	符号含义	合成条件	典型产物
S^+I^-静电力	S^+:阳离子表面活性剂 I^-:阴离子无机前驱物	碱性介质	MCM-41、MCM-48、MCM-50[3]、SBA-2[12]、SBA-6[5]、SBA-8[75]、FDU-2[76]、FDU-11[6]和FDU-13[6]
S^-I^+静电力	S^-:阴离子表面活性剂 I^+:过渡金属离子	水溶液体系	氧化铝等金属氧化物[75]
$S^+X^-I^+$静电力	S^+:阳离子表面活性剂 I^+:阳离子型无机前驱物 X^-:Cl^-、Br^-、I^-、SO_4^{2-}和NO_3^-	酸性介质	SBA-1[75]、SBA-2[77]和SBA-3[12]
$S^-X^+I^-$静电力	S^-:阴离子表面活性剂 I^-:阴离子无机前驱物 X^+:Na^+、K^+、Cr^{3+}和Ni^{2+}等	碱性条件	Al、Pb、Fe、Ti、Mn等氧化物[75,78]
$S^0H^+X^-I^+$静电力	S^0:非离子表面活性剂 H^+:氢正离子 I^-:阴离子无机前驱物 X^-:Cl^-、Br^-、I^-、SO_4^{2-}和NO_3^-	酸性条件	SBA-15[9]
$S^-N^+-I^-$静电力	S^-:阴离子表面活性剂 N^+:带有正电荷的含氨基的有机烷氧基硅烷 I^-:阴离子硅物种	碱性条件下	AMS-n[8]
S^0I^0氢键	S^0:非离子表面活性剂 I^0:中性无机前驱物	中性条件	HMS[79]
N^0I^0氢键	N^0:非离子表面活性剂(胺) I^0:中性无机前驱物	中性条件	MSU[80]
I—S共价键	S:表面活性剂 I:无机前驱物	酸性条件	Nb,Ta氧化物[75,78]

Stucky等[4]基于表面活性剂和无机物表面电荷密度的匹配情况,提出不同表面活性剂和无机物种之间4条静电组装路线:S^+I^-、S^-I^+、$S^+X^-I^+$和$S^-X^+I^-$。其中,S^+表示阳离子表面活性剂,S^-表示阴离子表面活性剂,I^+表示带正电荷的无机物种,I^-表示带负电荷的无机物种,X^+表示阳离子平衡离子(如Na^+、H^+等),X^-表示阴离子平衡离子(如Cl^-、Br^-等)。目前,利用这4条路线已经合成出不同结构和组成的介孔材料,得到大量非硅基介孔材料,例如介孔钨酸盐、钼酸盐等,并首次在酸性条件下合成了介孔硅材料。

为了生成介孔结构材料,调节表面活性剂极性头的化学性质以适应无机组分的需要是非常重要的。在碱性条件下,硅酸根阴离子(I^-)和表面活性剂阳离子(S^+)通过静电作用相结合;相反的,对于S^-I^+型合成路线则是具有高聚的keggin铝离子(Al_{13}^{7+})和阴离子表面活性剂(如烷基磺酸盐)的相互作用。具有同种电荷性质的表面活性剂和无机前驱物也可以进行无机—有机间组装,但是需要一相反电荷离子来平衡,例如采用$S^+X^-I^+$路线合成介孔硅材料,S^+和I^+均为带正电荷的表面活性剂和前驱物,X^-则为卤素离子。在强酸性合成介质中合成介孔硅材料,开始是$S^+X^-I^+$的静电作用,最后逐渐变成IX^-S^+的产物[9]。该合成路线首次提出在强酸性条件下合成介孔硅材料,其中阴离子影响最终产物的规则性、结构、热稳定性等一系列性质。与阳离子表面活性剂相比,由于阴离子表面活性剂和硅物种的相互排斥,因此一般情况下得不到有序的介孔结构。根据静电匹配的原则,车顺爱等[8]从阴离子表面活性剂和无机物种之间的电荷匹配问题进行了深入的研究和创新,利用带有氨基酸亲水性的阴离子表面活性剂为导向剂,并通过引入含氨基的硅源和含季铵盐的硅源作为正电荷的提供者在碱性条件下成功制备了一系列高度有序的介孔二氧化硅AMS-n材料。该合成路线可称为$S^-N^+-I^-$合成路线,其中N^+为带有正电荷的含氨基的有机烷氧基硅烷。

氢键组装路线是指无机前驱物和表面活性剂端基通过氢键相互作用的组装方式在中性条件下合成介孔硅材料,最早是由Pinnavaia等提出的[79,80],S^0表示中性胺,N^0表示非离子型表面活性剂,I^0表示水合硅酸根低聚物。需要注意的是,有机胺和非离子表面活性剂聚环氧乙烷(PEO)是不同的,有机长链胺和表面活性剂相似,具有疏水性的碳氢链和亲水性的胺基团,由于胺不易溶于水,因此在合成过程中需要加入一定量乙醇。实际上,非离子表面活性剂和胺在中性介质中带有少量正电荷,而硅酸盐物种带有一定量负电荷。与通过静电荷作用力得到的介孔分子筛相比,合成的介孔硅材料为无序蠕虫状结构。有机—无机之间的相互作用也可以通过共价键相互作用(S—I)。例如采用含硅的表面活性剂,表面活性剂之间可以相互作用或者含硅表面活性剂与其他硅源反应生成介孔材料[81,82],另外的例子就是用烷基膦酸盐表面活性剂作模板剂,在酸性条件下合成铌(Nb)、锆(Zr)介孔金属氧化物[75,78]。

第三节 几类代表性介孔硅材料的结构

到目前为止,虽然介孔材料的合成报道非常多,然而介孔材料的介孔结构种类并不多,其主要原因为:一是具有不同组成的介孔材料可能具有相同的介孔结构;二是合成介孔材料的结构通常受表面活性剂致液晶相的限制。大多数的介孔材料具有立方相或六方相,常见介孔材料一般归属于p6mm、Ia3d、Pm3n、Im3m、Fd3m和Fm3m 6个空间群(图7-4)。

一、二维六方结构

具有二维介孔结构的硅材料,其理想模型为由圆筒孔道堆积形成的六方排布结构,归属于p6mm空间群,其中最具有代表性的材料为MCM-41、SBA-3和SBA-15等。其典型TEM照片具有两个特点:顺着孔道方向呈六方排布,垂直于孔道方向则为有规则的条纹。

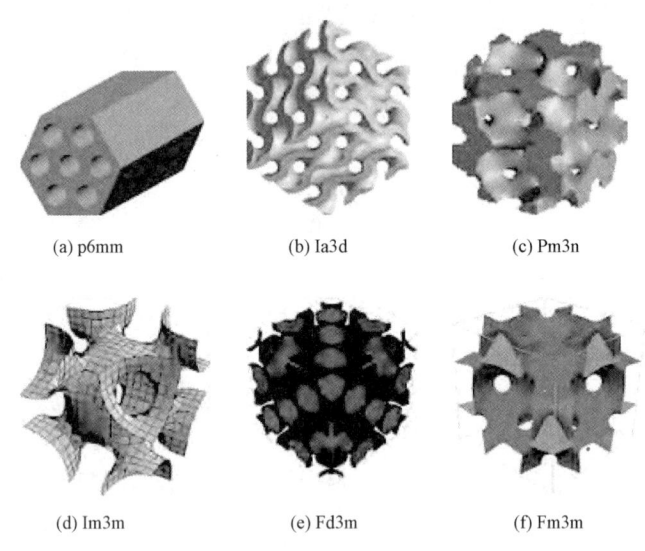

(a) p6mm (b) Ia3d (c) Pm3n
(d) Im3m (e) Fd3m (f) Fm3m

图7-4 介孔结构的孔道模型[10]

1. MCM-41

MCM-41是介孔分子筛中最简单的一种,也是研究最广泛的一种,最早由Mobil公司的研究者采用三甲基烷基铵卤化物表面活性剂作为模板剂合成。MCM-41分子筛合成范围较宽,易于合成,通常采用CTAB作为结构导向剂在碱性条件下合成。

表征MCM-41最常用的手段有XRD、TEM和N_2吸附实验。MCM-41分子筛,其XRD谱图在小角$2\theta=2°$处有一个强衍射峰,在2θ更大一点的位置通常对应2个或3个较弱的衍射峰,这些峰的位置分别对应六方晶相的100面、110面、200面和210面,TEM是表征纳米孔材料的重要手段,由图7-5可以观察到,沿着孔道方向是六方排序的一维介孔孔道截面,而垂直于孔道方向则为有规则的条纹。由XRD和TEM结果可以非常容易得到其晶胞参数大小(约为4.0nm),然而,需要注意的是,不能得到孔径的大小。图7-5的TEM照片中六方排布的白点即为分子筛的孔道,黑色部分为孔壁,由白点得到的尺寸并不能反映材料的真实孔径大小,这主要是因为电镜结果一方面受样品本身弯曲、不规则孔道形状、排布和测样厚度的影响;另一方面,电镜的离焦程度也会对结果造成影响。因此,大多数文献中介孔材料的孔径大小主要通过N_2吸附实验测得,而吸附实验结果同样也受孔形状的影响。通常MCM-41孔道可近似看成圆筒形,其孔径约为2nm,孔壁厚度一般小于1nm,通过改变表面活性剂的链长其孔径可以在1.5~6.5nm范围内调变。另外,通过改变合成条件也可以调节孔壁厚度。MCM-41的典型等温线通常没有滞后环出现,BET比表面积约为$1000m^2/g$,在该结构中不存在微孔。图7-6为晶胞参数$a=4nm$的MCM-41分子筛的典型N_2吸附等温线,由图可以看出不存在明显的滞后环,同时孔径分布曲线表明孔径分布很窄,孔径约为1.46nm,孔壁厚度约为1nm,BET比表面积为$1175m^2/g$。

图7-7为介孔分子筛MCM-41的MAS NMR核磁谱图,由Si-NMR结果可见,在化学位移为-100×10^{-6}和-110×10^{-6}处分别对应两个有一定程度交叠的谱带,前者归属于

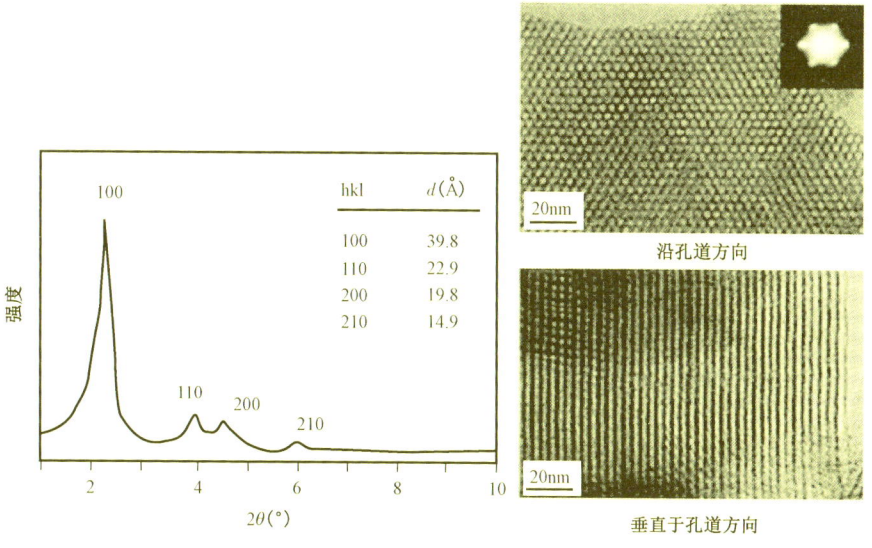

图 7-5　MCM-41 介孔分子筛的 XRD 和 TEM[83]

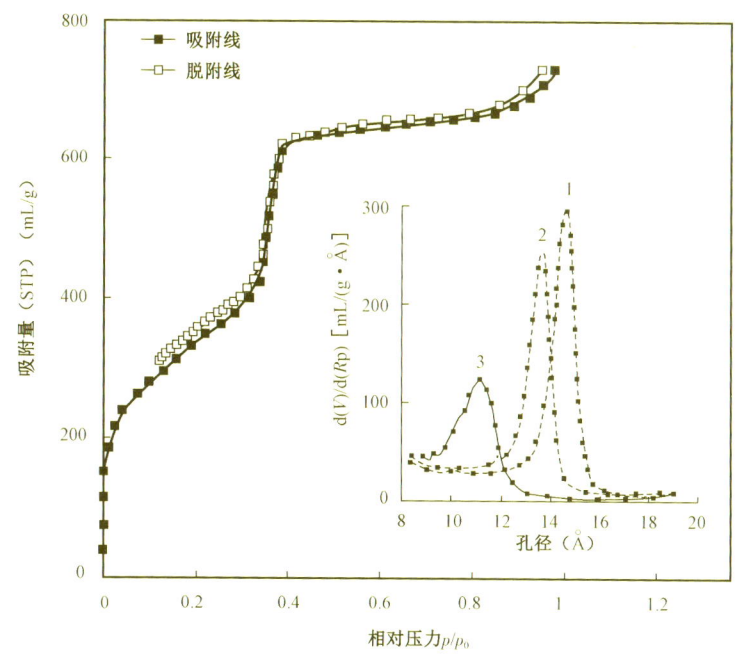

图 7-6　MCM-41 在 77K 下的 N_2 吸脱附等温线[84]

Si(OSi)$_3$—OH 官能团的硅羟基，通常记为 Q3，而后者则归属于 Si(OSi)$_4$ 官能团的硅物种，记为 Q4。根据核磁共振技术，Chen 等[86]计算得到硅羟基量占所有硅物种量的 8%～27%。由图 7-7 还可以发现，延长反应时间或者提高反应温度都可以提高 Q4 物种的相对含量，主要原因可能是随着反应时间的延长和温度的提高，MCM-41 的孔壁厚度增加，从而提高了骨架内部的 Q4 含量，同时减少了孔道表面 Q3 的含量。

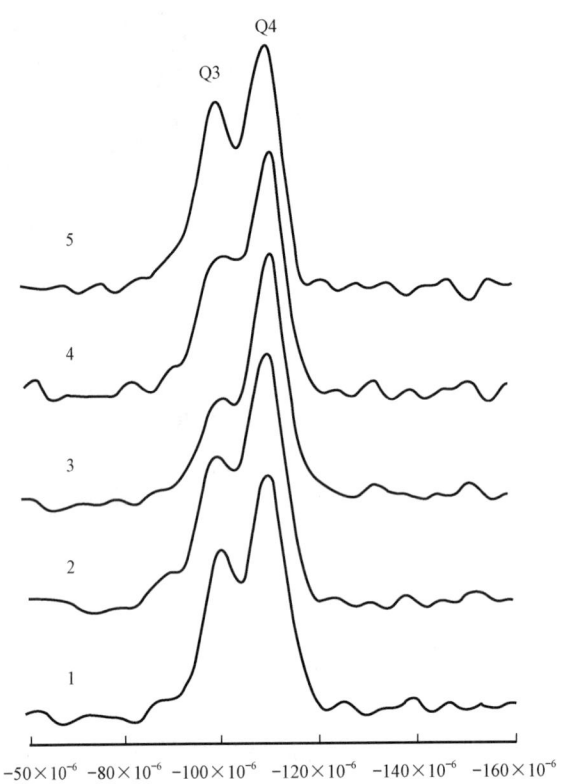

图 7-7 MCM-41 的 Si MAS NMR 谱图[85]
1—165℃,1h;2—165℃,16h;3—165℃,48h;4—150℃,48h;5—100℃,48h
孔径分布图中曲线 1 由等温线得到

2. SBA-15

赵东元等[9]采用三嵌段共聚物 PEO-PPO-PEO 作为模板剂在酸性条件下首次合成了介孔分子筛 SBA-15,是继 MCM-41 分子筛后又一非常重要的六方相介孔分子筛。SBA-15 分子筛的 XRD 谱图与 MCM-41 的非常相似,都是包含一个主峰和二到三个其他峰,分别对应着二维六方相的 100 面、110 面、200 面和 210 面,然而与 MCM-41 相比,由于其晶胞参数较大,因此衍射峰的位置向小角度有所迁移,如图 7-8 所示。在最早 SBA-15 的合成报道中通常采用嵌段共聚物 PEO-PPO-PEO(如 P123)作为模板剂,反应温度通常为 40℃,为了合成具有较小孔径的 SBA-15,可采用具有长烷基链的非离子表面活性剂 PEO 低聚物作为模板剂。例如,采用 Brij56 作为模板剂在 100℃下 3d 可以制备得到 SBA-15,其产物晶胞参数焙烧前后分别为 7.40nm 和 7.25nm(图 7-8)[9]。通常,SBA-15 分子筛具有较大的晶胞参数(12~37nm),较高的比表面积(690~1040m^2/g),孔径范围在 4.6~30nm 之间,孔壁较厚为 3.1~6.4nm。图 7-9 为 SBA-15 分子筛的 N$_2$ 吸附等温线及由 BJH 方法计算得到的孔径分布曲线。由图 7-9 可见,SBA-15 具有均匀的孔径分布,孔径约为 6.2nm,由于孔径比较大,因此吸附等温线中含有 H1 型滞后环。结合 XRD 谱图结果得到晶胞参数 a = 12.2nm,计算得到孔壁厚度约为 6nm,比 MCM-41 壁厚要厚得多,因此与 MCM-41 相比,其水热稳定性和热稳定性都要好得多[87]。

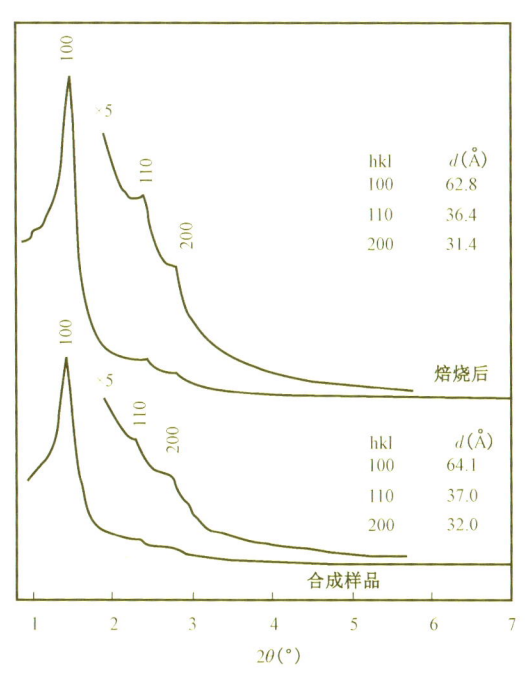

图 7-8 SBA-15 的 XRD 谱图

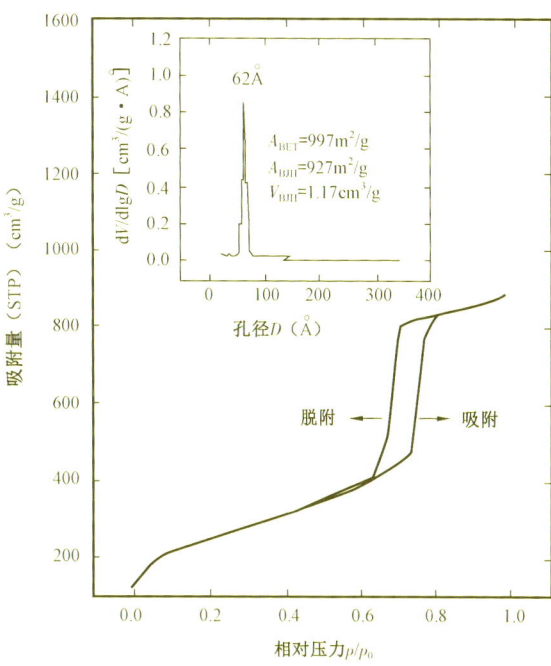

图 7-9 SBA-15 的 N_2 吸附等温线及孔分布图

与 MCM-41 只含介孔不同,SBA-15 具有更为复杂的骨架结构。在合成 SBA-15 过程中,由于表面活性剂中的环氧乙烷链 EO 插入 SiO_2 墙壁中,形成了无机—有机混合组成的骨架结构。当焙烧除去模板剂时,在骨架中就会产生与主介孔孔道相连的一些微孔和少量介孔,由于这些微孔和介孔并不是规则的均匀分布,因此 XRD 表征手段无法测得,而只能通过 N_2 吸附实验测定。根据文献报道,这些相通的孔道孔径为 1~3nm。在高温下焙烧,SBA-15 孔壁中的微孔和少量介孔都会减少,当焙烧温度为 1000℃时,孔壁中的微孔和介孔均消失,此时 SBA-15 具有和 MCM-41 相似的结构和吸附能力。SBA-15 骨架中的 Si 物种与 MCM-41 具有相似的化学环境,SBA-15 的 Si NMR 谱图显示两个波带,分别归属于 Q4 和 Q3,表明骨架为无定形结构,其中 Q3 主要位于孔道表面,作为活性位可用于材料的改性。

总之,虽然由 XRD 和 TEM 表征结果表明 SBA-15 和 MCM-41 具有相同的介孔结构,然而两种分子筛在很多方面又有着显著的区别。首先,两种分子筛制备体系的 pH 值不同;其次,SBA-15 孔壁壁厚要比 MCM-41 大得多,因此热稳定性更好;最后,SBA-15 在孔壁中存在大量的微孔和少量的介孔,因此具有三维介孔结构,而 MCM-41 只存在介孔主孔道。

3. SBA-3

SBA-3 具有与 MCM-41 相同的二维六方相介孔结构,然而 SBA-3 是在强酸性介质中合成的。刚制备得到的 SBA-3 通常含有大量的卤素离子用于平衡阳离子表面活性剂的正电荷[12]。焙烧后的 SBA-3 和 MCM-41 具有几乎相同的组成。过去,研究者很难区分 SBA-3 和 MCM-41,最近研究发现两者的水热稳定性差别很大,当在两种分子筛中引入少量 Al 原子时,两种分子筛的酸性也有一定的不同[88]。

二、三维六方相介孔结构

1. SBA-2

SBA-2 是典型的三维六方相介孔结构的分子筛之一,最早的报道是在 1995 年采用双头单尾 Gemini 表面活性剂在酸性介质中合成的[77]。具有大亲水基的 Gemini 表面活性剂容易在溶液中自组装形成球形胶束而非棒状胶束,然后进一步聚集形成六方紧密堆积的介孔结构。因此,SBA-2 具有三维笼状介孔结构,归属 P6$_3$/mmc 空间群。

SBA-2 合成具有如下特点:体系呈酸性,通常采用 HCl 来调节 pH 值;大多数报道采用 TEOS 作为硅前驱物,也有少数报道采用硅酸钠(Na_2SiO_3)作为硅源;合成温度较低,一般在室温下合成;模板剂通常采用 Gemini 表面活性剂;孔径尺寸调节范围较窄(3~5nm)。

SBA-2 的 XRD 表征结果显示具有良好的衍射峰,所有衍射峰都与六方晶胞单元和 P6$_3$/mmc 空间群相对应,如图 7-10 所示。根据 Huo 等[77]测得的 N_2 吸附实验结果,BET 比表面积为 609m^2/g,孔径分布较窄,约为 3.5nm。N_2 吸附等温线归属第Ⅳ曲线并伴随着一个 H2 滞后环,表明该结构具有均匀的孔径分布和笼型介孔结构(图 7-11)。由于标准的 BJH 法不适合计算笼形介孔结构的尺寸,因此 Ravikovitch 和 Neimark[89]提出了 NLDFT 方法。采用该方法计算得到 SBA-2 的笼型介孔直径与晶胞参数 a 相近。例如,对于晶胞参数 a = 4.90nm 的 SBA-2 样品,采用 NLDFT 法计算得到笼直径为 4.4nm,连接两笼之间的孔壁厚度为 0.5nm。

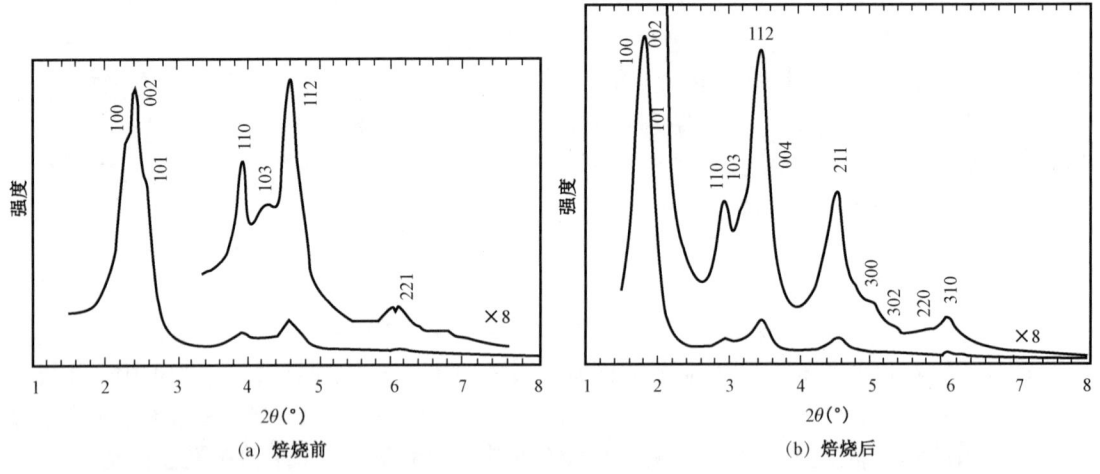

图 7-10 SBA-2 的 XRD 谱图[77]

尽管 SBA-2 分子筛具有独特的介孔结构,然而自从最初在 1995 年报道合成以来,关于该分子筛的研究报道并不多见,这主要是因为该分子筛的实际结构要比人们认为的复杂得多。Zhou 等[90]详细考察了 SBA-2 这类介孔材料,研究发现其 XRD 表征结果和单个的六方晶胞单元是一致的,然而在 TEM 照片上却不能观察到完全的六方堆积结构。实际上,几乎所有的 SBA-2 为介孔笼六方紧密堆积(hcp)和立方紧密堆积(ccp)的共生结构。

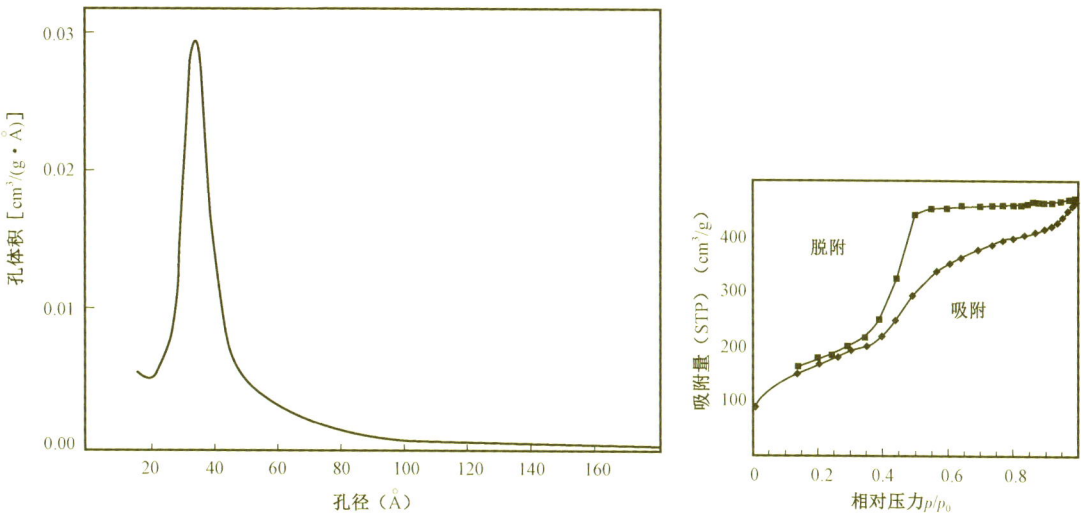

图7-11 SBA-2 N_2吸附等温线和孔径分布图[77]

2. SBA-12

SBA-12和SBA-2都具有六方紧密堆积结构(hcp),该分子筛材料合成模板剂为低聚的非离子型表面活性剂。SBA-12分子筛的合成具有以下特点:酸性条件下合成,通常选用HCl来调节体系酸度;TEOS是唯一使用的硅前驱物;低温条件下合成,常采用室温条件;模板剂目前采用的只有非离子型表面活性剂(Brij76、$C_{18}EO_{10}$);合成后无须洗涤。

SBA-12分子筛的XRD谱图衍射峰和SBA-2相比不是很强,例如100面和101面的衍射峰几乎观测不到,其原因可能与SBA-12中立方相比例增加或介孔的不规则性有关。采用模板剂$C_{18}EO_{10}$制备的晶胞参数$a=7.43nm$的SBA-12样品,采用NLDFT法计算得到SBA-12球形笼结构直径约为6.1nm,两笼之间的最小壁厚为1.3nm,比SBA-2要厚,因此具有更好的热稳定性和水热稳定性[89]。TEM电镜结果显示SBA-12也是六方相和立方相的共生,而SBA-12更偏向立方相,每个球形笼与相邻的12个笼通过孔道相连。

三、三维立方介孔结构

不同于SBA-2和SBA-12的六方相和立方相的共生结构,许多介孔材料为纯立方相结构。这类结构中最典型的例子为MCM-48,属于M41S家族成员,最早由Mobil公司的研究者合成[2]。另外,SBA、AMS、KIT和FDU系列中的几个介孔材料也具有独特的立方相介孔结构。

1. MCM-48、FDU-5和KIT-6

与M41S家族成员MCM-41相比,普遍认为MCM-48合成范围较窄不易合成。实际上,如果控制好合成条件和选择适宜的表面活性剂,MCM-48分子筛并不难合成。在合成MCM-48时,选择的表面活性剂应具有较大体积的亲水头。MCM-48分子筛的合成具有以下规律:通常采用TEOS作为硅源,这是由于水解产生的乙醇能够进入表面活性剂胶束的疏水区(不能进入胶束核心),同时增加了亲水头的体积,有利于MCM-48形成;合成温度较高,通常温度在100℃以上;碱性介质中合成,其合成体系的pH值略高于MCM-41合成体系;合成体系通常加入辅助试剂或使用混合表面活性剂,当合成体系采用阳离子表面活性剂时,加入一定量的阴离子表面活性剂或非离子表面活性剂,混合表面活性剂有利于 MCM-48 合成,并有效地减少了模板剂用量,提高了产物的收率[91]。

对于 MCM-48 的结构,大家普遍认可由 Monnier 提出的螺旋式极小表面模型,即 G 表面模型(gyroid-surface)[72]。极小面将空间分为两条交织却相互独立的介孔孔道,称为立方双连续孔道结构,归属于 Ia3d 空间群,如图 7-12 所示,黑白两种颜色表示两套孔道。具有高结晶度的 MCM-48 样品 XRD 表征结果显示具有更多、更强的衍射峰。由图 7-12 可以看到至少 8 个衍射峰,它们都与 Ia3d 空间群相匹配。N_2 吸附等温线显示属于 IV 型曲线,孔径分布较窄,尺寸约为 2nm。

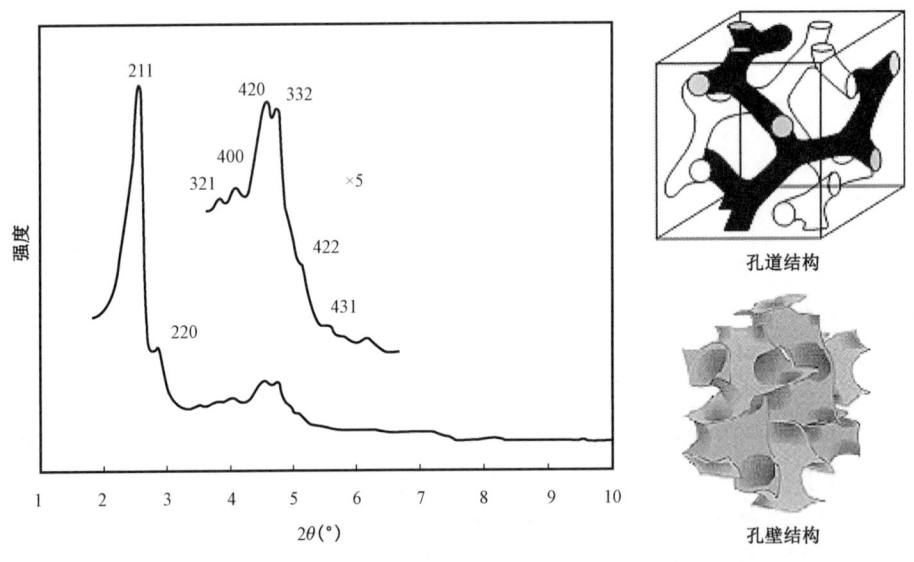

图 7-12　MCM-48 的 XRD 谱图和孔道结构图

FDU-5 是由赵东元等以 PEO-PPO-PEO 作为模板剂采用挥发诱导自组装(EISA)工艺在酸性条件下合成得到的[25]。根据 XRD 和 TEM 表征结果,该材料与 MCM-48 具有相同的对称性,属于 Ia3d 空间群。随后,Ryoo 等报道合成了另外一种具有相同 Ia3d 介孔结构的硅材料 KIT-6,该材料合成采用 P123 作为模板剂通过添加正丁醇有机添加剂在水热条件下合成[92]。该方法可重复性强,并且合成的介孔材料具有高度有序介孔结构,与 MCM-48 相似,KIT-6 分子筛 XRD 表征结果显示至少有 8 个衍射峰,所有衍射峰都符合立方 Ia3d 结构。与 KIT-6 分子筛相比,由 EISA 方法制备得到的 FDU-5 分子筛 XRD 表征结果显示衍射峰较少并且衍射峰宽,甚至有时观测不到 220 面对应的衍射峰,该结果可能与 EISA 方法制备的结构存在缺陷有关。尽管 FDU-5 和 KIT-6 与 MCM-48 具有相同的结构,然而 FDU-5 和 KIT-6 在制备方法、孔径尺寸和孔壁结构等方面都与 MCM-48 有一定的区别。

FDU-5 和 KIT-6 的 N_2 吸附等温线与 MCM-48 相同,都属于第 IV 型曲线,尽管两种材料等温线相似,FDU-5 与 KIT-6 相比具有更大的孔径尺寸(约为 8nm),同时较大的 BET 比表面积(约 804m^2/g)和孔体积(约 1.04cm^3/g)使得 FDU-5 成为非常有价值的介孔分子筛。另外,FDU-5和KIT-6两种分子筛孔壁中都存在一定的微孔结构,由于这些微孔在孔壁中并没有规则的排布,因此采用TEM手段一般不易观测到。

2. SBA-1和SBA-6

SBA-1和SBA-6两种介孔材料是使用不同的表面活性剂分别在酸性介质和碱性介质中合成的,都具有面心立方结构(Pm3n)。由XRD表征结果可以判断SBA-1的立方介孔结构[5]。如图7-13所示,3个交叠的主衍射峰与立方介孔结构的200面、210面和211面相对应,另外一些较弱的衍射峰也与立方结构相对应,其晶胞参数约为8.6nm;SBA-6的XRD谱图显示具有更强的衍射峰。SBA-1和SBA-6的孔结构都由球形笼构成,球形笼具有两种尺寸分布并按一定的规则进行排布,其中较大笼直径约为4nm,较小笼尺寸为3.3nm。SBA-1和SBA-6的TEM结果显示两种材料几乎具有相同的介孔结构,然而SBA-6的晶胞参数($a=16$nm)和孔尺寸(8.5nm和7.3nm)约为SBA-1的两倍。

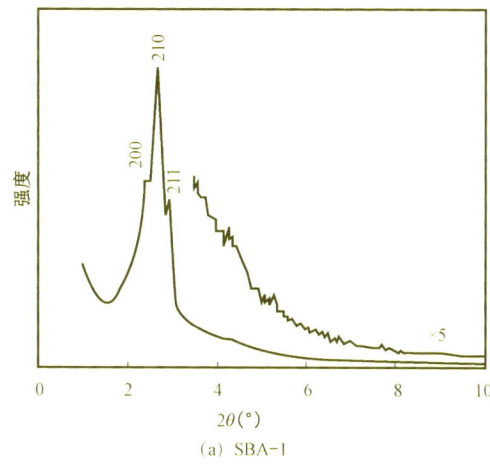
(a) SBA-1

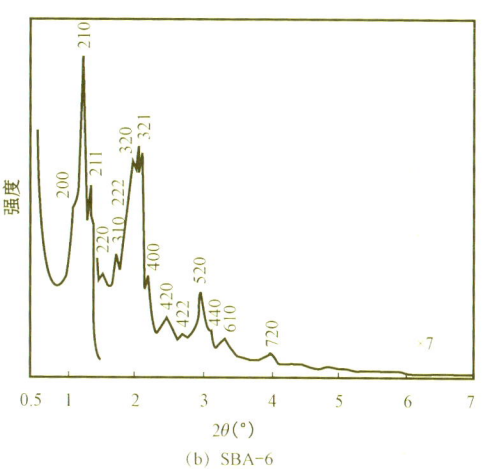
(b) SBA-6

图7-13 SBA-1和SBA-6的XRD谱图[5]

3. SBA-16

SBA-16为体心立方结构介孔分子筛,归属于Im3m空间群,最早是由赵东元等采用F127作为模板剂在酸性条件下合成的。具有相对较大的PEO链的三嵌段共聚物,例如F127、F108和F98等都可以作为模板剂,合成温度略高于室温(30~35℃),通常合成体系需要加入无机盐,例如KCl、NaCl、Na_2SO_4和K_2SO_4,在85~100℃下水热处理,可得到高度有序的SBA-16。根据体心立方对称性,其结构可以看作由堆积的球形笼构成[93]。XRD表征结果显示,在角度为1°~1.4°时存在两个强衍射峰,并且在1.4°~2.4°之间有几个弱衍射峰,这些衍射峰与体心立方介孔结构相符。SBA-16分子筛的N_2吸附实验测定显示为第Ⅳ型等温线并伴随一个H2滞后环,表明该介孔材料为典型的笼型介孔结构(图7-14)。

4. FDU-2、FDU-12和KIT-5

FDU-2氧化硅介孔材料是以三头季铵盐型阳离子表面活性剂$C_mH_{2m+1}N^+(CH_3)_2CH_2CH_2-N^+(CH_3)_2CH_2CH_2CH_2N^+(CH_3)_3 3Br^-$($C_{m-2-3-1}$, $m=14,16,18$)作为模板剂在碱性

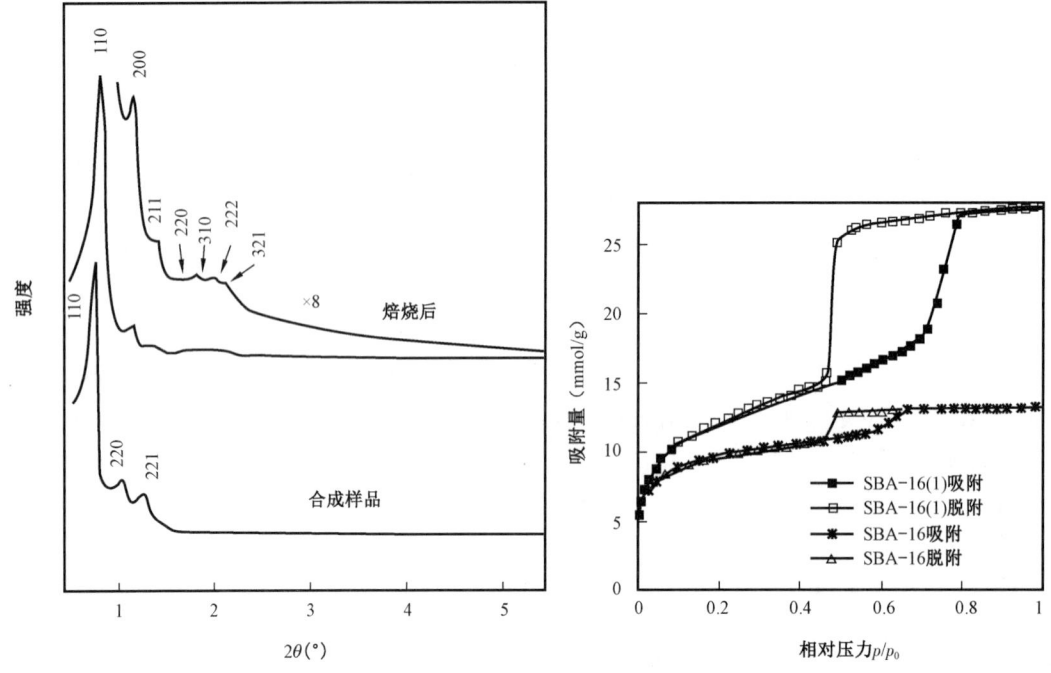

图7-14 SBA-16样品的XRD谱图和N_2吸附等温线[9]

条件下合成的,为面心立方结构[76]。该材料的合成条件比较苛刻,例如较窄的合成温度范围(17~23℃),同时体系中NaOH溶液量要有严格的控制等。由XRD和TEM表征结果可得到FDU-2归属于Fd3m空间群,其结构可以看作球形笼按照钻石阵列排布构成。由于缺少详细的TEM分析,因此对该介孔结构目前人们认识还不够完全。N_2吸附等温线显示为第Ⅳ型等温线不存在滞后环,表明介孔较小。FDU-2具有较窄的孔径分布,根据BJH模型计算得到其平均孔径约为3.02nm。选择不同链长的表面活性剂,孔径可以在2.3~3.0nm之间调变。BET比表面积为960m^2/g,孔体积为0.98cm^3/g。

FDU-12分子筛为面心立方介孔结构,具有Fm3m对称性,其结构为笼结构,笼尺寸为10~12.3nm。合成所用模板剂与SBA-16相同,皆为嵌段共聚物F127,不同的是合成中体系需加入TMB和无机盐KCl[94]。加入TMB可以调节表面活性剂亲水疏水比,从而减小了模板剂和硅物种的相互作用,有利于生成FDU-12。而无机盐使得硅物种与表面活性剂之间的作用力提高,提高了介孔结构的有序性,无机盐和TMB的协同作用是合成FDU-12的关键。降低合成温度和提高水热处理温度可以分别使孔径从14nm增大到22nm,孔口尺寸从4nm增加到9nm[94,95]。Ryoo等[96]报道采用相同的三嵌段共聚物F127作为模板剂合成了介孔材料KIT-5,该介孔材料与FDU-12的结构相似,只是KIT-5合成体系酸性条件更弱,同时不需要加入膨胀剂TMB。

四、无序介孔结构

除有序的介孔材料外,许多的介孔硅材料,例如HMS、MSU、KIT-1、TUD-1和Al-MMS等具有无序的介孔结构和无定形孔壁。然而与无定形硅材料不同的是,这些无序介孔结构中存在着相互贯穿的三维孔道,同时这些孔径是均匀可调变的,其孔道结构可以看作两端开口的一维短孔道的任意堆积,通常把这些材料称为泡沫状或蠕虫状介孔材料。以 HMS 介孔硅材料为例,该介孔材料最早是由 Tanev 和 Pinnavaia 报道合成的,它们是在中性条件下硅前驱物种和有机胺通过氢键的相互作用而制备得到的[79]。中性条件下,由于硅物种的聚合速率太快难以控制,因此不容易得到有序的介孔材料,这可能也是对应的 XRD 谱图只存在一个宽衍射峰的原因。由于有机胺价格贵并且有毒,Pinnavaia 等[80]采用廉价且环保的非离子烷基聚氧乙烯表面活性剂($C_mH_{2m+1}EO_n$)和三嵌段共聚物作为模板剂在接近中性的条件下合成了 MSU 无序介孔材料。通过选择不同链长的表面活性剂作为模板剂可以调节孔径的大小。另外,在中性条件下由于无机物种和表面活性剂之间的氢键对温度非常敏感,因此孔径尺寸和合成温度密切相关[97]。

无序介孔材料不存在晶胞单元、对称性和空间群等概念,然而却具有均一孔径、高比表面积和易改性等特点,因此在催化、吸附和分离等方面具有潜在的应用价值。

第四节 介孔材料的组成

分子筛材料的合成不仅涉及控制产物的晶体结构,同时还包括合成不同元素组成的分子筛材料。具有不同组成的材料具有不同的性质和应用前景,因此为了拓宽分子筛材料的应用范围,有必要去研究合成不同元素组成的新材料。

一、功能化的二氧化硅介孔结构

介孔硅材料是最易合成也是研究最多的一类介孔材料,这主要是因为和其他元素组成相比,由于硅物种的凝胶—溶胶化学研究比较容易,因此,对于介孔硅材料的形成能够充分掌握;其次,最早开发和研究介孔材料的科学研究小组都具有研究合成沸石分子筛的背景,因此对硅铝化学比较熟悉,容易开展研究工作。

通常纯硅介孔材料的酸性非常弱,研究发现当在介孔结构中引入金属离子时可以提高介孔材料的酸性、离子交换性能和催化活性位[98]。其中,金属杂原子取代的 MCM-41 和 SBA-15 备受人们的关注,目前各种不同的金属离子,如 Al^{3+}、Ti^{4+}、V^{5+}、Ga^{3+} 和 Fe^{3+} 等已成功地引入 MCM-41 和 SBA-15 介孔材料中用以增强它们的催化性能。不同于沸石分子筛具有晶体结构,由于介孔材料的无机孔壁为无定形,因此,与杂原子沸石相比,介孔硅分子筛对杂原子的要求不严格(如原子大小、键长、键角等),同时引入的金属离子并不能严格定义为骨架内或骨架外。引入无定形骨架结构中的元素可以具有不同配位数和化学环境,例如,引入介孔硅材料 SBA-15 分子筛无定形孔壁中的 Al 原子同时具有四配位和八配位数,并可定义为骨架 Al。其中,四配位 Al 存在于孔壁内部,而八配位 Al 则位于孔壁表面。

介孔硅材料的骨架为无定形结构,并且在孔壁表面具有大量的羟基官能团,这些羟基官能团为介孔材料的进一步改性处理提供了很大的空间。有机官能团功能化的介孔硅材料既充分利用了无机组分大比表面积、高稳定性和限定介孔空间结构等优点,又具有有机体的可调变功能,如亲水疏水性和酸碱性等。有机官能团的引入有嫁接和共聚两个基本方法[99]。嫁接方法是一种后处理法,是指将脱除模板剂后的介孔硅材料表面的硅羟基通过硅烷化反应引入有机官能团的过程;共聚为直接合成反应,其具体过程为四烷基硅烷$(RO)_4Si$ 和三烷基有机硅烷 $(RO)_3Si-R'$(其中 R 为乙基或甲基,R'为不能水解的配体)和两性表面活性剂共同组装的过程。通过采用不同的方法,具有反应性能的有机硅物种可以嫁接到介孔硅材料的孔道内或表面。目前,已经有大量的有机官能团引入介孔硅材料的孔道内外,包括硫醇、胺、环氧化物、咪唑、氰化物、甲基和苯基官能团等[99,100]。这些官能团可进一步和活性分子反应或螯合使得介孔材料具有更丰富的功能。比如,经过含硫基的官能团改性后的介孔硅材料(HMS、MSU 和 SBA-15)对废水和有机溶剂中的 Hg^{2+} 具有很强的吸附能力。

二、有机硅材料

官能团化的介孔硅材料其有机官能团主要位于孔壁内外,而周期性介孔有机硅材料(PMOs)与前者不同的是其官能团镶嵌在孔壁内[101,102]。该类材料是在表面活性剂作为模板剂的情况下通过桥连的有机硅氧烷$(RO)_3-Si-R''-Si-(OR)_3$聚合得到的,桥连的有机硅氧烷末端的官能团能够发生水解和交联反应,因此不会出现 C—Si 键的断裂,并且对四配位硅物种构成的骨架结构不会产生影响。采用 100% 的$(RO)_3-Si-R''-Si-(OR)_3$作为硅源可以制备得到完全有机官能团化的介孔硅材料。与介孔硅材料的制备方法相似,周期性介孔有机硅材料的制备通常以非离子表面活性剂作为模板剂采用水热晶化合成法和溶剂挥发法(EISA)合成。具有链状或环状结构的有机化合物都可以引入无机母体中,包括亚甲基、乙烷、乙烯、苯、乙苯、苯基醚和苯基硫化物等[103]。然而与介孔硅材料相比,合成得到的周期性介孔有机硅材料的介孔结构种类有限。

例如,采用$(C_2H_5O)_3-Si-C_6H_4-Si-(C_2H_5O)_3$作为硅源,十八烷基三甲基铵作为模板剂在碱性介质中合成了周期性介孔有机硅杂化材料,该材料的孔壁中含有苯环。由于苯环间π—π的强相互作用和苯环与硅酸盐的周期交替排布而形成的有序层结构,从而使得到的介孔有机硅材料的孔壁具有类似晶体的高度有序性。其 XRD 谱图除了在小角度可以观察到 P6mm 介孔结构的衍射峰外,还可以观察到来自有序孔壁的衍射峰,如图 7-15 所示[104]。

在早期的合成阶段,对于介孔有机硅材料中的有机官能团仅限于短烷基链(例如,乙烷和乙烯)或者是具有严格对称的芳基桥键官能团(如苯基),其原因可能与其化学性质和空间几何限制有关。当合成体系中有机前驱物浓度很高时,由于其本身的疏水性会导致出现相分离现象或构象灵活性差,从而导致最终合成的是无序材料。另外,有机桥键所施加的空间限制作用也会阻碍介孔结构的有效组装。具有长链桥键的有机官能团或是大低聚物结构单元由于分子内部的交联作用,因此易生成层状介孔结构而不是稳定的有机硅材料。一般来说,烷基链的长度要求不超过 6 个碳原子,维持介孔骨架的能力与有机桥键的灵活度有关。

三、金属和硫化物

液晶模板机理(LCT)可用于合成介孔金属和硫化物。Braun 等[105]采用非离子表面活性剂低聚的烷基乙烯氧化物 $C_{18}EO_{10}$ 作为模板剂,通过在 $C_{18}EO_{10}$ 的六方液晶相中通入 H_2S 气体首次制备了具有介孔结构的硫化物 CdS 和 CdSe 半导体—有机物超晶格。适量金属离子(如 Cd^{2+})的加入能够产生溶致液晶相,随后溶液中通入 H_2S 或 H_2Se 气体用以固化形成的有机—

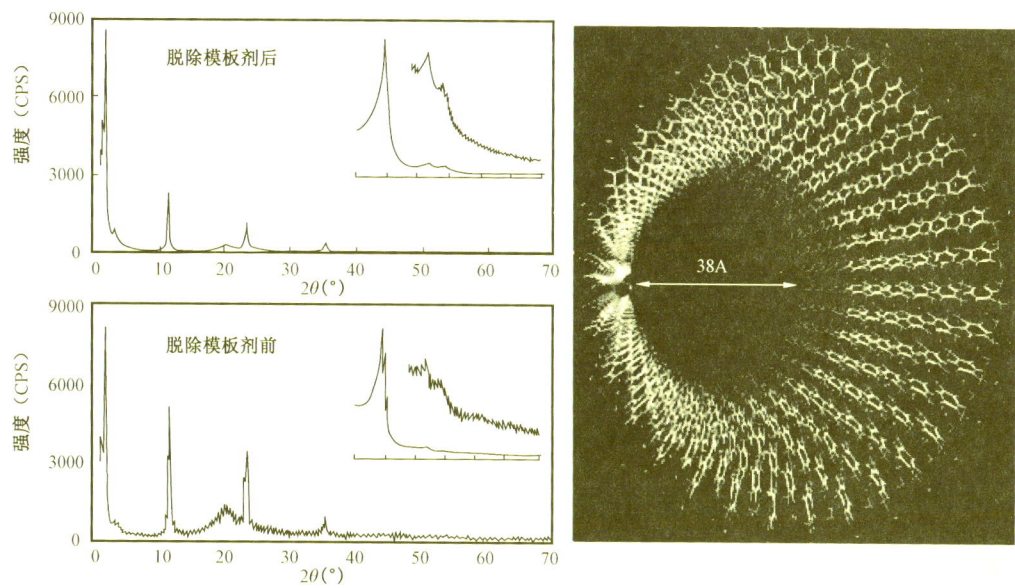

图 7-15　周期性介孔有机硅材料的 XRD 谱图和孔壁结构模型

无机介孔结构,该方法可以制备得到 CdS、ZnS 和 CdSe 等介孔固体。

Attard 等[106]提出了合成介孔金属、金属合金和非金属材料的几种合成路线。金属前驱物首先加入表面活性剂液晶相中生成介孔结构,随后采用联氨和硼氢化合物或通过电沉积的方法将金属前驱物转化为金属。TEM 照片显示这些多孔金属具有有序的介孔结构,表面活性剂可以通过萃取的方法进行脱除。具有开放孔道的介孔金属材料具有较大的比表面积为 20~86m^2/g,比表面积的大小与物质的密度、壁厚以及孔径尺寸都有密切的关系。

四、非硅氧化物

非硅介孔结构的材料最早是在水溶液中合成的,然而直到 1998 年 Yang 等报道采用非水体系(EISA 工艺)合成非硅氧化物介孔材料,才大大拓展了非硅介孔材料的种类,使非硅介孔材料的合成取得了实质性的进展[51]。此后,有关非硅介孔材料的研究引起了人们极大的兴趣,目前已合成的非硅介孔材料主要包括 TiO_2、ZrO_2、Nb_2O_5、Ta_2O_5、Al_2O_3、SiO_2、SnO_2、WO_3、HfO_2、SiAlO、Al_2TiO、ZrTiO、SiTiO 和 $ZrWO_x$ 等氧化物。由于这些材料具有较大的壁厚,因此具有相对较好的热稳定性;特别是这些非硅基介孔材料骨架具有半晶体结构,成为这些材料最重要的特点。

赵东元等利用提出的"酸碱对"理论做指导,使非硅基介孔材料的合成范围进一步拓宽,制备得到了一系列具有高度有序、均相介孔的多元素化合物,其中包括金属磷化物、硅磷铝化合物、金属硼化物以及各种金属氧化物[52]。其中,这些介孔材料大多数具有半晶体孔壁和相对较高的热稳定性。另外,这些材料具有较高的比表面积、均匀的孔径分布和可调变的周期结构等特点,使得这些材料具有特别吸引人的物理和化学性质。许多化合物,例如 TiPO 和 Al-PO,在 800℃的高温下仍能保持其稳定结构。另外,这些材料还容易制备成薄膜、单块等特殊形体。Zhou 等[107]采用 Ti(OC₃H₇)₃ 和 PO(C₂H₅)₃ 作为前驱物以 P123 作为结构导向剂在强酸介质中通过控制纳米复合物的原位晶化,制备得到有序二维六方介孔相产物;通过热处理脱除模板剂后,再进一步进行热处理使金属氧化物纳米晶体在无定形基质内成核生长,使其合成产物孔壁具有半晶体结构,其合成样品的 XRD 谱图如图 7-16 所示。

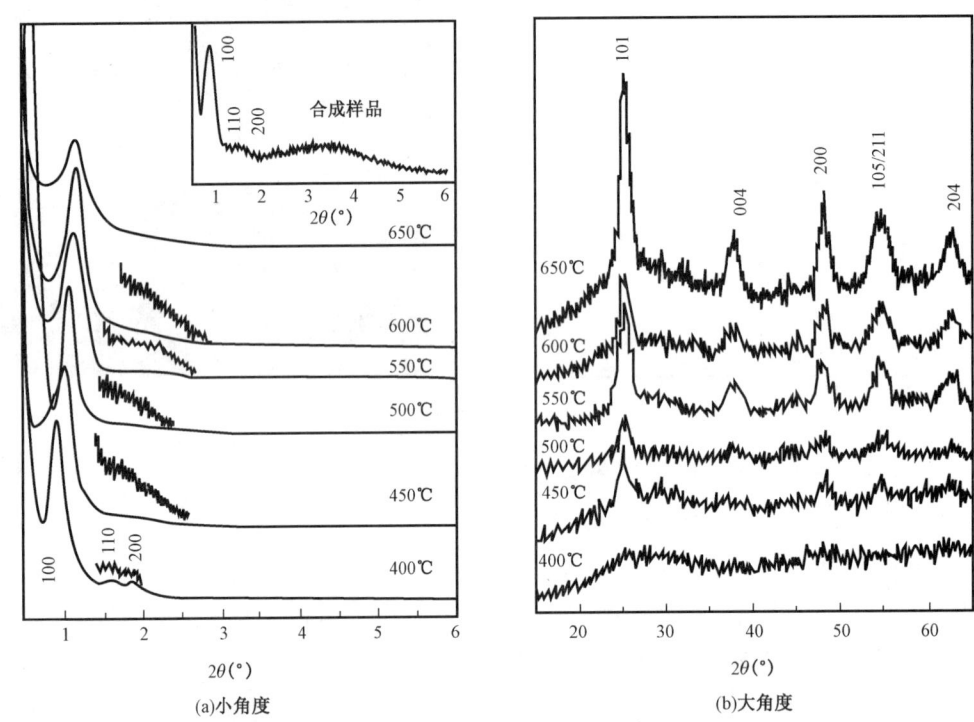

图 7-16 六方有序介孔材料 75TiO₂-25P₂O₅ 样品在不同热处理温度下的 XRD 谱图[107]

五、介孔炭材料和聚合物

采用介孔氧化硅作为模板剂合成介孔炭是最常用的方法,即将碳前驱物浸入其孔道中,形成纳米有机物—硅复合材料,然后经过高温炭化及模板脱除技术,最终获得孔道高度有序排列的介孔炭材料。以不同类型的介孔分子筛为模板可以合成得到 CMK 系列、SNU 系列及 C-MSU-H 类型的介孔炭。

最近,采用超分子模板法即有机—有机模板法合成有序介孔炭分子筛正在兴起,然而,由于有机分子内在的特性和 C—C 键形成所需的高能量,因此采用该方法在溶液中合成是非常困难的,目前还面临许多的挑战。Tanaka 等[108]报道以三嵌段共聚物 F127 为模板剂,间苯二酚和甲醛为碳前驱物,在强酸性条件下组装合成有机—有机复合物,然后直接炭化获得了一种孔道具有六方介孔结构的有序介孔炭膜 COU-1,在组装过程中需加入乙酸三乙酯作为共同前驱物,其主要作用为减慢间苯二酚与甲醛的聚合速度,并加强它们与模板剂之间的相互作用。在合成制备具有不同结构的有序介孔聚合物和炭材料过程中,应该考虑有机前驱物和模板剂之间以及有机前驱物之间的相互作用。赵东元等[53]采用酚醛树脂作为碳前驱体,三嵌段共聚物 PEO-PPO-PEO 为模板剂,在非水体系中组装合成了有序介孔多聚物和炭膜,同时考察了碳前驱体与模板剂的比例对所得材料介观结构的影响,合成中仅仅通过改变苯酚和三嵌段共聚物的比例以及模板剂中 PEO 与 PPO 的比例可以制备得到不同结构的有序介孔聚合物树脂和炭材料,其中包括层状介孔结构、二维六方相 P6mm(FDU – 15)、面心立方相 Im3m(FDU – 16)和双连续立方相 Ia3d(FDU – 14)对称结构。这些介孔聚合树脂和炭材料都具有高度的有序结构、高比表面积、大孔体积以及均匀的孔径分布等特点。另外,介孔炭材料由于骨架内具有共价键和较厚的孔壁,因此表现出非常高的热稳定性(大于 1400℃)。

第五节 介孔分子筛材料的形貌控制

介孔分子筛材料的形貌对于其在工业方面的应用是非常重要的,例如薄膜可应用于催化和分离,大单块可用于光学,而具有均匀尺寸的小球可用于色谱分离等方面,因此吸引了众多研究者的关注,成为介孔材料研究的热点之一。与微孔分子筛中有机分子和无机物种之间的组装作用相比,介孔材料的无机墙壁由无定形物组成,其无机—无机,甚至无机—有机物种之间相互作用较弱。因此,在介孔材料的合成中,控制材料的介孔结构同时对其在微米到厘米尺寸上的宏观外貌进行调控成为可能。介孔结构的组装过程和介孔材料的形貌生长相互影响,影响介孔材料形貌的主要因素有:硅物种的水解和聚合,表面活性剂胶束的形状,有机胶束和无机硅物种间的相互作用和体系添加剂的引入(包括无机盐物种、有机膨胀剂、共溶剂和共表面活性剂等)[40]。调节以上这些因素可以制备得到纤维状、薄膜、大单块、球形以及单晶等不同晶体形貌的介孔硅材料。

一、介孔纤维

霍启升等采用一步静置法,在酸性的油水两相溶液(油相,长链醇或正己烷;水相,十六烷基三甲基溴化铵和盐酸溶液)中,首次合成了介孔纤维[109]。静置或者缓慢搅拌两相溶液,在其界面会先形成一层介孔薄膜,之后在水相中生长出介孔纤维。介孔纤维的直径为 1 ~ 10μm,长度可从 100μm 到 5cm。最初人们认为酸性条件下合成的介孔纤维的六方排列孔道与纤维的轴径平行,后来提出以轴径为圆心的同心圆孔道排列被认为更加可信[110]。Wang 等在单相强酸性阳离子表面活性剂体系下制备了介孔纤维硅材料,其直径在 50 ~ 250nm 之间,长度可达毫米尺寸[111]。通过控制合成温度和加入无机盐类,可以使六方排列孔道与纤维的轴径平行或以轴径为圆心的同心圆孔道排列。Davis[112]和 Raimondi 等[113]分别利用细菌和玻璃毛细管为基底合成了以 MCM – 41 为墙壁的空纤维管和具有六角排列的毛细纤维。

二、薄膜

Yang 等[114]曾报道在水与空气的界面和云母表面定向排列的介孔薄膜。Brinker 等[48]结合生物矿化的相似性原理,利用提拉成膜法(dip – coating)或旋涂法(spin – coating)方法合成出高度有序的氧化硅薄膜。由于定向排列薄膜的一维介孔孔道都与薄膜表面平行,而使得物质的多维传递受阻。这在一定程度上限制了其在物质分离和生物传感方面的应用。Stucky 研究小组[115]利用双头季铵盐为模板剂合成了三维六方相($P6_3/mmc$)结构的介孔薄膜,其定向生长的 c 轴与膜的生长界面垂直,为物质在膜垂直方向上的传递提供了通道。同时他们采用非离子表面活性剂和嵌段共聚物,合成出有序度高、孔径大的两维及三维结构的氧化硅及过渡金属氧化物薄膜,从而大大拓展了介孔薄膜的种类和结构。

三、单块

具有一定硬度、透明的介孔二氧化硅单块在光学上可能有着特殊的用途。Melosh 等[116]以嵌段高分子 F127 为模板剂合成了透明介孔六方相二氧化硅单片[116];Feng 等[117]以丁醇(或戊醇、己醇)作为共表面活性剂得到了以双亲性的嵌段高分子共聚物(F127 和 P123)为模板剂的大孔径介孔薄片,也可加入辛烷作为油相形成四元的合成体系,这种多元体系有利于控制表面活性剂的相区以及最终的介孔结构和形貌。赵东元等[126]以 P123 为模板剂,利用高浓度盐溶液的相分离作用,合成了三维海绵状大孔和介孔复合的氧化硅薄片,这种具有多级孔道结构的薄片材料将有效地提高催化与分离中的物质传递效率。

四、球

在酸性条件下,Schacht 等在有机—水混合物中合成了具有二维六方和三维六方介孔结构的空心球,通过控制搅拌速率,空心球的大小可以在 10~50μm 之间调控[119]。Huo 等采用正硅酸丁酯(TBOS)为硅源,制备得到尺寸在 50μm~2cm 的介孔实心硬球[120]。他们认为只有选用像 TBOS 这样的带有长链烷氧基的硅源才容易得到这种独特形貌的介孔材料。Brinker 研究小组发展了一种快速的气溶胶方法来合成具有六方、四方和囊泡状的介孔球,整个合成过程仅需要约 6s 的时间,大大地缩短了反应进程[121]。合成体系中加入共溶剂(如醇类)有效地促进了氧化硅介孔小球的形成,阳离子表面活性剂下的 $TEOS-NH_3-H_2O$ 体系有利于介孔硅小球的形成[122]。

五、单晶或多面体

有时,在一些特殊的合成条件下制备得到的介孔材料具有均一的晶体外形,就像单晶一样,这是由于介孔材料是由规则大小和形状的孔或笼按一定的结晶学规律排列而成的,严格上讲"单晶"用于描述介孔二氧化硅材料并不是特别准确,定义为"多面体"应该更准确。Ryoo 等[123]以 CTAB 为模板剂,硅酸钠为硅源,甲醇、乙醇和或丁醇为添加剂,在水热条件下合成了高质量的 MCM-48,该材料具有类似"单晶"的立方截角十二面体的外貌。Che 等[124,125]在低温下合成出一些空间群为 Pm3n 的 SBA-1 多面体,多面体可高达 72 面。Yu 等[126]首次利用非离子型嵌段高分子 F108 为模板剂,在酸性条件以及无机盐(KCl)的作用下,合成出形貌规则、大小均一、纯立方相(Im3m)的纳米介孔氧化硅分子筛单晶。

六、其他形貌

除了以上的晶体形貌外,研究者们还报道了具有管中管(Tubules within Tubules,TWT)、棒状、囊泡状超级结构以及螺旋结构等独特外貌的介孔材料[127]。

第六节 介孔分子筛材料的应用

介孔分子筛材料在催化和分离上的应用已经受到十分广泛的研究,后来研究人员又利用其孔道特性不断拓展,相继发展到纳米材料和生物吸附分离等。近年来研究者们在以前研究的基础上,又将介孔分子筛改性负载官能团及金属离子,使之应用于更多领域。

一、在催化领域中的应用

微孔分子筛已广泛应用于催化领域,然而受其孔径尺寸的限制,对于一些大分子反应就显得无能为力。介孔分子筛材料具有的规则大孔道和高比表面积,为某些较大烃类分子进行烷基化、异构化等催化反应提供了理想场所。纯硅介孔分子筛材料,由于只有很弱的酸性,因此催化活性不高。当骨架中引入一定量其他金属离子后,会产生较强的质子酸和路易斯酸性中心;并且,骨架中金属掺杂离子与硅的比例可以调节,骨架阳离子之间具有可交换性,从而可以人为控制介孔材料中酸性中心的多少及酸碱性能的强弱,达到有选择地吸附催化外来物质的目的。例如,在骨架中引入一定量的 Al 等非硅原子后,便可获得一定强度的酸性,从而可用于酸催化的反应;在无机骨架中掺杂具有氧化还原能力的过渡金属元素、稀土元素,就可用于催化氧化还原反应,如在介孔材料上负载 Ti 可用于光催化反应。目前,介孔分子筛材料在催化领域中主要应用于催化氧化反应、催化加氢、聚合/缩合反应、烷基化反应、异构化反应、催化裂化及光催化等方面[128-130]。

二、在制备纳米材料方面的应用

在材料化学中,有效地控制纳米化合物的尺寸和形状一直是人们追求的目标。介孔材料在纳米尺寸上有序排列的孔道则正好提供了一个理想的可控纳米反应器。例如,Liu 等[131]采用阴离子表面活性剂制备了具有介孔分子筛结构的 NiO 纳米碳管,并研究了其结构状态;Wang 等[132]采用溶胶—凝胶法在酸性条件下分别合成了 SBA-15 和 Fe-ABA-15,然后又通过接触反应气相沉积法制备了纳米碳管。Liu 等[133]采用锡蒸气处理方法分别在 SBA-15 和 KIT-6 介孔分子筛上固载了锡氧化物,由于紫外辐射附近有强散射,随着合成温度的升高,导致发光强度大幅度增强,该材料为强发光超分子纳米功能材料,有潜在的应用前景。

三、在吸附和分离领域的应用

有序介孔材料具有高比表面积和吸附容量,是一种理想的吸附材料。而改性后的有序介孔材料能够展示改性前所不具备的特性,对于混合物的吸附分离有着广阔的应用前景。Liu 等[134]合成了 5 种 SBA-15 介孔分子筛样品,并分别用来吸附 CO、CH_4 和 N_2。实验发现,SBA-15 介孔分子筛是分离 CO、CH_4 和 N_2 的很好的吸附剂,在气体分离中存在很大的应用价值。随着全球环境温度的不断升高,人们对大气中 CO_2 的要求也越来越高。根据 CO_2 的弱酸性,研究者在介孔分子筛上负载碱性物质(如胺类),可有效地吸附分离 CO_2,在环保方面具有重要的作用。Song 等[135]用聚乙烯胺(PEI)来修饰 MCM-41 介孔分子筛,从包含 CO_2、N_2 和 O_2 的模拟废气中吸

附分离出 CO_2 气体，结果显示由于 PEI 的修饰，增强了分子筛吸附和分离 CO_2 的能力。Hiyoshi 等[136]采用嫁接法合成了氨基硅烷修饰的 SBA-15 介孔分子筛，并检测了其对 CO_2 的吸附特征，研究发现，随着氨基硅烷表面密度的增大，吸附效率也相应增加。吸附法是去除水体中低浓度重金属离子及有机物的有效方法，在介孔材料的孔内壁上构造各种功能基团，则可选择性吸附水中的金属离子。徐应明等[137]采用对氯丙基三甲氧基硅烷在有序介孔分子筛表面自组装，通过亲核取代反应在其表面制备出巯基乙酰氧基功能膜，并考察了对水中重金属离子的选择性吸附作用。另外，他们还研究了介孔分子筛表面功能膜的制备及对水体中铅汞镉的去除作用，实验结果表明，巯基功能膜材料对水体中的 Pb^{2+} 和 Hg^{2+} 具有良好的吸附能力。

第七节 介孔分子筛材料展望

近年来，有关介孔分子筛的研究已经取得了长足的进展，国内外已成功合成了系列硅基介孔分子筛、非硅基体系介孔分子筛，并对介孔分子筛进行了金属、金属氧化物及有机物掺杂的研究。然而，介孔材料骨架结构稳定性的提高，如何制备孔径大且分布均匀的介孔材料，物质掺杂的分布不均匀和造成的脱溶，介孔材料的回收活化，提高介孔材料的催化效率等都是需要在研究与应用过程中解决的问题。因此，开发新型的模板剂以制备具有新颖结构特点、更大孔径和结构更稳定的介孔分子筛，提出新的合成或负载方法，对现有的介孔材料进行新的有机官能化并将它用于催化反应；制备结构理想、面积大而无缺陷的介孔薄膜；加强介孔分子筛材料在纳米方面的应用等都是新的研究课题。随着研究工作的逐步深入，研究者将能根据人们的需要来设计、合成更多性能卓越的介孔分子筛材料，这种新材料可能在人们的生产、生活中起重要作用。

参 考 文 献

[1] Yanagisawa, Shimizu T, Kuroda K, et al. A neutral templating route to mesoporous molecullar sieves [J]. Bull. Chem. Soc. (Japan),1990,63(4):988-992.

[2] Kreage C T, Leonowicz M E, Roth W J, et al. Orderd mesoporous molecalar sieve synthesized by a liquid-crystal template mechanism[J]. Nature,1992,359:710-718.

[3] Beck J S, Vartuli J C, Roth W J, et al. A new family of mesoporous molecular sieves prepared with liquid crystal templates [J]. J. Am. Chem. Soc. ,1992,114:10834-10843.

[4] Huo Q S, Margolese D I, Ciesla U, et al. Generalized synthesis of periodic surfactant/inorganic composite materials [J]. Nature,1994,368:317-321.

[5] Sakamoto Y, Kaneda M, Terasaki O, et al. Direct imaging of the pores and cages of three-dimensional mesoporous materials[J]. Nature,2000,408:449-453.

[6] Shen S D, Garcia-Bennett A E, Liu Z, et al. Three-Dimensional low symmetry mesoporous silica structures templated from tetra-headgroup rigid bolaform quaternary ammonium surfactant[J]. J Am. Chem. Soc. ,2005,127(18):6780-6787.

[7] Holland B T, KIsbester P, Blandford C F, et al. Synthesisof ordered aluminophosphate and galloaluminophosphate mesoporous materials with anion-exchange properties untilizing polyoxometalate cluster/surfactant salts as precursors [J]. J. Am. Chem. Soc,1997,119(24):6796-6803.

[8] Che S, Garcia-Bennett A E, Yokoi T, et al. Mesoporous silica of novel structures with periodic modulations synthesized by anionic surfactant templating route[J]. Nature Materials,2003,2:801-805.

[9] Zhao D Y, Huo Q S, Feng J L, et al. Nonionic triblock and star diblock copolymer and oligomeric surfactant synthesis of highly ordered, hydrothermally stable, mesoporous silica structures [J]. J. Am. Chem. Soc., 1998, 120(24): 6024-6036.

[10] Zhao D Y, Wan Y, Zhou W Z. Ordered mesoporous materials[M]. Wiley – VCH Verlag GmbH & Co. KGaA, 2013.

[11] Yu C Z, Fan J, Tian B Z, et al. Synthesis of mesoporous silica from commercial poly(ethylene oxide)/poly(butylene oxide) copolymers: toward the rational design of ordered mesoporous materials[J]. J. Phys. Chem. B, 2003, 107(48): 13368-13375.

[12] Huo Q S, Margolese D I, Stucky G D. Surfactant control of phases in the synthesis of mesoporous silica – based materials [J]. Chem. Mater., 1996, 8(5): 1147-1160.

[13] Kim J M, Sakamoto Y, Hwang Y K, et al. Structural design of mesoporous silica by micelle – packing control using blends of amphiphilic block copolymers [J]. J. Phys. Chem. B, 2002, 106(10): 2552-2558.

[14] Tian B Z, Liu X Y, Zhang Z D, et al. Syntheses of high – quality mesoporous materials directed by blends of nonionic amphiphiles under nonaqueous conditions[J]. J. Solid State Chem., 2002, 167: 324-329.

[15] Chen F X, Huang L M, Li Q Z. Synthesis of MCM – 48 using mixed cationic – anionic surfactants as templates [J]. Chem. Mater., 1997, 9(12): 2685-2685.

[16] Chen F X, Song F B, Li Q Z. Mixed cationic – anionic templating route to Al – MCM – 48[J]. Microporous and Mesoporous Materials, 1999, 29(3): 305-310.

[17] Ryoo R, Joo S H, Kim J M. Energetically favored formation of MCM – 48 from cationic – neutral surfactant mixtures[J]. J. Phys. Chem. B, 1999, 103(35): 7435-7440.

[18] Chen D H, Li Z, Yu C Z, et al. Nonionic block copolymer and anionic mixed surfactants directed synthesis of highly ordered mesoporous silica with bicontinuous cubic structure[J]. Chem. Mater., 2005, 17: 3228-3234.

[19] Chen D H, Li Z, Wan Y, et al. Anionic surfactant induced mesophase transformation to synthesize highly ordered large – pore mesoporous silica structures[J]. J. Mater. Chem., 2006, 16: 1511-1519.

[20] Jana S K, Mochizuki A, Namba S. Progress in pore – size control of mesoporous MCM – 41 molecular sieve using surfactant having different alkyl chain lengths and various organic auxiliary chemicals [J]. Catal. Surv. Asia, 2004, 8(1): 1-13.

[21] Flodstrom K, Alfredsson V, Kallrot N. Formation of a New Ia3d cubic meso – structured silica via triblock copolymer – assisted synthesis[J]. J. Am. Chem. Soc., 2003, 125(15): 4402-4403.

[22] Ryoo R, Jun S J. Improvement of hydrothermal stability of MCM – 41 using salt effects during the crystallization process[J]. Phys. Chem. B., 1997, 101(3): 317-320.

[23] Yu J, Shi J L, Chen H R, et al. Effect of inorganic salt addition during synthesis on pore structure and hydrothermal stability of mesoporous silica[J]. Microporous and Mesoporous Materials, 2001, 46(2-3): 153-162.

[24] Yu C Z, Fan J, Tian B Z, et al. Morphology development of mesoporous materials: a colloidal phase separation mechanism[J]. Chem. Mater., 2004, 16(5): 889-898.

[25] Liu X Y, Tian B Z, Yu C Z, et al. Room – temperature synthesis in acidic media of large – pore three – dimensional bicontinuous mesoporous silica with Ia3d symmetry [J]. Angew. Chem. Int. Ed., 2002, 41(20): 3876-3878.

[26] Che S N, Garcia – Bennett A E, Liu X Y, et al. Synthesis of large – pore laequation imaged mesoporous silica and Its tubelike carbon replica[J]. Angew. Chem. Int. Ed., 2003, 42(33): 3930-3934.

[27] Wang Y Q, Yang C M, Zibrowius B, et al. Directing the formation of vinyl – functionalized silica to the hexagonal SBA – 15 or large – pore Ia3d structure[J]. Chem. Mater., 2003, 15(26): 5029-5035.

[28] Lettow J S, Han Y J, Schmidt – Winkel P, et al. Hexagonal to mesocellular foam phase transition in polymer – templated mesoporous silicas[J]. Langmuir, 2000, 16(22): 8291-8295.

[29] Blin J L, Su B L. Tailoring pore size of ordered mesoporous silicas using one or two organic auxiliaries as expanders[J]. Langmuir, 2002, 18(13): 5303-5308.

[30] Park B G, Guo W P, Cui X G. Preparation and characterization of organo – modified SBA – 15 by using polypropylene glycol as a swelling agent[J]. Microporous and Mesoporous Materials,2003,66(2 – 3):229 – 238.

[31] Kruk M,Jaroniec M,Kim T W,et al. Synthesis and characterization of hexagonally ordered carbon nanopipes [J]. Chem Mater,2003,15(14):2815 – 2823.

[32] Martines M A U,Yeong E,Larbot A,et al. Temperature dependence in the synthesis of hexagonal MSU – 3 type mesoporous silica synthesized with Pluronic P123 block copolymer[J]. Microporous and Mesoporous Materials, 2004,74(1 – 3):213 – 220.

[33] Trikalitis P N,Rangan K K,Bakas T,et al. Varied pore organization in mesostructured semiconductors based on the [SnSe4]4 – anion [J]. Nature,2001,410:671 – 675.

[34] Fulvio P F,Pikus S,Jaroniec M. Tailoring properties of SBA – 15 materials by controlling conditions of hydrothermal synthesis[J]J. Mater. Chem. ,2005,15:5049 – 5053.

[35] Galarneau A,Cambon H,Di Renzo F,et al. True microporosity and surface area of mesoporous SBA – 15 silicas as a function of synthesis temperature[J]. Langmuir,2001,17(26):8328 – 8335.

[36] Ciesla U,Schacht S,Stucky G D,et al. Formation of a porous zirconium oxo phosphate with a high surface area by a surfactant – assisted synthesis[J]. Angew. Chem. Int. Ed. ,1996,35(5):541 – 543.

[37] Zhao D Y,Goldfarb D. Synthesis of mesoporous manganosilicates:Mn – MCM – 41, Mn – MCM – 48 and Mn – MCM – L[J]. J. Chem. Soc. Chem. Commun. ,1995(8):875 – 876.

[38] 曲琛,李三喜,赵效忠,等. 酸性条件下介孔分子筛 MCM – 41 的合成与表征[J]. 硅酸盐通报,2006,25(4):15 – 18.

[39] Kleitz F,Kim T W,Ryoo R. Phase domain of the cubic Im3m mesoporous silica in the $EO_{106}PO_{70}EO_{106}$ – Butanol – H_2O system[J]. Langmuir,2006,22(1):440 – 445.

[40] Zhao D Y, Sun J Y, Li Q Z,et al. Morphological control of highly ordered mesoporous silica SBA – 15 [J]. Chem. Mater. ,2000,12(2):275 – 279.

[41] Zhang F Q,Yan Y,Yang H F,et al. Understanding effect of wall structure on the hydrothermal stability of mesostructured silica SBA – 15[J]. J. Phys. Chem. B,2005,109(18):8723 – 8732.

[42] Inagaki S,Sakamoto Y,Fukushima Y,et al. Pore wall of a mesoporous molecular sieve derived from kanemite [J]. Chem. Mater. ,1996,8(8):2089 – 2095.

[43] Yang C M,Zibrowius B,Schmidt W,et al. Consecutive generation of mesopores and Micropores in SBA – 15 [J]. Chem. Mater. ,2003,15(20):3739 – 3941.

[44] Yang C M,Schmidt W,Kleitz F. Pore topology control of three – dimensional large pore cubic silica mesophases [J]. J. Mater. Chem. ,2005,15:5112 – 5114.

[45] Grudzien R M,Grabicka B E,Jaroniec M. Effective method for removal of polymeric template from SBA – 16 silica combining extraction and temperature – controlled calcination[J]. J. Mater. Chem. ,2006,16:819 – 823.

[46] Grieken R,Calleja G,Stucky G D,et al. Supercritical fluid extraction of a nonionic surfactant template from SBA – 15 materials and consequences on the porous Structure[J]. Langmuir,2003,19(9):3966 – 3973.

[47] Tian B Z,Liu X Y,Yu C Z,et al. Microwave assisted template removal of siliceous porous materials [J]. Chem. Commun. ,2002,11:1186 – 1187.

[48] Lu Y F,Ganguli R,Drewien C A,et al. Continuous formation of supported cubic and hexagonal mesoporous films by sol – gel dip – coating[J]. Nature,1997,389:364 – 368.

[49] Zhao D,Yang P,Melosh N,et al. Continuous mesoporous silica films with highly ordered large pore structures [J]. Adv. Mater. ,1998,10(16):1380 – 1385.

[50] 俞义轩,刘建,南海明,等. 孔径可调的介孔 SiO_2 自支持薄膜的溶剂挥发诱导自组装合成与表征[J]. 高等学校化学学报,2010,31(11):2136 – 2140.

[51] Yang P D,Zhao D Y,Margolese D I,et al. Generalized syntheses of large – pore mesoporous metal oxides with

semicrystalline frameworks[J]. Nature,1998,396:152-155.

[52] Tian B Z,Liu X Y,Tu B,et al. Self-adjusted synthesis of ordered stable mesoporous minerals by acid-base pairs[J]. Nat. Mater. ,2003,2(3):159-163.

[53] Meng Y,Gu D,Zhang F Q,et al. Ordered mesoporouspolymers and homologous carbon frameworks:Amphiphilic surfactant templating and direct transformation [J]. Angew. Chem. Int. Ed. ,2005,44:7053-7059.

[54] Sun T,Ying J Y. Synthesis of microporous transition metal oxide molecular sieves with bifunctional templating molecules[J]. Angew. Chem. Int. Ed. Engl. ,1998,37(5):664-667.

[55] Zhao X S,Lu G Q. Modification of MCM-41 by surface silylation with trimethylchlorosilane and adsorption study[J]. J. Phys. Chem. B. ,1998,102:1556-1561.

[56] Corma A,Kan Q,Navarro M T,et al. Synthesis of MCM-41 with different pore diameters without addition of auxiliary organics[J]. Chem. Mater. ,1997,9:2123-2126.

[57] Groenewolt M,Brezesinski T,Schlaad H,et al. Polyisobutylene-block-poly(ethylene oxide) for robust templating of highly ordered mesoporous materials [J]. Adv. Mater. ,2005,17(9):1158-1162.

[58] Finnefrock A C,Ulrich R,Toombes G E S,et al. The plumber's nightmare: A new morphology in block copolymer-ceramic nanocomposites and mesoporous aluminosilicates [J]. J. Am. Chem. Soc. ,2003,125(43):13084-13093.

[59] Cassiers K,Linssen T,Mathieu M,et al. A detailed study of thermal,hydrothermal,and mechanical stabilities of a wide range of surfactant assembled mesoporous silicas [J]. Chem. Mater. ,2002,14(5):2317-2324.

[60] Tian B Z,Che S N,Liu Z,et al. Novel approaches to synthesize self-supported ultrathin carbon nanowire arrays templated by MCM-41[J]. Chem. Commun. ,2003,21:2726-2727.

[61] Cho E B,Char K. Macromolecular templating approach for the synthesis of hydrothermally stable mesoporous organosilicas with high periodicity and thick framework walls[J]. Chem. Mater. ,2004,16(2):270-275.

[62] Pauly T R,Petkov V,Liu Y,et al. Role of Framework sodium versus local framework structure in determining the hydrothermal stability of MCM-41 mesostructures [J]. J. Am. Chem. Soc. ,2002,124(1):97-103.

[63] Li C,Wang Y,Guo Y,et al. Synthesis of highly ordered,extremely hydrothermal stable SBA-15/Al-SBA-15 under the assistance of sodium chloride[J]. Chem. Mater. ,2007,19(2):173-178.

[64] Ooi Y S,Zakaria R,Mohamed A R,et al. Hydrothermal stability and catalytic activity of mesoporous aluminum-containing SBA-15[J]. Catal. Commun. ,2004,5(8):441-445.

[65] Li Q,Wu Z,Tu B,et al. Highly hydrothermal stability of ordered mesoporous aluminosilicates Al-SBA-15 with high Si/Al ratio[J]. Microporous and Mesoporous Materials,2010,135(1-3):95-104.

[66] Liu Y. ,Zhang W,Pinnavaia T. J. Steam-Stable aluminosilicate mesostructures assembled from Zeolite Type Y seeds[J]. J. Am. Chem. Soc. ,2000,122:8791-8792.

[67] Liu Y,Pinnavaia T J. Assembly of Hydrothermally stable aluminosilicate foams and large-pore hexagonal mesostructures from zeolite seeds under strongly acidic conditions[J]. Chem Mater. ,2002,14(1):3-5.

[68] Zhang Z,Han Y,Xiao F S,et al. Mesoporous aluminosilicates with ordered hexagonal structure,strong acidity,and extraordinary hydrothermal stability at high temperatures[J]. J. Am. Chem. Soc. ,2001,123(21):5014-5021.

[69] Vartuli J C,Schmitt K D,Kresge C T,et al. Development of a formation mechanism for M41S materials [J]. Stud. Surf. Sci. Catal. ,1994,84:53-60.

[70] Sun T,Ying J Y. Synthesis of microporous transition-metal-oxide molecular sieves by a supramolecular templating mechanism [J]. Nature,1997,389:704-706.

[71] Chen C Y,Burkett S L,Li H X,et al. Studies on mesoporous materials Ⅱ. Synthesis mechanism of MCM-41 [J]. Microporous Materials,1993,2(1):27-34.

[72] Monnier A,Schüth F,Huo Q,et al. Cooperative formation of inorganic-organic interfaces in the synthesis of silicate mesostructures[J]. Science,1993,261:1299-1303.

[73] Firouzi A, Kumar D, Bull L M. Cooperative organization of inorganic – surfactant and biomimetic assemblies [J]. Science,1995,267(5201):1138 – 1143.

[74] 陈逢喜,黄茜丹,李全芝. 中孔分子筛研究进展[J]. 科学通报,48(18):1905 – 1920.

[75] Zhao D Y, Huo Q S, Feng J L, et al. Novel mesoporous silicates with two – dimensional mesostructure direction using rigid bolaform surfactants[J]. Chem. Mater. ,1999,11(10):2668 – 2672.

[76] Shen S D, Li Y Q, Zhang Z D, et al. A novel ordered cubic mesoporous silica templated with tri – head group quaternary ammonium surfactant[J]. Chem. Commun. ,2002,19:2212 – 2213.

[77] Huo Q S, Leon R, Petroff P M, et al. Mesostructure design with gemini surfactants: supercage formation in a three – dimensional hexagonal array[J]. Science,1995,268(5215):1324 – 1327.

[78] Ying J Y, Mehnert C P, Won M S, et al. Synthesis and applications of supramolecular – templated mesoporous materials[J]. Angew. Chem. Int. Ed. Ed. ,1999,38(1 – 2):56 – 77.

[79] Tanev P T, Pinnavaia T J. A neutral templating route to mesoporous molecular sieves [J]. Science,1995,267(5199):865 – 867.

[80] Bagshaw S A, Prouzet E. Templating of mesoporous molecular sieves by nonionic polyethylene oxide surfactants [J]. Science,1995,269(5228):1242 – 1244.

[81] Shimojima A, Kuroda K. Direct formation of mesostructured silica – based hybrids from novel siloxane oligomers with long alkyl chains[J]. Angew. Chem. Int. Ed. ,2003,42(34):4057 – 4060.

[82] Shimojima A, Liu Z, Ohsuna T, et al. Self – Assembly of designed oligomeric siloxanes with alkyl chains into silica – based hybrid mesostructures[J]. J. Am. Chem. Soc. ,2005,127(40):14108 – 14116.

[83] Liu Z, Sakamoto Y, Ohsuna T, et al. TEM studies of nanowires fabricated in mesoporous silica MCM – 41 [J]. Angew. Chem. Int. Ed. ,2000,39(17):3107 – 3110.

[84] Schmidt R, Hansen E W, Stocker M, et al. Pore size determination of MCM – 51 mesoporous materials by means of 1H NMR spectroscopy, N_2 adsorption, and HREM. A preliminary study[J]. J. Am. Chem. Soc. ,1995,117(14):4049 – 4056.

[85] Cheng C F, Zhou W Z, Klinowski J. Directing the pore dimensions in the mesoporous molecular sieve MCM – 41 [J]. Chem. Phys. Lett. ,1996,263(1 – 2):247 – 252.

[86] Chen C Y, Li H X, Davis M E. Studies on mesoporous materials:I. Synthesis and characterization of MCM – 41 [J]. Microporous Materials,1993,2(1):17 – 26.

[87] Luan Z H, Hartmann M, Zhao D Y, et al. Alumination and ion exchange of mesoporous SBA – 15 molecular sieves[J]. Chem. Mater. ,1999,11(6):1621 – 1627.

[88] Zhao D Y, Nie C, Zhou Y M, et al. Comparison of disordered mesoporous aluminosilicates with highly ordered Al – MCM – 41 on stability, acidity and catalytic activity[J]. Catal. Today,2001,68(1 – 3):11 – 20.

[89] Ravikovitch P I, Neimark A V. Density functional theory of adsorption in spherical cavities and pore size characterization of templated nanoporous silicas with cubic and three – dimensional hexagonal structures[J]. Langmuir,2002,18(5):1550 – 1560.

[90] Zhou W Z, Hunter H M A, Wright P A, et al. Imaging the pore structure and polytypic intergrowths in mesoporous silica[J]. J. Phys. Chem. B,1998,102(36):6933 – 6936.

[91] 陈艳红,李春义,山红红,等. 用混合表面活性剂合成 MCM – 48 介孔分子筛[J]. 石油大学学报:自然科学版,2004,28(6):106 – 110.

[92] Kleitz F, Choi S H, Ryoo R. Cubic Ia3d large mesoporous silica:synthesis and replication to platinum nanowires, carbon nanorods and carbon nanotubes[J]. Chem. Commun. ,2003:2136 – 2137.

[93] Zhao D Y, Feng J L, Huo Q S, et al. Triblock copolymer syntheses of mesoporous silica with periodic 50 to 300 angstrom pores[J]. Science,1998,279:548.

[94] Fan J, Yu C Z, Gao F, et al. Cubic Mesoporous silica with large controllable entrance sizes and advanced adsorp-

tion properties[J]. Angew. Chem. Int. Ed. ,2003,115(27):3254-3258.

[95] Fan J,Yu C Z,Lei J,et al. Low-Temperature strategy to synthesize highly ordered mesoporous silicas with very large pores[J]. J. Am. Chem. Soc. ,2005,127(31):10794-10795.

[96] Kleitz F,Liu D N,Anilkumar G M,et al. Large cage face-centered-cubic Fm3m mesoporous silica:synthesis and structure[J]. J. Phys. Chem. B,2003,107(51):14296-14300.

[97] Blin J L,Leonard A,Su B L. Synthesis of large pore disordered MSU-type mesoporous silicas through the assembly of C16(EO)10 surfactant and TMOS silica source:effect of the hydrothermal treatment and thermal stability of materials[J]. J. Phys. Chem. B,2001,105(26):6070-6079.

[98] Wan Y,Ma J X,Wang Z,et al. Selective catalytic reduction of NO over Cu-Al-MCM-41[J]. J. Catal. ,2004,227(1):242-252.

[99] Stein A, Melde B J, Schroden R C. Hybrid Inorganic-Organic Mesoporous Silicates-Nanoscopic Reactors Coming of Age[J]. Adv. Mater. ,2000,12(9):1403-1419.

[100] Yang C M,Wang Y Q,Zibrowius B,et al. Formation of cyanide-functionalized SBA-15 and its transformation to carboxylate-functionalized SBA-15[J]. Phys. Chem. Chem. Phys. ,2004,6:2461-2467.

[101] Asefa T,MacLachan M J,Coombs N,et al. Periodic mesoporous organosilicas with organic groups inside the channel walls[J]. Nature,1999,402:867-871.

[102] Inagaki S, Guan S, Fukushima Y, et al. Novel mesoporous materials with a uniform distribution of organic groups and inorganic oxide in their frameworks[J]. J. Am. Chem. Soc. ,1999,121(41):9611-9614.

[103] Hatton B,Landskron K,Whitnall W,et al. Past,present,and future of periodic mesoporous organosilicas the PMOs[J]. Chem. Res. ,2005,38:305-312.

[104] Inagaki S,Guan S,Ohsuna T,et al. An ordered mesoporous organosilica hybrid material with a crystal-like wall structure[J]. Nature,2002,416:304-307.

[105] Braun P V,Osenar P,Stupp S I. Semiconducting superlattices templated by molecular assemblies[J]. Nature,1996,380(28):325-328.

[106] Nelson P A,Elliott J M,Attard G S,et al. Mesoporous nickel/nickel oxidea nanoarchitectured electrode [J]. Chem. Mater. ,2002,14(2):524-529.

[107] Li D L,Zhou H S,Honma I. Design and synthesis of self-ordered mesoporous nanocomposite through controlled in-situ crystallization[J]. Nat. Mater. ,2004,3:65-72.

[108] Tanaka S,Nishiyama N,Egashira Y,et al. Synthesis of ordered mesoporous carbons with channelstructure from an organic-organic nanocomposite[J]. Chem. Commun. ,2005:2125-2127.

[109] Huo Q S,Zhao D Y,Feng J L,et al. Room temperature growth of mesoporous silica fibers:A new high-surface-area optical waveguide[J]. Adv. Mater. ,1997,9(12):974-978.

[110] Marlow F,Spliethoff B,Tesche B,et al. The internal architecture of mesoporous silica fibers[J]. Adv. Mater. ,2000,12(13):961-965.

[111] Wang J F,Zhang J P,Asoo B Y,et al. Structure-Selective synthesis of mesostructured/mesoporous silica nanofibers[J]. J. Am. Chem. Soc. ,2003,125(46):13966-13967.

[112] Davis S A,Burkett S L,Mendelson N H,et al. Bacterial templating of ordered macrostructures in silica and silica-surfactant mesophases[J]. Nature,1997,385:420-423.

[113] Raimondi M E,Maschmeyer T,Templer R H,et al. Synthesis of direct templated aligned mesoporous silica coatings within capillaries[J]. Chem. Commun. ,1997,19:1843-1844.

[114] Yang H,Coombs N,Sokolov I,et al. Free-standing and oriented mesoporous silica films grown at the air-water interface[J]. Nature,1996,381:589-592.

[115] Zhao D Y,Yang P D,Margolese D I,et al. Synthesis of continuous mesoporous silica thin films with three-dimensional accessible pore structures[J]. Chem. Commun. ,1998:2499-2500.

[116] Melosh N A, Davidson P, Chmelka B F. Monolithic mesophase silica with large ordering domains [J]. J. Am. Chem. Soc. ,2000,122(5):823-829.
[117] Feng P, Bu X, Stucky G D, et al. Monolithic mesoporous silica templated by microemulsion liquid crystals [J]. J. Am. Chem. Soc. 2000,122(5):994-995.
[118] Zhao D Y, Yang P D, Chemelka B F, et al. Multiphase assembly of mesoporous-macroporous membranes [J]. Chem. Mater. ,1999,11(5):1174-1178.
[119] Schacht S, Huo Q, Voigt-Martin G, et al. Oil-Water interface templating of mesoporous macroscale structures [J]. Science,1996,273(5276):768-771.
[120] Huo Q S, Feng J, Schüth F, et al. Preparation of hard mesoporous silica spheres [J]. Chem. Mater. ,1997,9 (1):14-17.
[121] Lu Y F, Fan H Y, Stump A, et al. Aerosol-assisted self-assembly of mesostructured spherical nanoparticles [J]. Nature,1999,398:223-226.
[122] Liu S Q, Cool P, Collart O, et al. The Influence of the Alcohol Concentration on the structural ordering of mesoporous slica: cosurfactantversus cosolvent[J]. J. Phys. Chem. B,2003,107:10405.
[123] Kim J M, Kim S K, Ryoo R. Synthesis of MCM-48 single crystals[J]. Chem. Commun. ,1998,2:259-260.
[124] Che S, Sakamoto Y, Terasaki O, et al. Control of crystal morphology of SBA-1 mesoporous silica [J]. Chem. Mater. ,2001,13(7):2237-2239.
[125] Che S, Sakamoto Y, Terasaki O, et al. Synthesis and morphology control of SBA-1 mesoporous silica with surfactant of cetyltrimethylammonium bromide(CTMABr)[J]. Chem. Lett. ,2002,31(2):214-215.
[126] Yu C, Tian B, Fan J, et al. Nonionic block copolymer synthesis of large-pore cubic mesoporous single crystals by use of inorganic salts[J]. J. Am. Chem. Soc. ,2002,124(17):4556-4557.
[127] Lin H P, Mou C Y. Structural and morphological control of cationic surfactant-templated mesoporous silica [J]. Chem. Res. 2002,35(11):927-935.
[128] Yoshitake H, Tatsumi T. Vanadium oxide incorporated into mesoporous titania with a BET surface area above $1000m^2 \cdot g^{-1}$: preparation, spectroscopic characterization, and catalytic oxidation[J]. Chem Mater,2003,15 (8):1695-1702.
[129] Lu W J, Lu G Z, Luo Y, et al. A novel preparation method of ZnO/MCM-41 for hydrogenation of methyl benzoate [J]. Journal of Molecular Catalysis A: Chemical,2002,188(1-2):225-231.
[130] Taguchi A, Schüth F. Ordered mesoporous materials in catalysis[J]. Micro Meso Mater,2005,77(1):1-45.
[131] Liu H J, Peng T Y, Zhao D Y. Fabrication of nickel oxide nanotubules by anionic surfactant-mediated templating method[J]. Mater. Chem. Phys. ,2004,87(1):81-86.
[132] Wang X Q, Ge H L, Jin H X, et al. Influence of Fe on the thermal stability and catalysis of SBA-15 mesoporous molecular sieves[J]. Microporous and Mesoporous Materials,2005,86(1-3):335-340.
[133] Liu Z C, Chen H G, Huang W M, et al. Facile route to tin oxide containing mesoporous silica composites with room-temperature photoluminescence[J]Mater. Res. ,2006,21(3):655-663.
[134] Liu X, Li J, Zhou L, et al. Adsorption of CO_2, CH_4 and N_2 on ordered mesoporous silica molecular sieve [J]. Chem. Phys. Lett. ,2005,415(4-6):198-201.
[135] Xu X, Song C, Miller B G, et al. Influence of moisture on CO_2 separation from gas mixture by a nanoporous adsorbent based on polyethylenimine-modified molecular sieve MCM-41[J]. Ind. Eng. Chem. Res. ,2005,44 (21):8113-8119.
[136] Hiyoshi N, Yogo K, Yashima T. Adsorption characteristics of carbon dioxide on organically functionalized SBA-15[J]. Micro Meso Mater,2005,84(1-3):357-365.
[137] 徐应明,李军幸,戴晓华,等. 介孔分子筛表面功能膜的制备及对水体中铅汞镉的去除作用[J]. 应用化学,2002,19(10):941-945.

第八章 多级孔分子筛的合成及应用

微孔分子筛通常是一类具有规整孔道结构的硅酸盐、硅铝酸盐、磷铝酸盐或硅磷铝酸盐，因具有类似于分子大小的孔径而得名。规整的孔道结构使得分子筛具有良好的择形性，能够应用于某些特定的催化反应中；但这一特性也使得比其孔径大或与孔径相近的较大分子的催化反应难以发生；或者即使发生，反应的转化率及选择性也明显受到扩散限制的影响[1,2]。因此，单级孔道结构的分子筛由于其较小的孔径尺寸，并不适合于含有较大尺寸化合物或生物大分子的催化和吸附过程。与此同时，分子筛孔道的扩散限制使其在催化反应中容易积炭失活，大大减少了其使用寿命。

1992年，Mobil公司开发了以M41S为代表的新型的有序介孔分子筛，拓宽了原有微孔分子筛的孔径范围，成为材料合成史上的一个里程碑[3]。该类介孔分子筛长程有序，并具有均匀的孔道结构，孔径大小可在1.5~10nm范围内调变，比表面积超过700m^2/g。Mobil公司将其命名为M41S家族，其中包括六方对称的MCM-41、立方对称的MCM-48和层状MCM-50。实际上，有序介孔材料的合成早在1971年就已开始。日本科学家在1990年以前也进行了介孔材料的合成，但对于介孔材料的合成及应用研究工作并没有系统化和理论化。Mobil公司的研究者不仅得到了规整的介孔材料，更重要的是，他们把表面活性剂的理论与介孔材料合成的机理进行了有效的关联，使人们能够在较深层次上理解介孔分子筛的形成机制，取得了理论上的突破，具有重要的指导意义，因此引起了科学工作者的广泛关注。但是介孔分子筛的酸强度低于具有晶体骨架结构的微孔分子筛，对于许多强酸催化反应是不合适的。另外，介孔分子筛的水热稳定性也较差，其工业应用受到了制约。而造成介孔分子筛水热稳定性差和酸强度低的本质原因是：介孔分子筛的孔壁为无定形。为了克服微孔分子筛孔径相对较小而介孔分子筛孔壁无定形的缺点，研究者们开发了具有双重酸性和双重孔道结构的微孔—介孔复合分子筛。因此，把介孔分子筛无定形的孔壁结晶或部分结晶，合成出既具有均匀可调的介孔，孔壁又高度晶化的复合分子筛就成为人们追求的目标。一方面，较大的介孔为大分子反应提供了通道；另一方面，孔壁的晶化或部分晶化为小分子的择形催化或需要较强酸中心的大分子催化提供了可能。这些多级孔道分子筛同时具备了微孔分子筛及介孔分子筛的优点，既具有很高的酸性、水热稳定性及多级孔道结构，同时又具有很好的择形性能和传质能力，被认为是潜在的下一代催化材料，有望在重油裂化、大分子催化等领域中发挥重要作用。因此，多级孔结构的分子筛材料的合成、表征及催化应用引起了人们的广泛关注。

微孔、介孔及大孔材料各有其优缺点，把材料彼此的优点复合、优势互补，即根据应用需要和结构特点选择性地把单一孔道结构变成多级孔复合材料，无疑是极具有应用前景的。近年来，随着研究的深入开展，多级孔分子筛越来越成为人们研究的热点。将微孔分子筛和介孔分子筛的优点结合起来，使材料同时具有巨大的比表面积、强酸性、氧化性及稳定性，从而在扩散、传质及催化等方面展示出优于单一孔结构分子筛的特性。但多级孔材料的研究还处于初始阶段，不同于微孔和介孔材料，其合成多是不同方法的结合，还没有普遍的合成机理和制备方法。目前,多级孔道分子筛的合成路线多是基于纳米复制技术开发的,合成工艺相对复杂,合成成本较高。

第一节 多级孔分子筛的制备方法

实现分子筛孔道多级化的方法主要有通过对微孔分子筛的后处理,以及在分子筛合成体系通过添加诱导介孔形成模板的方法来实现。

一、酸碱处理法

酸碱处理法是指选择性地脱除分子筛骨架中的中心原子。由于分子筛大多为硅铝盐,因此研究较多的脱除金属原子的方法为脱铝或脱硅。通过分子筛脱铝或脱硅在分子筛晶体内形成空穴,从而产生介孔性质的二次孔。

研究发现,通过将分子筛在碱溶液中处理可以脱除分子筛中的骨架硅,进而在分子筛中引入介孔,此条件下硅原子被选择性地溶解掉[4-8]。碱处理分子筛的过程中,分子筛铝的含量和分布对脱硅过程有很大影响[6,9],铝对硅有保护其免受氢氧根离子进攻的作用。如图8-1所示,可以通过调控分子筛中铝的分布来控制分子筛中所引入介孔的性质。

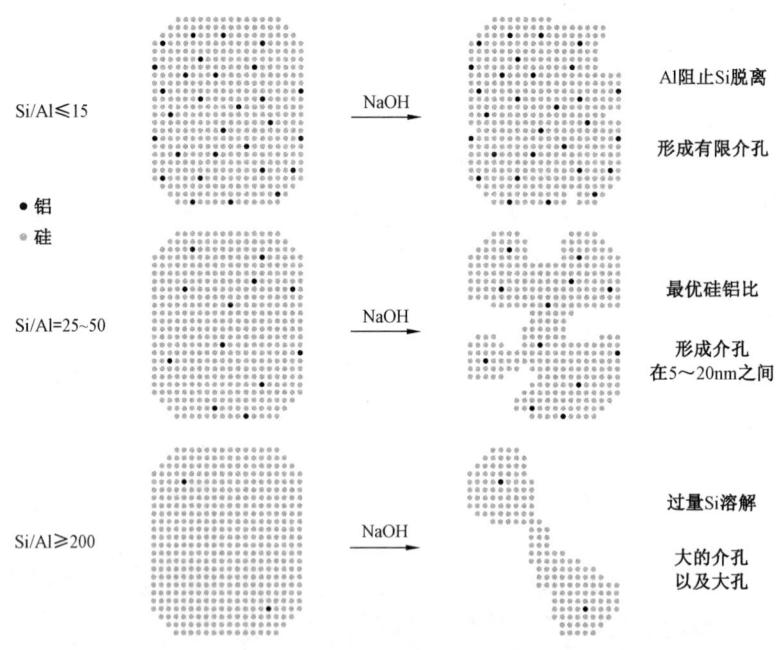

图 8-1 骨架铝对分子筛脱轨影响及扩散性能[9]

由于铝原子分布不均匀,碱会选择性地溶解掉铝含量低区域的硅。实验条件下,Si/Al为25~50的分子筛可以形成理想的10nm左右的介孔,介孔表面积高达$235m^2/g$;当Si/Al不大于15时,相对较高的铝含量限制了分子筛骨架中硅的抽出,因此,几乎很难形成介孔孔道;而对于Si/Al不小于200的高硅分子筛来说,分子筛骨架硅的脱除变得没有选择性,因此会导致大孔的形成[6]。经碱处理的分子筛样品的比表面积和孔体积均有所增大,微孔比表面积及孔体积却都呈减小的趋势。由此可见,采用碱处理的方法来制造介孔是以牺牲分子筛部分微孔为代价的。

对 ZSM-5 沸石进行脱硅处理来制造介孔已经进行了诸多研究。采用表面富铝的 ZSM-5 沸石进行脱硅处理,可以形成分子筛的中空结构,而采用骨架铝均匀分布的 ZSM-5 沸石进行脱硅处理则能得到介孔均匀分布的介孔分子筛[4,10]。Groen 等[4]研究表明,相比于团簇分子筛晶体,脱硅处理亚微米分子筛晶体能够更有效地形成均匀的介孔。与此同时,有研究表明,在脱硅试剂中加入十六烷基三甲基溴化铵(CTAB)表面活性剂,可以在分子筛晶体中产生高度均匀的介孔[11]。这是因为 CTAB 表面活性剂在分子筛脱硅过程中与碱协同形成胶束,参与了局部脱硅过程。为了表征脱硅性能,Groen 等[10]采用特别制备的铝元素均匀分布的 ZSM-5 沸石作为母体通过脱硅处理得到了介孔均匀分布的 ZSM-5 沸石,并通过振荡天平法(TEOM)考察了十六烷在脱硅前后 ZSM-5 分子筛上的扩散性能。低温氮气吸附的结果表明,脱硅后 ZSM-5 沸石的微孔体积损失了 15%;脱硅前后分子筛平衡吸附量的结果也表明,脱硅后 ZSM-5 沸石的最大吸附量有 15% 的损失。但是在未处理的 ZSM-5 沸石上十六烷达到吸附平衡所需要的时间很长,达到半吸附量的时间为 120min,而在碱处理脱硅的 ZSM-5 沸石上仅需要 2min 就可以达到最大吸附量的一半。根据吸附理论计算,脱硅前后 ZSM-5 沸石上十六烷的特征扩散时间分别为 6.3×10^4s 和 5.8×10^4s。介孔 ZSM-5 沸石上十六烷的扩散速率要快将近两个数量级。这也充分说明了介孔对于大分子在催化反应中扩散的重要性。

脱硅改性方法也可以用来在 MOR、MWW 等沸石分子筛中引入介孔,类似于 ZSM-5 沸石中的研究工作,在通过脱硅改性引入介孔的过程中,分子筛母体的硅铝比对引入的介孔性质具有很大的影响[12]。

酸处理通常用来脱铝产生空穴位,从而形成介孔结构。通常用来脱铝的酸是各类常规的无机酸和有机酸。根据分子筛骨架的稳定性不同,不同结构的分子筛可以采用的酸种类和强度也略有不同。酸脱铝的效果与分子筛及酸的类型有关,硝酸具有较强的酸性,可以较大程度地脱除分子筛的骨架铝。草酸这一类有机酸虽然没有硝酸那样强的酸性,但是其酸根离子对铝具有很强的络合作用,因此也具有较好的脱铝效果。利用酸处理的方法可以成功对 ZSM-5 沸石、丝光沸石、Beta 沸石以及 Y 沸石进行脱铝。一般来讲,高硅分子筛,如丝光沸石、ZSM-5 沸石等可以采用盐酸;而低硅的分子筛通常采用更温和的有机酸,如草酸、柠檬酸。经过酸处理后,分子筛硅铝比会产生一个明显的上升过程[13]。经过酸脱铝后,样品在产生介孔的同时,硅铝比和本体分子筛材料相差较大,因此人们需要区分活性的变化到底是孔道因素还是酸性的变化所造成的。

实际上,对分子筛的脱铝和脱硅处理可以特定的顺序进行,以形成较为复杂的介孔体系[5,14-17]。例如,采用特定顺序进行处理之后,Y 沸石除了其本身的微孔结构外,还包含了两种介孔。较小的海绵样介孔(直径为 3nm)由脱硅产生,而较大的介孔(约 27nm)则是由于蒸汽和酸处理而产生(图 8-2)。这种含有 3 种不同尺度孔径的多级孔 Y 沸石适合作为重油组分加氢裂化的催化剂。

采用对分子筛进行脱硅和脱铝的后处理方法是一种相对简单、成本较低的得到多级孔道分子筛的方法。但正如前文所述,这些方法应用范围比较窄,每种方法都只对特定结构或组成

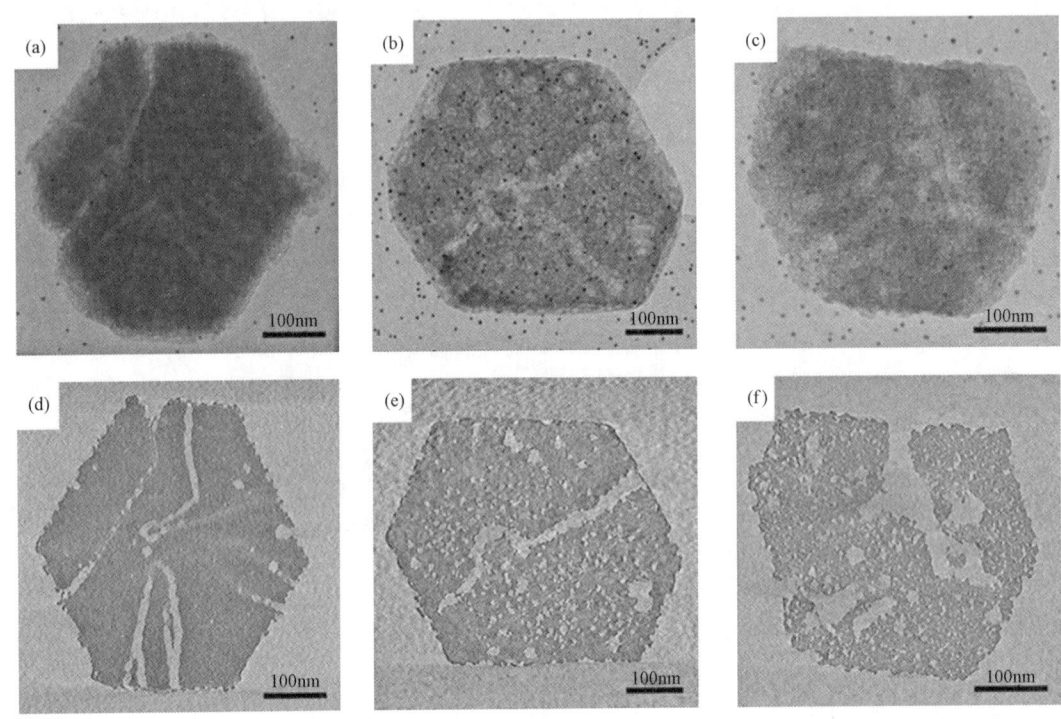

图 8-2 文献[16]中经酸碱顺序处理之后的 Y 型沸石电镜照片

的分子筛有效,这些方法的共同点都是选择性地脱除分子筛骨架中 Si 或 Al 原子,分子筛经处理后结晶度有所下降。另外,采用控制脱硅和脱铝的方法很难在分子筛中获得均匀的、有序分布的介孔结构;同时需要注意的是,分子筛中后处理脱硅和脱铝改性均会导致分子筛结晶度的下降以及微孔的损失,而且铝的脱除会导致催化活性中心遭受损失,降低催化剂的催化活性。

二、水热处理法

分子筛的脱铝改性是目前分子筛二次合成中最主要的课题之一。分子筛脱铝改性的主要目的是通过改性提高分子筛的热稳定性及化学稳定性并且调变其催化性能,一般有化学脱铝、水热处理等方法。在后来的研究工作中,科学家们发现通过脱铝的方法也可以在分子筛中引入介孔结构,其中研究最为广泛的是 Y 沸石,科学家们对其介孔的孔体积、连接性及扩散性能进行了详细的表征。

采用水热方法处理可以在分子筛晶体内形成空穴缺陷,从而产生介孔范围的二次孔。这种方法操作比较简单,产生的效果也很明显,在工业上得到了应用。但是这种方法只限于特定结构的分子筛材料,并且大多数是硅铝比较低的分子筛(如 Y 沸石)。

对于铵型或者氢型分子筛,直接进行加热处理或水蒸气处理都可以产生部分介孔。Zhang 等[18]首次报道了对 ZSM-5 沸石进行高温热处理可以制备出具有微孔—介孔双孔分布的 ZSM-5 沸石材料。通过控制热处理温度和时间,可以调变制备材料中的介孔含量,而热处理对 ZSM-5 沸石的结晶度没有造成太大影响。该研究提供了一种制备微孔—介孔双模型孔分布复合材料的简便方法,具有成本低、易控制和重复性好的优点。水热法脱铝是一种有效且广泛应用在分子筛晶体内产生介孔的方法。与焙烧相比，水蒸气的存在可以大大加强大晶粒中硅铝原子的迁移。水热脱铝通常是将氢型或者铵型分子筛在大于 773K 的高温下进行水蒸气处理。在水蒸气作用下，分子筛的 Si—O—Al 键发生水解，部分铝从分子筛骨架中脱除，Al 原来位置上形成具有 4 个羟基的空穴（称为羟基窝），Al 脱除后的空位可以由 Si 迁移过来进行补充，没有补充的空穴以及 Si 迁移形成的空穴会继续生长形成介孔。当介孔增大到一定程度之后可能会造成分子筛孔笼的坍塌[19,20]。超稳 Y 型沸石（简称 USY）的制备就是采用水热处理改变分子筛骨架组成，并成功在工业催化领域应用的典型例子。

de Jong 等[21]对比了酸处理和水热处理等不同方法对 Y 沸石中介孔形成的影响。结果发现，不同的后处理方法可以形成不同性质的介孔结构。经过水热处理之后再采用酸处理，分子筛晶体内部会形成大量的空穴结构。只有经过特殊的水热处理，才能形成具有较大介孔孔体积的分子筛，且该部分介孔主要是相互交联的圆柱形介孔。相比于空穴而言，这部分圆柱形介孔使得分子筛具有良好的扩散性能，是其催化性能提高的主要原因。

Kärger 等[22]采用脉冲梯度场核磁共振技术研究了脱铝的 Y 沸石中模型油品分子的扩散性能。根据他们的研究结果，在脱铝前后的 Y 沸石上 1,3,5-三异丙苯的扩散参数并没有明显的区别。因此作者认为通过脱铝的方法形成的介孔结构并没有形成连续的孔道，也没有与分子筛的外表面连通，而是形成了孤立的介孔结构，而这样的介孔结构对分子筛的扩散性能并没有明显的贡献。

三、化学处理法

化学法脱铝是指利用化学试剂的酸碱作用或者络合作用对分子筛进行处理，使骨架部分脱铝[20]。EDTA 是一种对铝有较强络合作用的酸，是常用的脱铝试剂之一。研究者们在改进 EDTA 脱铝效果的同时，也在不断尝试不同的螯合剂，如乙酰基丙酮、氨基酸型螯合剂、酒石酸、草酸和草酸盐等。1983 年，Breck 和 Skeel 发明了一种氟硅酸铵（AHFS）对 Y 沸石抽铝补硅二次合成富硅分子筛的方法[23]，该方法把分子筛骨架中的铝从骨架中除去的同时将硅重新嵌入骨架，这种制备方法同水热法制备 USY 沸石相比，分子筛的晶体结构更完整，因而具有更好的稳定性。此外，一些气相脱铝试剂（如 $SiCl_4$），可以在气相条件下对分子筛进行脱铝补硅并形成介孔范围的二次孔道[24]。化学法脱铝受到脱铝试剂的浓度、处理温度、时间以及分子筛本身性质等因素的影响。值得一提的是，利用水热法脱除的铝会积聚在分子筛的孔道里，结合化学法处理可以清除这一部分铝疏通孔道[25,26]。

四、双模板剂法

有序介孔材料的发展使得介孔的形成化学得到了极大程度的发展。通过向合成体系中添加诱导介孔结构形成模板剂的合成路线，无论从理论上还是实践上都取得了很多的成果。与此同时，科学家们也不断尝试采用新方法来实现分子筛中高度可控的介孔结构的引入。

介孔模板主要包括刚性的硬模板和柔性的软模板。硬模板通常具有很强的刚性，一般为固体纳米材料，又称为固体模板。而软模板具有一定的柔性，能溶解于水或者在水中能很好地分散开，通常是指高分子材料。硬模板和软模板的共同之处在于模板的尺寸都在纳米范围内，并且能与 SiO_2 产生一定的物理或化学作用力，最后可以通过简单的方式将其除去来形成介孔。

1. 硬模板法

1999 年,Holland[27]首先描述了硬模板的概念,他采用层状单分散的聚乙烯球为二次模板,合成出具有微孔孔壁的大孔(250nm)材料。此种包含额外大孔的微孔材料使反应物分子更容易接近活性中心,从而提高反应效率并降低孔道堵塞程度。炭材料由于具有良好的化学稳定性和热稳定性,被作为硬模板广泛应用于多级孔材料的合成过程中。合成结束之后,炭材料可在高温下通过焙烧实现脱除[28]。采用炭材料为模板可以得到一些常规表面活性剂路线所不能合成的多级孔无机材料,如采用 CMK-3 为模板成功合成了具有有序介孔结构的金属氧化物,如 SiO_2[29],Al_2O_3[30],CuO[31]等。

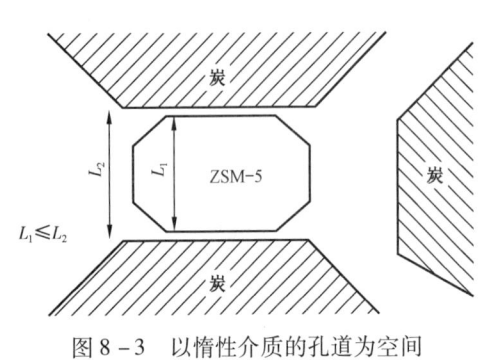

图 8-3 以惰性介质的孔道为空间限制的纳米沸石合成示意图

炭材料模板法合成多级孔道分子筛的研究工作也已经广泛开展,成为目前最成功的多级孔道结构分子筛的合成方法。Jacobsen[32]最先实现向合成体系中投加活性炭颗粒,并成功合成得到了含有介孔结构的 ZSM-5 沸石。由于是以活性炭颗粒作为模板,因此这些分子筛的介孔结构为空穴形状。纳米活性炭作为硬模板添加到合成体系之后,通过控制 ZSM-5 沸石的晶化行为,可以得到含有晶体间介孔的纳米分子筛团聚体或介孔分子筛单晶。采用空间限制法合成含有晶体间介孔的纳米分子筛团聚体的过程如图 8-3 所示。

在这一方法中,分子筛的合成被限制在纳米尺度的空间内,因而最终得到纳米级的分子筛晶体。以具有孔隙的惰性介质(如炭黑)为模板,将分子筛晶粒的增长限制在固定的空间内。待晶化结束后,通过焙烧等方法去除惰性介质,即可得到纳米分子筛。纳米晶之间的孔隙便是介孔(或大孔)。与常规的纳米分子筛相比,这一结构的纳米分子筛既具有与微米级晶体相当的微孔结构,又具有纳米晶较大的比表面积,同时纳米晶团聚体中又存在大量的空隙,因此可以克服常规分子筛在催化应用中的一些缺点。介孔炭黑、胶体复制炭材料、有序介孔炭分子筛以及炭气凝胶等均可被用作合成介孔纳米分子筛团聚体的模板[33]。Schmidt 等利用炭黑为模板合成了具有介孔结构的 ZSM-5 纳米沸石团聚体[34],他们以乙醇、正硅酸乙酯、四丙基氢氧化铵、氢氧化钠和偏铝酸钠为原料,首先配制 ZSM-5 沸石的合成液,然后将炭黑(粒径为 12nm)浸渍在合成液中,随着乙醇的挥发,质量分数为 10%~38% 的 SiO_2 进入炭黑的微小孔道。将浸渍过合成液的炭黑在常温下老化 3h 后,移入包含足量水的反应釜中,反应釜升温至 453K,含有二氧化硅的炭黑在饱和蒸汽作用下反应 72h。由于晶化反应受到空间限制,晶体生长只能在孔内进行。炭黑通过高温分解被除去,收集到纯的分子筛。合成的 ZSM-5 沸石晶粒尺寸约为 12nm,特征介孔及微孔孔体积分别为 $0.59cm^3/g$ 和 $0.10cm^3/g$。这种方法要求分子筛凝胶量必须少于惰性介质的孔体积,使分子筛凝胶浸渍炭黑基体到初始湿度,从而限制分子筛晶体粒子在其孔隙中生长。进一步的研究发现,如果分子筛凝胶过量并具有足够浓度时,分子筛不仅可以在惰性炭黑介质的孔道中成核,还可以将炭颗粒包裹生长在分子筛晶体内部,经焙烧除去炭黑颗粒,在分子筛晶体内留下不规则的介孔孔道,其合成过程如图 8-4 所示[32]。利用此方法除了成功制备出介孔的 ZSM-5 沸石外,介孔 TS-1、TS-2 和 ZSM-11 等分子筛也能够被合成出来[35,36]。虽然炭黑粒子能够在分子筛晶体中起到很好的造孔作用,但是由于纳米炭黑颗粒尺寸不均一以及颗粒的团聚,致使形成的介孔形状不规整、尺寸不均一且孔道连通性较差。随后,通过相似的方法,研究者采用碳纳米管作为硬模板在分子筛晶体内造孔,除去碳纳米管之后在分子筛晶体内留下尺寸均一的介孔直孔道,但是此介孔孔道的走向是任意的,杂乱无章[37](图 8-4)。随着碳纳米管生长以及尺寸控制技术的发展,碳纳米管模板法可以精确控制固体材料中介孔的尺寸和排列[38],但碳纳米管的价格昂贵,使其应用受到一定的限制。考虑到碳纳米管的高昂成本,Janssen 等[39]选用更易大量生产、成本相对较低的碳纳米纤维作为介孔模板来得到均匀的介孔孔道结构,但是得到材料的介孔孔体积并不高,其可能原因是纳米碳纤维相互交织阻碍了分子筛生长液的浸入和围绕其生长。

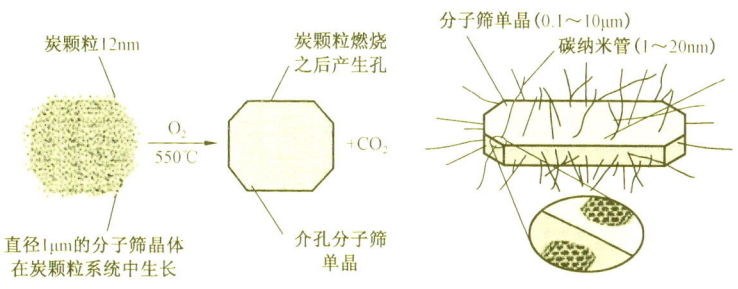

图 8-4 炭黑和碳纳米管为介孔模板合成介孔沸石

Kim 等[40]使用胶体炭(CIS)作为模板,通过空间限位的方法合成纳米分子筛,成功合成出尺寸具有高度均一的 ZSM-5 纳米沸石晶体。所得产品的纳米沸石的晶粒尺寸大小与模板的孔尺寸密切相关,其典型的透射电镜照片如图 8-5 所示。从其他的表征中发现,ZSM-5 纳米分子筛相的形貌与模板剂的结构特征保持高度一致。ZSM-5 沸石纳米粒子 N_2 吸附脱附等温线显示在低压区有陡峭的吸附峰,而在相对压力 $p/p_0 = 0.8 \sim 1$ 的范围内有迟滞环,表明分子筛中微孔和介孔共存。选择不同孔尺寸的模板制备分子筛,其比表面积可在 $16 \sim 127 m^2/g$ 范围内可调,介孔体积在 $0.05 \sim 1.19 cm^3/g$ 范围内可调。

Tao 等[41]利用具有高介孔孔隙率的高聚物炭气溶胶为模板,合成出具有均一介孔孔道的 ZSM-5 沸石块状材料,其中产生的介孔认为是除掉炭模板之后留下的孔隙。该方法可成功制备出具有均匀介孔孔道的 ZSM-5 及 Y 等介孔沸石材料[42-44]。其合成过程如图 8-6 所示[41]。炭气凝胶中的介孔是分子筛成核和生长的场所,炭气凝胶的孔壁被复制生成分子筛的介孔。此方法实际上是通过反向复制将炭气凝胶的结构反转到分子筛材料中。从样品的 N_2 吸附等温线上可以看出,该方法得到的分子筛的介孔分布非常窄。炭气凝胶是由酚醛树脂炭化得到的,为了简化合成步骤,Tao 后来直接采用酚醛树脂气凝胶为模板合成多级孔分子筛材料[45,46]。间苯二酚和甲醛在碳酸钠催化作用下制得的聚合物,分别用丙酮和三氟乙酸洗涤除去残余的水,最后在 CO_2 超临界环境下干燥得到酚醛树脂气凝胶。将合成 ZSM-5 沸石的硅溶胶转移到此酚醛树脂气凝胶中,通过水热晶化得到含介孔的 ZSM-5 沸石。与炭气凝胶作为模板得到的多级孔分子筛相比,该方法虽然更简便一些,但得到的介孔分子筛材料介孔孔径大、介孔体积小且孔径分布较宽,这主要是由酚醛树脂气凝胶和炭气凝胶结构上的差别造成的。

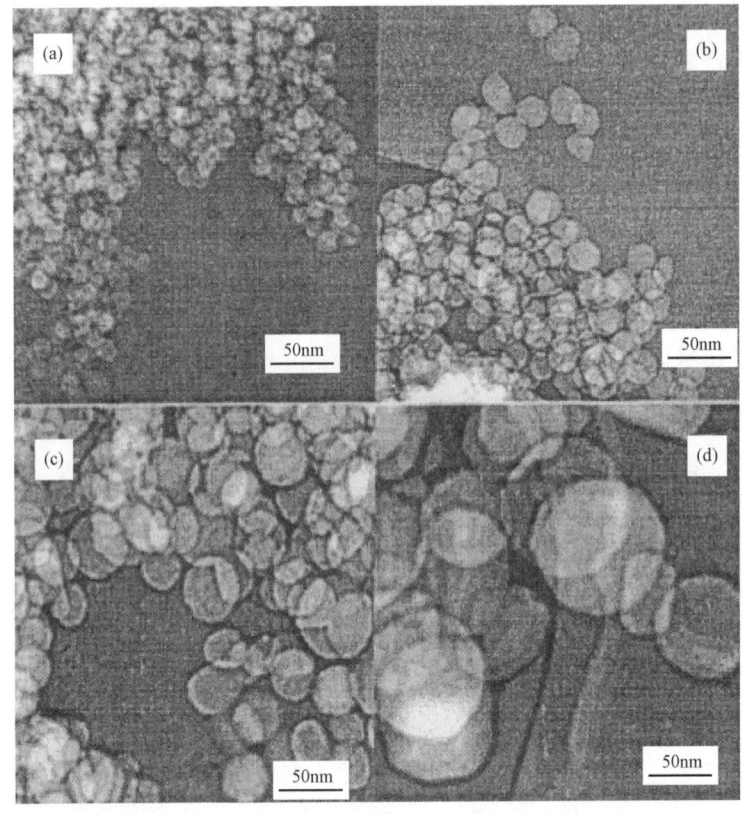

图8-5 具有不同颗粒尺寸的纳米ZSM-5沸石的透射照片[40]

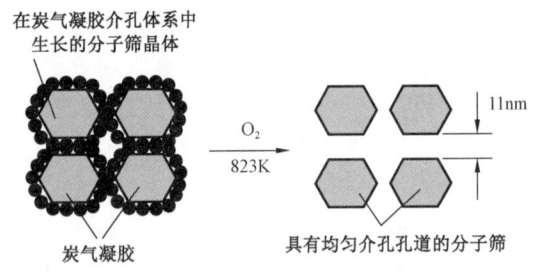

图8-6 炭气凝胶为模板合成介孔沸石[41]

另外,以高度有序的介孔硅材料复制得到的有序介孔炭分子筛也可作为硬模板在微孔分子筛中进行造孔。Sakthivel和Yang等[47-51]以介孔炭分子筛CMK-3和CMK-5为介孔模板制备出多级孔结构的ZSM-5沸石。该方法与其他以纳米炭材料作介孔模板合成多级孔分子筛的机理有所不同,硅酸根物种不是在模板的周围成核,而是在多孔炭的孔道中晶化生长,所得到的多级孔材料的介孔是由介孔炭的孔壁复制而来。由于ZSM-5沸石的初级结构单元大小在2.8nm左右,只有孔径大于2.8nm的介孔炭材料才适合ZSM-5沸石初级结构单元的形成,因而合成多级孔分子筛的介孔炭模板的孔径必须大于2.8nm。值得注意的是,虽然采用了高度有序的介孔炭材料为硬模板,但是得到的分子筛晶体并不具有有序的介孔结构。这主要是由于分子筛晶体有其自身的拓扑结构,在狭小的介孔孔道内生长分子筛晶体是比较困难的。虽然介孔炭可以起到一定的模板作用,但是其原来有序的介孔结构很有可能在分子筛的生长过程中被破坏掉。后来,Li等[52]又以较大介孔孔道的炭材料为硬模板成功合成出介孔结构的S-1分子筛(图8-7)。此炭材料具有10~20nm的介孔孔道,分子筛的结构单元能够在孔道内形成,随着晶化的进行,炭模板会逐渐被包裹于晶粒内部,最后通过焙烧形成介孔结构。

纳米多孔有机气凝胶(RF)是炭气凝胶合成的前驱体,也被用作多级孔道分子筛的合成模板[45]。结果发现,以有机气凝胶为模板与以炭气凝胶为模板合成的介孔 ZSM-5 沸石在结构上有一定区别,相对于以炭气凝胶为模板的产品,以有机气凝胶为模板合成的介孔 ZSM-5 沸石,介孔孔体积较小,孔径分布范围较宽。究其原因主要是介孔的孔体积和孔径尺寸分布与模板结构密切相关,由于炭气凝胶具有相对较大的孔壁和较小的孔体积,因此它可以为介孔 ZSM-5 贡献出较大的介孔孔体积,而 RF 凝胶稍厚且不均匀的孔壁使得合成出的介孔 ZSM-5 孔径分布范围较宽。采用有机气凝胶为模板还可以合成以炭气凝胶为模板很难合成的介孔 A 分子筛,这是由于有机气凝胶具有更灵活的结构特征[53]。

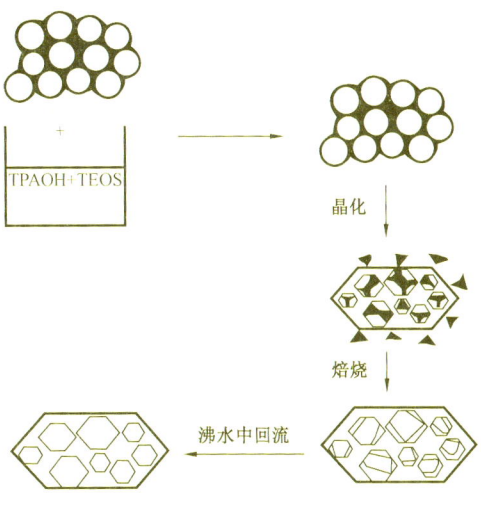

图 8-7 以介孔炭为模板合成介孔 S-1 示意图

在分子筛的研究工作中,控制分子筛的宏观形貌也是一个重要的课题。采用炭材料为模板,具有介孔的纳米分子筛团聚体能成功复制炭材料的宏观形貌。以炭气凝胶或有机气凝胶为模板能合成稳定的块状分子筛,这就避免了使用分子筛作为催化材料成形过程中黏结剂的使用[46]。另外,从具有特定形貌的介孔材料出发,采用炭材料作为结构保护剂,也能成功合成介孔分子筛的自支撑块状结构或膜材料[51]。

Jacobsen 等[54]研究了以多壁碳纳米管(MWNTs)作为介孔合成模板,分子筛单晶包裹在碳纳米管周围生长、晶化,最终经煅烧选择除去碳纳米管得到分子筛单晶。以此方法可以得到高结晶度、晶粒尺寸达 100~500nm、孔道宽 12~30nm、含有规则直孔道的介孔分子筛。分子筛的孔道与碳纳米管直径有关,介孔的数目取决于碳纳米管与分子筛凝胶的比率,因此,MWNTs 作模板可以很好地控制孔径大小及孔道分布。另外,研究还发现,合成成本比碳纳米管低得多的碳纳米纤维(CNFs)同样可以作为介孔模板,合成介孔尺寸为 20~40nm 的介孔分子筛单晶[55]。无论以 MWNTs 还是以 CNFs 为模板,中间相介孔孔道总是起始于外表面并贯穿分子筛晶体。在这些研究工作的基础上,Jacobsen 等[56]使用来源于蔗糖的炭材料或通过对二氧化硅/蔗糖炭材料复合物作为模板晶化,仍然得到了介孔分子筛单晶[57]。

但是到目前为止,介孔分子筛单晶的合成依然比较困难,使用炭材料为模板更容易合成具有晶间介孔结构的纳米分子筛团聚体。尽管分子筛晶化过程中成核与晶体生长的速率比对分子筛的产品有着很大的影响,但具体的影响因素及影响机制目前仍不清楚。值得注意的是,所合成的介孔分子筛单晶均不是晶体学严格意义上的单晶,而是含有晶体内介孔的分子筛。

Luo 等[58]利用两种尺寸大小的胶体晶体作为模板,得到了具有三维有序的双大孔结构(140nm、80nm)、骨架为有序介孔结构(孔径为 7.7nm)的介孔—大孔等级孔材料。利用类似的方法合成具有有序大孔结构的 MCM-41[59] 和 MCM-48[60] 材料。该类材料具有非常高的比表面积,BET 比表面积可达到 1200m^2/g,孔体积为 1.27cm^3/g。

炭材料由于具有疏水性能及与硅物种之间的作用力弱等特点,在分子筛晶化过程中较难包裹于晶体中而往往呈分相状态,起不到模板造孔的作用。因而,增强介孔模板与硅物种之间的相互作用对多级孔分子筛的合成来说尤为重要。Kustova 等[57]将蔗糖与硅物种混合,然后高温炭化脱水原位制备出碳硅复合物。该思路是使炭模板与硅物种首先结合在一起,再通过水热晶化过程合成出介孔 ZSM-5 沸石。其具体方法是:将 SiO_2 浸渍到炭黑的前驱体蔗糖中,然后在惰性气氛下炭化得到碳硅复合物,此复合物再与微孔模板剂结合,在一定温度下晶化得到介孔分子筛材料。合成过程如图 8-8 所示[57]。此路线具有原料廉价易得、应用范围广等优点,根据相似的合成路线,还可以制备出介孔 S-1 沸石、S-2 沸石、ZSM-11 沸石及 Y 沸石。

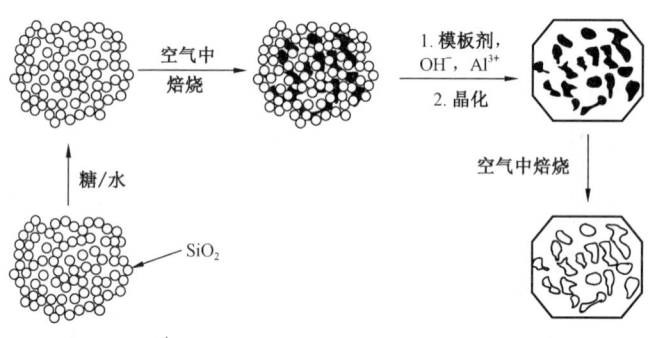

图 8-8 以蔗糖炭模板合成介孔分子筛

近年来,Xie 等[61]利用纳米 $CaCO_3$ 作介孔模板,经酸溶解成功地合成出含有 50～100nm 范围孔径的多级孔 S-1 分子筛。介孔尺寸对应于所使用的 $CaCO_3$ 介孔模板的尺寸。Xie 等[62,63]还利用聚乙烯醇缩丁醛(PVB)为介孔模板,合成了介孔的 ZSM-11 沸石、Beta 沸石及 ZSM-5 沸石。此种聚合物具有丰富的羟基基团,与无机前驱体物种间有很好的兼容性,能够均匀地分散于合成凝胶中,通过水热晶化得到介孔分子筛材料,此介孔孔道同样与 PVB 的颗粒大小相对应。

除了上述提到的硬模板外,还可利用一些天然的植物纤维,如问荆树叶[64]、竹叶[65]、淀粉[66]和生物细菌[67]等合成多级孔分子筛材料。

2. 软模板法

在前文提及的合成工作中,多级孔道分子筛均通过惰性模板合成、在惰性模板中引入分子筛晶化凝胶、分子筛晶化等步骤制备。制备过程比较复杂,合成成本较高,如能开发一步水热过程合成多级孔道分子筛的方法将会极大地简化这一过程。

软模板一般更容易均匀分散到整个合成体系中,合适的软模板与无机前驱物种间具有较强的作用力,更有利于其模板作用的发挥。通常情况下,研究者们向微孔分子筛的合成体系中加入表面活性剂作为诱导介孔生成的软模板。但是该方法往往容易形成两种不同孔材料的复合体。例如,郭万平和黄立民[68]使用四乙基氢氧化铵水溶液和十六烷基三甲基溴化铵为模板,80～160℃条件下水热晶化 2～10d,制得了 Beta/MCM-41 复合分子筛。在正庚烷加氢裂解反应中,正庚烷的转化率比 Beta 沸石和 MCM-41 的机械混合物在相同反应条件下的转化率高 20%。

Karlsson 等[69]报道了利用十六烷基三甲基溴化铵和十四烷基三甲基溴化铵为模板,通过高温/低温或者低温/高温的水热晶化过程合成了具有微孔和介孔的 MFI/MCM-41 复合分子筛。SEM 结果表明,MFI 分子筛部分嵌入 MCM-41 中,同时 MFI 分子筛表面部分被 MCM-41 覆盖。Raja 等[30]利用双模板两步合成的方法制备出了 MMM-1 微孔/介孔复合材料。制备 MMM-1 微孔/介孔复合材料:(1)以十六烷基三甲基溴化铵为模板剂,TEOS 在碱性条件下水解,然后升温至80℃搅拌;(2)加入以四丙基氢氧化铵为微孔的结构导向剂,降温搅拌,最后在水热条件下晶化。通过改变晶化温度,可以任意调节 MFI 结构在复合物中所占的比例。以十八水合硫酸铝为铝源,相同条件下合成的 Al-MMM-1,在间二甲苯的异构化反应中显示出比 Al-MCM-41 更高的选择性和转化率。Prokesova 等[38]利用双模板在相同温度下分两步晶化方法合成了 Beta/MCM-48 复合分子筛。具体合成过程为:100℃下制备 Beta 纳米晶,然后取出冷却至室温后,立即与新制备的 MCM-48 前驱体溶液混合,在100℃下晶化8~11d,得到 Beta/MCM-48 复合分子筛。

五、单一模板法

向合成体系中添加第二模板可以较好地诱导分子筛中介孔结构的形成,并通过控制第二模板的性质来实现对介孔结构的调控。但是,第二模板的使用不仅增加了合成成本,而且后期焙烧去除的过程也加重了能量消耗与环境负担。为此,越来越多的研究者尝试不添加第二模板,在只含有单一模板的体系,通过使用具有特殊结构的模板来控制微孔和介孔结构的同时形成。

绝大多数的水溶性高分子与二氧化硅的作用力很弱,甚至没有作用力,因而这些高分子若直接加到分子筛的合成体系中不能参与到分子筛晶体的形成,往往会诱导具有介孔结构的第二晶相产生。因此,需要对其进行修饰才能作为介孔模板参与分子筛骨架结构的形成,从而保证体系晶相的单一性。Pinnavaia 等[70,71]利用部分硅烷化处理的微孔结构导向剂为模板合成出具有晶内介孔孔道的 MFI 分子筛。他们将聚乙烯亚胺进行修饰,使有机硅官能团连在高分子链上,以这种有机硅修饰的高分子为模板合成的介孔分子筛如图8-9所示[71]。经过有机硅官能

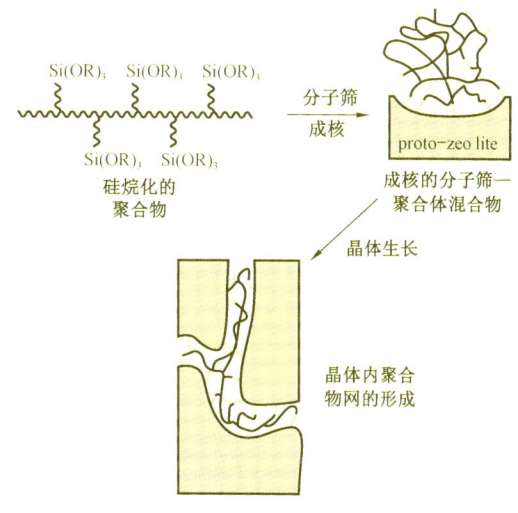

图8-9 硅烷化聚合物为模板合成介孔沸石[71]

团修饰的聚乙烯亚胺能与无机二氧化硅形成共价键,显著增强了高分子与分子筛骨架间的作用力。由于此化学键,聚乙烯亚胺在分子筛晶化过程中能够参与分子筛晶体的形成,经焙烧形成介孔。与没有进行硅烷化修饰的实验进行对比,发现没有连上有机硅基团的高分子不能在分子筛晶化中形成介孔,说明有机硅在介孔形成中起到桥梁作用。

除了对微孔结构导向剂进行硅烷化处理外,Xiao 等[72]研究采用廉价的阳离子聚季铵盐(聚季铵盐-6或聚季铵盐-7)为介孔模板,成功合成出多级孔 Beta 沸石和 ZSM-5 沸石分子

筛材料。这种聚季铵盐模板具有丰富的阳离子电荷,与带负电荷的低聚态硅酸根物种间有很强的静电作用,因此在晶化过程中很容易被包裹于分子筛晶体内部,经高温焙烧形成介孔结构。重要的是,形成的介孔量及介孔尺寸可以分别通过聚合物的用量及其聚合程度进行调节。

Ryoo课题组进一步采用硅烷化与表面活性剂相结合的方法合成出介孔分子筛[73]。这些表面活性剂的结构显示其有着较长的烷基尾部(例如—$C_{22}H_{45}$)和由两个季铵基团组成的庞大的头部(图8-10)。两个季铵基团之间由一个—C_6H_{12}—间隔连接。除了末端—C_6H_{13}外,所有其他季铵基团取代基是甲基。Choi 等使用 C_{22-6-6} 表面活性剂作为唯一的 SDA 用于合成硅质 MFI 纳米片,而不使用其他常规 SDA(如 TPA$^+$)或表面活性剂(如 CTA$^+$)。在没有其他 SDA 的情况下,C_{22-6-6} 表面活性剂确实存在两种空间尺度(微观与介观),因此具有双重结构导向功能。头部的季铵基团二氧化硅前驱体形成微球状结晶分子筛骨架,而自组装表面活性剂尾部将分子筛晶体形态引导为层状介观结构。所得分子筛呈现出具有沿 MFI 框架的 b -结晶轴的单晶胞厚度的纳米片的形式。

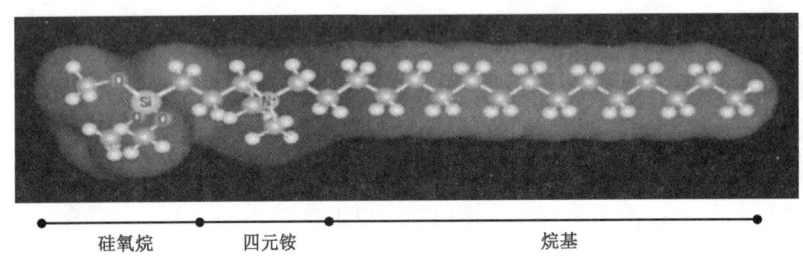

硅氧烷　　四元铵　　　　　　烷基

图8-10　有机硅烷表面活性剂分子结构[74]

这种方法合成的介孔分子筛是一种多晶聚集体,而非单晶体。添加 TPHAC 表面活性剂的 MFI 分子筛合成体系中,含有作为分子筛结构导向剂的 TPABr 和作为硅源的硅酸钠(或 TEOS),结晶过程参见图8-11。与 CTAB 表面活性剂不同,TPHAC 表面活性剂胶束能很好地分布在分子筛产品中。这归因于 TPHAC 中的二氧化硅部分参与了分子筛骨架结构的形成。所得分子筛拥有大量介孔,并且这些介孔具备均匀孔径和高 BET 比表面积(图8-12)。根据有机硅烷表面活性剂的尾长和(或)通过调节合成温度可以控制介孔孔径(图8-12)。

任何普通的硅源,例如硅酸钠、TEOS、硅胶和热解法二氧化硅,对于 MFI 分子筛纳米片的合成都是可行的。分子筛纳米片形成不规则的组装或定向堆叠成有序的多层介孔结构(图8-12、图8-13)。多层介孔结构由 MFI 纳米片(约2nm 厚)和表面活性剂层的交替层组成,且层间距离是均匀的[图8-13(b)]。而且层间空间实际由表面活性剂尾部所支撑,因此层间距离可以由表面活性剂尾部长度进行控制[75]。通过煅烧去除表面活性剂后,纳米片层之间的表面活性剂层完全消失。但是层间空间仍然保留为煅烧后的无序介孔。这说明表面活性剂的除去并不会导致 MFI 层的完全分离。在 a—c 面中的晶体取向存在轻微的偏差。这防止了纳米片之间的完全拓扑缩合。因此,与常规 MFI(约 $400m^2/g$,约 $0.3cm^3/g$)相比,煅烧后多层纳米片分子筛显示出相当高的 BET 比表面积(约 $520m^2/g$)和较大孔体积(约 $0.3cm^3/g$)。另外,值得注意的是,可以通过在分子筛层之间产生二氧化硅柱来维持有序多层结构(图8-14),得到的柱状多层 MFI 表现出小角度 XRD 峰,可以对应于由于层间结构相干性的层间距离的四阶反射[75]。

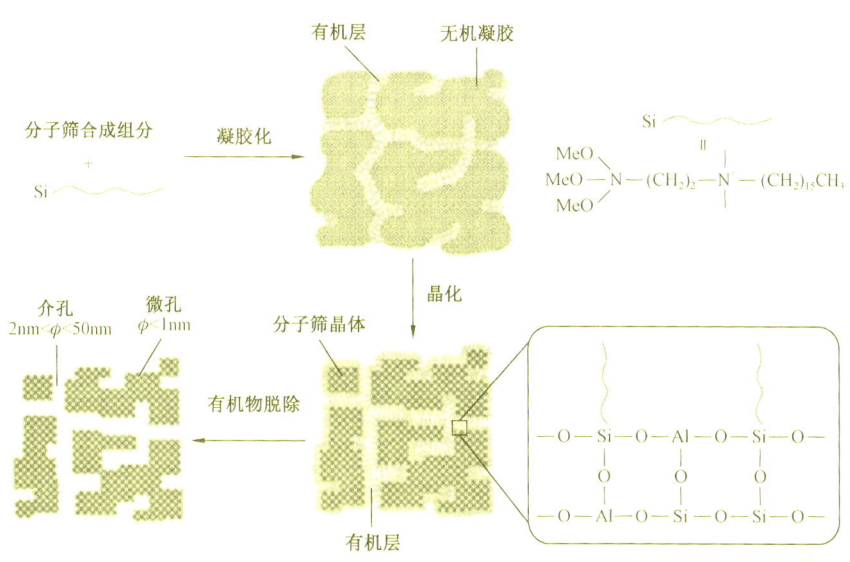

图 8 – 11　使用有机硅烷表面活性剂作为结构导向剂的介孔分子筛晶化过程简图[73]

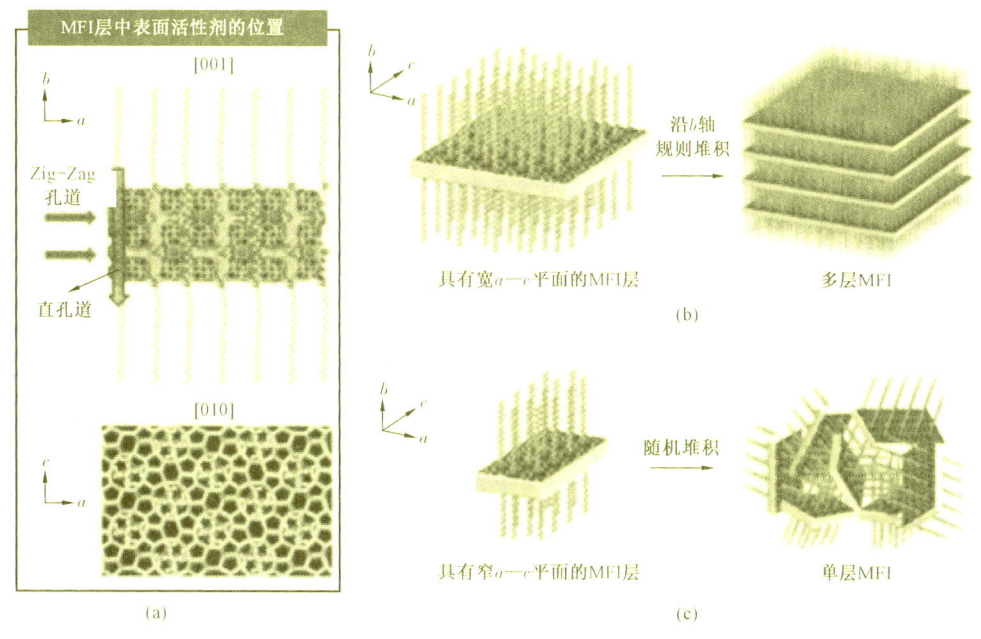

图 8 – 12　MFI 纳米片晶化过程[76]

在单层结构中,分子筛纳米片具有非常窄的 a—c 面。这些纳米片彼此支撑、随机堆垛,并表现出无序的介孔结构[图 8 – 12(c)、图 8 – 12(d)]。虽然层间介孔的尺寸不均一,但是介孔结构却具有良好的稳定性。即使在通过高温焙烧去除表面活性剂之后,介孔仍能够保存完好。而且焙烧后样品具有非常高的 BET 比表面积(约 $700m^2/g$),也具有大的孔体积(约 $1.2cm^3/g$)。这与由层状分子筛前驱体剥离制备的分子筛纳米片随机组装相差无几[77-79]。

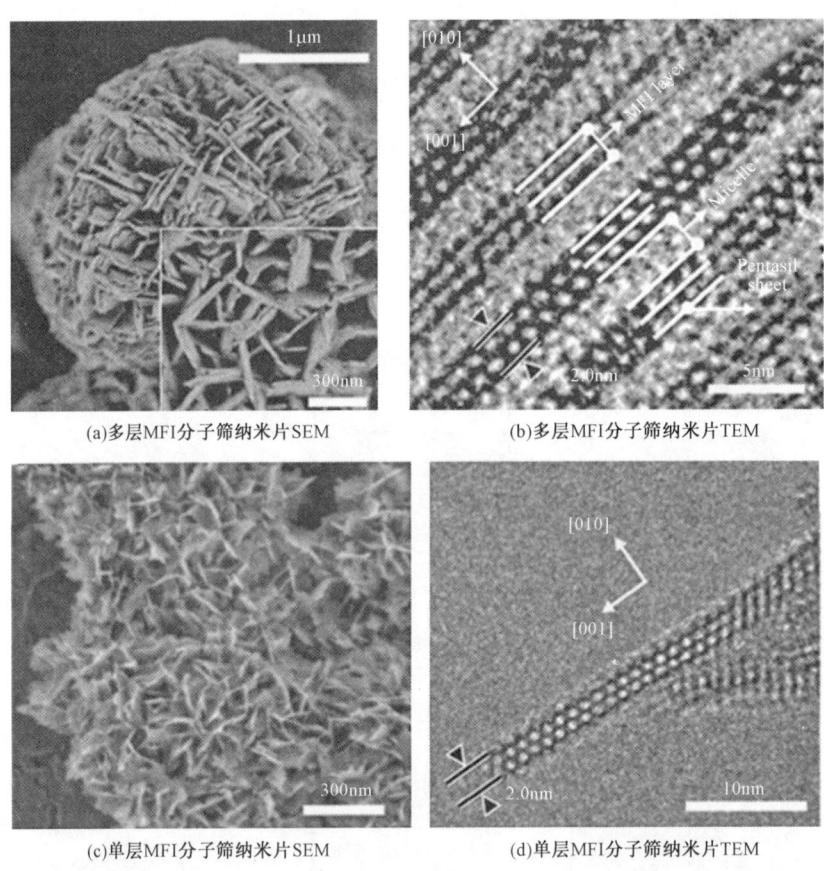

图 8-13　多层及单层 MFI 分子筛纳米片的 SEM 和 TEM[76]

图 8-14　多层 MFI 分子筛纳米片高分辨率 SEM 及 TEM[75]

此外,研究表明,单层和多层结构随着合成条件的改变显示出明显的不同。水热晶化时间的长短对材料结构起到决定性的作用。例如,在没有 Na^+ 的合成条件下,纳米片以单层形式缓慢生长(140℃下大概需要11d)[80]。单层产物在不含Na^+的条件下可以保持15d,但是随后便转变成多层产物。最初由合成凝胶生成单层分子筛片,随后转化为多层结构。Na^+可以减少单层纳米片的生长时间,富含Na^+的条件下,如在含有溴化物的表面活性剂和硅酸钠水玻璃中,单层MFI合成时间相对缩短(140℃下5d)。此外,高pH值体系也可以使得初始单层分子筛转变为多层结构的过程变得非常迅速。因此,合成过程的关键是精心控制分子筛结晶条件,以便控制单层纳米分子筛晶体的生长和多层结构的组装。

在发现了可以作为分子筛合成结构导向剂的表面活性剂C_{22-6-6}后,Ryoo及其同事将合成方法扩展到了各种分子筛结构和介孔结构。他们合成了一系列Gemini型多铵表面活性剂(图8-15),并利用它们作为结构导向剂诱导了结晶微孔骨架OMMS的形成[81,82]。在分子筛结构导向表面活性剂中,化学式为$C_{18}H_{37}—N^+(CH_3)_2—C_6H_{12}—N^+(CH_3)_2—C_6H_{12}—N^+(CH_3)_2—C_{18}H_{37}$的三季铵表面活性剂[图8-16(a)中的$C_{18-6-6-18}$]可以诱导六边形有序MMS结构的形成。该OMMS的介孔壁由结晶的微孔分子筛骨架组成。圆柱形介孔呈规则的六边形排列,形成有序介观结构,如MCM-41。垂直于介孔轴向拍摄的TEM图像呈现出晶格条纹[图8-16(d)][81]。

图8-15 Gemini型多铵表面活性剂[81]

当将苯基引入表面活性剂[图8-16(c)至图8-16(e)]中以后,可以诱导形成具有Beta骨架的纳米晶体分子筛[81]。骨架平均厚度可以根据表面活性剂中季铵基团的数量进行控制。可以通过用碳复制介孔,分析相应的碳复制品的孔径来确定介孔壁厚度。可以预测,如果以这种方式进行合成,随着季铵基团的数量从4、6增加至8,孔壁厚度可以从2.9nm、3.9nm增至5.1nm。因此,可以通过分子设计对晶体厚度进行精细控制,这对于多级孔分子筛合成领域来说是一个新的突破。

除了通过制备具有特殊结构的双功能模板来诱导多级孔分子筛的形成外,通过改变合成条件,如各物种的浓度、合成温度、合成时间及pH值等,也可以实现对分子筛的晶粒尺寸及介孔团聚体形成的精确控制。Yang等[83]将硅源的水解与两段变温晶化的方式相结合,在只含有微孔模板剂TPAOH的体系中得到了具有多级孔结构的ZSM-5微球[83]。Petushkov小组在含有TPAOH/TPABr的体系中,通过动态晶化的方式合成得到了由6~40nm的微晶堆积而成的200nm左右的聚集体,并通过调整体系的pH值与晶化条件来控制分子筛孔性质的变化[84]。Fang等则在只含有TEAOH的体系中,通过调整晶化条件来诱导ZSM-12纳米晶的形成,通过提高成核速率促使这些纳米晶自组装成为介孔的堆积体[85]。成核过程的控制主要是

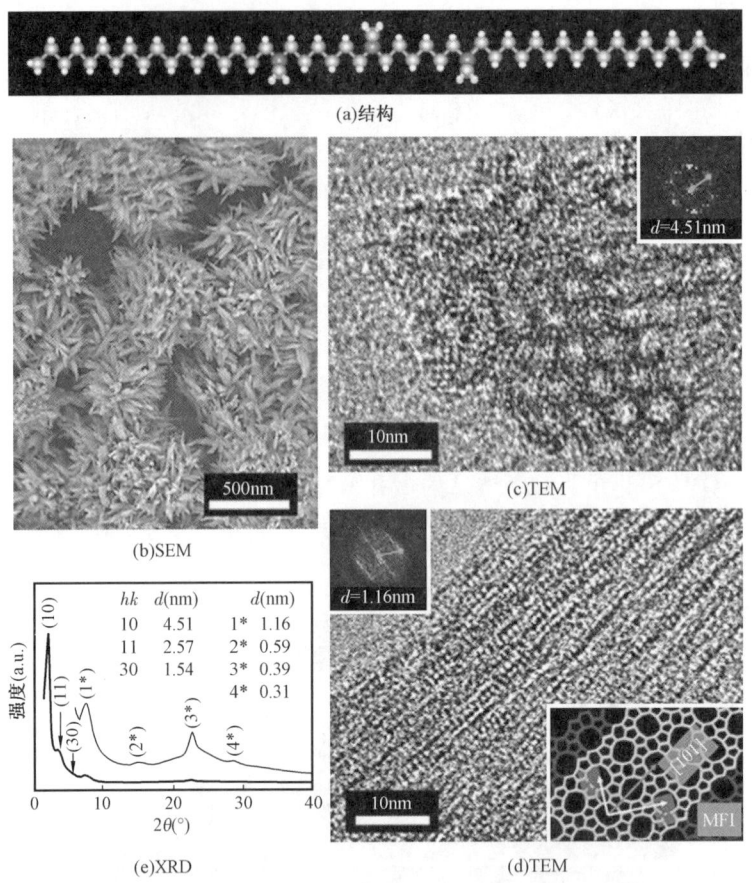

图 8-16 $C_{18-6-6-18}$ 表面活性剂分子筛结构、SEM、TEM 以及六边有序介孔分子筛晶体 XRD[81]

通过回流使凝胶体系水含量降低,进而提高过饱和度来实现。Wang 等首先利用水热晶化合成来得到 MFI 的纳米晶,然后再控制蒸发(室温挥发 10d,50℃ 1d,加入 96% 乙醇后 2~3d)来促进介孔的形成。在该方法中,TPAOH 在不同的阶段起到不同的作用。首先在第一阶段,100℃下晶化时,主要是作为结构导向剂来诱导 ZSM-5 骨架形成;然后在第二阶段的室温挥发过程中,TPAOH 主要是起到促进介孔形成的"脚手架"的作用[86]。

Yu 等在前人工作的基础上,以四丁基溴化铵为模板剂,在不添加第二模板的条件下采用先低温后高温的两段晶化方式,得到了具有纳米棒插接形貌的微孔—介孔复合的 ZSM-11 分子筛材料。该材料具有较高的晶相纯度、优良的介孔分布以及良好的水热稳定性。经过 800℃高温水热处理之后仍能够保持良好的结晶度、插接形貌以及多级孔性质[87],如图 8-17 和图 8-18 所示。

Yu 等对多级孔 ZSM-11 合成体系的影响因素以及晶化条件进行了详细的研究分析。研究发现晶化方式(低温单段、高温单段以及先低温后高温的两段晶化方式)的差异并不能引起形貌的本质改变,只是通过改变成核与晶体生长的速率,来控制产物的晶粒尺寸以及彼此之间的堆积程度,从而对分子筛的孔性质,尤其是晶间介孔产生较大的影响。其中,在单段晶化过程中,晶核的形成和晶体的生长是同时进行的,贯穿于整个晶化过程,致使最终产物晶粒尺寸

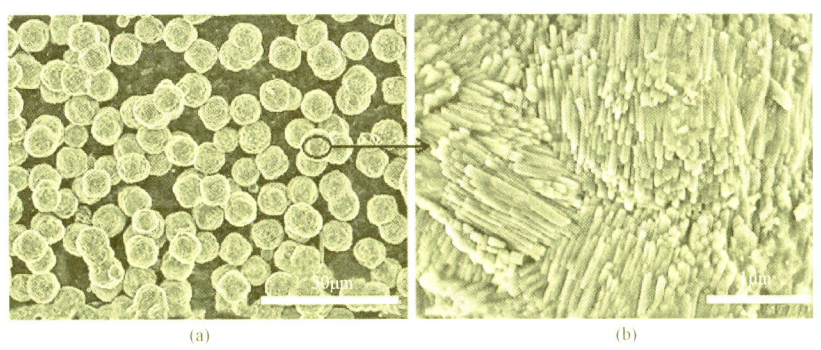

图 8-17 两段晶化法合成多级孔 ZSM-11 的 SEM 图片

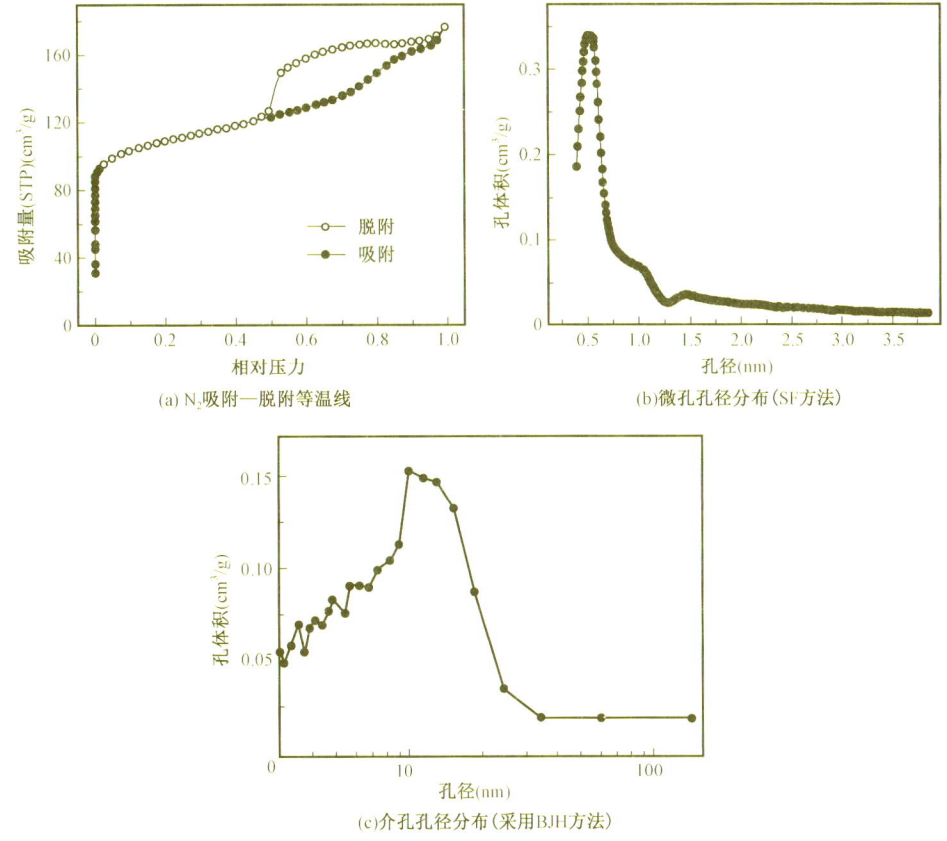

图 8-18 两段晶化法合成多级孔 ZSM-11 的孔性质表征

分布极不均匀。相比之下,先低温后高温的两段晶化过程中,温度的瞬间转变使得成核与晶体的生长过程被有效地分离开来。进入高温段之后,低温段形成的晶核同时生长,最终成为尺寸分布均匀的晶体颗粒。硅源、铝源以及碱源的种类主要是通过影响解聚—聚合的速率来影响体系的成核以及晶体生长的速率,从而对结晶动力学以及最终产品的晶粒尺寸产生影响,并不会对插接形貌产生大的影响。模板剂的种类直接影响到最终结晶产物的形貌特征,而铝的存在也是这种插接形貌形成的必不可少的影响因素之一[88]。

此外，还对模板剂的作用对多级孔道的形成影响进行了考察，通过对比正丁胺、辛二胺以及不同的四烷基铵(TPA 和 TBA)作为模板剂得到样品的形貌以及孔性质，最终确定四烷基铵是促使插接形貌形成的决定性因素，如图 8-19 所示。采用 TG-DTA 对模板分子在分子筛中的分布进行表征，明确了四丁(丙)基铵阳离子在 ZSM-11(ZSM-5)分子筛骨架的形成过程中发挥着双重作用。一方面起到结构导向的作用，诱导分子筛骨架结构形成；另一方面，模板分子还会吸附到晶体的某一晶面上，起到限制晶体在有限空间生长的作用。利用 XRD、IR、SEM、TEM 和低温氮气物理吸附等手段对不同阶段得到的样品进行表征，跟踪其晶化过程，并由此推导出插接形貌 ZSM-11 的形成遵循"凝胶颗粒→聚集成核→晶体生长"的晶化机理[89]。

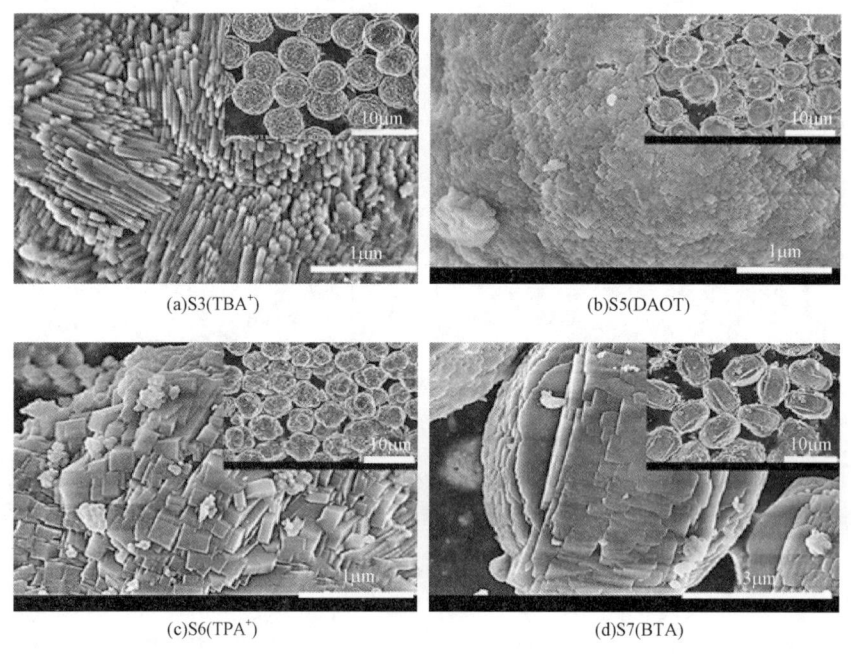

(a)S3(TBA$^+$) (b)S5(DAOT)

(c)S6(TPA$^+$) (d)S7(BTA)

图 8-19　不同模板剂产品分子筛的 SEM 图片

六、其他方法(原位组装)

实际上，很多分子筛在合成过程中就是一种多晶的聚集体，分子筛晶粒之间的相互团聚也会留有很多介孔孔隙。H. Wang 等[90]直接将纳米分子筛胶体溶液在一定条件下聚集，得到具有丰富介孔结构的分子筛材料，其中微孔孔体积和介孔孔体积分别为 0.15mL/g 和 0.29mL/g，BET 比表面积、微孔比表面积以及介孔比表面积分别为 678m^2/g、318m^2/g 和 360m^2/g，而纳米分子筛胶体的制备以及干燥和焙烧条件会影响所得材料的介孔尺寸和介孔孔体积。B. T. Holland 首先通过含有模板剂的初始无定形硅铝颗粒团聚形成介观的胶体物质，进一步将初始的无定形硅铝颗粒转化为 ZSM-5 沸石纳米晶，通过焙烧除掉模板剂后所得材料含有丰富的介孔，这部分介孔是由于初始分子筛纳米颗粒以及形成的团聚颗粒之间软堆积产生的[91]。采用蒸汽辅助转化法制备的纳米 Beta 沸石的聚集体，其物理吸附表征表明样品也含有丰富的介孔,且随着纳米 Beta 沸石颗粒减小,其微孔孔体积逐渐减小,而介孔孔体积增大,并且其介孔分布也较为集中,特别是颗粒小于 50nm 的 Beta 沸石[92,93]。W. Shan 等则利用硅藻土为原料,在添加适当 NaCl 助剂的情况下合成了具有丰富介孔和大孔的(Fe,Al-ZSM-5)分子筛微球,产生的介孔来源于分子筛晶粒之间的堆积孔[94]。而利用介孔材料部分转化试图保留介孔,可以得到部分晶化的介微孔复合材料,如果进一步转化将会造成介孔孔壁坍塌[95,96]。

1. 孔壁晶化法

孔壁晶化法是将小分子模板剂的阳离子与介孔孔壁的无定形物质相互作用,使孔壁无定形物质部分晶化。图 8-20 是介孔材料无定形孔壁的结晶化路线[97]。Kloetstra 等最早报道了这种方法,首先将微孔结构导向剂浸渍到介孔分子筛中,然后在适当的水热或蒸汽条件下,通过多相成核使介孔材料的无定形孔壁部分结晶化[98]。

图 8-20 无定形孔壁介孔材料的结晶化路线[97]

通常浸渍有序的介孔材料会导致纳米分子筛晶粒在其表面或者孔道内以复合物的形式存在。然而多数情况下,分子筛晶化的条件相对苛刻(强碱性,高温),且晶体材料并不能在介孔结构中发生较大程度的变形,因此,介孔材料的孔壁结晶化必然伴随着介孔结构的扭曲甚至坍塌。为了避免此现象的发生,通常选择孔壁较稳定的介孔材料(如 SBA-15)[95,99],或者采用较低的温度及其他溶剂等温和的条件来限制介孔壁硅物种的溶解[98,100,101]。

2. 纳米组装法

纳米组装法是将微孔分子筛的初级和次级结构单元引入介孔分子筛的孔壁结构中。该方法是首先合成出具有分子筛初级和次级结构单元的硅铝纳米簇,然后再利用这些纳米簇与胶束模板自组装,制备出具有强酸中心和高水热稳定性的有序介孔材料。得到的材料结合了介孔材料及分子筛晶体彼此的优点,其水热稳定性和酸性都大大提高。在此领域浙江大学的肖丰收课题组和美国的 Pinnavaia 课题组进行了系统的研究工作,取得了相当好的成绩。

Pinnavaia 课题组的 Liu 等将 Y 沸石、Beta 沸石和 ZSM-5 沸石的晶种与 CTAB 进行自组装,制备出具有六方排列的介孔分子筛材料 MSU-S[102,103]。该材料具有很高的酸性和显著的水热稳定性,对大分子催化裂化显示出优异的性能。Liu 还采用 Beta 沸石的晶种与非表面活性剂的玉米淀粉进行组装得到 Al-MSU-AS,结果表明 Beta 沸石的次级结构单元进入分子筛孔壁,孔壁厚 7~15nm[104]。另外,样品进行高温水蒸气处理后,表现出比商业裂化催化剂 USY 沸石更高的比表面积和孔隙率。因此对于大分子烃的裂化,该材料具有独特的酸性和寿命。

吉林大学的 Xiao 等通过小分子有机胺 TEAOH 与硅铝凝胶相互作用制备出 Beta 沸石导向剂,然后再与 CTAB 相互作用,自组装形成具有六方介孔排列的 MAS-5 分子筛[105-107]。实验结果证明,MAS-5 介孔材料具有十分优越的高温水热稳定性。同时,NH_3-TPD 表明,MAS-5 分子筛的酸强度远高于 Al-MCM-41 分子筛,显示出和 Beta 沸石类似的酸强度。并发现其对 1,3,5-三异丙基苯的催化裂化反应性能好于 MCM-41 分子筛和微孔分子筛。他们还利用 L 分子筛导向剂与 CTAB 相互作用,制备出类似六方介孔排列的 MAS-3 分子筛[108],这种材料同样具有较好的水热稳定性和强酸性;而且还分别利用 L 沸石、Beta 沸石和 ZSM-5 沸石导向剂在酸性条件下与三嵌段共聚高分子(如 P123)自组装,制备出水热稳定且具有强酸性的六方介孔分子筛 MAS-8、MAS-7 和 MAS-9[108-110],该类介孔分子筛不仅显示出优于 SBA-15 分子筛的高温水热稳定性和较强的酸性,而且还表现出较好的催化性能。不幸的是,这些复合分子筛材料的孔壁依然是无序的,其酸性及水热稳定性虽有大幅度提高,但对于许多工业应用来说仍然不能满足要求。

Tang 等利用层叠、电泳沉积和受限空间自组装等多种纳米组装手段,结合水热和气固相二次生长方法,以聚苯乙烯微球和介孔可销蚀硅球及其阵列、生物细胞阵列、碳纤维和纤维素膜、不锈钢网格等为模板,设计制备了分子筛多级孔阵列、膜或网格,分子筛空心或复合球、空心或复合纤维等具有多种可控宏观形貌的分子筛材料。例如,首先合成介孔氧化硅微球,然后将微球表面进行处理,包裹一层分子筛晶种,再采用蒸气合成法合成,介孔氧化硅作为硅源,提供养分使得分子筛在微球表面生长,得到壳为分子筛的空心微球[111]。同样的策略也被用于合成微孔—大孔材料单块,将表面粘有分子筛晶种的介孔氧化硅微球在含有 TPAOH 和氧化硅的溶液中静置沉积(微球紧密堆积、有序化),然后水热条件下晶化分子筛,得到三维有序、封闭大孔、高机械强度的微孔—大孔复合材料[112]。

分散的纳米分子筛具有丰富的表面电荷,通过改变条件可以调变其胶体化学性质,是材料组装的理想构筑基元[113]。利用纳米分子筛的静电、氢键或化学键间的相互作用进行模板法组装,可以获得有特殊结构和功能的材料。由于纳米分子筛颗粒较小,它们相互堆砌留有的孔隙也会在介孔范围之内。利用模板组装技术得到的很多纳米分子筛组装体的表征结果都表明这一类材料含有丰富的介孔。模板技术是目前合成多级有序孔道材料的最有效也是用得最多的途径,模板自身的形状和内部孔道结构都直接决定了产品的结构性质。例如,利用诸如聚苯乙烯小球[114]、树木组织[65]、SiO_2 小球[115] 以及醋酸纤维素滤膜[116] 等模板制备的多级孔分子筛材料:制备样品的氮气吸附—脱附等温线在低压区有一个类似于 I 型的强烈吸附,在高压区有一个明显的滞后环。在低压区的强烈吸附来源于产品中的分子筛微孔,而高压区的滞后环则表明产品中存在部分介孔,这部分介孔可归属于模板去除制造的空隙以及分子筛颗粒之间的空间,这一点和 Y. S. Tao 等的研究结果有类似之处[43-45,53,117,118]。由于使用的模板形状各异,因此去除模板后在分子筛材料中也留下了不同的大孔结构。

第二节 多级孔分子筛的应用

从材料学角度看,近二三十年来,科研工作者们研究了各种不同途径来合成复合孔材料,然而从催化应用方面而言,人们更希望能在材料的特性和催化活性方面建立关系。通过"性能"和"结构"的相关联,推测催化活性的机理,掌握复合孔材料的织构和酸性质,从而能引导材料设计和催化应用两方面的螺旋发展。归纳而言,复合孔分子筛主要被应用在烷基化反应、烷基转移反应、异构化反应、裂解反应、芳构化反应、缩合反应等中的研究,相比于普通的微孔分子筛材料,其特点见表8-1[119]。下面结合一些典型的反应类型,来探究一下复合孔分子筛和普通微孔分子筛的区别。多级孔道分子筛由于结合了介孔孔道及分子筛的优点,与微孔分子筛相比,在扩散性能、提高分子筛的寿命以及催化剂再生性能等方面具有明显的优势。

表8-1 多级孔分子筛催化应用领域和效果概述

反应类型	主要现象
烷基化反应	高活性
烷基转移反应	稳定性提高
异构化反应	高活性
轻质组分的裂化反应	无明显改善
重组分裂化反应	显著提高活性
MTH和芳构化反应	长催化寿命
冷凝反应	高活性、对大分子产物高选择性

一、大分子催化反应

多级孔材料因其特殊的结构和性质,是异相催化反应中重要的载体和催化剂。材料的高比表面积和多级孔结构有利于大分子反应物的扩散。分子筛的微孔在一定程度上限制了反应物产物的扩散速率[120,121]。对于反应物、产物、中间体的扩散限制或增强是分子筛择形反应的基础。由于扩散与孔径成正比,有研究表明,向微孔分子筛引入介孔将导致扩散常数增加两个数量级[120]。对于大分子反应来说,分子筛中的介孔引入将增加外表面积和孔道开放度。例如,Meima[122]对于脱铝制得的多孔丝光沸石催化活性研究表明,介孔的引入增强了丝光沸石的催化活性。通过扫描电镜和X射线能量色散谱分析多级孔丝光沸石和传统丝光沸石的孔道开放程度,结果表明,多级孔丝光沸石对正己烷的吸附量是传统丝光沸石的3倍[123]。

分子筛孔结构与裂化催化剂反应性能关系密切,特别是对渣油裂化催化剂,分子筛的二次孔能改善大分子进出分子筛晶体内部的扩散性能,进而提高对渣油的裂解能力。对于以生产中间馏分油为主的加氢裂化催化剂,分子筛的二次孔尤为重要[124]。水热脱铝处理的USY沸石具有较高的热稳定性、水热稳定性以及抗氮稳定性,可作为催化裂化或者加氢裂化催化剂的酸性组分,具有良好的催化活性。对于水蒸气脱铝不仅可以形成二次孔,而且可以调变分子筛的酸性,这也是提高分子筛催化剂性能的重要手段。在一定温度下通过调节水蒸气分压对氢型丝光沸石进行温和的脱铝研究,随着水蒸气分压的提高,分子筛的脱铝程度升高,B酸位减少的同时,由于骨架外铝的增多L酸位增多,通过水蒸气脱铝氢型丝光沸石比未脱铝的丝光沸石对正丁烷的裂解和正己烷异构的初始催化活性可分别提高3倍和8倍,这是反应分子在分子筛中的吸附行为不同所致[119]。而利用酸处理对丝光沸石进行脱铝被认为是负载贵金属 Pt 的丝光沸石催化剂催化正己烷异构提高反应活性和选择性的原因:酸处理脱铝形成了介孔/大孔,外表面积增大,可提供更多的可接触酸性位,并降低了扩散限制,反应产物容易从催化剂表面脱附,因此催化活性提高并且二次反应的产物减少,提高了单支链烷烃产物的选择性[125]。

对于一些大分子的缩合反应,诸如 Aldol 缩合、酯化反应等,这些反应通常在液相体系中进行,都涉及芳香族的大分子,而缩合反应产物普遍会比反应物分子更大,此时含有介孔的分子筛材料相比传统的微孔分子筛体现明显的优势。Ryoo 课题组研究了缩合制备茉莉醛和美托查酮的反应(图 8 - 21)[73],大分子模板剂法合成的复合孔 ZSM - 5 对这两个反应的转化率分别达到 98% 和 60% 时,相同条件下微孔分子筛只有 4% 和 3%。而从间二苯酚和乙酰乙酸乙酯出发的缩合合成 7 - 羟基 - 甲基香豆素反应中(图 8 - 22),复合孔的 ZSM - 5 比传统的 ZSM - 5 沸石活性也有 5 倍多的提升[73,126]。诸如此类的大分子液相酸催化反应,对酸性的要求相对温和,而对空间位阻的要求更加关键。此时,复合孔的分子筛通常比传统的分子筛有更多的暴露酸性位,孔道不易堵塞而失活,因此表现出更为优越的催化活性[127]。

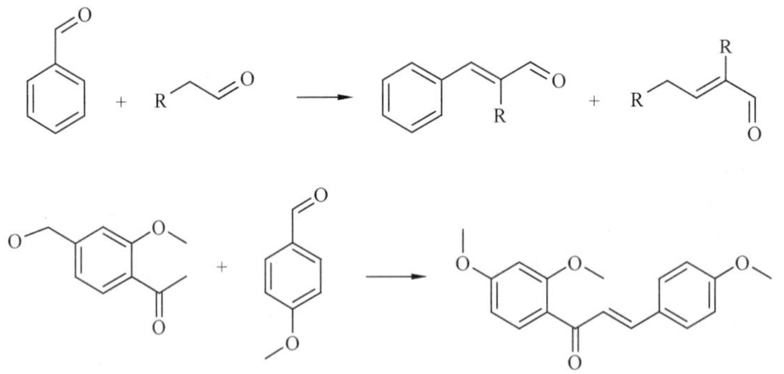

图 8 - 21 茉莉醛和美托查酮的反应

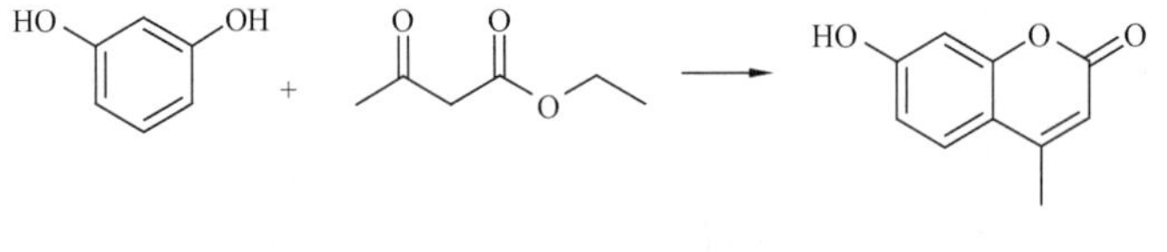

图 8 - 22 间二苯酚和乙酰乙酸乙酯出发的缩合反应合成 7 - 羟基 - 甲基香豆素反应

Ryoo 等[73]研究了采用硅烷化表面活性剂为模板合成的多级孔道分子筛在一系列催化反应中的应用。并采用具有相似硅铝比的普通 ZSM - 5 沸石、Al - MCM - 41 以及从分子筛晶种聚集而来的有序介孔材料作为参比催化剂。在含有较小分子尺寸的反应物如甲醇制乙烯的反应中,多级孔道 ZSM - 5 沸石具有与常规 ZSM - 5 沸石类似的转化率,远高于 Al - MCM - 41 以及从分子筛晶种聚集而来的有序介孔材料,这表明多级孔道 ZSM - 5 沸石具有与常规 ZSM - 5 沸石类似的酸性质(表 8 - 2)。而在含有较大分子尺寸化合物的催化反应中,多级孔道分子筛则能体现出预期的优势,它的催化性能要远比常规 ZSM - 5 沸石优越,这说明多级孔道分子筛确实能结合分子筛及介孔材料两者的优点[128]。

表8-2　介孔ZSM-5沸石及其他材料在含有较大分子反应中的催化性能

反应[1]	介孔MFI分子筛	大颗粒ZSM-5	Al-MCM-41	SAM
甲醇制烯烃/汽油	86 (68/26/6)[2]	90 (67/28/5)	≪1 —	≪1 —
苯甲醛 + CH₂-C₅H₁₁CHO → 茉莉醛等	98 (98)[3]	3.9 (69)	25 (79)	64 (75)
2,4-二甲氧基苯乙酮 + 对甲氧基苯甲醛 → 查尔酮	60	3.3	10	35

① 催化活性的比较是基于相同质量的催化剂。所有催化剂具有相同的硅铝比(Si/Al=20),介孔MFI的BET比表面积为590m²/g,ZSM-5为350m²/g,AlMCM-41为948m²/g,SAM为923m²/g。
② 括号内的数字代表选择性(%)(烯烃/汽油/其他)。
③ 茉莉醛选择性(%),其他数字代表反应物转化率。

作为生产苯乙烯的主要原料,异丙苯是一个非常重要的化工原料,它的年需求量大约为$22×10^6$t[129]。而大部分异丙苯需要通过苯与乙烯的烷基化反应进行制备。由于分子筛孔道的择形作用,ZSM-5沸石在该催化反应中可以提供很高的乙苯选择性,但是扩散限制使得催化剂的转化率较低。Christensen等考察了采用炭材料为模板制备的介孔ZSM-5单晶在该反应中的催化性能,结果发现相比于常规的ZSM-5沸石,由于扩散性能的改进,该反应的表观活化能由59kJ/mol增加到77kJ/mol。在不同的转化率下,介孔ZSM-5沸石的选择性要比常规的ZSM-5沸石高5~10个百分点,在反应中,作为产物的乙苯分子生成后可以扩散到体相中或者进行进一步的二次反应,在介孔分子筛中,扩散路径明显要比常规分子筛小得多,因此具有更好的选择性。

在正十六烷的催化裂化和烷基化反应上,介孔分子筛也表现出远远高于传统分子筛的活性[35,130]。介孔ZSM-5沸石在异丙苯裂化上同样显示出比传统ZSM-5沸石更高的催化活性[131]。研究者们认为,反应中介孔孔道的主要作用是提高芳香族分子的扩散,微孔是反应的活性中心。Mo修饰多孔ZSM-5沸石催化剂同样显示了对芳香化合物的高选择性和较长的抗积炭能力,例如在甲醇芳构化反应上,多孔ZSM-5沸石比传统分子筛Mo/HZSM-5具有更高的催化活性[132]。类似的在氧化还原反应上,介孔TS-1显示出比传统的TS-1更高的环己烯环氧化活性[133]。总之,催化裂化、加氢裂化、芳香族烷基化、烷烃加氢异构化、化工合成等一系列催化反应已经证实,分子筛中引入介孔可以大大降低其对反应的扩散限制[125,134-136]。介孔分子筛在石油重整、异构、聚乙烯、聚丙烯裂化等许多领域已展示出优良的催化性能[19,137,138]。

二、设计长寿命催化剂

Ryoo等[126]考察了采用两亲性硅烷为介孔模板合成的介孔ZSM-5沸石在1,2,4-三甲苯异构化、异丙苯裂解以及苯乙醇和己酸酯化反应的催化性能,采用常规 ZSM-5 与典型有序介孔分子筛 Al-MCM-41 为参比,重点考察催化剂的稳定性。结果发现,在所有考察的 3 个反应中,多级孔道 ZSM-5 分子筛均体现出了非常好的稳定性,同时介孔引入导致的扩散性能的改进也会在很大程度上改变产物的选择性等性能。

Sun 等[139]利用碳化后的 SBA-15 作为介孔模板,诱导合成了微介孔分子筛 ZSM-5,该复合孔的 ZSM-5 表现出超乎寻常的催化剂寿命和抗结焦性。Min 等[140]还研究了剥离后的分子筛 ITQ-2 的 MTP 活性,酸处理和脱铝以后的 ITQ-2 分子筛有着较高的丙烯选择性。复合孔的 ZSM-5 也被用在芳构化的反应中[141,142],在丁烯芳构化的过程中,介孔的引入能极大地提高催化剂的水热稳定性。

三、设计高度分散的双功能催化剂

在催化反应中,分子筛不仅是一类重要的酸催化剂,它的独特性质也使得它成为一类合适的催化剂载体,从而构建双功能催化剂。在双功能催化剂的设计中,两种不同功能催化组分的相互接触程度及面积是影响催化剂催化性能的重要因素。在常规的分子筛上负载第二催化组分(如金属、金属氧化物)时,除非采用特殊的手段及工艺,一般分布在其外表面。常规分子筛有限的外表面积使得第二组分的分散度不够,而且容易相互团聚而失活。多级孔道分子筛由于大量介孔的存在能使第二催化活性组分高度分散在它的孔道中,这将有助于改进双功能催化剂的催化性能[143]。

Christensen 等采用由炭材料为模板制备的介孔 MFI 结构分子筛单晶为母体,通过简单的浸渍—热处理方法在介孔中引入了高度分散的金属(Pt)、金属合金(Pt-Sn)和金属碳化物(MoZC)等催化活性组分形成了双功能催化剂。如图 8-23 所示,采用常规 ZSM-5 沸石为载体的催化剂 Pt 的分布明显不均匀,而在以介孔 MFI 单晶为载体的催化剂中,Pt 的分布与 Si 的分布基本一致,而且从透射电镜中可以看出,经过 500℃高温焙烧后,Pt 金属纳米颗粒仍存在于介孔分子筛的介孔中,没有发生团聚。在其他双功能催化剂的制备过程中也发现了类似的结果。

采用介孔分子筛为母体制备的双功能催化剂也已经在催化反应中得到应用。采用 Pt/介孔 ZSM-5 催化剂在正己烷催化裂解反应中体现出比常规 Pt/ZSM-5 催化剂更好的催化性能[130]。采用 Au/介孔 TS-1 为催化剂,在催化气相条件下氢气与氧气直接氧化丙烯生成环氧丙烷的反应中体现出很好的催化性能[144]。

四、生物催化

生物催化材料的高催化活性、高选择性,以及温和的反应条件都是工业催化所梦寐以求的。多孔材料在这方面有着天然的优势,以分子筛为主体,在分子筛中组装仿酶活性中心与辅因子,模拟天然酶蛋白功能,进行仿酶催化研究。以 Fe 等过渡金属为中心原子的卟啉、席夫碱等大环配合物模拟细胞色素 P450 辅基血红素的单加氧酶组装于大孔或介孔材料中也取得了一些有意义的进展。

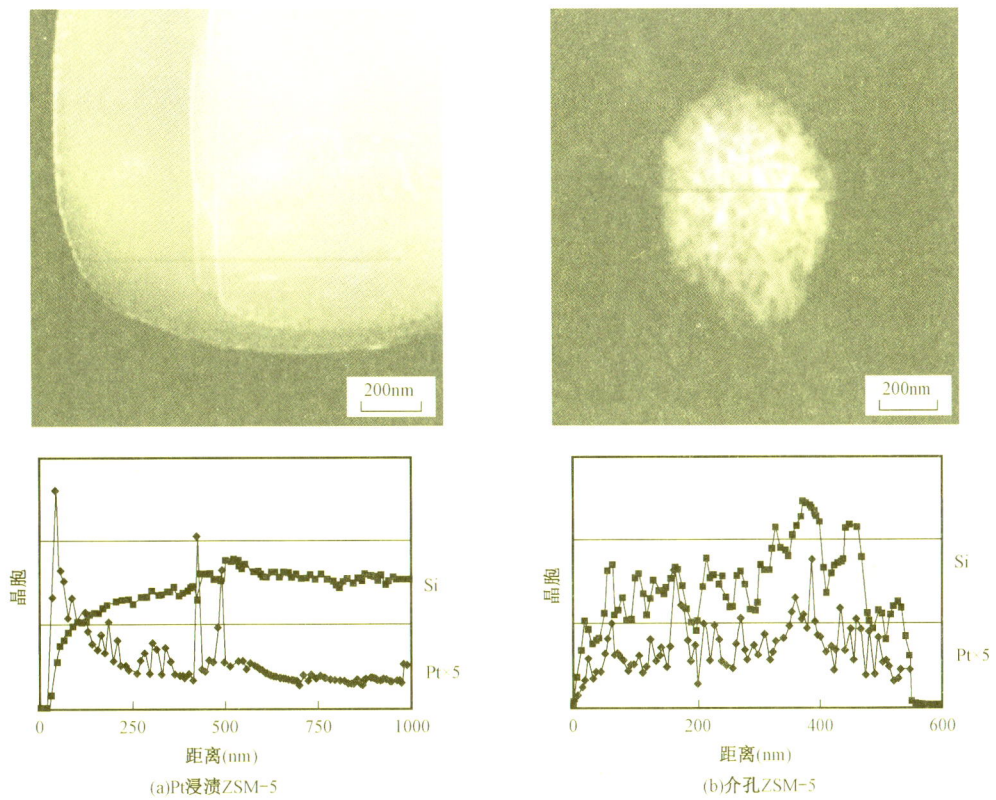

图 8-23　Pt 浸渍 ZSM-5 及介孔 ZSM-5 经过 500℃ 热处理后的 TEM 及元素分布[143]

第三节　多级孔分子筛展望

多级孔道分子筛由于集成了微孔分子筛及有序介孔材料的优点被认为是潜在的下一代催化材料。它的合成、表征及催化应用已经得到了广泛的研究。在众多合成方法中,由于具有多种优点,使具有用双功能的单一模板合成多级孔分子筛将成为最具前瞻性的方法。从催化材料设计的观点看,这种合成方法允许根据表面活性剂的详细分子结构来控制介孔结构(如纳米片、纳米海绵、六角形蜂窝)和微孔骨架类型(MFI、BEA 和 MTW)。根据表面活性剂中季铵基团的数目,分子筛骨架厚度也是可控的(1.7~5.1nm),并且通过加入胶束溶胀剂,介孔直径也是可调的(3.8~21nm)。而从酸催化的观点看,具有薄的分子筛孔壁的纳米结构可促进分子扩散,从而使分子筛催化寿命显著延长。此外,根据金属纳米颗粒的尺寸及其负载方法,催化金属纳米颗粒可以选择性地负载在介孔或微孔上。

多级孔纳米分子筛将在吸附、分离、非均相催化以及用于开发官能化分子筛材料方面展现出巨大的潜力。虽然多级孔分子筛材料取得了很多最新进展,但是多级孔道分子筛合成中的诸多关键问题仍未解决,如分子筛的形成、介孔形成机理及第二模板作用。而且目前多级孔道分子筛的合成路线及合成工艺相对复杂,合成成本较高,且所合成的介孔孔道的有序程度有待进一步改善。

参 考 文 献

[1] Corma A. State of the art and future challenges of zeolites as catalysts[J]. Journal of Catalysis,2003,216(1):298-312.

[2] Tao Y,Kanoh H,Abrams L,et al. Mesopore-modified zeolites:preparation,characterization,and applications [J]. Chemical Reviews,2006,106(21):896-910.

[3] Kresge C T,Leonowicz M E,Roth W J,et al. Ordered mesoporous molecular sieves synthesized by a liquid-crystal template mechanism[J]. Nature,1992,359(6397):710-712.

[4] Groen J C,Bach T,Ziese U,et al. Creation of hollow zeolite architectures by controlled desilication of Al-zoned zsm-5 crystals[J]. Journal of the American Chemical Society,2005,127(31):10792-10793.

[5] Groen J C,Moulijn J A,Perezramirez J. Desilication:on the controlled generation of mesoporosity in MFI zeolites [J]. Journal of Materials Chemistry,2006,16(22):2121-2131.

[6] Groen J C,Peffer L A A,Moulijn J A,et al. Mechanism of Hierarchical porosity development in MFI zeolites by desilication:the role of aluminium as a pore-directing agent[J]. Chemistry:A European Journal,2005,11(17):4983-4994.

[7] Groen J C,Maldonado L,Moulijn J A,et al. On the role of iron in preparation of mesoporous Fe-MFI zeolites via desilication[J]. Studies in Surface Science and Catalysis,2006,162:267-274.

[8] Groen J C,Abello S,Villaescusa L A,et al. Mesoporous beta zeolite obtained by desilication[J]. Microporous and Mesoporous Materials,2008,114(1):93-102.

[9] Groen J C,Jansen J C,Moulijn J A,et al. Optimal Aluminum-Assisted mesoporosity development in MFI zeolites by desilication[J]. Journal of Physical Chemistry B,2004,108(35):13062-13065.

[10] Groen J C,Zhu W,Brouwer S,et al. Direct demonstration of enhanced diffusion in mesoporous ZSM-5 zeolite obtained via controlled desilication[J]. J. Am. chem. Soc. ,2007,129:355-360.

[11] Chal R,Cacciaguerra T,Van Donk S,et al. Pseudomorphic synthesis of mesoporous zeolite Y crystals[J]. Chemical Communications,2010,46(41):7840-7842.

[12] Groen J C,Sano T,Moulijn J A,et al. Alkaline-mediated mesoporous mordenite zeolites for acid-catalyzed conversions[J]. Journal of Catalysis,2007,251(1):21-27.

[13] Morin S,Ayrault P,Gnep N S,et al. Influence of the framework composition of commerical HFAU zeolites on their activity and selectivity in m-xylene transformation[J]. Applied Catalysis A-general,1998,166(2):281-292.

[14] Groen J C,Moulijn J A,Perezramirez J. Decoupling mesoporosity formation and acidity modification in ZSM-5 zeolites by sequential desilication-dealumination[J]. Microporous and Mesoporous Materials,2005,87(2):153-161.

[15] Verboekend D,Perezramirez J. Design of hierarchical zeolite catalysts by desilication[J]. Catalysis Science & Technology,2011(6):879-890.

[16] De Jong K P,Zecevic J,Friedrich H,et al. Zeolite Y crystals with trimodal porosity as ideal hydrocracking catalysts[J]. Angewandte Chemie,2010,49(52):10074-10078.

[17] Verboekend D,Vile G,Perezramirez J. Hierarchical Y and USY zeolites designed by post-synthetic strategies [J]. Advanced Functional Materials,2012,22(5):916-928.

[18] Zhang C,Liu Q,Xu Z,et al. Synthesis and characterization of composite molecular sieves with mesoporous and microporous structure from ZSM-5 zeolites by heat treatment[J]. Microporous and Mesoporous Materials,2003,62(62):157-163.

[19] Donk S V,Janssen A H,Bitter J H,et al. Generation,Characterization and impact of mesopores in zeolite catalysts[J]. Catalysis Reviews,2003,45(2):297-319.

[20] Beyer H K. Dealumination techniques for zeolites[M]. Springer Berlin Heidelberg,2002:203-255.

[21] Janssen A H, Koster A J, Jong K P D. ON the shape of the mesopores in zeolite Y: a three-dimensional transmission electron microscopy study combined with texture analysis[J]. Journal of Physical Chemistry B, 2002, 106(46): 11905-11909.

[22] Kortunov P, Vasenkov S, Kärger J, et al. The Role of mesopores in intracrystalline transport in USY zeolite: PFG NMR diffusion study on various length scales[J]. Journal of the American Chemical Society, 2005, 127(37): 13055-13059.

[23] Skeels G W, Breck D W. Zeolite chemistry V-substitution of silicon for aluminum in zeolite Via reaction with aqueous fluorosilicate[C]. Proc. 6th International Zeolite Conference(Butterworth), 1984: 87-96.

[24] 孙德坤, 鲍书林, 陈晶, 等. 高硅Y沸石的研制及性能Ⅱ. 沸石孔结构及吸附性能[J]. 无机化学学报, 1999(1): 99-10.

[25] Janssen A H, Koster A J, de Jong K P. Three-dimensional transmission electron microscopic observations of mesopores in dealuminated zeolite Y[J]. Angewandte Chemie, 2001, 113(6): 1136-1138.

[26] Ivanova I I, Kuznetsov A S, Yuschenko V V, et al. Design of composite micro/mesoporous molecular sieve catalysts[J]. Pure & Applied Chemistry, 2009, 76(9): 1647-1658.

[27] Holland B T, Lloyd Abrams, Andreas Stein. Dual templating of macroporous silicates with zeolitic microporous frameworks[J]. Journal of the american Chemical Society, 1999, 121(17): 4308.

[28] Schüth F. Endo- and exotemplating to create high-surface-area inorganic materials[J]. Angewandte Chemie International Edition, 2003, 42(31): 3604-3622.

[29] Kim J Y, Yoon S B, Yu J S. Template synthesis of a new mesostructured silica from highly ordered mesoporous carbon molecular sieves[J]. Chemistry of Materials, 2003, 15(10): 1932-1934.

[30] Liu, Qian, Wang Aiqin, Wang Xiaodong, et al. Ordered crystalline alumina molecular sieves synthesized via a nanocasting route[J]. Chemistry of Materials, 2006, 18(22): 5153-5155.

[31] Lai X, Li X, Geng W, et al. Ordered mesoporous copper oxide with crystalline walls[J]. Angewandte Chemie International Edition, 2007, 46(5): 738-741.

[32] Jacobsen C J H, Madsen C, Houzvicka J, et al. Mesoporous zeolite single crystals[J]. Journal of the American Chemical Society, 2000, 122(29): 7116-7117.

[33] Madsen C, Jacobsen C J H. Nanosized zeolite crystals-convenient control of crystal size distribution by confined space synthesis[J]. Chemical Communications, 1999, 8(8): 673-674.

[34] Schmidt I, Madsen C, Jacobsen C J. Confined space synthesis. A novel route to nanosized zeolites[J]. Inorganic Chemistry, 2000, 39(11): 2279-2283.

[35] Kustova M, Hasselriis P, Christensen C H. Mesoporous MEL-Type zeolite single crystal catalysts[J]. Catalysis Letters, 2004, 96(3): 205-211.

[36] Schmidt I, Krogh A, Wienberg K, et al. Catalytic epoxidation of alkenes with hydrogen peroxide over first mesoporous titanium-containing zeolite[J]. Chemical Communications, 2000(21): 2157-2158.

[37] Schmidt I, Boisen A, Gustavsson E, et al. Carbon nanotube templated growth of mesoporous zeolite single crystals[J]. Chemistry of Materials, 2001, 13(12): 4416-4418.

[38] Boisen A, Schmidt I, Carlsson A, et al. TEM stereo-imaging of mesoporous zeolite single crystals[J]. Chemical Communications, 2003(8): 958-959.

[39] Janssen A H, Schmidt I, Jacobsen C J H, et al. Exploratory study of mesopore templating with carbon during zeolite synthesis[J]. Microporous and Mesoporous Materials, 2003, 65(1): 59-75.

[40] Kim S, Shah J, Pinnavaia T J. Colloid-imprinted carbons as templates for the nanocasting synthesis of mesoporous ZSM-5 zeolite[J]. Chemistry of Materials, 2003, 15(8): 1664-1668.

[41] Tao Y, Kanoh H, Kaneko K. ZSM-5 monolith of uniform mesoporous channels[J]. Journal of the American Chemical Society, 2003, 125(20): 6044-6045.

[42] Tao Y,Kanoh H,Kaneko K. Uniform mesopore-donated zeolite Y using carbon aerogel templating[J]. Journal of Physical Chemistry B,2003,107(40):10974-10976.

[43] Tao Y,Tanaka H,Ohkubo T,et al. Pore structures of ZSM-5 synthesized in the mesopore spaces of a carbon aerogel[J]. Adsorption Science & Technology,2003,21(2):199-203.

[44] Tao Y,Kanoh H,Hanzawa Y,et al. Template synthesis and characterization of mesoporous zeolites[J]. Colloids and Surfaces A:Physicochemical and Engineering Aspects,2004,241(1):75-80.

[45] Tao Y,Hattori Y,Matumoto A,et al. Comparative study on pore structures of mesoporous ZSM-5 from resorcinol-formaldehyde aerogel and carbon aerogel templating[J]. Journal of Physical Chemistry B,2005,109(1):194-199.

[46] Li W C,Lu A H,Palkovits R,et al. Hierarchically structured monolithic silicalite-1 consisting of crystallized nanoparticles and its performance in the Beckmann rearrangement of cyclohexanone oxime[J]. Journal of the American Chemical Society,2005,127(36):12595-12600.

[47] Yang Z X,Xia Y D,Mokaya R. Zeolite ZSM-5 with unique supermicropores synthesized using mesoporous carbon as a template[J]. Advanced Materials,2004,16(16):727-732.

[48] Tao Y,Kanoh H,Kaneko K. Comment:questions concerning the nitrogen adsorption data analysis for formation of supermicropores in ZSM-5 zeolites[J]. Advanced Materials,2005,17(23):2789-2791.

[49] Yang Z X,Xia Y D,Mokaya R. Reply:Mesoporous zeolite ZSM-5 nanocast from mesoporous carbon templates[J]. Advanced Materials,2005,17(23):2791-2792.

[50] Sakthivel A,Huang S J,Chen W H,et al. Replication of mesoporous aluminosilicate molecular sieves(RMMs)with zeolite framework from mesoporous carbons(CMKs)[J]. Chemistry of Materials,2004,16(16):3168-3175.

[51] Cho S I,Choi S D,Kim J H,et al. Synthesis of ZSM-5 films and monoliths with bimodal micro/mesoscopic structures[J]. Advanced Functional Materials,2004,14(1):49-54.

[52] Li H,Sakamoto Y,Liu Z,et al. Mesoporous silicalite-1 zeolite crystals with unique poreshapes analogous to the morphology[J]. Microporous & Mesoporous Materials,2007,106(1-3):174-179.

[53] Yousheng Tao,Hirofumi Kanoh A,Katsumi Kaneko. Synthesis of mesoporous zeolite A by resorcinol-formaldehyde aerogel templating[J]. Langmuir the Acs Journal of Surfaces & Colloids,2005,21(2):504-507.

[54] Iver Schmidt,Astrid Boisen,Ester Gustavsson,et al. Carbon nanotube templated growth of mesoporous zeolite single crystals[J]. Chemistry of Materials,2001,13(12):4416-4418.

[55] Janssen A H,Schmidt I,Jacobsen C J H,et al. Exploratory study of mesopore templating with carbon during zeolite synthesis[J]. Microporous & Mesoporous Materials,2003,65(1):59-75.

[56] Tops,Slashed Haldor O E F A,Jacobsen C J H,et al. Method for preparation of small zeotype crystals:US,6241960[P]. 2001-06-05.

[57] Jacobsen C J H,Schmidt i,Dahl S,et al. Method of preparing zeolite single crystals with straight mesopores:US,6620402[P]. 2003-09-16.

[58] Luo Q,Li L,Yang B,et al. Three-Dimensional ordered macroporous structures with mesoporous silica walls[J]. Chemistry Letters,2000(4):378-379.

[59] Oh C G,Baek Y,Ihm S K. Synthesis of skeletal-structured biporous silicate powders through microcolloidal crystal templating[J]. Advanced Materials,2005,17(3):270-273.

[60] Danumah C,Vaudreuil S,Bonneviot L,et al. Synthesis of macrostructured MCM-48 molecular sieves[J]. Microporous & Mesoporous Materials,2001,44(1):241-247.

[61] Zhu H,Liu Z,Wang Y,et al. Nanosized $CaCO_3$ as Hard template for creation of intracrystal pores within silicalite-1 crystal[J]. Chemistry of Materials,2008,20(3):1134-1139.

[62] Zhu H,Liu Z,Kong D,et al. Synthesis and catalytic performances of mesoporous zeolites templated by polyvinyl butyral gel as the mesopore directing agent[J]. Journal of Physical Chemistry C,2008,112(44):17257-17264.

[63] Zhu H, Liu Z, Kong D, et al. Synthesis of ZSM-5 with intracrystal or intercrystal mesopores by polyvinyl butyral templating method[J]. Journal of Colloid and Interface Science, 2009, 331(2): 432-438.

[64] Valtchev V P, Smaihi M, Faust A C, et al. Equisetum arvense templating of zeolite Beta macrostructures with hierarchical porosity[J]. Chemistry of Materials, 2004, 16(7): 1350-1355.

[65] Dong A, Wang Y, Tang Y, et al. Zeolitic tissue through wood cell templating[J]. advanced materials, 2002, 14(12): 926-929.

[66] Zhang B, Davis S A, Mann S. Starch gel templating of spongelike macroporous silicalite monoliths and mesoporous films[J]. Chemistry of Materials, 2002, 14(3): 1369-1375.

[67] Zhang B, Davis S A, Mendelson N H, et al. Bacterial templating of zeolite fibres with hierarchical structure[J]. Chemical Communications, 2000, 9(9): 781-782.

[68] 郭万平, 黄立民. 新型 MCM-41-β-沸石中孔—微孔复合分子筛[J]. 高等学校化学学报, 1999, 20(3): 356-358.

[69] Karlsson A, Stöcker M, Schmidt R. Composites of micro- and mesoporous materials: simultaneous syntheses of MFI/MCM-41 like phases by a mixed template approach[J]. Microporous & Mesoporous Materials, 1999, 27(2-3): 181-192.

[70] Wang H, Pinnavaia T J. MFI Zeolite with Small and uniform intracrystal mesopores[J]. Angewandte Chemie International Edition, 2006, 45(45): 7603-7606.

[71] Wang H, Pinnavaia T J, Wang H, et al. ZSM-5 with intracrystal mesopores for catalyticcracking[J]. Studies in Surface Science and Catalysis, 2007, 170(7): 1529-1534.

[72] Xiao F S, Wang L, Yin C, et al. Catalytic properties of hierarchical mesoporous zeolites templated with a mixture of small organic ammonium salts and mesoscale cationic polymers[J]. Angewandte Chemie, 2006, 45(19): 3090-3093.

[73] Choi M, Cho H S, Srivastava R, et al. Amphiphilic organosilane-directed synthesis of crystalline zeolite with tunable mesoporosity[J]. Nature Materials, 2006, 5(9): 718-723.

[74] Chmelka B F. Zeolites: Large molecules welcome[J]. Nature Materials, 2006, 5(9): 681-682.

[75] Na K, Choi M, Park W, et al. Pillared MFI zeolite nanosheets of a single-unit-cell thickness[J]. Journal of the American Chemical Society, 2010, 132(12): 4169-4177.

[76] Choi M, Na K, Kim J, et al. Stable single-unit-cell nanosheets of zeolite MFI as active and long-lived catalysts[J]. Nature, 2009, 461(7261): 246-249.

[77] Maheshwari S, Jordan E, Kumar S, et al. Layer structure preservation during swelling, pillaring, and exfoliation of a zeolite precursor[J]. Journal of the American Chemical Society, 2008, 130(4): 1507-1516.

[78] Michael T, Sudeep M. Pores by pillaring: not always a maze[J]. Angewandte Chemie International Edition, 2008, 47(23): 4262-4263.

[79] Roth W, Cejka J. Two-dimensional zeolites: dream or reality? [J]. Catalysis Science and Technology-Cambridge, 2011, 1(1): 43-53.

[80] Na K, Park W, Seo Y, et al. Disordered Assembly of MFI zeolite nanosheets with a large volume of intersheet mesopores[J]. Chemistry of Materials, 2011, 23(5): 1273-1279.

[81] Na K, Jo C, Kim J, et al. Directing zeolite structures into hierarchically nanoporous architectures[J]. Science, 2011, 333(6040): 328-332.

[82] Moller K, Bein T. Pores within pores—how to craft ordered hierarchical zeolites[J]. Science, 2011, 333(6040): 297-298.

[83] Yang J, Yu S, Hu H, et al. Synthesis of ZSM-5 hierarchical microsphere-like particle by two stage varying temperature crystallization without secondary template[J]. Chemical Engineering Journal, 2011, 166(3): 1083-1089.

[84] Petushkov A, Yoon S, Larsen S C. Synthesis of hierarchical nanocrystalline ZSM-5 with controlled particle size

and mesoporosity[J]. Microporous and Mesoporous Materials,2011,137(1):92 - 100.

[85] Fang Y,Hu H,Chen G. In situ assembly of zeolite nanocrystals into mesoporous aggregate with single - crystal - like morphology without secondary template[J]. Chemistry of Materials,2008,20(5):1670 - 1672.

[86] Wang J,Groen J C,Yue W,et al. Facile synthesis of ZSM - 5 composites with hierarchical porosity[J]. Journal of Materials Chemistry,2008,18:468 - 474.

[87] Yu Q,Cui C,Zhang Q,et al. Hierarchical ZSM - 11 with intergrowth structures:Synthesis,characterization and catalytic properties[J]. Journal of Energy Chemistry,2013,22(5):761 - 768.

[88] 于庆君,李春义,山红红,等. 纳米棒插接多级孔ZSM - 11分子筛形貌影响因素研究[J]. 中国石油大学学报:自然科学版,2016,40(2):155 - 162.

[89] Yu Q,Li C,Tang X,et al. Studies on the dual - templating function of TBA for the formation of ZSM - 11 intergrowth morphology[J]. Industrial & Engineering Chemistry Research,2015,54(7):2120 - 2128.

[90] Wang H,Wang Z,Huang L,et al. High - surface - area zeolitic silica with mesoporosity[J]. Journal of Materials Chemistry,2001,11(9):2307 - 2310.

[91] Holland B T. Transformation of mostly amorphous mesoscopic aluminosilicate colloids into high surface area mesoporous ZSM - 5[J]. Microporous and Mesoporous Materials,2006,89(1):291 - 299.

[92] Majano G,Mintova S,Ovsitser O,et al. Zeolite Beta nanosized assemblies[J]. Microporous & Mesoporous Materials,2005,80(1 - 3):227 - 235.

[93] Camblor M A,Corma A,Valencia S. Characterization of nanocrystalline zeolite Beta[J]. Microporous and Mesoporous Materials,1998,25(1 - 3):59 - 74.

[94] Shan W,Zhang Y,Wang Y,et al. Synthesis of meso/macroporous zeolite(Fe,Al) - ZSM - 5 microspheres from diatomite[J]. Chemistry Letters,2004,33(3):270 - 271.

[95] On D T,Lutic D,Kaliaguine S. An example of mesostructured zeolitic material:UL - TS - 1[J]. Microporous and Mesoporous Materials,2001,44 - 45:435 - 444.

[96] Campos A A,Martins L,Oliveira L L D,et al. Secondary crystallization of SBA - 15 pore walls into microporous material with MFI structure[J]. Catalysis Today,2005,107 - 108:759 - 767.

[97] Chal R,Gérardin C,Bulut M,et al. Overview and industrial assessment of synthesis strategies towards zeolites with mesopores[J]. Chemcatchem,2011,3(1):67 - 81.

[98] Kloetstra K R,Jansen J C. Mesoporous material containing framework tectosilicate by pore - wall recrystallization[J]. Chemical Communications,1997,23:2281 - 2282.

[99] On D T,Kaliaguine S. Large - Pore mesoporous materials with semi - crystalline zeolitic frameworks [J]. Angewandte Chemie,2001,113(17):3348 - 3351.

[100] On D T,Kaliaguine S. Ultrastable and highly acidic,zeolite - coated mesoporous aluminosilicates [J]. Angewandte Chemie International Edition,2002,41(6):1036 - 1040.

[101] Dougherty J,Iton L E,White J W. Room temperature aging of a ZSM - 5 preparation detected by small angle X - ray and neutron scattering and n. m. r. spectroscopy[J]. Zeolites,1995,15(7):640 - 649.

[102] Liu Y,Zhang Wenzhong,Pinnavaia T J. Steam - Stable aluminosilicate mesostructures assembled from zeolite type Y seeds[J]. Journal of the American Chemical Society,2000,122(36):8791 - 8792.

[103] Liu Y,Zhang W,Pinnavaia T J. Steam - Stable MSU - S aluminosilicate mesostructures assembled from zeolite ZSM - 5 and zeolite Beta seeds[J]. Angewandte Chemie International Edition,2001,40(7):1255 - 1258.

[104] Liu Y,Pinnavaia T J. Aluminosilicate nanoparticles for catalytic hydrocarbon cracking[J]. Journal of the American Chemical Society,2003,125(9):2376 - 2377.

[105] Zhang Z,Han Y,Xiao F S,et al. Mesoporous aluminosilicates with ordered hexagonal structure,strong acidity,and extraordinary hydrothermal stability at high temperatures[J]. Journal of the American Chemical Society,2001,123(21):5014 - 5021.

[106] Zhang Z, Yu H, Lei Z, et al. Strongly acidic and high-temperature hydrothermally stable mesoporous aluminosilicates with ordered hexagonal structure[J]. Angewandte Chemie International Edition, 2001, 40(7): 1258-1262.

[107] Zhu L, Xiao F S, Zhang Z, et al. High activity in catalytic cracking over stable mesoporous aluminosilicates[J]. Catalysis Today, 2001, 68(1-3): 209-216.

[108] Di Y, Yu Y, Sun Y, et al. Synthesis, characterization, and catalytic properties of stable mesoporous aluminosilicates assembled from preformed zeolite L precursors[J]. Microporous and Mesoporous Materials, 2003, 62(3): 221-228.

[109] Han Y, Xiao F, Wu S, et al. A Novel method for incorporation of heteroatoms into the framework of ordered mesoporous silica materials synthesized in strong acidic media[J]. Journal of Physical Chemistry B, 2001, 105(33): 7963-7966.

[110] Han Y, Wu S, Sun Y, et al. Hydrothermally stable ordered hexagonal mesoporous aluminosilicates assembled from a triblock copolymer and preformed aluminosilicate precursors in strongly acidic media[J]. Chemistry of Materials, 2002, 14(3): 1144-1148.

[111] Dong A, Wang Y, Tang Y, et al. Hollow zeolite capsules: A novel approach for fabrication and guest encapsulation[J]. Chemistry of Materials, 2002, 14(8): 3217-3219.

[112] Dong A, Wang Y, Tang Y, et al. Mechanically stable zeolite monoliths with three-dimensional ordered macropores by the transformation of mesoporous silica spheres[J]. Advanced Materials, 2002, 14(20): 1506-1510.

[113] 王星东, 王亚军, 杨武利, 等. 纳米沸石胶体化学性质的研究[J]. 化学学报, 2003, 61(3): 354-358.

[114] Wang Y J, Tang Y, Wang X D, et al. Synthesis of macroporous materials with zeolitic microporous frameworks by self-assembly of colloidal zeolites[J]. Chemistry Letters, 2000(5): 510-511.

[115] Dong A, Wang Y, Wang D, et al. Fabrication of hollow zeolite microcapsules with tailored shapes and functionalized interiors[J]. Microporous and Mesoporous Materials, 2003, 64(1-3): 69-81.

[116] Wang Y, Tang Y, Dong A, et al. Self-Supporting porous zeolite membranes with spongelike architecture and zeolitic microtubes[J]. Advanced Materials, 2002, 14(13-14): 994-997.

[117] Tao Y, Kanoh H, Kaneko K. ZSM-5 monolith of uniform mesoporous channels[J]. Journal of the American Chemical Society, 2003, 125(20): 6044-6045.

[118] Tao Y, Kanoh H, Kaneko K. Uniform mesopore-donated zeolite Y using carbon aerogel templating[J]. Journal of Physical Chemistry B, 2003, 107(40): 10974-10976.

[119] Bokhoven J A V, Tromp M, Koningsberger D C, et al. An explanation for the enhanced activity for light alkane conversion in mildly steam dealuminated mordenite: The dominant role of adsorption[J]. Journal of Catalysis, 2001, 202(1): 129-140.

[120] Ruthven D M. Diffusion in zeolites and other microporous solids[J]. Zeitschrift Für Physikalische Chemie, 1992, 92(Part 2): 269-270.

[121] Weisz P B. Zeolites—new horizons in catalysis[M]. Kodansha, 1981: 498-505.

[122] Meima G R. Advances in cumene production[J]. Cattech, 1998, 2(1): 5-12.

[123] Donk S V, Bitter J H, An V, et al. Physicochemical characterization of porous materials: spatially resolved accessibility of zeolite crystals[J]. Angewandte Chemie, 2005, 44(9): 1360-1363.

[124] 韩崇仁. 加氢裂化工艺与工程[M]. 北京: 中国石化出版社, 2001.

[125] Tromp M, Bokhoven J A V, Oostenbrink M T G, et al. Influence of the generation of mesopores on the hydroisomerization activity and selectivity of n-hexane over Pt/mordenite[J]. Journal of Catalysis, 2000, 190(2): 209-214.

[126] Srivastava R, Choi M, Ryoo R. Mesoporous materials with zeolite framework: remarkable effect of the hierarchical structure for retardation of catalyst deactivation[J]. Chemical Communications, 2006(43): 4489-4491.

[127] Holm M S, Taarning E, Egeblad K, et al. Catalysis with hierarchical zeolites[J]. Catalysis Today, 2011, 168(1):3-16.

[128] Hartmann Martin. Hierarchical zeolites: a proven strategy to combine shape selectivity with efficient mass transport[J]. Angewandte Chemie International Edition, 2004, 43(44):5880-5882.

[129] Christensen C H, Johannsen K, Schmidt I, et al. Catalytic benzene alkylation over mesoporous zeolite single crystals: improving activity and selectivity with a new family of porous materials[J]. Journal of the American Chemical Society, 2003, 125(44):13370-13371.

[130] Christensen C H, Schmidt I, Christensen C H. Improved performance of mesoporous zeolite single crystals in catalytic cracking and isomerization of n-hexadecane[J]. Catalysis Communications, 2004, 5(9):543-546.

[131] Calvey H, Davis M, Williams R. Alkali-treatment technique—new method for modification of structural and acid-catalytic properties of ZSM-5 zeolites[J]. Applied Catalysis A: General, 2001, 219(1-2):33-43.

[132] Su L, Lin L, Zhuang J, et al. Creating mesopores in ZSM-5 zeolite by alkali treatment: A new way to enhance the catalytic performance of methane dehydroaromatization on Mo/HZSM-5 catalysts[J]. Catalysis Letters, 2003, 91(3):155-167.

[133] Schmidt I, Krogh A, Wienberg K, et al. Catalytic epoxidation of alkenes with hydrogen peroxide over first mesoporous titanium-containing zeolite[J]. Chemical Communications, 2000(21):2157-2158.

[134] Donk S V, Broersma A, Gijzeman O L J, et al. Combined diffusion, adsorption, and reaction studies of n-hexane hydroisomerization over Pt/H-mordenite in an oscillating microbalance[J]. Journal of Catalysis, 2001, 204(2):272-280.

[135] Corma A, Martínez A, Arroyo P A, et al. Isobutane/2-butene alkylation on zeolite beta: Influence of post-synthesis treatments[J]. Applied Catalysis A: General, 1996, 142(1):139-150.

[136] Gheorghiu S, Coppens M O. Optimal bimodal pore networks for heterogeneous catalysis[J]. Aiche Journal, 2004, 50(4):812-820.

[137] Venuto P B, Venuto P B. Structure-reactivity-selectivity relationships in reaction of organics over zeolite catalysts[J]. Studies in Surface Science & Catalysis, 1997, 105(97):811-852.

[138] Corma A. State of the art and future challenges of zeolites as catalysts[J]. Journal of Catalysis, 2003, 216(1-2):298-312.

[139] Sun C, Du J, Liu J, et al. A facile route to synthesize endurable mesopore containing ZSM-5 catalyst for methanol to propylene reaction[J]. Chemical Communications, 2010, 46(15):2671-2673.

[140] Min H K, Min B P, Hong S B. Methanol-to-olefin conversion over H-MCM-22 and H-ITQ-2 zeolites[J]. Journal of Catalysis, 2010, 271(2):186-194.

[141] Song Y, Zhu X, Song Y, et al. An effective method to enhance the stability on-stream of butene aromatization: Post-treatment of ZSM-5 by alkali solution of sodium hydroxide[J]. Applied Catalysis A: General, 2006, 302(1):69-77.

[142] Li Y, Liu S, Zhang Z, et al. Aromatization and isomerization of 1-hexene over alkali-treated HZSM-5 zeolites: Improved reaction stability[J]. Applied Catalysis A: General, 2008, 338(1-2):100-113.

[143] Christensen C H, Schmidt I, Carlsson A, et al. Crystals in crystals-nanocrystals within mesoporous zeolite single crystals[J]. Journal of the American Chemical Society, 2005, 127(22):8098-8102.

[144] Taylor B, Lauterbach J, Delgass W N. The effect of mesoporous scale defects on the activity of Au/TS-1 for the epoxidation of propylene[J]. Catalysis Today, 2007, 123(1-4):50-58.